Strafbarkeit des unberechtigten Zugangs zu
Computerdaten und -systemen

AF894906

Schriften zum Strafrecht und Strafprozeßrecht

Herausgegeben von Manfred Maiwald

Band 72

PETER LANG
Frankfurt am Main · Berlin · Bern · Bruxelles · New York · Oxford · Wien

Dorothee Krutisch

Strafbarkeit des unberechtigten Zugangs zu Computerdaten und -systemen

PETER LANG
Europäischer Verlag der Wissenschaften

Bibliografische Information Der Deutschen Bibliothek
Die Deutsche Bibliothek verzeichnet diese Publikation in der Deutschen Nationalbibliografie; detaillierte bibliografische Daten sind im Internet über <http://dnb.ddb.de> abrufbar.

Zugl.: Saarbrücken, Univ., Diss., 2003

D 291
ISSN 0938-6181
ISBN 3-631-52185-5

© Peter Lang GmbH
Europäischer Verlag der Wissenschaften
Frankfurt am Main 2004
Alle Rechte vorbehalten.

Das Werk einschließlich aller seiner Teile ist urheberrechtlich geschützt. Jede Verwertung außerhalb der engen Grenzen des Urheberrechtsgesetzes ist ohne Zustimmung des Verlages unzulässig und strafbar. Das gilt insbesondere für Vervielfältigungen, Übersetzungen, Mikroverfilmungen und die Einspeicherung und Verarbeitung in elektronischen Systemen.

www.peterlang.de

„Das Übel kommt nicht von der Technik, sondern von denen, die sie missbrauchen – mutwillig oder auch nur fahrlässig."

Jacques-Yves Cousteau (1910-1997)

Vorwort

Die vorliegende Arbeit wurde im Sommersemester 2003 von der Rechts- und Wirtschaftswissenschaftlichen Fakultät der Universität des Saarlandes als Dissertation angenommen.

An erster Stelle möchte ich mich bei meinem Doktorvater, Herrn Prof. Dr. Henning Radtke, für seine wertvollen Ratschläge und Anregungen während der Entstehung der Arbeit ganz herzlich bedanken.

Mein Dank richtet sich auch an Herrn Prof. Dr. Helmut Rüßmann für die Erstellung des Zweitgutachtens.

Herrn Prof. Dr. Manfred Maiwald danke ich für die Aufnahme der Arbeit in seine Schriftenreihe.

Danken möchte ich schließlich meinen Eltern und meiner Schwester, die mich während meiner Ausbildung immer in jeder Hinsicht unterstützt haben. Ihnen widme ich die Arbeit.

Wallerfangen, im Oktober 2003 Dorothee Krutisch

Inhaltsverzeichnis

Einführung

1. Kapitel
Computerkriminalität

2. Kapitel

Begriffe und Vorgehensweisen im Zusammenhang mit dem unberechtigten Zugang zu Computerdaten und -systemen

3. Kapitel

Ausspähen von Daten (§ 202a StGB)

4. Kapitel

Sonstige Straftatbestände im Zusammenhang mit dem unberechtigten Zugang zu Computerdaten und -systemen

5. Kapitel

Rechtsvergleich mit anderen europäischen Ländern

Kapitel 6

Abschließende Bewertung

Anhang

Literaturverzeichnis

Einführung

1 Bedeutung der Informations- und Kommunikationstechnologien

In den letzten Jahrzehnten haben Informations- und Kommunikationstechnologien in nahezu allen Bereichen Einzug gehalten und die Arbeits- und Lebensbedingungen grundlegend verändert.[1] So ermöglicht die elektronische Datenverarbeitung (EDV) die Speicherung und Verarbeitung großer Mengen an Information, was insbesondere für die Aufgabenbewältigung in Wissenschaft, Wirtschaft und Verwaltung von erheblichem Nutzen ist. Die elektronische Datenverarbeitung spielt jedoch nicht nur in diesen Bereichen eine wichtige Rolle. Auch in vielen Privathaushalten sind Computer zu einem festen Bestandteil geworden. Ursächlich hierfür ist u. a. der enorme Preisverfall auf dem Computersektor, der es auch privaten Nutzern ermöglicht, immer leistungsfähigere Rechner zu erwerben.[2]

Computersysteme stellen heute nur noch selten eine nach außen hin abgeschlossene Einheit dar. Sowohl in den Betrieben als auch in der Verwaltung wurden lokale Netzwerke geschaffen, die wiederum mit externen Netzwerken verbunden sind.[3] Mittlerweile sind auch viele privat genutzte Computer an externe Netzwerke, v. a. an das Internet, angeschlossen. Die weltweite Vernetzung von Computern durch das Internet eröffnet die Möglichkeit, jederzeit von fast jedem Ort mit geringem Aufwand Informationen zu übertragen bzw. abzurufen. Darüber hinaus ermöglicht die schnelle Datenübertragung über Datennetze eine weltweite Kommunikation, z. B. per E-Mail. Die durch das Internet eröffneten Informations- und Kommunikationsmöglichkeiten werden in den verschiedensten Bereichen genutzt. Einen wichtigen Anwendungsbereich haben diese in der

---

1 Dannecker, BB 1996, 1285; Meurer, in: FS für Kitagawa, S. 971; Geiger, DuD 2000, 129.

2 Jessen, Zugangsberechtigung und besondere Sicherung, S. 29; Beukelmann, Prävention von Computerkriminalität, S. 17; Dannecker, BB 1996, 1285.

Nach Angaben der ITU (Internationale Telekommunikations Union) wurden im Jahr 2000 in der EU 108 Millionen Computer genutzt, was im Vergleich zu dem Jahr 1999 einen Anstieg von 16 % bedeutet (entnommen aus Eurostat, Statistik über die Informationsgesellschaft, 2002).

3 Jaeger, Computerkriminalität – Die Kriminalitätsform des 20. Jahrhunderts, Vortrag auf der CeBIT 1997, http://www.edv-rechtsberatung.de/vortrag.html; Riklin, Information Highway und Strafrecht, in: Hilty, Information Highway, S. 559 ff., 561 ff.

Wirtschaft, z. B. im Rahmen von E-Commerce und Electronic-Banking, gefunden. Auch Privatpersonen nutzen die neuen Technologien zunehmend, beispielsweise um auf diverse Informations- und Unterhaltungsangebote zuzugreifen oder um Transaktionen zur Erledigung von Bankgeschäften durchzuführen. Mittlerweile ebenfalls nicht mehr wegzudenken sind die durch das Internet geschaffenen Informations- und Kommunikationsmöglichkeiten auch im Bereich der Bildung, also insbesondere an Schulen und Universitäten. Hier wird das Internet nicht nur von Schülern und Studenten als Informationsquelle zur Anfertigung von Hausarbeiten oder Seminararbeiten genutzt, sondern es spielt auch bei der Vermittlung von Wissen eine bedeutende Rolle, da beispielsweise unterrichts- bzw. vorlesungsbegleitende Lernmaterialien über dieses Medium bereitgehalten werden und teilweise sogar Lehrveranstaltungen (z. B. Vorlesungen und Seminare) online stattfinden. Darüber hinaus macht auch die Politik von den neuen Informations- und Kommunikationstechnologien Gebrauch, z. B. zur Information der Bevölkerung über politische Themen oder im Rahmen der internationalen Zusammenarbeit von Staaten.[4] Die Vernetzung durch das Internet führt dazu, dass Standortfragen und nationale Grenzen an Bedeutung verlieren, da wichtige Informationen jetzt in Bruchteilen von Sekunden über große Distanzen weltweit übertragen werden können und auf diese Weise die Globalisierung gefördert wird.

Die neuen Informations- und Kommunikationstechnologien bringen zahlreiche Verbesserungen mit sich. Sie tragen zu einer Steigerung der Mobilität bei, erleichtern Lehr- und Lernprozesse, fördern das politische Engagement und verstärken die Zusammenarbeit auf zahlreichen Gebieten.[5]

Um die Tragweite dieser Entwicklung zu veranschaulichen, werden häufig Parallelen zu der industriellen Revolution des 19. und 20. Jahrhunderts gezogen und teilweise wird in diesem Zusammenhang sogar von einer „zweiten industriellen Revolution" gesprochen.[6] Während Gegenstand der ersten industriellen

---

4 Kaiser, Wie das Internet die Weltpolitik verändert, FAZ vom 10. Januar 2001, S. 8.

5 Sieber, COMCRIME-Studie, S. 3; Kommission der Europäischen Gemeinschaften, Mitteilung der Kommission an den Rat, das Europäische Parlament, den Wirtschafts- und Sozialausschuss und den Ausschuss der Regionen, „Schaffung einer sichereren Informationsgesellschaft durch Verbesserung der Informationsinfrastrukturen und Bekämpfung der Computerkriminalität", KOM (2000) 890 endg., http://www.sicherheit-im-internet.de/download/eucom200-890.pdf, S. 6; zur Bedeutung für die internationale Politik insbesondere Geiger, DuD 2000, 129.

6 Sieber, Informationstechnologie und Strafrechtsreform, S. 12; Möhrenschlager, wistra 1991, 321, 324; Schulze-Heiming, Strafrechtlicher Schutz der Computerdaten, S. 1; vgl. hierzu auch Weischenberg/Altmeppen/Löffelholz, Die Zukunft des Journalismus, S. 25.

Revolution die Ersetzung menschlicher Muskelkraft durch Maschinen war, ist die heutige Zeit durch eine Verlagerung menschlicher Geistestätigkeit auf Maschinen gekennzeichnet.[7] Im Zuge dieser Entwicklung gewinnt Information, die mit Hilfe der neuen Technologien in immer größerem Umfang und immer schneller verfügbar wird, zunehmend an Bedeutung.

Unsere heutige Gesellschaft wird daher auch immer wieder als „Informationsgesellschaft" bezeichnet,[8] wobei zahlreiche Versuche unternommen worden sind, diesem Begriff Konturen zu verleihen. So wird u. a. der Ansatz verfolgt, bestimmte volkswirtschaftliche Kriterien (wie z. B. der Anteil der Informationsindustrien am Bruttoinlandsprodukt, die Anzahl der Beschäftigten in informationsorientierten Berufen oder die Ausgaben der Haushalte für Güter des Informationssektors) bei der Untersuchung der Informationsgesellschaft heranzuziehen, was eine Gleichsetzung von Informationsgesellschaft und Information Economy bedeutet.[9] Daneben finden sich Modelle, die das Augenmerk nicht ausschließlich auf ökonomische Veränderungen richten, sondern insbesondere den Wandel innerhalb der Sozialstruktur untersuchen. In diesem Zusammenhang ist v. a. die Theorie Bells zu nennen, der die Informationsgesellschaft als postindustrielle Gesellschaft beschreibt.[10] Während in der industriellen Gesellschaft die Produktion von Gütern mit Hilfe von Maschinen im Vordergrund stand, ist die postindustrielle Gesellschaft dadurch geprägt, dass Wissen und Information eine entscheidende Rolle spielen und sich damit eine „intellektuelle Technologie" entwickelt, was innerhalb der Sozialstruktur tiefgreifende Veränderungen zur Folge hat. Ein neuerer Ansatz, der auch in Politik und Wirtschaft übernommen worden ist, sieht die Informationsgesellschaft nicht als Nachfolgerin der Industriegesellschaft, sondern als deren Weiterentwicklung an und spricht demzufolge auch von einer informatisierten Industriegesellschaft.[11] Die Informations- und Telekommunikationstechnologien haben danach eine Wachstumsphase ausgelöst,

---

7 Sieber, Informationstechnologie und Strafrechtsreform, S. 12.

8 Die Popularität dieses Begriffs geht auf den amerikanischen Soziologen Daniel Bell zurück, der sich in seiner Untersuchung „The Coming of Post-Industrial Society. A Venture in Social Forecasting", 1973 (in deutscher Übersetzung in der Reihe Campus „Die nachindustrielle Gesellschaft", 1985) mit der Informationsgesellschaft befasst hat.

9 Dieser Ansatz geht auf die Untersuchungen von Fritz Machlup in den USA und Tadeo Umesao in Japan zurück; vgl. hierzu die Darstellung bei Weischenberg/Altmeppen/ Löffelholz, Die Zukunft des Journalismus, S. 20 ff. und Keller, Der Begriff „Globale Informationsgesellschaft", S. 14.

10 Bell, Die nachindustrielle Gesellschaft, S. 29 ff.

11 Weischenberg/Altmeppen/Löffelholz, Die Zukunft des Journalismus, S. 25.

die als neuer fünfter Kondratieff-Zyklus[12] eingeschätzt wird.[13] Die herausragende Bedeutung dieser neuen Technologien wird deutlich, wenn man die Auslöser der bisherigen vier Zyklen betrachtet, nämlich im 1. Zyklus die Dampfmaschine, im 2. Zyklus die Eisenbahn, im 3. Zyklus das Automobil und im 4. Zyklus Flugzeug und Kunststoffe.

Aus den zuvor aufgezeigten Modellen der Informationsgesellschaft wird eines ganz deutlich: Die neuen Informations- und Kommunikationstechnologien haben sowohl auf wirtschaftlicher als auch auf gesellschaftlicher Ebene zu tiefgreifenden Veränderungen geführt. Neu ist in diesem Zusammenhang nicht, dass Information überhaupt ausschlaggebend für Veränderungen ist, da auch frühere gesellschaftliche Entwicklungsphasen, wie z. B. die industrielle Revolution des 19. und 20. Jahrhunderts funktionierende Informations- und Kommunikationsstrukturen voraussetzten.[14] Die Informationsgesellschaft unterscheidet sich von früheren Phasen vielmehr dadurch, dass Information hauptsächlich dazu eingesetzt wird, um wieder Information zu gewinnen.[15] Aus ökonomischer Sicht tritt also eine Veränderung der am Markt ausgetauschten Güter in der Weise ein, dass die Bedeutung von Information als Wirtschaftsgut im Verhältnis zu der Bedeutung von Sachgütern deutlich zunimmt.[16]

2 Gefahren für die Informationsgesellschaft

Der enorme Bedeutungszuwachs von Information und Informationsverarbeitung in nahezu allen Bereichen führt dazu, dass unsere Gesellschaft in eine zunehmende Abhängigkeit von dem einwandfreien Funktionieren der Informations- und Kommunikationsinfrastruktur gerät. Betrachtet man allein die Tatsache, dass viele Betriebe ihre gesamte Buchhaltung (Finanz-, Lohn- und Lagerbuchhaltung) und sämtliche Fertigungsprozesse mit Hilfe der EDV steuern, so wird deutlich, dass Störungen, die sich auf die Datenverarbeitung auswirken, regelmäßig schwerwiegende wirtschaftliche Folgen haben. Die Beeinträchtigungen, die mit der Störung von Informations- und Kommunikationssystemen einherge-

---

12 Benannt nach dem russischen Ökonomen Nikolai D. Kondratieff, der in seiner Untersuchung „Die langen Wellen der Konjunktur" (1926) die Existenz von durch Basisinnovationen ausgelösten Konjunkturzyklen nachwies, die eine Dauer von 40 bis 60 Jahren haben.

13 Wagner, Die Informationsgesellschaft, S. 3.

14 Mayer-Schönberger, Information und Recht, S. 4 f.

15 Mayer-Schönberger, Information und Recht, S. 5.

16 Beukelmann, Prävention von Computerkriminalität, S. 16; Mayer-Schönberger, Information und Recht, S. 5.

hen, bedeuten jedoch nicht nur finanzielle Einbußen für die betroffenen Unternehmen, sondern es besteht darüber hinaus die Gefahr, dass die Weiterentwicklung auf diesem Technologiesektor gehemmt wird. Die Bereitschaft zu Investitionen in die Weiterentwicklung der Informations- und Kommunikationstechnologien ist nämlich in nicht unerheblichem Maße von der Akzeptanz der Nutzer und deren Vertrauen in die Sicherheit und Zuverlässigkeit der Systeme abhängig.[17]

Ein ganz erhebliches Gefährdungspotenzial geht dabei von den verschiedensten Missbrauchsmöglichkeiten aus, die sich parallel zu der fortschreitenden Technisierung als eigene Formen von Kriminalität herausgebildet haben. Um diesen Gefahren zu begegnen, werden bereits seit Mitte der 80er Jahre auf technischer Ebene immer neue Sicherheitssysteme entwickelt, die jedoch meistens erfolglos bleiben, da sie bereits nach kurzer Zeit umgangen bzw. überwunden werden. Von staatlicher Seite wurde 1991 das Bundesamt für Sicherheit in der Informationstechnik (BSI) gegründet, dessen Aufgabenkreis darin besteht, auf Sicherheitsdefizite an Informationssystemen hinzuweisen und Lösungskonzepte diesbezüglich zu erarbeiten.[18]

Der Gesetzgeber steht bei der Bekämpfung des Missbrauchs von Informations- und Kommunikationssystemen vor dem Problem, dass sich das Recht im Gegensatz zu den neuen Technologien grundsätzlich evolutionär, d. h. in einem allmählichen Prozess entwickelt.[19] Das Recht muss immer dann Anpassungen erfahren, wenn sich die Bedingungen ändern, was bedeutet, dass es auf eine stabile gesellschaftliche Lage ausgerichtet ist. Demgegenüber handelt es sich bei der Entwicklung unserer Gesellschaft zu einer Informationsgesellschaft um einen dynamischen Prozess, der sehr stark durch die ständige Fortentwicklung auf dem Technologiesektor beeinflusst wird. Für die Gesetzgebung entsteht hierbei die Schwierigkeit, diese fortwährenden Veränderungen und die damit verbundenen Missbrauchsmöglichkeiten erfassen zu können, ohne dass durch eine impulshafte Rechtssetzung ein Zustand von Rechtsunsicherheit und -unklarheit entsteht.[20]

---

[17] Kommission der Europäischen Gemeinschaften, Mitteilung der Kommission an den Rat, das Europäische Parlament, den Wirtschafts- und Sozialausschuss und den Ausschuss der Regionen, „Schaffung einer sichereren Informationsgesellschaft durch Verbesserung der Informationsinfrastrukturen und Bekämpfung der Computerkriminalität", KOM (2000) 890 endg., S. 6.

[18] http://www.bsi.de/dasbsi/index.htm.

[19] Mayer-Schönberger, Information und Recht, S. 7.

[20] Mayer-Schönberger, Information und Recht, S. 7.

3 Gegenstand der Untersuchung

Die vorliegende Arbeit beschäftigt sich mit dem Problembereich des unberechtigten Zugangs zu Computerdaten und -systemen als Teilaspekt der Computerkriminalität. Die Computerkriminalität ist ein Phänomen, das etwa seit den 70er Jahren diskutiert wird, wobei allerdings zu dieser Zeit noch Unklarheit hinsichtlich der tatsächlichen Dimension dieses Kriminalitätsbereichs herrschte, was bereits der Titel „Computerkriminalität – Dichtung oder Wahrheit?“ eines Aufsatzes von Betzl[21] zeigt. Seit den 80er Jahren wurde die Computerkriminalität infolge des Bekanntwerdens Aufsehen erregender Fälle[22] allgemein als ernsthafte Bedrohung für die Informationsgesellschaft eingestuft. In diesem Zusammenhang sind v. a. zwei spektakuläre Fälle zu nennen, und zwar der sog. NASA-Hack, bei dem es deutschen Hackern im Jahre 1987 gelang, über das Datex-P-Netz in das Datennetz SPAN (Space Physics Analysis Network) der NASA einzudringen, und der sog. KGB-Hack, bei dem deutsche Hacker in mehrere amerikanische Rechnersysteme eindrangen und ihre Erkenntnisse anschließend an den sowjetischen Geheimdienst KGB verkauften.[23] In der Polizeilichen Kriminalstatistik (PKS) wird die Computerkriminalität seit 1987 als eigene Deliktsgruppe ausgewiesen und es ist anhand der zuvor genannten Statistik festzustellen, dass in diesem Straftatenbereich enorm hohe jährliche Steigerungsraten zu verzeichnen sind.[24]

Der unberechtigte Zugang zu Computerdaten und -systemen ist als Teilaspekt der Computerkriminalität von erheblicher Relevanz, da dieser einerseits oftmals die Vorstufe zu weiteren kriminellen Handlungen ist – z. B. im Rahmen von manipulativen Veränderungen an Daten – und andererseits als eigene Deliktskategorie, v. a. in Form des Hackings und der Datenspionage, selbstständig auftritt. Die Strafbarkeit des unberechtigten Zugangs zu Computerdaten und -systemen kann sich daher je nach Fallgestaltung aus unterschiedlichen Straftatbeständen des StGB und des Nebenstrafrechts ergeben, und zwar aus den §§ 202a, 303a und 303b StGB sowie § 17 UWG, § 106 UrhG und § 44 BDSG. Im Zusammenhang mit dem unberechtigten Zugang zu Computerdaten und -systemen treten

---

21 DSWR 1972, 317 ff.; vgl. insoweit auch ders., „Computerkriminalität – Viel Lärm um Nichts“, DSWR 1972, 475 ff.; Sieber/von zur Mühlen, „Computerkriminalität – nicht Dichtung, sondern Wahrheit“, DSWR 1972, 397 ff.; Lampe, „Computerkriminalität – nur fauler Zauber?“, DSWR 1974, 242 ff.

22 Eine ausführliche Darstellung entsprechender Fälle findet sich insbesondere bei Sieber, CR 1995, 100, 101 ff. und Mühle, Hacker und Computer-Viren im Internet, S. 4 ff; Pommerening, Datenschutz und Datensicherheit, S. 6 f.

23 Zu diesen Fällen ausführlich Mühle, Hacker und Computer-Viren im Internet, S. 4 ff.

24 Hierzu ausführlich im 1. Kapitel unter 4.

somit häufig Überschneidungen mit anderen Teilbereichen der Computerkriminalität auf. Aus diesem Grund wird im ersten Kapitel der vorliegenden Untersuchung ein allgemeiner Einblick in die Problematik der Computerkriminalität insgesamt gegeben. In diesem Zusammenhang sollen v. a. der Begriff der Computerkriminalität eingegrenzt und Merkmale der Computerkriminalität, die gleichzeitig auch dem Teilbereich des unberechtigten Zugangs zu Computerdaten und -systemen immanent sind, herausgearbeitet werden. Darüber hinaus werden in diesem ersten Kapitel internationale Maßnahmen im Zusammenhang mit der Bedrohung durch die Computerkriminalität dargestellt. Die Computerkriminalität ist eine Form von Kriminalität, für die nationale Grenzen eine untergeordnete Rolle spielen, da durch die Vernetzung der Computersysteme eine Tatbegehung von jedem beliebigen Ort aus möglich wird. Aus diesem Grund ist es gerade auf diesem Gebiet wünschenswert, dass innerhalb der verschiedenen Länder eine Rechtsangleichung stattfindet. Diesem Aspekt haben auf internationaler Ebene verschiedene Organisationen bzw. Institutionen Rechnung getragen und diesbezüglich entsprechende Maßnahmen erarbeitet und Vorschläge unterbreitet. Der Schwerpunkt der Untersuchung liegt dabei auf der Cybercrime-Konvention des Europarates. Schließlich wird in diesem Kapitel eine Einteilung der Computerkriminalität vorgenommen, um auf diese Weise den unberechtigten Zugang zu Computerdaten und -systemen als Teilaspekt der Computerkriminalität in den Gesamtzusammenhang einordnen zu können.

Um den Problembereich des unberechtigten Zugangs zu Computerdaten und -systemen aus strafrechtlicher Sicht untersuchen zu können, muss Klarheit über die in diesem Zusammenhang auftretenden Tathandlungen geschaffen werden. Daher werden im zweiten Kapitel zunächst die Begriffe „Computerhacking", „Datenspionage", „Crasher" und „Softwarepiraterie" untersucht und voneinander abgegrenzt. Hierbei handelt es sich um Begriffe, die in der einschlägigen Literatur immer wieder verwendet werden, um bestimmte Tathandlungen zu charakterisieren, die im Kontext der Thematik der vorliegenden Arbeit relevant sind. Anschließend werden dann die Vorgehensweisen der Täter in den für die Untersuchung erforderlichen technischen Grundzügen dargestellt. Diese Darstellung dient als Anknüpfungspunkt für die anschließende strafrechtliche Betrachtung im dritten und vierten Kapitel der Arbeit.

Die im Hinblick auf den unberechtigten Zugang zu Computerdaten und -systemen zentrale Strafvorschrift ist § 202a StGB. Dieser Straftatbestand, der explizit das Ausspähen von Daten unter bestimmten Voraussetzungen erfasst, wird daher im dritten Kapitel detailliert dargestellt. Hierbei wird auf problematische Konstellationen im Kontext des jeweiligen Tatbestandsmerkmals eingegangen. Neben dem Straftatbestand des § 202a StGB können in den hier interessierenden Fällen des unberechtigten Zugangs zu Computerdaten und -systemen je nach Fallgestaltung auch weitere Straftatbestände, nämlich die §§ 263a, 303a und 303b StGB sowie § 17 UWG, § 106 UrhG und § 44 BDSG, verwirklicht sein. Daher ist die Untersuchung der zuvor genannten Straftatbestände Gegenstand des vierten Kapitels, wobei die Frage der Verwirklichung dieser Tatbestände in den Fällen des unberechtigten Zugangs zu Computerdaten und -systemen im Mittelpunkt des Interesses steht.

In einer abschließenden Bewertung soll untersucht werden, ob die in Deutschland bestehenden strafrechtlichen Regelungen zur Erfassung des Problembereichs des unberechtigten Zugangs zu Computerdaten und -systemen ausreichend sind oder ob – v. a. auch im Hinblick auf die Vorgaben der Cybercrime-Konvention des Europarates – weitergehende Regelungen erforderlich sind. Angesichts der bereits angesprochenen internationalen Dimension der Computerkriminalität ist hierfür eine Betrachtung der entsprechenden Regelungen in anderen europäischen Staaten hilfreich, da anhand eines solchen Rechtsvergleichs Vorschläge für weitreichendere Regelungen im deutschen Strafrecht de lege ferenda erarbeitet werden können. Aus diesem Grund ist der abschließenden Bewertung ein Kapitel vorangestellt, dessen Gegenstand ein Rechtsvergleich der entsprechenden gesetzlichen Regelungen mit anderen europäischen Staaten ist. In diesem fünften Kapitel der Arbeit werden die Länder Frankreich, Großbritannien, Schweiz und Österreich als Beispiele herausgegriffen und deren Regelungen im Kernstrafrecht, die das Problem des unberechtigten Zugangs zu Computerdaten und -systemen betreffen, dargestellt. Die Regelungen der Schweiz und Österreichs sind in diesem Zusammenhang insofern von Bedeutung, als beide Länder dem deutschen Rechtskreis angehören und dennoch im Bereich des Computerstrafrechts größere Unterschiede aufweisen. Großbritannien ist wegen seiner Zugehörigkeit zum anglo-amerikanischen Rechtskreis für die rechtsvergleichende Untersuchung interessant. Als weiteres Beispiel wird Frankreich herangezogen, dessen Computerstrafrecht sich bereits hinsichtlich seiner Gesetzessystematik von den deutschen Regelungen unterscheidet. Um die Einordnung der jeweiligen Vorschriften im Gesetzeskontext zu verdeutlichen, wird zunächst ein allgemeiner Überblick über das Computerstrafrecht in den zuvor genannten Ländern gegeben, bevor dann in einem nächsten Schritt auf die speziell den unberechtigten Zugang zu Computerdaten und -systemen erfassenden Vorschriften eingegangen wird.

1. Kapitel
Computerkriminalität

1 Überblick über die Entwicklung der Computerkriminalität und ihrer Bekämpfung durch legislative Maßnahmen

Die Computerkriminalität ist eine Form von Kriminalität, die sich erst in den letzten Jahrzehnten mit dem zunehmenden Einsatz der Computertechnik entwickelt hat. Bereits kurze Zeit nachdem sich die Informations- und Kommunikationstechnologien in vielen Bereichen durchgesetzt hatten, erkannte man, dass mit diesen neuen Technologien nicht nur Chancen, sondern auch Risiken verbunden sind. Um den Gefahren, die aus dem Missbrauch der neuen Technologien erwachsen, zu begegnen, ist der Gesetzgeber in der Vergangenheit auf verschiedenen Gebieten (Datenschutzrecht, Wirtschaftsstrafrecht, Urheberrecht usw.) tätig geworden. Sieber hat die gesetzgeberischen Maßnahmen, die im Zusammenhang mit den Gefahren des Missbrauchs von Informations- und Kommunikationstechnologien stehen, in sechs Reformwellen systematisiert.[25] Hierbei hat er aufgezeigt, dass sich diese Reformwellen in einer Vielzahl von Ländern nachweisen lassen und häufig parallel verliefen.

In den 60er Jahren wurden die Gefahren durch die neuen Technologien hauptsächlich in einer möglichen Gefährdung des Persönlichkeitsrechts gesehen. Als Reaktion hierauf wurden in vielen Staaten seit den 70er Jahren Gesetze erlassen, die dem Schutz personenbezogener Daten dienen.[26] In Deutschland wurden seit 1970 Landesdatenschutzgesetze und im Jahre 1977 das Bundesdatenschutzgesetz geschaffen.[27]

In den 70er Jahren rückten dann zunehmend die computerspezifischen Wirtschaftsdelikte in den Mittelpunkt des Interesses.[28] Allerdings bestanden zu diesem Zeitpunkt noch große Unsicherheiten hinsichtlich des tatsächlichen Ausmaßes dieser Kriminalitätsform und der damit verbundenen Bedrohungen, da bisher diesbezüglich keine statistischen Erhebungen existierten und kaum einschlä-

---

25 Sieber, COMCRIME-Studie, S. 25 ff.

26 So in Frankreich und Österreich im Jahre 1978, in Großbritannien im Jahre 1984 und in der Schweiz im Jahre 1992; vgl. hierzu Sieber, CR 1995, 100, 106; ders., COMCRIME-Studie, S. 25.

27 Dannecker, BB 1996, 1285, 1286; Sieber, CR 1995, 100, 106.

28 Sieber, CR 1995, 100, 101.

gige Fälle bekannt geworden waren.[29] Dies änderte sich in den 80er Jahren, als spektakuläre Fälle von Computerspionage, Hackingangriffen, Verbreitung von Computerviren und Softwarepiraterie publik wurden.[30] Von diesem Zeitpunkt an wurde allgemein anerkannt, dass eine Bedrohung unserer Informationsgesellschaft durch die Computerkriminalität existiert. Da in vielen Fällen der missbräuchlichen Nutzung der Computertechnologien Strafbarkeitslücken bestanden, sah sich der deutsche Gesetzgeber zum Erlass entsprechender Regelungen – insbesondere dem „Zweiten Gesetz zur Bekämpfung der Wirtschaftskriminalität"[31] aus dem Jahre 1986 – veranlasst. Ähnliche Gesetzgebungstendenzen bezüglich der computerspezifischen Wirtschaftskriminalität sind auch in anderen Ländern festzustellen.[32]

Darüber hinaus wurden in den 80er Jahren in vielen Staaten Gesetze geschaffen bzw. Gesetzesreformen durchgeführt, durch die der urheberrechtliche Schutz von Computerprogrammen gewährleistet werden sollte.[33] So wurden in Deutschland durch die Urheberrechtsnovelle von 1985 Computerprogramme in den Katalog der grundsätzlich geschützten Werke des § 2 Abs. 1 Nr. 1 UrhG aufgenommen und damit die Grundvoraussetzung für ein Vorgehen gegen die sog. Softwarepiraterie geschaffen.[34]

Bereits Mitte der 80er Jahre begann in mehreren Staaten die Diskussion um strafprozessuale Probleme, die im Zusammenhang mit dem zunehmenden Einsatz der Informations- und Kommunikationstechnologien bei der Begehung von Delikten auftreten, und es wurden teilweise Reformen auf strafprozessualer Ebene durchgeführt.[35] Viele strafprozessuale Probleme in diesem Bereich sind jedoch bis heute nicht gelöst und werden kontrovers diskutiert. Sowohl im Bereich der Computerkriminalität als auch in anderen Deliktsbereichen treffen die Strafverfolgungsbehörden bei ihren Ermittlungen immer häufiger auf computer-

---

29 Meurer, in: FS für Kitagawa, S. 971, 972 (dort Fn 4); Sieber, Informationstechnologie und Strafrechtsreform, S. 11; Jessen, Zugangsberechtigung und besondere Sicherung, S. 18.

30 Sieber, CR 1995, 100, 101.

31 BGBl. 1986 I, 721.

32 Z. B. in Österreich im Jahre 1988, in Frankreich im Jahre 1988, in Großbritannien („Computer Misuse Act") im Jahre 1990 und in der Schweiz im Jahre 1995 (hierzu ausführlich im fünften Kapitel).

33 Sieber, CR 1995, 100, 108.

34 Der Schutz von Computerprogrammen ist dann im Jahre 1993 durch das zweite Gesetz zur Änderung des Urheberrechtsgesetzes vom 9. Juni 1993 (BGBl. 1993 I, 910) verbessert worden (hierzu ausführlich im 4. Kapitel unter 5.1).

35 Vgl. hierzu Sieber, CR 1995, 100, 109 f.; ders. COMCRIME-Studie, S. 30.

gespeichertes Datenmaterial. Besondere Schwierigkeiten ergeben sich insbesondere dann, wenn nur eine Datenverarbeitungsanlage vorgefunden wird, die entsprechenden Daten jedoch auf einen weiteren Rechner übertragen wurden, der sich an einem anderen Ort befindet, unter Umständen sogar im Ausland.[36] In diesen Fällen ergeben sich neben den technischen Schwierigkeiten, die mit dem Auffinden und Sichtbarmachen des computergespeicherten Beweismaterials verbunden sind, v. a. Probleme im Hinblick auf das Vorhandensein entsprechender Ermächtigungsgrundlagen für ein Tätigwerden der Strafverfolgungsbehörden.[37] So lässt sich z. B. § 95 StPO lediglich eine Herausgabepflicht bezüglich des Datenträgers entnehmen, nicht jedoch etwa die Verpflichtung, beweiserhebliche Daten auszusondern und diese in lesbarer Form vorzulegen, da die Daten selbst keine körperlichen Gegenstände im Sinne der §§ 94, 95 StPO sind.[38]

Seit dem Ende der 90er Jahre wird unter dem Stichwort der „Computerkriminalität" v. a. auch die Problematik der Verbreitung rechtswidriger (z. B. rassistischer, gewaltverherrlichender oder pornographischer) Inhalte über das Internet diskutiert, wobei im Folgenden noch zu klären sein wird, ob der Begriff der Computerkriminalität auch für diese Deliktsbereiche verwendet werden sollte.[39] Im Zusammenhang mit der Deliktsbegehung unter Zuhilfenahme von Datennetzen konzentriert sich die Diskussion v. a. auf die Frage der Verantwortlichkeit von Anbietern entsprechender Dienste.[40] Der Gesetzgeber hat hinsichtlich dieser Problematik im Rahmen des Informations- und Kommunikationsdienste-Gesetzes vom 22. Juli 1997[41] durch § 5 TDG a. F.[42] eine Verantwortlichkeitsregelung geschaffen, die für alle Rechtsgebiete gelten soll.[43] Durch Art. 1 des am 01.01.2000 in Kraft getretenen Gesetzes über rechtliche Rahmenbedingungen des elektronischen Geschäftsverkehrs,[44] das die E-Commerce-Richtlinie[45] um-

---

36 Dannecker, BB 1996, 1285, 1292; Bär, CR 1995, 228, 232 ff.; Beukelmann, Prävention von Computerkriminalität, S. 58; Sieber, CR 1995, 100, 109.

37 Bär, Der Zugriff auf Computerdaten im Strafverfahren, S. 455 ff.; Bär, in: Wabnitz/Janovsky, Hdb. Wirtschafts- und Steuerstrafrecht, Kap. 18 Rn 255 ff.

38 Zu dieser Problematik ausführlich Radtke, in: FS für Meyer-Goßner, S. 321, 327 f.

39 Vgl. hierzu in diesem Kapitel unter 2.2.

40 Derksen, NJW 1997, 1878 ff.; Sieber, CR 1997, 581 ff., 653 ff.

41 BGBl. 1997 I, 1870.

42 Das Teledienstegesetz (TDG) ist in Art. 1 des IuKDG enthalten.

43 Vgl. zur Anwendbarkeit dieser Regelung auf das Strafrecht Hilgendorf, NStZ 2000, 518 ff.

44 BGBl. 2001 I, 3721.

45 Richtlinie 2000/31/EG des Europäischen Parlaments und des Rates vom 08.06.2000 über den elektronischen Geschäftsverkehr, ABl. EG 2000 Nr. L 178, S. 1 ff.

setzt, ist das TDG geändert worden. Die Verantwortlichkeit der Diensteanbieter ist jetzt in den §§ 8 bis 11 TDG geregelt. Diensteanbieter sind danach für eigene Informationen, die sie zur Nutzung bereithalten, nach den allgemeinen Gesetzen in vollem Umfang verantwortlich (§ 8 Abs. 1 TDG). Demgegenüber sieht das TDG bezüglich fremder Informationen, die für einen Nutzer gespeichert werden (§ 11 TDG), und fremder Informationen, die in einem Kommunikationsnetz übermittelt oder zu denen der Zugang vermittelt wird (§ 9 TDG), einen Ausschluss der Verantwortlichkeit unter bestimmten Voraussetzungen vor.

Eine weitere Thematik, die im Zusammenhang mit dem Missbrauch der neuen Computertechnologien seit den 90er Jahren immer wieder aufgegriffen wird, ist die Verwendung von Sicherheitsvorkehrungen auf technischer Ebene[46] und die Normierung von Geboten und Verboten in diesem Bereich.[47]

2 Der Begriff „Computerkriminalität"

2.1 Bedeutung und Verwendung des Begriffs „Computerkriminalität"

Zunächst ist zu untersuchen, welche Bedeutung dem Begriff der Computerkriminalität zukommt. Von entscheidender rechtlicher Relevanz wäre dieser Begriff, wenn an ihn irgendeine Rechtsfolge – sei es im Strafgesetzbuch, in der Strafprozessordnung oder in sonstigen Gesetzen – geknüpft wäre. Der Begriff der Computerkriminalität wird jedoch an keiner Stelle im Gesetz erwähnt und es sind keine Rechtsfolgen mit ihm verbunden. Durch diesen Begriff wird eine neue Form von Kriminalität beschrieben, die sich mit dem zunehmenden Einsatz der Computertechnik entwickelt hat. Der Begriff dient dabei als Schlagwort für die Behandlung des Themas in verschiedenen Bereichen. So wird z. B. in den Medien unter dem Stichwort „Computerkriminalität" über die Gefahren für die Informationsgesellschaft durch die missbräuchliche und sozialschädliche Nutzung neuer Informations- und Kommunikationstechnologien berichtet.[48] Auch aus rechtspolitischer Sicht finden immer wieder Diskussionen unter diesem

---

46 Z. B. kryptrographische Systeme, digitale Signaturen oder sonstige IT-Sicherheitskonzepte.

47 Sieber, COMCRIME-Studie, S. 30; Beukelmann, Prävention von Computerkriminalität, S. 19, 155 ff.

48 Z. B. Süddeutsche Zeitung, Über Computerkriminalität wird gern geschwiegen, Artikel vom 09.04.2002, http://www.sueddeutsche.de/computer/internet/netzone/40813/index.php; Süddeutsche Zeitung, Firmen klagen über Computerkriminalität, Artikel vom 10.05.2002, http://www.sueddeutsche.de/computer/neuetechnik/software/43314/index.php.

Oberbegriff statt, die sich z. B. auf die internationale Rechtsangleichung beziehen oder die Frage behandeln, ob die derzeit bestehenden Regelungen zur Erfassung des Problembereichs ausreichend sind.[49] Darüber hinaus wird der Begriff der Computerkriminalität auch im Bereich der Kriminologie verwendet, um z. B. einen bestimmten Kriminalitätsbereich statistisch zu erfassen,[50] Schätzungen hinsichtlich des Dunkelfeldes in diesem Bereich vorzunehmen[51] oder Aussagen über die Tätergruppen zu treffen.[52] Im Strafrecht sind zwar an den Begriff der Computerkriminalität keine unmittelbaren Rechtsfolgen geknüpft, dennoch kommt ihm in der Strafrechtsliteratur insofern Bedeutung zu, als hierdurch verschiedene Handlungsweisen, die bestimmte Straftatbestände (z. B. §§ 202a, 263a, 303a, 303b StGB) erfüllen, unter einem Oberbegriff zusammengefasst werden.[53]

Der Begriff „Computerkriminalität" stellt eine Übersetzung des in der amerikanischen Literatur verwendeten Begriffs „computer crime" dar.[54] Die Verwendung des Begriffs wird aus verschiedenen Gründen kritisiert und es werden unterschiedliche Alternativvorschläge gemacht. Gegen die Verwendung des Begriffs der Computerkriminalität wird geltend gemacht, es handele sich um einen juristisch nicht brauchbaren Begriff. Teilweise wird vorgebracht, der Begriff sei sprachlich unrichtig, da Computer selbst nicht kriminell sein könnten, sondern in einigen Fällen von Nutzern zu kriminellen Zwecken eingesetzt würden. Der Begriff diskriminiere die Datenverarbeitung und sei zu einer klaren Abgrenzung des betroffenen Bereichs nicht geeignet. Aus den zuvor genannten Gründen

---

49 Zur Rechtsangleichung und Verbesserung der Zusammenarbeit auf EU-Ebene z. B. Mitteilung der Europäischen Kommission „Schaffung einer sicheren Informationsgesellschaft durch Verbesserung der Sicherheit von Informationsinfrastrukturen und Bekämpfung der Computerkriminalität", KOM (2000) 890 endg.; zur rechtspolitischen Diskussion auf nationaler Ebene z. B. Bundesregierung, Wirksamer Schutz vor Computerattacken, Antwort auf eine Große Anfrage, BT-Drucks. 14/6321 vom 20.06.2001.

50 Zur Erfassung der Computerkriminalität in der Polizeilichen Kriminalstatistik (PKS) vgl. in diesem Kapitel unter 4.

51 Eisenberg, Kriminologie, § 47 Rn 68; Tiedemann, FS für Kaiser, S. 1373, 1374 f.; Paul, CR 1993, 233, 234 f.

52 Kaiser, Kriminologie, Ein Lehrbuch, 3. Aufl., § 74 Rn 61; Schmitz, Computerkriminalität, S. 34 ff.

53 Z. B. Meurer, Die Bekämpfung der Computerkriminalität in der Bundesrepublik Deutschland, FS für Kitagawa, S. 971, insbesondere S. 975 ff.; Steckler, Grundzüge des EDV-Rechts, VII. Computerkriminalität, S. 229 ff.; Lenckner/Winkelbauer, Computerkriminalität – Möglichkeiten und Grenzen des 2. WiKG, CR 1986, 483 ff., 654 ff., 824 ff.; Sondermann, Computerkriminalität – Die neuen Tatbestände der Datenveränderung gem. § 303a StGB und der Computersabotage gem. § 303b StGB.

54 Von zur Mühlen, Computer-Kriminalität, S. 17; Paul, RDV 1989, 221, 222.

wurde z. B. der Vorschlag gemacht, den Begriff der Computerkriminalität durch den Begriff „Computermissbrauch“ zu ersetzen.[55] Darüber hinaus findet sich in der Literatur die Empfehlung, künftig den Terminus „Delikte unter Beeinflussung von Rechnerabläufen“ zu verwenden.[56] Um den veränderten Bedingungen im Bereich der Computertechnik, insbesondere der zunehmenden Verbreitung von Computernetzwerken, Rechnung zu tragen, finden sich in der neueren Literatur Vorschläge, von „Informations- und Kommunikationskriminalität“[57] oder „multimedialer Kriminalität“[58] zu sprechen.

Vergleicht man die zuvor genannten Vorschläge mit dem Begriff der Computerkriminalität, so stellt man fest, dass diese nicht dazu geeignet sind, das Phänomen deutlicher zu beschreiben oder klarer abzugrenzen. Es ist zwar zutreffend, dass es sich bei dem Begriff der Computerkriminalität insofern um einen juristisch nicht brauchbaren Terminus handelt, als er sich als Tatbestandsmerkmal, an das Rechtsfolgen geknüpft sind, wegen seiner fehlenden Bestimmtheit nicht eignen würde. Allerdings ist dieser Einwand auch gegenüber den alternativ vorgeschlagenen Begriffen anzubringen. Der Begriff der Computerkriminalität ist ein Schlagwort, das Signalwirkung besitzt und sich mittlerweile in der Literatur durchgesetzt hat.[59] Daher sollte der Begriff, der bereits zum Allgemeingut[60] geworden ist, beibehalten werden.

2.2 Definition des Begriffs „Computerkriminalität“

Große Schwierigkeiten bereitet die Beantwortung der Frage, wie der Begriff der Computerkriminalität zu definieren ist. Eine Legaldefinition dieses Begriffs existiert weder im materiellen Strafrecht noch im Prozessrecht, was v. a. darauf zurückzuführen ist, dass an diesen Begriff keine Rechtsfolgen geknüpft sind.

---

55 So Lindemann (Firma IBM Deutschland) in einem Hearing der Interparlamentarischen Arbeitsgemeinschaft am 13.5.1974 in Bonn, mitgeteilt bei Sieber, Computerkriminalität und Strafrecht, S. 184.

56 Steinke, NJW 1975, 1867.

57 Richter, in: Müller-Gugenberger/Bieneck, Wirtschaftsstrafrecht, § 42 Rn 2; Dammann, Computerkriminalität aus Sicht von Ermittlungsbehörden, http://www.cert.dfn.de/dfn/berichte/db087/lka52.html, wonach dieser Begriff v. a. im polizeilichen Bereich verwendet wird.

58 Vassilaki, CR 1997, 297 ff.

59 Jessen, Zugangsberechtigung und besondere Sicherung, S. 15; Sondermann, Computerkriminalität, S. 5; Sieber, Computerkriminalität und Strafrecht, S. 184 f.

60 Sieber, Computerkriminalität und Strafrecht, S. 185.

Vielfach wird in der Literatur die auf von zur Mühlen zurückgehende Definition zitiert, wonach unter Computerkriminalität jedes deliktische Handeln zu verstehen ist, bei dem der Computer Werkzeug oder Ziel der Tat ist.[61] In ähnlicher Weise wird der Begriff auch von Dannecker definiert, der unter Computerkriminalität alle Kriminalitätsformen versteht, die unmittelbar oder mittelbar im Zusammenhang mit der elektronischen Datenverarbeitung stehen und unter Einbeziehung einer EDV-Anlage begangen werden.[62] Diese Begriffsbestimmungen sind sehr weitreichend, da sie auch solche Verhaltensweisen der Computerkriminalität zuordnen, die unter die „klassischen Straftatbestände" zu subsumieren sind und sich nur dadurch von anderen Fällen unterscheiden, dass sie sich des Computers als Tatmittel bedienen bzw. zu der elektronischen Datenverarbeitung in einem unmittelbaren oder mittelbaren Zusammenhang stehen. Danach würde die Computerkriminalität in zahlreiche Deliktsbereiche hineinreichen und wäre nicht auf bestimmte Straftatbestände beschränkt.

In noch extensiverer Weise hat eine Expertengruppe der Organisation für wirtschaftliche Zusammenarbeit (OECD) den Begriff der Computerkriminalität festgelegt. Danach erfasst die Computerkriminalität alle gesetzwidrigen, ethisch verwerflichen oder unerlaubten Verhaltensweisen, die automatische Datenverarbeitungs- und Datenfernübertragungssysteme berühren.[63] Diese Begriffsbestimmung ist schon allein auf Grund der Erfassung „ethisch verwerflicher Verhaltensweisen" für eine präzise Eingrenzung der Computerkriminalität nicht geeignet, da unklar bleibt, wann die Voraussetzung ethischer Verwerflichkeit im Bereich von Handlungsweisen mit Bezug zur elektronischen Datenverarbeitung erfüllt ist. Darüber hinaus erscheint es problematisch, die Zuordnung einer Verhaltensweise zur Computerkriminalität davon abhängig zu machen, dass sie Berührungspunkte mit der automatischen Datenverarbeitung aufweist. Die elektronische Datenverarbeitung kommt mittlerweile bei der Aufgabenbewältigung in nahezu allen Lebensbereichen zur Anwendung, was zur Folge hat, dass diese durch die unterschiedlichsten Verhaltensweisen tangiert wird. Demzufolge lassen sich auch im Bereich krimineller Handlungen – unabhängig von der Frage, welches Rechtsgut verletzt wird und welche Straftatbestände erfüllt sind – häufig Berührungspunkte zur elektronischen Datenverarbeitung feststellen, sodass die zuvor dargestellte Definition der OECD zu einer enormen Ausweitung des Begriffs der Computerkriminalität in die verschiedensten Deliktsbereiche führen

---

61 Von zur Mühlen, Computer-Kriminalität, S. 17; ebenso Lampe, GA 1975, 1.

62 Dannecker, BB 1996, 1285.

63 OECD (Hrsg.), Computer-Related Criminality: analysis of legal policy in the OCEA area, Paris 1986, Kap. 1, mitgeteilt bei Bühler, MDR 1987, 448, 449 und Schulze-Heiming, Strafrechtlicher Schutz der Computerdaten, S. 10.

würde. Die Definition ist daher allenfalls als soziologische, nicht jedoch als rechtliche und auch nicht als kriminologische Begriffsbestimmung verwendbar.

Einige Autoren haben die Problematik einer zu starken Ausweitung des Begriffs und die damit verbundene Schwierigkeit einer Abgrenzung von anderen Kriminalitätsbereichen erkannt und verzichten auf eine Definition des Begriffs der Computerkriminalität. Stattdessen versuchen sie die entsprechenden Erscheinungsformen systematisch zu erfassen, wobei unterschiedliche Einteilungen befürwortet werden.[64] So wird z. B. vorgeschlagen, eine Unterteilung nach den betroffenen Rechtsgütern vorzunehmen und im Bereich der Computerkriminalität zwischen Vermögensdelikten, Verletzungen des Persönlichkeitsrechts und Verletzungen überindividueller Rechtsgüter zu unterscheiden.[65] Andere Autoren bevorzugen eine Einteilung nach den phänomenologisch beobachteten Angriffsformen, d. h. eine Einteilung in Computermanipulationen, Computerspionage, Computersabotage und den sog. Zeitdiebstahl.[66]

Diese Vorgehensweise vermeidet zwar die Schwierigkeiten, die mit einer Festlegung des Begriffs der Computerkriminalität verbunden sind, sie hat jedoch den Nachteil, dass hier nur bestimmte Erscheinungsformen abschließend aufgezählt werden und somit künftige Entwicklungen unter Umständen nicht hinreichend berücksichtigt werden können.

In der Literatur findet sich des Weiteren der Vorschlag, im Grundsatz dem auf von zur Mühlen zurückgehenden Definitionsansatz zu folgen, allerdings eine Einschränkung des Begriffs der Computerkriminalität auf gegen fremdes Vermögen gerichtete computerspezifische Verhaltensweisen vorzunehmen.[67] Dies erscheint jedoch insofern nicht überzeugend, als durch die Computerkriminalität auch andere Rechtsgüter als das Vermögen unmittelbar tangiert werden können, so z. B. die Persönlichkeitssphäre.[68]

---

64 Jessen, Zugangsberechtigung und besondere Sicherung, S. 15 ff., Schulze-Heiming, Strafrechtlicher Schutz der Computerdaten, S. 9 ff.

65 Jessen, Zugangsberechtigung und besondere Sicherung, S. 15 ff.

66 Schulze-Heiming, Strafrechtlicher Schutz der Computerdaten, S. 9 ff.; Beukelmann, Prävention von Computerkriminalität, S. 26 ff.

67 Schmitz, Computerkriminalität, S. 24; Sieber, Computerkriminalität und Strafrecht, S. 188; Aufgabe der Beschränkung auf Vermögensverletzungen in der 2. Auflage, S. 2/139: „Die in den letzten Jahren zu beobachtende Ausdehnung des Computermißbrauchs auf verschiedene mit dem Vermögen nicht in Beziehung stehende Bereiche spricht für eine derartige Erweiterung des Begriffs der Computerkriminalität auf alle vorsätzlichen (strafbaren oder strafwürdigen), in einem Sachzusammenhang mit den Daten der EDV stehenden Delikte...“.

68 Frey, Computerkriminalität in eigentums- und vermögensstrafrechtlicher Sicht, S. 7.

Darüber hinaus wird die Auffassung vertreten, die Computerkriminalität auf solche kriminellen Verhaltensweisen zu beschränken, die ohne die Computertechnik in vergleichbarer Form nicht zu verwirklichen sind. Computerkriminalität soll danach nur gegeben sein, wenn es sich um computerspezifische Delikte in der Weise handelt, dass der Täter gerade die technischen Möglichkeiten der elektronischen Datenverarbeitung für seine Zwecke ausnutzt. Auszusondern sind hiernach solche kriminellen Verhaltensweisen, die nur in einem äußeren Zusammenhang zur Verwendung der Computertechnik stehen und nicht durch die Besonderheiten der elektronischen Datenverarbeitung geprägt sind.[69]

Bei der Computerkriminalität handelt es sich um eine Kriminalitätsform, die durch eine ständige Anpassung der Kriminalität – und damit verbunden auch des Rechts – an die Technik gekennzeichnet ist. Während in den 70er und 80er Jahren der Computer in seiner Eigenschaft als Datenspeicherungs- bzw. Datenverarbeitungsanlage im Vordergrund des Interesses stand und der einzelne Computer eine nach außen hin abgeschlossene Einheit bildete, gewinnen in neuerer Zeit Computernetzwerke an Bedeutung. Diese Entwicklung hat zu einem Anstieg solcher Delikte geführt, die sich als Tatmittel des Internets bedienen. In diesem Zusammenhang sind v. a. das Verbreiten von illegalen Inhalten, wie z. B. rechtsextremistischen Gedankenguts oder kinderpornographischer Darstellungen, im Internet zu nennen.[70] Es erscheint jedoch zweifelhaft, ob es sinnvoll ist, auch diese Erscheinungsformen dem Begriff der Computerkriminalität zuzuordnen.

Nicht nur in der Literatur, sondern v. a. auch in den Medien wird die Tendenz sichtbar, alle Delikte, die einen irgendwie gearteten Bezug zu der EDV aufweisen, als Computerkriminalität zu bezeichnen. Auch solche Handlungsweisen, die zu den sog. „klassischen Straftatbeständen" gehören, jedoch im konkreten Fall mit Hilfe des Computers begangen werden, sollen hiernach der Computerkriminalität zuzuordnen sein. So wird z. B. das Verbreiten illegaler Inhalte über das Internet, wodurch z. B. die Straftatbestände der §§ 86, 86a, 184, 185 ff. StGB verwirklicht sein können, häufig unter dem Oberbegriff der Computerkriminalität behandelt. Es ist nicht zu verkennen, dass das Internet und damit letztlich die EDV zu einem starken Anstieg der zuvor genannten Delikte geführt hat. Dennoch sollten diese Deliktsbereiche nicht der Computerkriminalität zugeordnet werden, da ansonsten der Begriff der Computerkriminalität völlig konturenlos

69 Frey, Computerkriminalität in eigentums- und vermögensstrafrechtlicher Sicht, S. 8.

70 Z. B. der Fall des sog. „Adelaide-Institute", Urteil des BGH v. 12.12.2000 – 1 StR 184/00, BGHSt 46, 212 ff., in dem der BGH die Anwendbarkeit des deutschen Strafrechts (§§ 130 I, III, 185, 189 StGB) auf die vom Ausland aus über das Internet verbreitete „Auschwitzlüge" bejaht hat.

wird und eine Abgrenzung zu anderen Deliktsbereichen nicht mehr möglich ist. Würde man einen derart weitreichenden Begriff der Computerkriminalität vertreten, so hätte dies zur Folge, dass auch Delikte wie etwa Mord, Totschlag oder Körperverletzung als Computerkriminalität einzuordnen wären, soweit sie unter Zuhilfenahme eines Computers begangen würden. Ein Fall von Computerkriminalität wäre demnach beispielsweise auch dann gegeben, wenn der Täter zu dem späteren Opfer per E-Mail Kontakt aufnimmt, um es zum Tatort zu bestellen, oder durch Manipulationen an einem Krankenhauscomputer der Tod bzw. Gesundheitsschädigungen von Patienten herbeigeführt werden. Da der Computer heutzutage in allen Bereichen des täglichen Lebens Einzug gehalten hat und demzufolge viele der klassischen Straftaten mit Hilfe eines Computers durchgeführt werden können, müssten immer mehr Straftatbestände im Zusammenhang mit der Computerkriminalität betrachtet werden. Dies würde jedoch dazu führen, dass der Begriff der Computerkriminalität als Schlagwort für einen bestimmten Deliktsbereich unbrauchbar würde. Daher erscheint es sinnvoll, den Begriff solchen Deliktsbereichen vorzubehalten, bei denen der Computer bzw. die elektronische Datenverarbeitung eine so bedeutende Rolle spielt, dass eine Begehung nur mittels dieses Tatinstrumentes möglich ist oder sich die Handlung gerade gegen das einwandfreie Funktionieren der elektronischen Datenverarbeitung als solche richtet. Demnach sollten aus dem Deliktsbereich der Computerkriminalität solche Handlungen ausgesondert werden, bei denen der Computer lediglich als Mittel dazu dient, die Begehung von Straftaten zu erleichtern, die auch auf anderem Wege verwirklicht werden könnten und die den sog. „klassischen Straftaten" zuzuordnen sind.[71]

3 Merkmale der Computerkriminalität

3.1 Erleichterung von Straftaten durch die Computertechnologien

Die Computerkriminalität ist ein Kriminalitätsbereich, der sich parallel zu der Computertechnik entwickelt hat und geprägt ist durch eine ständige Anpassung an die veränderten Bedingungen auf diesem Gebiet.[72] Die durch die neuen Informations- und Kommunikationstechnologien geschaffenen Möglichkeiten werden nicht nur dazu eingesetzt, um die Lebens- und Arbeitsbedingungen zu

[71] Im Zusammenhang mit der Verbreitung illegaler Inhalte über das Internet erscheint der Begriff der „Informations- und Kommunikationskriminalität" geeignet, da dieser nicht so sehr den Computer als einziges Tatmittel in den Vordergrund rückt.

[72] Kaiser, Kriminologie, Ein Lehrbuch § 74 Rn 61; Sieber, CR 1995, 100; Dannecker, BB 1996, 1285, 1287.

verbessern, sondern sie werden auch zu kriminellen Zwecken genutzt. Ein entscheidender Faktor ist hierbei, dass die neuen Technologien kriminelle Angriffe in nicht unerheblichem Maße vereinfachen. So ist es z. B. heute möglich, dass ein Täter, um in den Besitz fremder Betriebsgeheimnisse zu gelangen, über ein Netzwerk von außerhalb in das Computersystem eines fremden Betriebes eindringt und die entsprechenden Daten, die auf engstem Raum gebündelt sind, kopiert.[73] Demgegenüber musste er früher in die Geschäftsräume des Betriebes gelangen, um dort die jeweiligen schriftlichen Unterlagen z. B. mit Hilfe eines Fotokopiergerätes zu kopieren, was mit einem erheblich größeren Zeitaufwand und einem höheren Entdeckungsrisiko verbunden war.

3.2 Hohes Gefährdungspotenzial der Computerkriminalität

Die Computerkriminalität beinhaltet ein hohes Gefährdungspotenzial, was insbesondere darauf zurückzuführen ist, dass die Informationsinfrastruktur zu einer wichtigen Stütze von Staat, Gesellschaft und Wirtschaft geworden ist und Störungen dementsprechend schwerwiegende Konsequenzen haben. Berücksichtigt man, dass mittlerweile die gesamte Produktion von Fabriken mit Hilfe der Computertechnik gesteuert wird, dass Luftraumüberwachungssysteme und ein Großteil der medizinischen Überwachung in Krankenhäusern auf Computersystemen basieren und dass Computer zur Überwachung gefährlicher Güter und Anlagen (z. B. Atomkraftwerke) eingesetzt werden, so wird das Gefährdungspotenzial, das die Computerkriminalität in sich birgt, sichtbar.[74]

3.3 Unmittelbare und mittelbare Schäden

Ein charakteristisches Merkmal der Computerkriminalität ist die beachtliche Höhe der Schäden, die durch entsprechende kriminelle Handlungen hervorgerufen werden können. Hierbei muss man zwischen unmittelbaren und mittelbaren Schäden unterscheiden. Die oftmals enorme Höhe der unmittelbaren wirtschaftlichen Schäden,[75] die direkt dem Vermögen des Betroffenen zugefügt werden, ist v. a. auf die Permanenz der Tathandlung bei der Computerkriminalität zurückzuführen.[76] Unter der Permanenz der Tathandlung versteht man dabei die durch die elektronische Datenverarbeitung eröffnete Möglichkeit der vielfachen

---

73 Grosch/Liebl, CR 1988, 507, 508.

74 Einzelheiten zu den Gefahren für die Informationsgesellschaft bei Sieber, COMCRIME-Studie, S. 3.

75 Nähere statistische Angaben zu den Schäden in diesem Kapitel unter 4.

76 Von zur Mühlen, Computer-Kriminalität, S. 25; Welp, iur 1988, 443 f.; Jessen, Zugangsberechtigung und besondere Sicherung, S. 21.

Wiederholung von Arbeitsschritten, die zur Folge hat, dass eine einmal vorgenommene Programmmanipulation sich auf alle folgenden Arbeitsschritte automatisch, also ohne weiteres Zutun des Täters, auswirkt. Ist es dem Täter einmal gelungen, einen irregulären Programmteil in einem fremden Rechnersystem zu installieren, so braucht er keine weiteren Handlungen mehr vorzunehmen, sondern die weitere (kontinuierliche) Tatausführung wird durch den Ablauf des Programms bewirkt.[77] Auch wenn die unmittelbaren Schäden, die durch die Computerkriminalität verursacht werden, schon eine beträchtliche Höhe aufweisen, so sind die mittelbar hervorgerufenen Schäden oftmals noch viel schwerwiegender. Die mittelbaren Schäden bestehen z. B. darin, dass das Bekanntwerden eines Angriffs auf ein Computersystem eines Unternehmens mit erheblichen Image- und Vertrauensverlusten verbunden ist, die gravierende finanzielle Einbußen zur Folge haben. So hat z. B. der sog. „I love you"-Virus im Jahre 2000 zu starken Kurseinbrüchen bei den betroffenen Firmen geführt, wobei die Kursverluste weltweit auf etwa 200 Mrd. DM geschätzt wurden.[78] Nicht nur große Organisationen und Unternehmen kommen als Opfer der Computerkriminalität in Betracht, sondern auch kleine und mittelständische Unternehmen sowie private Nutzer sehen sich zunehmend dieser Kriminalitätsform ausgesetzt.[79] Mittlerweile existieren bereits Versicherungen, durch die sich Unternehmen, aber auch Privathaushalte gegen Schäden, die durch Hacker, Computerviren usw. verursacht werden, finanziell absichern können.

3.4 Globales Betätigungsfeld

Ein weiteres Merkmal der Computerkriminalität ist das durch den zunehmenden Ausbau von Netzwerken eröffnete globale Betätigungsfeld der Täter. Während in anderen Deliktsbereichen der Täter meistens vor Ort sein muss, um die strafrechtlich relevante Handlung vorzunehmen, ermöglicht der Einsatz von Computern, die über Netzwerke weltweit verbunden sind, dass der Täter von nahezu jedem beliebigen Ort aus handeln kann.[80] Dies führt zum einen zu Problemen bei der Frage der Anwendbarkeit des deutschen Strafrechts[81] und zum anderen erschwert dies die Ermittlungen der Strafverfolgungsbehörden erheblich.

---

[77] Welp, iur 1988, 443 f.

[78] Hey, BuW 2001, 200, 201.

[79] Hey, BuW 2001, 200, 201.

[80] Riklin, Information Highway und Strafrecht, in: Hilty, Information Highway, S. 559, 564.

[81] Vgl. hierzu z. B. Hilgendorf, NJW 1997, 1873 ff.; Sieber, NJW 1999, 2065 ff.; BGHSt 46, 212 ff.

3.5 Dunkelfeld

Das Dunkelfeld der Computerkriminalität wird überwiegend als sehr groß eingeschätzt.[82] Ein Grund hierfür ist, dass die Wahrscheinlichkeit der Aufdeckung der Tat gering ist. Dies hängt zum einen damit zusammen, dass das große Vertrauen in die Technik dazu führt, dass Computerergebnisse in den meisten Fällen nicht überprüft werden und somit Manipulationen, wenn überhaupt, erst sehr spät auffallen.[83] Zum anderen wird die Ermittlungsarbeit dadurch erschwert, dass die EDV sich gut dazu eignet, mögliche Beweismittel zu verstecken und gegebenenfalls durch Löschen entsprechender Daten zu vernichten.[84] Auch die durch Netzwerke geschaffene Autonomie des Täters bezüglich des Tatorts und das im Bereich der Computerkriminalität häufig gegebene zeitliche Auseinanderfallen von Tathandlung und Taterfolg führen dazu, dass die Aufklärung der Tat erheblich erschwert wird.[85] Darüber hinaus fehlen bei der elektronischen Datenverarbeitung häufig Dokumentationen über erzielte Zwischenergebnisse, die eine Rekonstruktion der Tathandlung und Rückschlüsse auf den Täter ermöglichen könnten.[86] Ein weiterer Grund für die hohe Dunkelziffer im Bereich der Computerkriminalität ist, dass oftmals, auch wenn die Tat entdeckt wird, eine Strafanzeige ausbleibt. In vielen Fällen wird der eingetretene Schaden auf eigene Fahrlässigkeit zurückgeführt, sodass aus der Sicht des Betroffenen keine Straftat gegeben ist.[87] Insbesondere werden Unternehmen auch häufig auf eine Anzeige verzichten, weil sie Image- und Vertrauensverluste fürchten und den Schaden, der dadurch entstehen würde, höher einstufen als den, der durch die kriminelle Handlung entstanden ist.[88]

3.6 Täter

Im Hinblick auf die Täter im Bereich der Computerkriminalität ist festzustellen, dass diese bezüglich Schulbildung und Intelligenz bisher eher über dem Durch-

---

82 Lenckner, Computerkriminalität, S. 10; Jessen, Zugangsberechtigung und besondere Sicherung, S. 19; Beukelmann, Prävention von Computerkriminalität, S. 56; a. A. Steinke, NStZ 1984, 295, 297; kritisch auch Schmitz, Computerkriminalität, S. 34.

83 Jaburek/Schmölzer, Computer-Kriminalität, S. 25.

84 Paul, RDV 1989, 221.

85 Möhrenschlager, wistra 1986, 127, 128.

86 Sieber, Computerkriminalität und Strafrecht, S. 148; Frey, Computerkriminalität in eigentums- und vermögensstrafrechtlicher Sicht, S. 18; Jessen, Zugangsberechtigung und besondere Sicherung, S. 20.

87 Jessen, Zugangsberechtigung und besondere Sicherung, S. 20.

88 Tiedemann, in: FS für Kaiser, S. 1373, 1374; Jessen, Zugangsberechtigung und besondere Sicherung, S. 20; Möhrenschlager, wistra 1986, 127, 128.

schnitt lagen. In der Vergangenheit verfügten die Täter häufig über eine spezielle EDV-Ausbildung und hatten im Zusammenhang mit ihrer beruflichen Tätigkeit Zugriff auf Computer.[89] Häufig wurden entsprechende Taten durch die eigenen Mitarbeiter eines Betriebes ausgeführt. Durch die zunehmende Verfügbarkeit von Computern für jedermann und die immer einfacher werdende Bedienbarkeit von Hardware und Software findet im Bereich der Computerkriminalität eine erhebliche Ausweitung des Täterkreises statt.[90] Auch führt der Anschluss von Betrieben an Netzwerke dazu, dass entsprechende Angriffe immer häufiger extern durch betriebsfremde Täter durchgeführt werden.

4 Statistische Angaben zum Ausmaß der Computerkriminalität

In der Öffentlichkeit wird die Bedrohung durch die Computerkriminalität sehr unterschiedlich eingeschätzt.[91] Teilweise werden die Gefahren unterbewertet, was sich im Fehlen von Sicherheitsvorkehrungen äußert. Zum Teil wird die Computerkriminalität jedoch auch – v. a. infolge der Berichterstattung über spektakuläre Fälle in den Medien – als ernsthafte Bedrohung eingeschätzt.

Um sich ein Bild über das tatsächliche Ausmaß und die Verbreitung der Computerkriminalität zu machen, bietet es sich an, entsprechende Statistiken dahingehend zu untersuchen. Statistisch wird die Computerkriminalität in Deutschland allein durch die vom Bundeskriminalamt jedes Jahr herausgegebene Polizeiliche Kriminalstatistik (PKS) erfasst. Die Computerkriminalität ist in der PKS seit 1987 als eigener Deliktsbereich ausgewiesen. Unter der Kategorie Computerkriminalität werden folgende Delikte geführt: Betrug mittels rechtswidrig erlangter Karten für Geldausgabe- bzw. Kassenautomaten, Computerbetrug (§ 263a StGB), Betrug mit Zugangsberechtigung zu Kommunikationsdiensten (wurde 1998 aufgenommen), Fälschung beweiserheblicher Daten und Täuschung im Rechtsverkehr bei Datenverarbeitung (§§ 269, 270 StGB), Datenveränderung und Computersabotage (§§ 303a, 303b StGB), Ausspähen von Daten (§ 202a StGB), Softwarepiraterie (private Anwendung, z. B. Computerspiele) und Softwarepiraterie in Form gewerbsmäßigen Handelns.

---

[89] Gerhards, Computerkriminalität und Sachbeschädigung, S. 10.

[90] Binder, Strafbarkeit intelligenten Ausspähens von programmrelevanten DV-Informationen, S. 31; Riklin, Information Highway und Strafrecht, in: Information Highway, S. 559, 562.

[91] Paul, NJW-CoR 1995, 42.

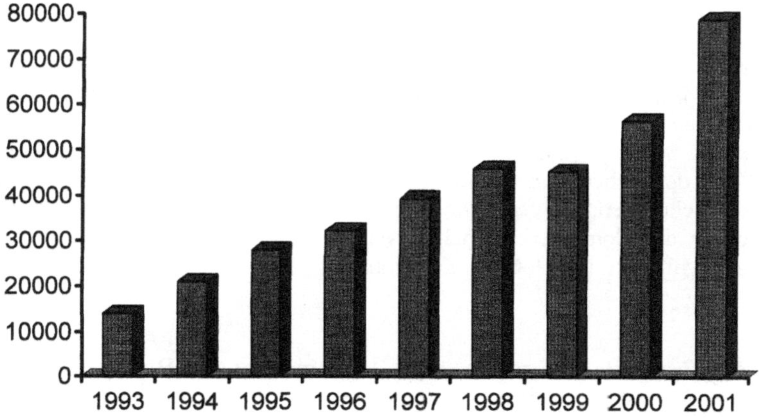

Abb. 1: Entwicklung der Computerkriminalität nach der Polizeilichen Kriminalstatistik[92]

Betrachtet man die Angaben der PKS, so stellt man fest, dass die Zahl der erfassten Fälle von Computerkriminalität – mit Ausnahme des Jahres 1999, in dem erstmals ein geringer Rückgang um 1,6 % zum Vorjahr festzustellen war – jährlich erheblich angestiegen ist. Für das Jahr 2001 weist die PKS 79 283 Fälle im Bereich der Computerkriminalität aus, was einen deutlichen Anstieg zum Vorjahr um 39,9 % bedeutet. Sicherlich vermag die PKS nicht die tatsächliche Entwicklung der Computerkriminalität wiederzugeben, da verschiedene Faktoren Einfluss auf die Zahlen haben. In diesem Zusammenhang spielt insbesondere die Anzeigebereitschaft der Opfer eine wichtige Rolle. Daneben sind die Zahlen auch von der Ermittlungstätigkeit der Polizei abhängig, die wiederum durch die Ausstattung, in diesem Fall v. a. die EDV-Ausstattung, beeinflusst ist. Dennoch lässt die PKS den Schluss zu, dass die Computerkriminalität starke Zuwächse verzeichnet und keinesfalls unterschätzt werden darf. Es kann für die Zukunft prognostiziert werden, dass mit fortschreitender Entwicklung der Technik dieser Kriminalitätsbereich immer mehr an Bedeutung gewinnen wird.

Über die Höhe der Schäden, die jährlich durch die Computerkriminalität verursacht werden, können keine genauen Angaben gemacht werden, was zum einen wiederum auf das hohe Dunkelfeld in diesem Kriminalitätsbereich und zum an-

92 PKS 2001, http://www.bmi.bund.de/Annex/de_20088/Polizeiliche_Kriminalstatistik_als_PFD-Download.pdf.

deren auf die Tatsache zurückzuführen ist, dass bisher zu diesem Thema in Deutschland kaum Untersuchungen durchgeführt worden sind.

Einen Eindruck über das Ausmaß der durch die Computerkriminalität verursachten Schäden können Untersuchungen aus den USA vermitteln. Das FBI und das Computer Security Institute beziffern in ihrer Computerverbrechensstatistik 2002[93], in der Sicherheitstechniker v. a. großer amerikanischer Konzerne, Regierungseinrichtungen, Universitäten und medizinischer Institute befragt wurden, den durch die Computerkriminalität verursachten durchschnittlichen Schaden auf ca. 2 Millionen US-Dollar je Einrichtung.

5 Einführung von gesetzlichen Regelungen zur Bekämpfung der Computerkriminalität

Die Weiterentwicklung der Technik hat in der Vergangenheit immer wieder Anpassungen der Strafrechtsnormen erforderlich gemacht, z. B. Elektrizitätsdiebstahl (Ende des 19. Jahrhunderts), Automatenbetrug (30er Jahre), Fälschung technischer Aufzeichnungen (50er Jahre).[94] Anfang der 70er Jahre erkannte man, dass es verschiedene sozialschädliche Verhaltensweisen im Bereich des Wirtschaftslebens gibt, die von der Rechtsordnung nicht oder nur unzureichend erfasst wurden. Diese Tatsache wurde besonders durch die Verhandlungen des 49. Deutschen Juristentages 1972 deutlich. Der damalige Bundesjustizminister Gerhard Jahn berief daher eine „Sachverständigenkommission zur Bekämpfung der Wirtschaftskriminalität - Reform des Wirtschaftsstrafrechts" ein, die in den folgenden Jahren mehrere Vorschläge zur Verbesserung des Wirtschaftsstrafrechts vorlegte.[95] Diese Vorarbeiten mündeten in das Erste Gesetz zur Bekämpfung der Wirtschaftskriminalität, das am 29. Juli 1976 verabschiedet wurde und durch das u. a. die Straftatbestände des Subventions- und Kreditbetruges (§§ 264, 265b) neu in das StGB eingefügt wurden und das Konkursstrafrecht (§§ 283 ff.) und der Wuchertatbestand (§ 302a) geändert wurden. Es zeigte sich schon bald darauf, dass neuere Entwicklungen des Wirtschaftslebens, v. a. im Hinblick auf die technische Fortentwicklung, noch nicht hinreichend berücksichtigt waren. Am 20.10.1978 wurde ein erster Referentenentwurf des Zweiten Gesetzes zur Bekämpfung der Wirtschaftskriminalität vorgelegt, der Vorschläge zur Erfassung der Computerkriminalität enthielt, nämlich die Aufnahme der

93 „Computer Crime and Security Survey 2002", http://www.gocsi.com/press/20020407.html.

94 Steckler, Grundzüge des EDV-Rechts, S. 229.

95 Achenbach, NJW 1986, 1835.

Tatbestände des Computerbetrugs (§ 263a StGB) und der Fälschung gespeicherter Daten (§ 269 StGB) in das Strafgesetzbuch. Am 6. Juni 1984 fand eine Sachverständigenanhörung durch den Rechtsausschuss des Bundestages statt, durch die die Gesetzgebung zur Computerkriminalität maßgeblich beeinflusst wurde.[96] Es wurden hier nämlich Strafbarkeitslücken im Bereich des unbefugten Eindringens in fremde Datenverarbeitungssysteme deutlich, durch die erhebliche Gefahren für die private und geschäftliche Geheimsphäre befürchtet wurden.[97] Daher sah sich der Gesetzgeber veranlasst, den ursprünglichen Gesetzentwurf um den Tatbestand des Ausspähens von Daten (§ 202a) zu erweitern.[98] Daneben wurden die Datenveränderung (§ 303a) und die Computersabotage (§ 303b) in den Gesetzentwurf aufgenommen. Das Zweite Gesetz zur Bekämpfung der Wirtschaftskriminalität wurde am 15. Mai 1986 verkündet und trat am 1. August 1986 in Kraft. Durch das 2. WiKG wird die Computerkriminalität unter vier Rechtsgutsaspekten erfasst. Der Tatbestand des Ausspähens von Daten (§ 202a) betrifft den Bereich des Geheimnisschutzes, der Computerbetrug (§ 263a) fällt in die Kategorie der Vermögensdelikte, die Fälschung beweiserheblicher Daten (§ 269) sowie § 270 gehören zu den Urkundsdelikten[99] und die Datenveränderung (§ 303a) und die Computersabotage (§ 303b) sind dem Bereich der Sachbeschädigungsdelikte zugeordnet.[100]

6 Internationale Maßnahmen im Zusammenhang mit der Bedrohung durch die Computerkriminalität

In Anbetracht des zunehmenden Ausbaus von Datennetzen und der damit verbundenen Globalisierung des Datenaustausches ist gerade auf dem Gebiet der Computerkriminalität eine internationale Rechtsangleichung von großer Bedeutung. Verschiedene internationale Organisationen haben die Problematik der Computerkriminalität bereits frühzeitig aufgegriffen und Lösungsvorschläge diesbezüglich entwickelt. In jüngerer Zeit ist hierbei eine Konzentration auf den Bereich der sog. Kommunikationsdelikte im Internet, d. h. des Verbreitens illegaler Inhalte über Datennetze, festzustellen.[101] Die eigentliche Computerkriminalität erfährt dabei weniger Beachtung.

---

96 Jessen, Zugangsberechtigung und besondere Sicherung, S. 26 ff.

97 Achenbach, NJW 1986, 1835, 1837; Sieber, Informationstechnologie und Strafrechtsreform, S. 18 ff., S. 53 ff.

98 Lenckner/Winkelbauer, CR 1986, 483.

99 Außerdem wurden Ergänzungen bei §§ 271, 273, 274 und 348 StGB vorgenommen.

100 Lenckner/Winkelbauer, CR 1986, 483.

101 Vgl. hierzu die Darstellung bei Bremer, Strafbare Internet-Inhalte, S. 53 ff.

Zu den internationalen Organisationen, die sich mit der Bedrohung durch die Computerkriminalität befasst haben, zählen die OECD, die Vereinten Nationen, der Europarat, die Europäische Union und die AIDP. Außerdem haben die G7 bzw. G8 Fragestellungen im Zusammenhang mit der Bedrohung der Informationsgesellschaft durch die Computerkriminalität aufgegriffen.
Im Folgenden wird ein kurzer Überblick über die wichtigsten internationalen Maßnahmen im Bereich der Computerkriminalität gegeben.[102]

6.1 OECD

Die erste eingehende Untersuchung zu dem Problembereich der Computerkriminalität wurde von der OECD (Organization for Economic Cooperation and Development) durchgeführt.[103] Die OECD berief 1983 eine Expertenkommission ein, die sich insbesondere mit dem Erfordernis von Strafrechtsänderungen und den Möglichkeiten einer internationalen Harmonisierung auf dem Gebiet des Computerstrafrechts beschäftigen sollte. Ergebnis der Beratungen der Expertenkommission war eine 1986 veröffentlichte Empfehlung der OECD an die Mitgliedsstaaten, die vorsah, dass bestimmte Formen der Computerkriminalität von den nationalen Strafrechtsregelungen erfasst werden sollten. Die OECD hat auf der Grundlage einer rechtsvergleichenden Untersuchung eine Liste von Missbrauchshandlungen auf dem Gebiet der Computerkriminalität ausgearbeitet, die als gemeinsamer Nenner für die strafrechtliche Verfolgung der Computerkriminalität in den Mitgliedsstaaten dienen sollte. Zu den in der Liste genannten Handlungen zählt u. a. der unbefugte und vorsätzliche Zugang zu einem Computer- und Telekommunikationssystem.

Im November 1992 veröffentlichte die OECD eine weitere an die Regierungen und die Privatwirtschaft gerichtete Empfehlung, die Leitlinien hinsichtlich der Sicherheit von Informationssystemen enthält. Hierin werden angemessene strafrechtliche oder andere Sanktionen hinsichtlich des Missbrauchs von Informationssystemen sowie eine gegenseitige Unterstützung und internationale Zusam-

---

[102] In Anbetracht des großen Umfangs der Untersuchungen und Berichte der verschiedenen Organisationen ist im Rahmen der vorliegenden Arbeit eine detaillierte Darstellung der Einzelmaßnahmen nicht möglich. Näher untersucht werden jedoch die Regelungen der Cyber-crime-Konvention des Europarates, da zu erwarten ist, dass diese entscheidende Auswirkungen auf die Gesetzgebung vieler Staaten im Bereich der Computerkriminalität haben werden.

[103] Sieber, COMCRIME-Studie, S. 145 f.; Kommission der Europäischen Gemeinschaft, Mitteilung der Kommission „Schaffung einer sichereren Informationsgesellschaft durch Verbesserung der Sicherheit von Informationsinfrastrukturen und Bekämpfung der Computerkriminalität", KOM (2000), 890 endg., S. 8 Fn 9.

menarbeit in Bereichen, die die Sicherheit von Informationssystemen betreffen, gefordert.[104]

Angesichts der Terroranschläge in den USA am 11. September 2001 hat die OECD im Juli 2002 neue Leitlinien entworfen, die die Leitlinien aus dem Jahre 1992 ersetzen und den veränderten Bedrohungen für Informationssysteme, insbesondere durch den Cyber-Terrorismus, Computerviren und Computerhacking, Rechnung tragen sollen.[105]

6.2 Vereinte Nationen (UN)

Die rechtlichen Probleme der Computerkriminalität wurden auch 1990 auf dem 8. Strafrechtskongress der UN[106] in Havanna diskutiert.[107] Auf der Grundlage des von dem 8. UN-Strafrechtskongress ausgearbeiteten Berichts wurde eine Resolution entworfen, die durch die Vollversammlung am 14. Dezember 1990 angenommen wurde.

Im Jahre 1994 veröffentlichte die UN ein Handbuch über die Verhütung und Eindämmung der Computerkriminalität („United Nations manual on the prevention and control of computer-related crime"). Hierin wird das Phänomen der Computerkriminalität im Hinblick auf materiellen Strafrechtsschutz, Prozessrecht, Prävention und internationale Zusammenarbeit untersucht.

Im Rahmen des 10. UN-Strafrechtskongresses vom 10. bis 17. April 2000 in Wien,[108] dessen Hauptthemen die grenzüberschreitende organisierte Kriminalität, Computerkriminalität und Korruption waren, wurde ein Workshop veranstaltet, der zum Ziel hatte, einen Informationsaustausch zwischen den Ländern hinsichtlich Ermittlungstechniken und Gesetzen im Bereich der Computerkriminalität zu ermöglichen.[109] Im Vordergrund standen hierbei die durch das Internet entstehenden Gefahren.

---

104 Sieber, COMCRIME-Studie, S. 146.

105 http://www.sicherheit-im-internet.de/themes/themes.phtml?ttid=78&tdid=2024&page=0.

106 Eighth UN Congress on the Prevention of Crime and the Treatment of Offenders.

107 http://www.uncjin.org/Documents/EightCongress.html#congress.

108 Informationen hierzu sind im Internet abrufbar unter http://www.uncjin.org/Documents/10thcongress/10cDocumentation/10cdocumentation.html.

109 Sieber, COMCRIME-Studie, S. 149 f.

6.3 Europäische Union

Im Mai 1997 nahm der Rat der Justiz- und Innenminister einen Aktionsplan zur Bekämpfung der organisierten Kriminalität an, der durch den Europäischen Rat auf seiner Tagung in Amsterdam bestätigt wurde und die Aufforderung an die Kommission enthielt, bis Ende 1998 eine Studie über die rechtlichen Probleme der Computerkriminalität und ihre Beziehung zur Informationsgesellschaft zu erarbeiten. Im April 1998 legte die Kommission die sog. COMCRIME-Studie[110] der multidisziplinären Arbeitsgruppe „Organisierte Kriminalität" des Rates vor. Hierin werden sowohl strafrechtliche Maßnahmen als auch Maßnahmen auf dem Gebiet des Zivilrechts und des öffentlichen Rechts als notwendig erachtet, um dem Problem der Computerkriminalität zu begegnen.

Eine weitere Maßnahme der EU auf dem Gebiet der Computerkriminalität ist der auf dem Gipfeltreffen des Europäischen Rates in Feira im Juni 2000 angenommene Aktionsplan „eEurope", der Vorschläge zur Verbesserung der Sicherheit von Netzen und zur Entwicklung eines koordinierten und einheitlichen Ansatzes zur Bekämpfung der Computerkriminalität beinhaltet.[111]

Die Europäische Kommission hat in ihrer Mitteilung „Schaffung einer sicheren Informationsgesellschaft durch Verbesserung von Informationsinfrastrukturen und Bekämpfung der Computerkriminalität"[112] Vorschläge legislativer – in diesem Zusammenhang ist insbesondere die Angleichung der materiellen Strafrechtsvorschriften für den Bereich der Computerkriminalität zu nennen – und nichtlegislativer Art gemacht.

Im April 2002 hat die Europäische Kommission einen Vorschlag für einen Rahmenbeschluss des Rates über Angriffe auf Informationssysteme verabschiedet.[113] Der Vorschlag bezieht sich auf die Bekämpfung verschiedener Arten von Angriffen auf Informationssysteme. Der vorgeschlagene Rahmenbeschluss ist darauf gerichtet, durch eine Angleichung der entsprechenden Strafrechtsvorschriften in diesem Bereich das Vorgehen der Strafverfolgungs- und Justizbehörden effizienter zu gestalten.

---

[110] Sieber, Legal Aspects of Computer-related Crime in the Information Society – COMCRIME, im Internet abrufbar unter http://www.europa.eu.int/ISPO/legal/en/comcrime/sieber.doc.

[111] Der Aktionsplan ist im Internet abrufbar unter http://europa.eu.int/information_society/eeurope/action _plan/pdf/actionplan_de.pdf.

[112] KOM (2000) 890 endg., im Internet abrufbar unter http://www.sicherheit-im-internet.de/download/eucom200-890.pdf.

[113] KOM (2002) 173, im Internet abrufbar unter http://europa.eu.int/eur-lex/de/com/pdf/2002/com2002_ 0173de01.pdf.

Der Rat der Europäischen Union hat den Rahmenbeschluss über Angriffe auf Informationssysteme[114] im Juli 2003 angenommen. Danach müssen, soweit kein Bagatellfall vorliegt, der rechtswidrige Zugang zu Informationssystemen, der rechtswidrige Systemeingriff sowie der rechtswidrige Eingriff in Daten unter Strafe gestellt werden. Die Strafbarkeit des vorsätzlichen und unbefugten Zugangs zu einem Informationssystem als Ganzes oder zu einem Teil eines Informationssystems kann von den Mitgliedstaaten davon abhängig gemacht werden, dass die Handlung durch eine Verletzung von Sicherheitsmaßnahmen erfolgt ist. Des Weiteren sieht der Rahmenbeschluss eine Strafschärfung für den Fall vor, dass die jeweilige Straftat im Rahmen einer kriminellen Vereinigung begangen wird. Hierdurch soll den besonderen Gefahren für die Sicherheit von Informationssystemen begegnet werden, die von der organisierten Kriminalität und dem Terrorismus ausgehen.

6.4 AIDP

Im Jahre 1992 fand in Würzburg ein Kolloquium der Association Internationale de Droit Pénal (AIDP) zum Themenbereich der Computerkriminalität statt. Dieses Kolloquium wurde zusammen mit einer Tagung der Europäischen Gemeinschaft und einem Expertentreffen der Vereinten Nationen veranstaltet.[115] Hier wurde die rechtliche Situation hinsichtlich der Computerkriminalität in den einzelnen Ländern dargestellt, und insbesondere die vom Europarat in seiner Empfehlung No. R (89) 9 vorgeschlagene „Minimumliste“ strafbarer Handlungen wurde allgemein begrüßt.

Auf dem XV. Strafrechtskongress der Association Internationale de Droit Pénal 1994 in Rio de Janeiro befasste sich die II. Sektion mit dem Themenbereich „Computerkriminalität und andere Delikte im Bereich der Informationstechnik“. In den Entschließungen wurde sowohl eine internationale Harmonisierung des materiellen Strafrechts gefordert als auch die Notwendigkeit nichtstrafrechtlicher Maßnahmen festgestellt, um einer Überkriminalisierung entgegenzuwirken.

---

[114] Im Internet abrufbar unter http://register.consilium.eu.int/pdf/de/03/st08/st08687-re02de03.pdf.

[115] Sieber, in: Sieber, Computer Crime and other Crimes against Information Technology, S. 21.

6.5 G7 / G8

Im Februar 1995 fand in Brüssel im Auftrag der Staats- und Regierungschefs der sieben führenden Industrienationen (G7)[116] eine Ministerkonferenz gemeinsam mit der Europäischen Kommission zu den Problemen, die mit der „Globalen Informationsgesellschaft" verbunden sind, statt.[117]

Im November 1996 wurde auf Initiative der G7-Staaten, Russlands und der EU eine Expertengruppe, die sog. „Carnegie-Gruppe", eingesetzt, die sich mit dem Missbrauch internationaler Datennetze beschäftigen sollte. Als Ergebnis hat die Expertengruppe Fälle missbräuchlicher Nutzung globaler Datennetze zusammengestellt und Vorschläge zur Lösung dieses Problems erarbeitet.[118]

Im Jahre 1997 billigten die Justiz- und Innenminister der G8 einen 10-Punkte-Aktionsplan zur Bekämpfung der kriminellen Nutzung neuer Technologien, insbesondere des Internets, der im Mai 1998 auf dem Gipfeltreffen der G8 in Birmingham angenommen wurde.[119] Dieser Aktionsplan sieht z. B. die Einrichtung eines Netzes von Kontaktstellen, die 24 Stunden im Einsatz sind, vor, wodurch die Ermittlungsmöglichkeiten verbessert werden sollen.[120] Des Weiteren wurde seitens der G8 eine Arbeitsgruppe „High-Tech-Kriminalität" eingerichtet.

6.6 Europarat

Der Europarat hat bereits 1985 eine Expertenkommission einberufen, die bis 1989 über rechtliche Probleme der Computerkriminalität diskutierte. Auf der Grundlage des von der Expertenkommission erarbeiteten Berichts wurde die Empfehlung No. R (89) 9 vorbereitet, die am 13. September 1989 angenommen wurde.[121] Diese Empfehlung des Europarates enthält eine „Minimumliste" von

---

116 Zu den G7 gehören Deutschland, Frankreich, Großbritannien, Italien, Japan, Kanada und die USA. Die G7 wurden im Jahre 1997 durch die Aufnahme Russlands zu den G8 erweitert.

117 Bremer, Strafbare Internet-Inhalte, S. 200.

118 Die einzelnen Ergebnisse können dem Abschlussbericht der Expertengruppe vom 17.10.1997 entnommen werden, der im Internet in der deutschen Übersetzung abrufbar ist unter http://www.iid.de/iukdg/archiv/carnegie_d.html.

119 Schaar, Datenschutz im Internet, Rn 841.

120 Vgl. hierzu Scheffler/Dressel, ZRP 2000, 514, 515 f.; Schaar, Datenschutz im Internet, Rn 841.

121 Council of Europe, Computer-Related Crime, Recommendation No. R (89) 9 on computer-related crime and final report of the European Committee on Crime Problems, 1990.

Handlungen, die in den Mitgliedsstaaten strafrechtlich erfasst werden sollten. Zu den in der „Minimumliste" genannten Handlungen zählen z. B. der Computerbetrug, die Computersabotage, der unbefugte Zugang zu einem Computersystem oder Computernetzwerk und die unbefugte Vervielfältigung eines geschützten Computerprogramms. Darüber hinaus enthält die Empfehlung eine zusätzliche Liste, die Handlungen benennt, hinsichtlich derer Überlegungen zur Strafbarkeit angestellt werden sollten. Es werden in dieser zusätzlichen Liste z. B. die Computerspionage und die unbefugte Nutzung eines Computers genannt.

In der Folgezeit berief der Europarat zwei weitere Expertenkommissionen ein. Eine Expertenkommission („Committee of Experts on Procedural Law Problems Connected with Computer-Related Crime") beschäftigte sich mit prozessrechtlichen Problemen, die sich im Zusammenhang mit der Computerkriminalität ergeben. Eine andere Expertenkommission („Committee of Experts on Crime in Cyberspace") befasste sich sowohl mit materiellrechtlichen als auch prozessrechtlichen Fragestellungen im Zusammenhang mit der Datennetzkriminalität. Die zuletzt genannte Kommission wurde 1997 eingesetzt und war damit beauftragt, ein internationales Übereinkommen hinsichtlich der Bekämpfung von Straftaten im Internet zu erarbeiten (Cybercrime-Konvention).[122]

Die Kommission begann im April 1997 mit ihrer Arbeit und beschäftigte sich seitdem mit der Ausarbeitung eines Entwurfs hinsichtlich einer internationalen Konvention zu der Problematik der Kriminalität in Datennetzen. Ursprünglich sollte die Kommission ihre Arbeit bis zum 31.12.1999 beendet haben. Da die Kommission jedoch bis zu diesem Zeitpunkt nicht in der Lage war, bestimmte Themen in einem Konventionsentwurf endgültig festzuhalten, wurde ihr Auftrag bis Ende des Jahres 2000 verlängert. Der mehrfach überarbeitete Konventionsentwurf einschließlich eines umfangreichen Kommentars zu dem Entwurf wurde dem Europäischen Komitee zur Verbrechensproblematik des Europarates (CDPC) im Juni 2001 vorgelegt. Am 8. November wurde die Cybercrime-Konvention[123] durch das Ministerkomitee des Europarates verabschiedet. Deutschland hat die Konvention am 23. November 2001 unterzeichnet, jedoch bisher noch nicht ratifiziert. Es wird erwartet, dass mit einer Umsetzung der Cybercrime-Konvention in deutsches Recht nicht vor dem Jahr 2003 zu rechnen ist.[124]

---

[122] Zur Tätigkeit der Kommission vgl. den zur Cybercrime-Konvention veröffentlichten Kommentar („Draft Explanatory Report"). Die Konvention einschließlich dieses Kommentars sind im Internet abrufbar unter http://conventions.coe.int/Treaty/en/Treaties/Html/185.htm.

[123] Der offizielle Titel lautet "Convention on Cybercrime".

[124] Scheffler/Dressel, ZRP 2000, 514, 515.

Die Konvention verfolgt im Wesentlichen drei Ziele, nämlich eine Harmonisierung auf dem Gebiet des materiellen Strafrechts, eine Angleichung auf dem Gebiet der Strafverfolgung durch die Schaffung von nationalen Strafverfolgungsinstanzen, die zur Ermittlung und Verfolgung von Straftaten im Bereich der Cyber-Kriminalität eingesetzt werden, und die Verbesserung der internationalen Zusammenarbeit auf dem Gebiet der Datennetzkriminalität.

Die Cybercrime-Konvention setzt sich aus vier Kapiteln zusammen, die insgesamt 48 Artikel enthalten. Zu der Konvention ist ein ausführlicher Kommentar („Exlanatory Report") veröffentlicht worden, in dem die einzelnen in der Konvention enthaltenen Regelungen näher erläutert werden. Vorangestellt ist der Konvention eine Präambel, in der die Grundlagen und Ziele der Konvention genannt werden und auf vorangegangene internationale Maßnahmen, v. a. im Bereich der Bekämpfung von Computerkriminalität, des Datenschutzes, der Telekommunikationsüberwachung und der zwischenstaatlichen Zusammenarbeit bei der Verbrechensbekämpfung, Bezug genommen wird. In dem ersten Kapitel der Konvention werden die Begriffe Computersystem[125], Computerdaten[126], Service-Provider[127] und Verkehrsdaten[128] definiert. Diese Vorgehensweise ist zu begrüßen, da nur bei einem einheitlichen Verständnis der zentralen Begriffe eine internationale Rechtsangleichung überhaupt möglich ist. Im zweiten Kapitel wird die Strafbarkeit verschiedener Verhaltensweisen geregelt, und zwar in Art. 2 der unberechtigte Zugang zu einem Computersystem, in Art. 3 das Abfangen von Computerdaten im Übermittlungsstadium, in Art. 4 das unbefugte Zerstören, Löschen, Verändern oder Unterdrücken von Computerdaten und in Art. 5 die Störung von Computersystemen. Art. 6 Abs. 1 bestimmt die Strafbarkeit für die Herstellung, den Verkauf, das Bereithalten, den Import, den Vertrieb, das

---

125 Unter einem Computersystem ist nach der Cybercrime-Konvention ein Gerät oder eine Gruppe von untereinander verbundenen Geräten zu verstehen, die mit Hilfe eines Programms Daten automatisch verarbeiten.

126 Computerdaten sind nach der Cybercrime-Konvention Darstellungen von Fakten oder Informationen in einer Form, die sich zur Verarbeitung durch ein Computersystem eignen. Dazu zählen ausdrücklich Programme, die die Durchführung von Funktionen durch das Computersystem auslösen können.

127 Unter den Begriff des Service-Providers fallen nach der Konvention sowohl öffentliche oder private Einrichtungen, die dem Nutzer Kommunikationsdienste durch ein Computersystem zur Verfügung stellen, als auch Einrichtungen, die Computerdaten für die zuvor genannten Diensteanbieter oder Nutzer dieser Dienste verarbeiten oder speichern.

128 Verkehrsdaten werden nach der Cybercrime-Konvention definiert als Computerdaten, die sich auf die Kommunikation mittels eines Computersystems beziehen oder die durch ein Computersystem erzeugt wurden, das Teil einer Kommunikationsabfolge war. Dabei geben die Verkehrsdaten Auskunft über Herkunft, Ziel, Verlauf, Zeitpunkt, Umfang, Verbindungsdauer sowie Art des zugrunde liegenden Dienstes.

sonstige Bereitstellen und unter bestimmten Voraussetzungen auch den bloßen Besitz (Art. 6 Abs. 1 b) von Werkzeugen, die dazu dienen oder hauptsächlich dazu eingesetzt werden, eine der in Art. 2 bis 5 genannten Straftaten zu begehen. Darüber hinaus sind die zuvor genannten Tathandlungen auch in Bezug auf Passwörter, Zugangscodes und ähnliche Daten, die geeignet sind, das Eindringen in ein fremdes Computersystem zu ermöglichen, strafbar. In Abs. 2 und 3 des Art. 6 wird die Regelung des Abs. 1 entschärft. Nach Abs. 2 soll das in Abs. 1 beschriebene Verhalten dann nicht strafbar sein, wenn es nicht auf die Begehung einer Straftat abzielt, so z. B. wenn es auf das autorisierte Testen oder Absichern eines Computersystems gerichtet ist. In Abs. 3 ist festgelegt, dass den Unterzeichnerstaaten die Möglichkeit offen steht, den bloßen Besitz der zuvor genannten Werkzeuge und Daten von der Strafbarkeit auszunehmen. Weitere Strafbarkeiten sehen die Art. 9 und 10 der Konvention vor, wobei Art. 9 die im Zusammenhang mit Computersystemen stehenden Fälle der Kinderpornographie erfasst und Art. 10 sich auf die Fälle von Urheberrechtsverletzungen bezieht. Dabei wird auf verschiedene in diesem Bereich bereits existierende internationale Übereinkommen hingewiesen. In Art. 11 der Cybercrime-Konvention wird die Strafbarkeit der Beihilfe und des Versuchs geregelt. Für die Beihilfe zu den in Art. 2 bis 10 der Konvention aufgeführten Straftaten ist eine Strafbarkeit zwingend vorgesehen, während es den Unterzeichnerstaaten hinsichtlich des Versuchs freisteht, eine Strafbarkeit anzuordnen (Art. 11 Abs. 3). Regelungen zur Verantwortlichkeit juristischer Personen sind in Art. 12 und solche hinsichtlich der Sanktionen in Art. 13 enthalten. Das zweite Kapitel der Konvention umfasst verfahrensrechtliche Bestimmungen, die z. B. die Aufzeichnung von Verkehrs- und Inhaltsdaten und den Zugriff auf Computersysteme und Datenspeicher durch staatliche Stellen regeln. Im dritten Kapitel der Konvention werden Fragen der internationalen Zusammenarbeit, z. B. die Auslieferung bei Verstößen gegen die Art. 2 bis 11 der Konvention, die gegenseitige Unterstützung bei der Ermittlungsarbeit und die Einrichtung von Kontaktstellen, geregelt. Das vierte Kapitel beinhaltet die Schlussbestimmungen der Konvention, die Regelungen zu Unterzeichnung, Ratifizierung und Inkrafttreten der Konvention enthalten.

7 Einteilung der Computerkriminalität

Nachdem zunächst ein allgemeiner Einblick in das Problemfeld der Computerkriminalität gegeben wurde, soll im Folgenden untersucht werden, wie der unberechtigte Zugang zu Computerdaten und -systemen innerhalb dieses Kriminalitätsbereichs systematisch einzuordnen ist. Hierzu bietet es sich an, eine Unterteilung der Computerkriminalität in drei verschiedene Deliktskategorien vorzunehmen.[129] Es handelt sich dabei um die in verschiedenen Konstellationen auftretenden Fälle von Computermanipulationen, um die Fälle der Computersabotage und schließlich um die Fälle des unberechtigten Zugangs zu Computerdaten und -systemen.

Eine strikte Abgrenzung zwischen den zuvor genannten Deliktskategorien ist allerdings nicht möglich, da zwischen diesen häufig Überschneidungen auftreten. So kann etwa in den Fallkonstellationen des unberechtigten Zugangs zu Computerdaten und -systemen die Tat auch Handlungen umfassen, die den Kategorien der Computermanipulationen oder der Computersabotage zuzuordnen sind, z. B. wenn der Täter in ein fremdes Computersystem eindringt und die dort vorgefundenen Daten zerstört. Aus dem zuvor genannten Grund dürfen bei der Untersuchung des unberechtigten Zugangs zu Computerdaten und -systemen die beiden übrigen Deliktsbereiche nicht außer Acht gelassen werden. Daher soll ein kurzer Überblick über die Deliktskategorien, in die die Computerkriminalität eingeteilt werden kann, gegeben werden.

7.1 Computermanipulationen

Die Computermanipulationen stellen den größten Anteil der Computerkriminalität im engeren Sinn dar.[130] Sie lassen sich dadurch charakterisieren, dass die Täter, die häufig in dem geschädigten Unternehmen beschäftigt sind, Einfluss auf einen Datenverarbeitungsvorgang nehmen, um das Arbeitsergebnis der EDV zu verändern und sich hierdurch persönlich zu bereichern.[131] Je nach dem Stadium, in welchem die Manipulation erfolgt, können Input-Manipulationen, Programm-Manipulationen, Konsol-Manipulationen und Output-Manipulationen unterschieden werden.[132]

Bei den Input-Manipulationen gibt der Täter verfälschte bzw. zusätzliche Daten ein oder er unterlässt die Dateneingabe mit der Folge, dass das Arbeitsergebnis

---

[129] Bühler, MDR 1987, 448, 449; vgl. auch Dannecker, BB 1996, 1285, 1288 ff., der zwar eine Einteilung in 4 Gruppen vornimmt, im Rahmen der 4. Gruppe (Software-Diebstahl) jedoch darauf hinweist, dass die Übergänge zur 3. Gruppe (Computerspionage) fließend sind; ähnlich Sieber, CR 1995, 100, 101.

[130] Schmitz, Computerkriminalität, S. 25; Richter, in: Müller-Gugenberger/Bieneck, Wirtschaftsstrafrecht, § 42 Rn 7.

[131] Richter, in: Müller-Gugenberger/Bieneck, Wirtschaftsstrafrecht, § 42 Rn 7 ff.; Münker, Der Computerbetrug im automatischen Mahnverfahren, S. 23 ff.

[132] Richter, in: Müller-Gugenberger/Bieneck, Wirtschaftsstrafrecht, § 42 Rn 8; ähnlich Lampe, GA 1975, 1, 2, der zwischen Manipulationen in der Eingabe-, Verarbeitungs- und Ausgabephase unterscheidet.

der EDV verändert wird. Soweit die Datenerfassung durch Messgeräte erfolgt, können sich die Manipulationen auf die zu messenden Werte, das Messgerät selbst oder die Datenübertragungsleitungen beziehen.[133]

Bei den Programm-Manipulationen wird eine Veränderung der Programmgestaltung vorgenommen, d. h. die Anweisungen an den Computer hinsichtlich des Datenverarbeitungsvorgangs werden modifiziert mit der Folge, dass ein anderes Arbeitsergebnis erzielt wird als vor Durchführung der Manipulation.[134]

Die Konsol-Manipulationen können auf unterschiedliche Art und Weise vorgenommen werden. Sie zeichnen sich dadurch aus, dass die Manipulation mit Hilfe der Hardware, insbesondere mittels der Tastatur vorgenommen wird.[135] Eine Konsolmanipulation kann z. B. so aussehen, dass Anfragen des Computers hinsichtlich der Eingabe bestimmter Daten falsch beantwortet werden oder dass auf bereits vorhandene Daten zugegriffen und Veränderungen in Bezug auf diese vorgenommen werden.

Unter den sog. Outputmanipulationen versteht man nachträgliche Veränderungen bezüglich des von dem Computer erarbeiteten und ausgegebenen Datenverarbeitungsergebnisses.[136] Diese Manipulationen zeichnen sich dadurch aus, dass sie erst nach der Verarbeitung der Daten durch den Computer erfolgen und der Täter infolgedessen keine speziellen EDV-Kenntnisse benötigt.[137]

7.2 Computersabotage

Der Begriff der Computersabotage kennzeichnet solche Fälle, in denen ein Computersystem durch Angriffe entweder auf die Hardware oder auf die Software beeinträchtigt wird.[138] In diesen Bereich gehören die Viren- und Wurmprogramme, die in der Regel über Raubkopien von Software und über Computernetze, häufig als Attachments von E-Mails, verbreitet werden.[139]

Da unsere Gesellschaft in immer größerem Umfang von dem einwandfreien Funktionieren von Computersystemen abhängig ist, stellt in diesem Zusammen-

---

133 Münker, Der Computerbetrug im automatischen Mahnverfahren, S. 25.

134 Schmitz, Computerkriminalität, S. 27.

135 Schmitz, Computerkriminalität, S. 26 f.

136 Richter, in: Müller-Gugenberger/Bieneck, Wirtschaftsstrafrecht, § 42 Rn 7 ff.

137 Münker, Der Computerbetrug im automatischen Mahnverfahren, S. 26.

138 Schulze-Heiming, Strafrechtlicher Schutz der Computerdaten, S. 164; Richter, in: Müller-Gugenberger/Bieneck, Wirtschaftsstrafrecht, § 42 Rn 2.

139 Sieber, CR 1995, 100, 103; Dannecker, BB 1996, 1285, 1289.

hang die sog. „Computererpressung" ein ernsthaftes Problem dar, worunter man Fälle versteht, in denen der Täter durch die Drohung mit einem Angriff auf die Hardware oder die Software dem Nutzer ein bestimmtes Tun oder Unterlassen abverlangt.[140]

7.3 Unberechtigter Zugang zu Computerdaten und -systemen

Von dieser dritten Kategorie werden die Fälle umfasst, in denen der Täter sich, ohne hierzu berechtigt zu sein, Zugang zu Computerdaten und -systemen verschafft. Gerade in diesem Bereich ist eine strikte Trennung im Verhältnis zu den Kategorien der Computermanipulationen und der Computersabotage nicht möglich. Der unberechtigte Zugang zu Computerdaten und -systemen ist nämlich häufig die Vorstufe, um in einem weiteren Schritt Computermanipulations- und Computersabotagehandlungen vorzunehmen. Dennoch sollen auch diese Fallgestaltungen, in denen ein unberechtigter Zugang zu Computerdaten und -systemen einer Manipulations- oder Sabotagehandlung in dem zuvor dargestellten Sinne vorausgegangen ist, als Einheit innerhalb der dritten Deliktskategorie erfasst werden.

Als Erscheinungsformen, die im Zusammenhang mit dem unberechtigten Zugang zu Computerdaten und -systemen relevant sind, werden im Rahmen der vorliegenden Untersuchung insbesondere das Computerhacking, die Datenspionage, die Softwarepiraterie und die sog. Crasher behandelt. Daneben wird auf die Problembereiche des Leerspielens von Geldspielautomaten, des widerrechtlichen Zugangs zu einem kostenpflichtigen Internetdienst bzw. einer kostenpflichtigen elektronischen Datenbank sowie des Missbrauchs von Dialer-Programmen eingegangen, soweit diese für die Thematik des unberechtigten Zugangs zu Computerdaten und -systemen relevant sind.

---

[140] Sieber, CR 1995, 100, 103.

2. Kapitel

Begriffe und Vorgehensweisen im Zusammenhang mit dem unberechtigten Zugang zu Computerdaten und -systemen

In dem vorangehenden Kapitel wurden bereits die im Zusammenhang mit dem unberechtigten Zugang zu Computerdaten und -systemen auftretenden wichtigsten Erscheinungsformen aufgezählt. Um eine strafrechtliche Bewertung diesbezüglich vorzunehmen, ist es zweckmäßig, die verschiedenen Begehungsweisen, die hierbei zur Anwendung kommen, in einem Überblick darzustellen.

1 Begriffe

Im Kontext der Thematik der Computerkriminalität und ihren Teilbereichen werden häufig die Begriffe „Hacker", „Crasher", „Datenspione" und „Softwarepiraten" genannt, wobei insbesondere hinsichtlich des Hackings unterschiedliche Begriffsdefinitionen zugrunde gelegt werden. Da für eine strafrechtliche Untersuchung eine genaue Festlegung der zu prüfenden Anknüpfungshandlungen erforderlich ist, soll an dieser Stelle dargelegt werden, welche Verhaltensweisen im Einzelnen durch die zuvor genannten Begriffe erfasst werden und wie sich diese hinsichtlich ihrer Bedeutung voneinander abgrenzen bzw. systematisieren lassen.

1.1 Computerhacking

In der rechtswissenschaftlichen Literatur zur Computerkriminalität wird nicht eindeutig bestimmt, welche Verhaltensweisen durch den Begriff des Hackings erfasst werden.[141] Dies lässt sich v. a. darauf zurückführen, dass sich das Bild des Hackers im Laufe der Zeit sehr stark verändert hat. Ursprünglich wurde der Begriff keineswegs mit kriminellen bzw. schädlichen Verhaltensweisen in Verbindung gebracht. Er wurde vielmehr für solche Personen verwendet, die so begeistert von den Möglichkeiten der neuen Computertechnik waren, dass sie viel Zeit damit verbrachten, die Details eines programmierbaren Systems zu erforschen und seine Möglichkeiten zu erweitern.[142] Hierbei handelte es sich zumeist

[141] Volesky, CR 1991, 553, 554.

[142] Schumacher/Moschgath/Roedig, Angewandte Informationssicherheit, Informatik Spektrum 23 (2000) 3, 202 ff.

um Studenten. In diesem Zusammenhang ist das Massachusetts Institute of Technology in Boston (USA) bekannt geworden.[143] Durch das Apranet, dem Vorläufer des Internets, wurden den „Computer-Freaks" weitere Möglichkeiten eröffnet. Hacker konnten jetzt globale Datennetze erforschen und hatten die Möglichkeit, über diese miteinander zu kommunizieren. Es bildeten sich Grundsätze einer sog. Hacker-Ethik heraus, wonach eine Schädigung anderer unbedingt zu vermeiden war.[144] Allerdings wurden diese Grundsätze nicht von allen „Computer-Freaks" eingehalten. Einige von ihnen setzten ihr Wissen ein, um sich bestimmte Daten zu verschaffen oder sie weiterzuverkaufen. Teilweise wurden die erlangten Daten sogar an Geheimdienste verkauft, wodurch große Schäden entstanden.[145] Vor allem die Medien und hier insbesondere die Filmindustrie trugen dazu bei, dass ein negatives Bild des Hackers in der Öffentlichkeit entstand, indem in Berichten und Filmen die Gefahren aufgezeigt wurden, die mit der Datenvernetzung und ihrer Ausnutzung durch Hacker verbunden sind. Es gibt zwar immer noch Hacker, die – nachdem sie erfolgreich in ein Computersystem eingedrungen sind – auf die entdeckten Sicherheitslücken hinweisen. Jedoch sind zunehmend Fälle zu verzeichnen, in denen sich die Hacker nicht mit dem Überwinden von Zugangshindernissen begnügen, sondern sich Daten verschaffen, um diese weiterzuveräußern oder um den Inhaber des Systems zu erpressen. Besonders gefährlich erscheint in diesem Zusammenhang, dass bereits Hilfsprogramme (sog. Hacker-Tools) angeboten werden, die auch Tätern ohne spezielle Fachkenntnisse die Nachahmung von Hacker-Angriffen ermöglichen.[146]

Ausgehend von der Entwicklung in den letzten Jahren wird der Begriff des Hackers v. a. in den Medien häufig nicht nur auf Täter begrenzt, die sich mit dem bloßen Eindringen in ein System begnügen, sondern darüber hinaus auch für Fälle verwendet, in denen weitere Manipulationen an dem Computersystem vorgenommen werden. Diese Auffassung entspricht jedoch weder dem Selbstverständnis der Gruppe, die sich selbst als Hacker bezeichnet, noch der Ansicht, die im Rechtsausschuss des Bundestages bei den Beratungen zum 2. WiKG vertreten wurde und der sich weite Teile des Schrifttums angeschlossen haben. Nach dem Verständnis eines Hackers ist unter Hacking die erfolgreiche Überlistung eines fremden Computersystems zu verstehen, die aus der Motivation heraus

143 Schmid, Computerhacken und materielles Strafrecht, S. 10; Mühle, Hacker und Computer-Viren im Internet, S. 16.

144 Auflistung der Grundsätze der Hacker-Ethik bei Schmid, Computerhacken und materielles Strafrecht, S. 11.

145 Ausführliche Darstellung von Fallbeispielen bei Mühle, Hacker und Computer-Viren im Internet, S. 4 ff.

146 Jaeger, RDV 1998, 252.

erfolgt, Zugangssperren zu überwinden und zu erfahren, was in einem Computersystem abläuft.[147] Dabei hält sich der Hacker an die Grundsätze der sog. Hacker-Ethik, die es ihm verbietet, Daten oder Programme zu verändern oder zu zerstören und damit anderen Schäden zuzufügen.[148] Nach dem im Rechtsausschuss des Bundestages bei den Beratungen zum 2. WiKG vertretenen Begriffsverständnis, das auch häufig in der strafrechtlichen Literatur vertreten wird, handelt es sich bei einem Hacker um eine Person, die sich mit dem bloßen Eindringen in ein Computersystem begnügt und sich keine Daten unbefugt verschafft.[149] Nach dieser Auffassung wäre also der Begriff des Hackings auf solche Handlungen beschränkt, bei denen weder Kenntnisnahme von den in dem Computersystem verfügbaren Daten noch eine Manipulation an dem Computersystem erfolgt.[150] Dieser Begriff des Hackings widerspricht jedoch der Realität. Um sicherzustellen, dass er erfolgreich in das Computersystem eingedrungen ist, wird der Hacker im Regelfall bereits zum Zeitpunkt des Eindringens in das Computersystem Daten auf dem Bildschirm abrufen.[151] Außerdem wird der Hacker nach erfolgreicher Überwindung der Zugangssicherung nicht sofort das System wieder verlassen, sondern er wird versuchen, noch weiter in das Computersystem vorzudringen, wofür das weitere Abrufen von Daten auf dem Bildschirm erforderlich ist.[152]

Der Begriff des Hackings ist zu definieren als unerlaubtes Eindringen in ein fremdes Computersystem. Dabei kann das Motiv keine Rolle spielen, da es mit großen Schwierigkeiten verbunden ist, nachzuweisen, ob das Eindringen in das Computersystem allein aus Spaß an der Überwindung von Zugangssicherungen oder aus sonstigen Gründen erfolgt ist. So wird auch in der Literatur zu den entsprechenden rechtlichen Regelungen in anderen europäischen Ländern, wie z. B. England, Frankreich oder der Schweiz, unter dem Begriff des Hackings jede Form des unbefugten Eindringens verstanden.[153] Der Begriff bezieht sich folglich allein auf den Vorgang des Eindringens in das fremde Computersystem. Die Motive der Verhaltensweise spielen hierbei keine Rolle. Der Hacker kann in ein

---

147 Volesky, CR 1991, 553, 554.

148 Mühle, Hacker und Computer-Viren im Internet, S. 21; von Gravenreuth, NStZ 1989, 201, 204 f., der in diesem Zusammenhang darauf hinweist, dass teilweise minimale Veränderungen an systemnahen Datenfiles vorgenommen werden müssen, um den Hackern den Zugang oder das weitere Vordringen im System zu ermöglichen.

149 BT-Drucks. 10/5058, S. 28.

150 Volesky, CR 1991, 553, 554.

151 Hauptmann, JurPC 1989, 215.

152 Schulze-Heiming, Strafrechtlicher Schutz der Computerdaten, S. 80.

153 Für das englische Recht z. B. Volesky CR 1991, 553, 554; ausführlich hierzu im 5. Kapitel.

Computersystem aus Freude an der Überwindung von Zugangssicherungen eindringen. Es ist aber auch möglich, dass er in das fremde Rechnersystem eindringt, um Daten oder Programme auszuspionieren, zu manipulieren oder zu verändern. In diesen Fällen wird der Hacker in der Regel die Absicht haben, sich einen Vermögensvorteil zu verschaffen, z. B. durch Verkauf der Daten bzw. Programme an Firmen oder Geheimdienste, oder andere zu schädigen, z. B. wirtschaftliche Konkurrenten. Die Motive können also unterschiedlicher Art sein. Entscheidend für den Begriff des Hackings ist, dass der Täter ohne Berechtigung in ein fremdes Computersystem eindringt und regelmäßig – zur Bestätigung seines Eindringens – Daten auf dem Bildschirm abruft und damit zur Kenntnis nimmt. Unerheblich ist dabei, ob die Kenntnisnahme von Daten von dem Täter beabsichtigt oder lediglich eine Nebenfolge ist, um den Erfolg des Eindringens zu überprüfen.

Im Bereich des Computerhackings ist von einem sehr großen Dunkelfeld auszugehen, was darauf zurückzuführen ist, dass die Zugriffsversuche häufig nicht bemerkt werden bzw. nicht zurückverfolgt werden können.[154]

1.2 Datenspionage

Bei der Datenspionage, die auch oft als Computerspionage bezeichnet wird, handelt der Täter mit dem Ziel, sich private, geschäftliche oder auch militärische Daten anzueignen. Der Täter kann sich dabei den Zugang zu den entsprechenden Daten entweder dadurch verschaffen, dass er in ein Computersystem eindringt, oder dadurch, dass er Daten, die z. B. drahtlos übermittelt werden, abfängt. Private Daten werden dann später häufig dazu verwendet, die betroffene Person zu erpressen oder andere Ziele zu erreichen, z. B. die Diskreditierung bestimmter in der Öffentlichkeit stehender Personen. Hinsichtlich geschäftlicher Daten steht die Erlangung neuer Produktionserkenntnisse und wirtschaftlicher Geheimnisse im Vordergrund. Es handelt sich hierbei um einen Unterfall der Wirtschaftsspionage.[155] Gegenüber der herkömmlichen Wirtschaftsspionage stellt die Datenspionage eine besondere Gefahr dar, da in Computersystemen häufig große Mengen von Daten gespeichert sind und die moderne Technik ein schnelles und unkompliziertes Kopieren der Daten ermöglicht.[156] Hinzu kommt, dass mittels Datenfernübertragung auch ein Zugriff von außerhalb möglich ist, der in den meisten Fällen sogar unbemerkt bleibt. Die Computerspionage bezüglich militärischer Daten erfolgt häufig im Auftrag von Geheimdiensten oder der Täter führt

---

[154] Sieber, CR 1995, 100, 103 f.; Paul, CR 1993, 233, 234.

[155] Dannecker, BB 1996, 1285, 1289.

[156] Sieber, CR 1995, 100, 104.

die Tat aus, um die dabei gewonnenen Erkenntnisse später an andere Staaten zu verkaufen.

1.3 „Crasher"

Als Crasher werden solche Personen bezeichnet, die ebenso wie die Hacker in ein fremdes Computersystem unter Überwindung von Zugangssperren eindringen und darüber hinaus – anders als die Hacker – zusätzlich einen Schaden verursachen.[157] Dieser kann in der Veränderung oder Zerstörung von Daten bzw. Programmen bestehen.[158]

1.4 Softwarepiraterie

Unter Softwarepiraterie, die häufig auch als Software-Diebstahl bezeichnet wird, versteht man das Herstellen bzw. Nutzen sog. Raubkopien. Raubkopien sind Vervielfältigungen eines Programms, die von dem Lizenzgeber weder ausdrücklich noch konkludent erlaubt worden sind.[159] Die Softwarepiraterie stellt in der Praxis ein erhebliches Problem dar.[160] Die Entwicklung von Software ist mit großem Zeit- und Kostenaufwand verbunden, wobei eine steigende Tendenz zu beobachten ist, die darauf beruht, dass mit der zunehmenden Leistungsfähigkeit der Hardware auch an die Software immer größere Anforderungen hinsichtlich der von ihr zu erfüllenden Aufgaben gestellt werden. Vor allem im Bereich von privat genutzten Computeranlagen werden nach Schätzungen von Experten wesentlich mehr Raubkopien genutzt als Originalprogramme.[161] Das Problem beschränkt sich jedoch nicht auf den Privatbereich, sondern auch in Unternehmen werden häufig Vervielfältigungen von Programmen genutzt, für die keine Lizenzen existieren. Besonders bedenklich erscheint, dass die Herstellung und Verwendung von Raubkopien mittlerweile schon fast zu einem alltäglichen Vorgang geworden ist, der sich häufig dadurch auszeichnet, dass bei den Handelnden kein oder ein nur wenig ausgeprägtes Unrechtsbewusstsein vorhanden

---

[157] Von Gravenreuth, NStZ 1989, 201, 205.

[158] Im Unterschied dazu versteht man unter einem sog. Cracker einen Computernutzer, der sich damit beschäftigt, den in Computerprogrammen enthaltenen Kopierschutz oder Berechtigungen zur Nutzung eines Computerprogramms zu beseitigen (Mühle, Hacker und Computer-Viren im Internet, S. 22).

[159] Meier, JZ 1992, 657.

[160] Heinrich, Die Strafbarkeit der unbefugten Vervielfältigung und Verbreitung von Standardsoftware, S. 21 ff.; Kuhlmann, CR 1989, 177 f.; Meier, JZ 1992, 657; Haurand, Kriminalistik 1995, 271 f.

[161] Meier, JZ 1992, 657.

ist.[162] Durch die Softwarepiraterie entstehen den Herstellern von Software erhebliche wirtschaftliche Schäden, da diese nicht in der Lage sind, ihre hohen Entwicklungskosten durch einen entsprechenden Absatz zu amortisieren.[163] Darüber hinaus besteht die Gefahr, dass auf Seiten der Softwareindustrie die Bereitschaft abnimmt, in die weitere Entwicklung bzw. Verbesserung von Computerprogrammen zu investieren.[164] Dies kann zu einer Behinderung der Weiterentwicklung im Softwarebereich und damit auch der gesamten Informationstechnologien führen.

Neben Computerprogrammen sind auch zunehmend Datenbanken und ähnliche Datensammlungen von der unbefugten Nutzung betroffen.[165]

1.5 Zusammenfassung

Sowohl Hacker, Crasher als auch in der Regel Datenspione dringen unberechtigt – in vielen Fällen unter Überwindung von Sicherungsvorkehrungen – in ein fremdes Computersystem ein. Unterschiede bestehen dabei hinsichtlich der von den jeweiligen Tätergruppen intendierten bzw. vorgenommenen Folgehandlungen.

Ursprünglich erfolgten Hackerangriffe allein aus Freude an der Überwindung von Zugangssicherungen. Der „klassische“ Hacker wies sogar häufig den Inhaber des Computersystems auf die aufgedeckten Schwachstellen in dem System hin. Mittlerweile ist jedoch die Tendenz festzustellen, dass Hacker ihr erfolgreiches Eindringen zu weiteren Taten ausnutzen. Sie zerstören teilweise Daten oder Programme, z. B. durch Installation von Computerviren, und werden damit zu Crashern oder sie verkaufen ihr Wissen über den Inhalt von Dateien und werden damit zu Datenspionen. Mit welcher Motivation ein Hacker-Angriff durchgeführt wird, lässt sich von vornherein oftmals nicht feststellen. Daher erscheint es sinnvoll, mit dem Begriff des Hackings jedes unberechtigte Eindringen in ein fremdes Computersystem unter Überwindung von Zugangssicherungen unabhängig von den Motiven des Täters zu bezeichnen.

Das Hacking stellt damit die Grundform des unberechtigten Zugangs zu einem Computersystem dar. Die Begriffe der Datenspionage und des Crashers qualifizieren das Hacking insofern, als hier bestimmte Motive für die Tatausführung

---

[162] Meier, JZ 1992, 657; Heinrich, Die Strafbarkeit der unbefugten Vervielfältigung und Verbreitung von Standardsoftware, S. 32.

[163] Haurand, Kriminalistik 1995, 271; Meier, JZ 1992, 657.

[164] Kuhlmann, CR 1989, 177 f.; Haurand, Kriminalistik 1995, 271.

[165] Sieber, CR 1995, 100, 104.

ausschlaggebend sind, und zwar bei einem „Datenspion“ das Ziel, sich bestimmte Daten anzueignen, und bei dem „Crasher“ das Ziel, einen Schaden an dem Computersystem oder an Daten hervorzurufen.

Im Rahmen des unberechtigten Zugangs zu Computerdaten sind darüber hinaus v. a. die Fälle der Softwarepiraterie von Bedeutung, bei denen der Täter unbefugt Vervielfältigungen eines Computerprogramms anfertigt bzw. diese nutzt.

2 Vorgehensweisen der Täter

2.1 Vorgehensweisen eines Hackers

Das Eindringen in ein fremdes Computersystem kann auf unterschiedliche Art und Weise erfolgen. Die einfachste Möglichkeit besteht darin, dass sich der Hacker unter der Kennung eines rechtmäßigen Benutzers in dem Computersystem anmeldet.[166] Da die Kennung nicht geheim ist, kann diese relativ einfach herausgefunden werden. Schwieriger kann sich die Suche nach dem der Kennung entsprechenden Passwort gestalten. Da jedoch viele Computernutzer recht sorglos mit ihren Passwörtern umgehen, ist es meistens für einen Hacker sehr einfach, an diese zu gelangen. Vielfach werden Passwörter in unmittelbarer Nähe des Computerarbeitsplatzes aufbewahrt (z. B. unter der Tastatur) oder es werden Passwörter verwendet, die sich aus dem sozialen Umfeld des Computernutzers unmittelbar herleiten lassen (z. B. Vorname des Nutzers, der Ehefrau usw.). Lässt sich auf diese Weise das Passwort nicht ermitteln, so stehen Hacker-Programme zur Verfügung, die eine große Anzahl von Passwörtern (z. B. anhand von Wortlisten aus einem Lexikon) ausprobieren. Wenn das System eine unbeschränkte Anzahl von Eingabeversuchen zulässt, führen diese Hacker-Programme häufig zu dem gewünschten Erfolg. Aus diesem Grund wird zunehmend eine Beschränkung der Anzahl der möglichen Eingabeversuche vorgenommen. So wird z. B. nach dreimaliger falscher Passworteingabe der Zugriff auf das Computersystem für eine bestimmte Zeit verweigert. Außerdem kann den Hackern durch das Einbauen einer Zeitsperre das Ausfindigmachen des Passwortes erschwert werden. Durch den Einbau einer solchen Zeitsperre wird bewirkt, dass der Computernutzer innerhalb einer bestimmten Zeitspanne das richtige Passwort eingeben muss. Gelingt ihm dies nicht, so wird der Zugang zu dem Computersystem für eine bestimmte Dauer verweigert.[167]

---

166 Mühle, Hacker und Computer-Viren, S. 18; Schmid, Computerhacken und materielles Strafrecht, S. 158.

167 Hauptmann, JurPC 1989, 215, 216.

Eine weitere Möglichkeit, sich Zugang zu einem fremden Computersystem zu verschaffen, besteht bei einigen Systemen darin, sich als „Gast", dem nur bestimmte Funktionen und Programme zur Verfügung stehen, in das System einzuloggen. Ist der Hacker auf diese Weise in das System gelangt, so kann er versuchen, Sicherheitslücken ausfindig zu machen, die ihm die uneingeschränkte Nutzung ermöglichen.[168]

Im Falle der Vernetzung von Computern erfolgt der Hackerangriff häufig im Wege des IP-Spoofings.[169] Diese Angriffsmethode basiert darauf, dass zwischen verschiedenen Rechnern Verbindungen bestehen, die es erlauben, dass ein Rechner (Rechner A) Befehle, die von einem anderen ihm bekannten Rechner (Rechner B) über das Netz eingehen, ausführt, ohne wie üblich ein Passwort abzufragen. Die Identifizierung erfolgt hierbei mit Hilfe der IP-Nummer. Der Angreifer nutzt diese „Vertrauensbeziehung" zwischen Rechner A und Rechner B aus und sendet Datenpakete mit Befehlen von seinem Rechner aus an Rechner A. Diese tragen jedoch als Absender die IP-Adresse von Rechner B. Rechner A wird daraufhin eine Antwort an Rechner B senden. Um zu verhindern, dass Rechner B wiederum Kontakt zu Rechner A aufnimmt und der Angriff damit aufgedeckt würde, wird Rechner B durch eine Überflutung mit Datenpaketen ausgeschaltet. Der Angreifer wird nun versuchen – immer noch unter der IP-Adresse des Rechners B – Befehle an den Rechner A zu senden, die den Inhalt haben, künftig auch dem Rechner des Angreifers zu vertrauen und seinen Befehlen zu folgen. Hat z. B. Rechner A bisher logins von Rechner B ohne Passworteingabe zugelassen, so ist dies jetzt auch vom Rechner des Angreifers aus möglich.

Gerade in neuerer Zeit werden häufig sog. Trojanische Pferde eingesetzt, um Passwörter und sonstige Zugangsdaten ausfindig zu machen. Als Trojanische Pferde werden solche Programme bezeichnet, die über die erkennbaren Funktionen hinaus noch weitere oder statt derer andere für den Anwender nicht sichtbare Operationen durchführen.[170] Die Installation des Trojanischen Pferdes kann auf unterschiedliche Art und Weise erfolgen. In Fällen von Computersystemen größerer Organisationen, die der Allgemeinheit den Zugriff auf bestimmte Dateien ermöglichen, kann der Angriff dergestalt erfolgen, dass sich der Hacker zunächst durch die Eintragung als Gast Zugang zu den öffentlichen Dateien ver-

---

[168] Mühle, Hacker und Computer-Viren, S. 19.

[169] Beschreibung dieser Angriffsmethode bei Clauß/Krone, Computerrecht I, Abschnitt 6, Strafbarkeit des Hackings, S. 22 f.; Schmid, Computerhacken und materielles Strafrecht, S. 173 f.

[170] Von Gravenreuth, NStZ 1989, 201, 202; von Gravenreuth, Computerviren, S. 11; Mühle, Hacker und Computer-Viren im Internet, S. 27; Dierstein, NJW-CoR 1990, 8.

schafft. Dort installiert er ein Trojanisches Pferd, das unbemerkt bleibt. Dieses Programm sammelt Daten der Benutzer und untersucht diese auf das Vorhandensein von Passwörtern. Da die Benutzer des Systems oftmals nicht Gäste sind, sondern umfangreiche Zugriffsberechtigungen besitzen, kann das Trojanische Pferd wichtige Passwörter ermitteln und in einer Weise speichern, dass der Hacker auf diese zugreifen kann.[171] Des Weiteren besteht die Möglichkeit, dass das Trojanische Pferd z. B. in einem Computerspiel integriert ist.[172] Lässt ein Computernutzer das Spiel unter seiner Benutzerkennung und demnach mit seinen Berechtigungen ablaufen, so ist der als Trojanisches Pferd gestaltete Programmteil in der Lage, diese Daten an einer Stelle zu speichern, von wo der Programmierer des Spiels auf diese zugreifen kann, bzw. sie an den Programmierer zu versenden.[173] Trojanische Pferde sind nicht nur dazu geeignet, Passwörter auszuspähen, sondern sie können auch dazu dienen, andere wichtige Daten ausfindig zu machen, Daten zu zerstören oder auch die Festplatte des jeweiligen Rechners nach vermeintlichen Raubkopien zu durchsuchen.[174]

Des Weiteren kommen bei Hackerangriffen auf an Datennetze angeschlossene Computersysteme des Öfteren sog. „Packet Sniffer“ zur Anwendung. Hierunter versteht man Programme, mit deren Hilfe Datenpakete in Netzwerken abgefangen werden können.[175] Ansatzpunkt der „Packet Sniffer“ sind die Netzwerkschnittstellen, an denen eine Einwirkung dergestalt stattfindet, dass künftig alle oder nach bestimmten Kriterien gefilterte Datenpakete zunächst an den Täter gesendet und erst nach erfolgter Auswertung durch diesen an den eigentlichen Zielort weitergeleitet werden.[176] Auf diese Weise kann der Täter in den Besitz von Daten, insbesondere Passwort- und sonstigen Zugangsdaten, gelangen.

Eng verwandt mit den oben beschriebenen Trojanischen Pferden sind die sog. Namensvettern.[177] Ein solches Programm kann etwa folgendermaßen aussehen: Das Programm fordert den Nutzer zur Eingabe der Kennung und des Passwortes auf. Der Nutzer wird davon ausgehen, dass es sich um einen normalen LOGIN-Vorgang handelt und wird die geforderten Angaben eingeben. Das Programm speichert die Kennung und das Passwort ab und spiegelt dem Benutzer durch eine entsprechende Meldung auf dem Bildschirm vor, dass die Eingabe nicht

---

171 Diese Art der Arbeitsweise eines Trojanischen Pferdes ist dem Aufsatz von Hauptmann, JurPC 1989, 215, 216 entnommen.

172 Dierstein, NJW-CoR 1990, 8.

173 Dierstein, NJW-CoR 1990, 8.

174 Von Gravenreuth, Computerviren, S. 11 f.; Dierstein, NJW-CoR 1990, 8.

175 Schmid, Computerhacken und materielles Strafrecht, S. 177.

176 Schmid, Computerhacken und materielles Strafrecht, S. 177.

177 Dierstein, NJW-CoR 1990, 8, 9; Mühle, Hacker und Computer-Viren im Internet, S. 28 f.

korrekt war. Der Nutzer wird davon ausgehen, dass ihm bei der Eingabe ein Fehler unterlaufen ist und wird eine erneute Eingabe vornehmen. Mittlerweile hat sich das Programm ausgeschaltet und der wirkliche LOGIN-Vorgang wird gestartet.

Die aufgezeigten Vorgehensweisen zeigen, dass es viele verschiedene Möglichkeiten für einen Hacker gibt, die Zugangsberechtigungen von Computernutzern ausfindig zu machen und so in ein fremdes Computersystem einzudringen. Diese Darstellung ist jedoch keinesfalls abschließend. Mit der Fortentwicklung der Technik und dem Einbau von Sicherungen zum Schutz eines Computersystems gegen unberechtigten Zugang werden Hacker immer wieder neue Möglichkeiten finden, um ihre Tätigkeit fortzusetzen.

2.2 Vorgehensweisen bei der Datenspionage

In der Regel dringt der Täter bei der Datenspionage in ein fremdes Computersystem ein und ist damit gleichzeitig als Hacker anzusehen, dessen Vorgehensweisen bereits beschrieben wurden. Um sich darüber hinaus die Daten anzueignen, sind weitere Handlungen des Täters erforderlich. Nachdem er sich die Daten hat anzeigen lassen, kann er sich ihren Inhalt einprägen, um die Daten auf diese Weise später zu reproduzieren, er kann sich ihren Inhalt notieren, die Daten per E-Mail versenden oder er kann – was wohl der Regelfall sein wird – die Daten auf einem entsprechenden Datenträger, z. B. einer Diskette, speichern. Darüber hinaus ist es möglich, dass der Täter zur Erlangung von Daten die Methoden anwendet, die auch dem Herausfinden von Passwörtern und sonstigen Zugangsdaten dienen, nämlich die Implementierung eines sog. „Trojanischen Pferdes“ oder die Verwendung von sog. „Packet Sniffern“.

Eine weitere mögliche Vorgehensweise von Datenspionen beruht auf der Eigenschaft informationsverarbeitender, -speichernder oder -übertragender Geräte, datenbezogene oder sonstige informationstragende Signale abzustrahlen.[178] Die Abstrahlung kann dabei auf unterschiedliche Weise erfolgen, nämlich durch akustische Abstrahlung,[179] durch eine Überkopplung der in Datenkabeln übertragenen Informationen auf andere parallel verlegte Leitungen oder Kabel oder durch elektromagnetische Wellen, die z. B. durch Computerbildschirme erzeugt werden.[180] Die zuvor beschriebene Abstrahlung, deren Reichweite unterschied-

---

178 Beukelmann, Prävention von Computerkriminalität, S. 134; Jaeger, Computerkriminalität, Kap. 3/2.

179 Die akustische Abstrahlung entsteht z. B. durch Druckergeräusche oder durch Überkopplung auf andere schallempfindliche Geräteteile, die die Schallwellen weiterverbreiten.

180 Jaeger, Computerkriminalität, Kap. 3/2.

lich ist, kann mit Hilfe von Antennen und gegebenenfalls Verstärkern oder sonstigen Zusatzgeräten in einem entsprechenden Umkreis empfangen und ausgewertet werden.

Darüber hinaus sind gerade in neuerer Zeit häufig drahtlose Netzwerke, die in vielen Fällen noch nicht mit ausreichenden Sicherheitsvorkehrungen gegen das Ausspähen von Daten ausgestattet sind, das Angriffsziel von Datenspionen.[181] Mit Hilfe eines Computers, der mit einer Funkschnittstelle ausgestattet ist, und einer zum Aufspüren von Funknetzen geeigneten Software können entsprechende datenbezogene Funkwellen empfangen und ausgewertet werden.[182] Auf diese Weise kann sich der Täter z. B. auch den Zugang zu einem Firmennetzwerk verschaffen und die gesamte in diesem Netzwerk stattfindende Kommunikation abhören.

2.3 Vorgehensweisen eines „Crashers"

Der sog. „Crasher" dringt in ein fremdes Computersystem ein, um dort Schäden an dem System oder den gespeicherten Daten hervorzurufen. Der Vorgang des Eindringens in das System stellt einen Fall des Hackings dar, wobei regelmäßig eine der zuvor beschriebenen Handlungsmethoden zur Anwendung kommt. Die von einem „Crasher" beabsichtigten Schäden können auf unterschiedliche Weise herbeigeführt werden. Zum einen ist es möglich, dass der Täter in Bezug auf die in dem Computersystem vorgefundenen Daten unmittelbar Veränderungen vornimmt, und zum anderen kann er bestimmte Programme, z. B. Viren- oder Wurmprogramme, Logische Bomben oder Trojanische Pferde, in dem System implementieren, durch die Schäden an dem Computersystem oder an Computerdaten verursacht werden.

Unter einem Computervirus versteht man ein Programm, das einerseits in der Lage ist, sich selbst zu reproduzieren, indem es seinen eigenen Programmcode in andere Programme („Wirtsprogramme") kopiert, und andererseits eine bestimmte Funktion ausführt, die z. B. in bloßen Bildschirmmitteilungen, aber auch in schwerwiegenden Manipulationen an Programmen und Daten bis hin zu einer Formatierung der gesamten Festplatte, bestehen kann.[183] Wurmprogramme

---

[181] Pressemitteilung der Universität Bonn vom 25.04.2002, Datenklau im Funknetz nicht strafbar?, http://www.uni-bonn.de/Aktuelles/Pressemitteilungen/134_ 02.html.

[182] Eine genaue Darstellung der technischen Einzelheiten findet sich bei Dornseif/ Schuman/Klein, DuD 2002, 226 ff.

[183] Dierstein, NJW-CoR 1990, 8, 10; Dierstein, RDV 1989, 101, 102; Welp, iur 1989, 434, 437; von Gravenreuth, Computerviren, S. 1 f.; Hofer, JurPC 1991, 1367, 1368; Haurand/ Vahle, RDV 1990, 128.

sind Programme, die ohne Infektion eines Wirtsprogramms Kopien von sich selbst erzeugen können und sich auf diese Weise in Computernetzen selbstständig verbreiten, was dazu führen kann, dass Computersysteme völlig überlastet und schließlich sogar zum Absturz gebracht werden.[184] Unter Logischen Bomben versteht man Programme oder Programmteile, die nach Eintreten eines bestimmten Ereignisses als Auslöser eine zerstörerische Wirkung entfalten.[185] Als Auslöser kommen beispielsweise eine bestimmte Anzahl von Programmaufrufen, der Aufruf bestimmter Dateien oder Programme oder die Eingabe bzw. Nichteingabe bestimmter Schlüssel- oder Passwörter in Betracht.[186] Logische Bomben besitzen im Gegensatz zu den Computerviren nicht die Fähigkeit, sich durch Infektion zu vermehren.[187] Auch Trojanische Pferde können über die Funktion des Datensammelns hinaus oder statt dieser Funktion im Hintergrund Schäden hervorrufen, die mit den durch Computerviren ausgelösten Schäden vergleichbar sind.

2.4 Vorgehensweisen bei der Softwarepiraterie

In der Regel lassen sich Computerprogramme mit Hilfe eines PC´s ohne große Mühe kopieren, was dazu führt, dass viele Computernutzer sich eine sog. Raubkopien von Programmen anfertigen und auf einen legalen Erwerb verzichten. Daneben existieren auch gewerbliche Anbieter, die mit Hilfe einfacher technischer Verfahren Kopien und Nachahmungen von Computerprogrammen herstellen und diese zu niedrigen Preisen vertreiben. In einigen Fällen muss der Täter, um eine Vervielfältigung eines Computerprogramms herzustellen, zunächst eine Kopiersicherung überwinden.[188] Allerdings haben sich technische Maßnahmen, die dem Kopierschutz von Computerprogrammen dienen, größtenteils nicht durchsetzen können, da sie meistens bereits nach kürzester Zeit „geknackt" werden bzw. Programme zur Überwindung von Kopiersicherungen auf dem Markt angeboten werden. Außerdem erschweren sie oftmals die Nutzung eines rechtmäßig erworbenen Programms, z. B. durch Abfrage bestimmter Passwörter bei jedem Programmstart.

---

184 Von Gravenreuth, Computerviren, S. 15; Dierstein, RDV 1989, 101, 104; Mühle, Hacker und Computer-Viren im Internet, S. 27.

185 Von Gravenreuth, Computerviren, S. 13; Dierstein, NJW-CoR 1990, 8, 9.

186 Von Gravenreuth, Computerviren, S. 13 f.

187 Schulze-Heiming, Strafrechtlicher Schutz der Computerdaten, S. 190; Dierstein, NJW-CoR 1990, 8, 9.

188 Einen Überblick zu den in diesem Zusammenhang zur Anwendung kommenden technischen Verfahren enthält der Aufsatz von König, NJW 1995, 3293 ff.

In engem Zusammenhang mit der Softwarepiraterie steht das sog. Reverse Engineering von Computerprogrammen. Der Begriff des Reverse Engineering beschreibt im Kontext der Softwaretechnik den Vorgang der Analyse eines Computerprogramms hinsichtlich seiner Funktionsweise und Struktur. Hierbei werden aus dem vorliegenden Objektcode, der das Programm in einer maschinenlesbaren Sprache darstellt, Rückschlüsse auf den Quellcode, d. h. die in einer Programmiersprache verfasste Ausgangsdarstellung des Computerprogramms, gezogen. Dazu wird in der Regel eine Rückübersetzung des Objektcodes in den Quellcode vorgenommen, ein Vorgang, den man als Dekompilierung bezeichnet. Mit dem Reverse Engineering können unterschiedliche Ziele verfolgt werden. Häufig dient dieses Verfahren dazu, in einem Computerprogramm, dessen Quellcode nicht zur Verfügung steht, nachträglich aufgetretene Fehler zu beseitigen. Ein weiterer wichtiger Einsatzzweck ist die Erlangung von Schnittstelleninformationen, die für die Herstellung interoperabler Software benötigt werden. Daneben wird das Reverse Engineering dazu genutzt, aus dem auf diese Weise ermittelten Quellcode ein neues Programm zu erstellen, das mit dem zugrunde liegenden Programm hinsichtlich der ausgeführten Funktionen identisch ist. [189] In dem zuletzt genannten Fall spricht man auch von „Reengineering".

2.5 Sonstige Erscheinungsformen des unberechtigten Zugangs zu Computerdaten und -systemen

Über die bereits dargestellten Erscheinungsformen hinaus treten im Zusammenhang mit dem unberechtigten Zugang zu Computerdaten und -systemen noch weitere Fallgestaltungen auf, die aus strafrechtlicher Sicht zu untersuchen sind.

Hier ist zunächst die bereits zu einem „Strafrechtsklassiker"[190] gewordene Problematik des Leerspielens von Geldspielautomaten zu nennen, bei der der Täter unter Kenntnis des dem Automaten zugrunde liegenden Programmablaufs durch gezieltes Drücken der sog. Risikotaste die in dem Automaten angesammelten Geldbeträge erlangt. Die entsprechenden Kenntnisse über den Programmablauf erhält der Täter dabei mit Hilfe eines zum Leerspielen des Automaten geeigneten Computerprogramms, das er selbst oder – wie es in der Praxis häufiger vorkommt – ein Dritter zuvor erstellt hat. Bei der strafrechtlichen Untersuchung entsprechender Fallgestaltungen steht häufig die Frage der Strafbarkeit im Stadium des Spielvorgangs im Vordergrund. Im Rahmen der Thematik der vorliegenden Arbeit ist jedoch vielmehr die Frage der Strafbarkeit in dem vorangehenden Stadium, in dem sich der spätere „Spieler" oder ein Dritter die für die

---

[189] Ilzhöfer, CR 1990, 578, 579.

[190] Richter, in: Müller-Gugenberger/Bieneck, Wirtschaftsstrafrecht, § 42 Rn 41; Arloth, Jura 1996, 354.

Erstellung des Computerprogramms benötigten Daten beschafft, entscheidend. Insbesondere sind hier solche Fallgestaltungen von Interesse, in denen die Beschaffung der Daten dadurch erfolgt, dass der Täter einen Geldspielautomaten gleichen Fabrikats und Typs erwirbt und auf den EPROM-Chip, der das den Automaten steuernde Computerprogramm enthält, zugreift, indem er das Blechgehäuse und die zum Schutz angebrachten Plomben aufbricht.[191] Der Inhalt des EPROM-Chips wird dann anschließend auf einen Computer überspielt, um die Daten zu analysieren und ein Computerprogramm zu erstellen, das den Spielablauf, den konkreten Spielstand und die Gewinnmöglichkeiten berechnet und damit dem Leerspielen eines entsprechenden Geldspielautomaten dient.

Des Weiteren liegt eine im Zusammenhang mit dem unberechtigten Zugang zu Computerdaten und -systemen zu erörternde Problematik vor, wenn der Täter sich mit Hilfe der auf widerrechtliche Art und Weise erlangten Identifikationsdaten eines Dritten Zugang zu einem kostenpflichtigen Internetdienst oder einer kostenpflichtigen elektronischen Datenbank verschafft und die entsprechenden Leistungen in Anspruch nimmt.

Eine relativ neue Erscheinungsform im Bereich der Computerkriminalität, die bisher unter strafrechtlichen Gesichtspunkten selten untersucht wurde, ist der Missbrauch von sog. Dialer-Programmen.[192] Diese Programme werden in der Regel mittels Download auf dem Rechner installiert und dienen dazu, über die Zugangsnummer eines bestimmten Anbieters, bei der es sich regelmäßig um eine 0190-Servicenummer handelt, eine Internetverbindung herzustellen. Dialer-Programme sind eigentlich dazu bestimmt, die Nutzung kostenpflichtiger Internetdienste zu erleichtern, indem sie es dem Nutzer ersparen, sich bei jeder erneuten Inanspruchnahme des Dienstes gesondert anzumelden und hierbei zum Zwecke der Entrichtung des Entgelts seine Kreditkartennummer anzugeben bzw. eine Einzugsermächtigung zu erteilen oder auf andere Weise die Zahlung zu gewährleisten. Sobald der Nutzer sich mit Hilfe des Dialer-Programms eingewählt hat, kann er den entsprechenden kostenpflichtigen Internetdienst in Anspruch nehmen. Durch die Zugangsnummer, über die das Dialer-Programm die Verbindung herstellt, wird die Höhe der für den Dienst anfallenden Kosten festgelegt, die später durch den Netzbetreiber abgerechnet werden, der die entsprechenden Kosten über die Telefonrechnung einzieht. Dialer-Programme kommen jedoch nicht nur dem zuvor genannten Zweck entsprechend zum Einsatz, sondern es treten vermehrt auch Fälle auf, in denen diese Programme missbräuchlich verwendet werden. So werden z. B. von unseriösen Anbietern Dialer-

---

191 Arloth, Jura 1996, 354; Westphal, CR 1987, 515, 516; Schlüchter, NStZ 1988, 53, 54.

192 Eine der wenigen Untersuchungen zu dieser Problematik ist in dem Aufsatz von Buggisch, NStZ 2002, 178 ff. zu finden.

Programme zum Download bereitgehalten, die nicht nur dann aktiv werden, wenn der Nutzer bewusst eine Verbindung zu dem kostenpflichtigen Internetdienst herstellt, sondern unbemerkt jeden Zugang zum Internet über die Servicenummer herstellen, wodurch hohe Gebühren verursacht werden. Teilweise weisen Dialer-Programme auch die Eigenschaft auf, dass sie den Eindruck hervorrufen, sich problemlos löschen zu lassen, während in Wirklichkeit lediglich das Programmsymbol auf dem Bildschirm verschwindet, das Programm jedoch – für den Nutzer nicht erkennbar – weiterhin aktiv wird und Verbindungen aufbaut.[193] Die zuvor genannten Fallkonstellationen, die zwar strafrechtlich relevant sind, müssen jedoch im Rahmen der vorliegenden Thematik außen vor bleiben, da der Nutzer sich hier bewusst das Dialer-Programm auf den Rechner geladen hat, auch wenn er sich über die Einzelheiten des Programms nicht im Klaren war. Derjenige, der das Computerprogramm zum Download bereithält, hat sich selbst daher keinen Zugang zu dem Computersystem des Nutzers verschafft. Anders verhält es sich jedoch, wenn der Download und die Installation des Dialer-Programms auf dem Rechner nicht bewusst erfolgen, sondern das Programm entweder automatisch (z. B. bei dem Aufruf einer Webseite), ohne von dem Benutzer wahrgenommen zu werden, im Hintergrund auf die Festplatte geladen und installiert wird oder der Nutzer zum Download eines Programms aufgefordert wird, das angeblich bestimmte nützliche Funktionen ausführen soll, während es sich in Wirklichkeit – für den Nutzer nicht erkennbar – um ein Dialer-Programm handelt.[194] In diesen Fällen ist zwar eine Handlung des Nutzers zur Installation des Programms erforderlich, z. B. der Aufruf einer Webseite. Allerdings ist diesem die Auswirkung seines Handelns nicht bewusst, sodass er als ahnungsloses „Werkzeug“ des Anbieters handelt, der seinerseits durch die entsprechende Ausgestaltung des Dialer-Programms und das Bereitstellen dieses Programms im Internet die Voraussetzung dafür schafft, dass das Programm auf dem Rechner des Nutzers installiert wird und künftig, dadurch dass eine bestehende DFÜ-Verbindung[195] überschrieben oder eine zusätzliche DFÜ-Verbindung installiert und als Standardverbindung definiert wird, alle Verbindungen zum Internet über eine bestimmte Zugangsnummer hergestellt werden. Es liegt hier demnach eine Konstellation mittelbarer Täterschaft vor, bei der derjenige, der das Dialer-Programm auf die zuvor beschriebene Weise im Internet bereitstellt, sich des Nutzers als „Werkzeug“ bedient, um das Dialer-Programm in

---

193 Buggisch, NStZ 2002, 178 f.

194 Dies ist jedoch nur möglich bei der Nutzung von Internet-Browsern, die die Funktion ActiveX unterstützen. Vgl. hierzu http://www.polizei.bayern.de/ppmuc/schutz/text10.htm.

195 Mittels einer DFÜ-Verbindung (DFÜ = Datenfernübertragung) wird der Kontakt zu einem anderen Rechner, mit dem Daten ausgetauscht werden sollen, z. B. über ein Modem, hergestellt.

dessen Computersystem zu implementieren und sich damit Zugang zu diesem System zu verschaffen.

3. Kapitel
Ausspähen von Daten (§ 202a StGB)

Im Folgenden sollen die im vorangehenden Kapitel dargestellten Erscheinungsformen des unberechtigten Zugangs zu Computerdaten und -systemen hinsichtlich ihrer strafrechtlichen Relevanz untersucht werden. Der im Rahmen des unberechtigten Zugangs zu Computerdaten und -systemen zentrale Straftatbestand ist § 202a StGB, wonach sich derjenige strafbar macht, der sich oder einem anderen unbefugt Daten, die nicht für ihn bestimmt und die gegen unberechtigten Zugang besonders gesichert sind, verschafft.

1 Geschütztes Rechtsgut

Die Bestimmung des durch § 202a StGB geschützten Rechtsguts ist – wie bei allen Straftatbeständen[196] – von erheblicher Bedeutung für die Auslegung der einzelnen Tatbestandsmerkmale, insbesondere des Tatobjekts. Die Rechtsgutsbestimmung im Rahmen des § 202a StGB ist nicht unumstritten. Es sind drei verschiedene Schutzrichtungen der Vorschrift in Erwägung zu ziehen, nämlich der Schutz des Geheimhaltungsinteresses bezüglich bestimmter Informationen (materielles Geheimnis), der Schutz des Vermögens und der Schutz des formellen Geheimhaltungsinteresses in Bezug auf Daten.

1.1 Materielles Geheimnis

Zunächst könnte man auf Grund der systematischen Stellung des § 202a im 15. Abschnitt des StGB (Verletzung des persönlichen Lebens- und Geheimnisbereichs) annehmen, dass § 202a StGB dem Schutz des Interesses an der Geheimhaltung bestimmter Informationen (materielles Geheimnis) dient.[197] Allerdings spricht gegen eine solche Rechtsgutsbestimmung, dass der Gesetzgeber bei Schaffung der Vorschrift die Auffassung vertreten hat, dass eine Strafbarkeit nach § 202a StGB nicht eine Verletzung des persönlichen Lebens- und Geheimnisbereichs voraussetzt.[198] Auch der Text der Vorschrift steht einer solchen Auslegung eher entgegen, da er kein materielles Geheimnis als Tatbestandsmerkmal

---

[196] Vgl. dazu Suhr, JA 1990, 303.

[197] Vgl. zu diesem Ausgangspunkt Jessen, Zugangsberechtigung und besondere Sicherung, S. 36; Leicht, iur 1987, 45.

[198] BT-Drucks. 10/5058, S. 28; Haß, in: Lehmann, Rechtsschutz und Verwertung von Computerprogrammen, Kap. XII Rn 20.

voraussetzt[199] und sich damit deutlich von anderen Normen, die dem Geheimnisschutz dienen, unterscheidet.[200] So beziehen sich die §§ 43, 44 BDSG auf personenbezogene Daten, die nicht offenkundig sind, und § 203 StGB setzt ein zum persönlichen Lebensbereich gehörendes Geheimnis bzw. ein Betriebs- oder Geschäftsgeheimnis voraus.[201] Das durch § 202a StGB geschützte Rechtsgut ist folglich nicht das Geheimhaltungsinteresse bezüglich bestimmter Informationen. Die Einordnung des § 202a StGB in den 15. Abschnitt des StGB ist vielmehr auf Gründe des Sachzusammenhangs zurückzuführen.[202]

1.2 Vermögen

Teilweise wird die Auffassung vertreten, das durch § 202a StGB geschützte Rechtsgut sei das Vermögen, wie es in den Daten bzw. Programmen seinen Niederschlag gefunden habe.[203] Die Vorschrift sei darauf ausgerichtet, Daten zu schützen, die wie Forschungsdaten, Konstruktionsverfahren, Kalkulationen, Bilanzen, Kundenadressen, Programme usw. einen wirtschaftlichen Wert haben. Haft zieht in diesem Zusammenhang eine Parallele zu § 248c StGB und stellt fest, dass § 202a StGB systematisch dem Diebstahl zuzuordnen sei.[204]

Gegen die Einordnung des § 202a StGB als Vermögensdelikt ist einzuwenden, dass sich weder aus dem Wortlaut der Vorschrift noch aus der Gesetzgebungsgeschichte zwingende Anhaltspunkte für eine Bestimmung des Rechtsguts in dieser Weise ergeben.[205] Der Wortlaut der Vorschrift spricht bereits insofern gegen eine Einordnung als Vermögensdelikt, als die hierfür typischen Tatbestandsmerkmale, wie z. B. das Erfordernis einer Bereicherungsabsicht, fehlen. Allenfalls das Tatbestandsmerkmal des Verschaffens könnte für eine Einordnung als Vermögensdelikt sprechen. Allerdings wird dieser Begriff auch in § 96 StGB (Landesverräterische Ausspähung; Auskundschaften von Staatsgeheimnissen) verwendet, wobei es sich nicht um ein Vermögensdelikt handelt.[206] Darüber hinaus hat der Gesetzgeber Parallelen zu § 202 StGB, nicht jedoch zu den

---

199 Jessen, Zugangsberechtigung und besondere Sicherung, S. 38.

200 Haß, in: Lehmann, Rechtsschutz und Verwertung von Computerprogrammen, Kap. XII Rn 20; Jessen, Zugangsberechtigung und besondere Sicherung, S. 38.

201 Jessen, Zugangsberechtigung und besondere Sicherung, S. 38.

202 Schünemann, in: LK, § 202a Rn 3.

203 Haft, NStZ 1987, 6, 9; Bühler, MDR 1987, 448, 449.

204 Haft, NStZ 1987, 6, 9.

205 Haß, in: Lehmann, Rechtsschutz und Verwertung von Computerprogrammen, Kap. XII Rn 20; Beukelmann, Prävention von Computerkriminalität, S. 113.

206 Jessen, Zugangsberechtigung und besondere Sicherung, S. 38.

Vermögens- oder Eigentumsdelikten hergestellt.[207] Auch die von Haft bei der Rechtsgutsbestimmung gezogene Parallele zum Diebstahl vermag nicht zu überzeugen, da eine Sache i. S. des § 242 StGB nach ganz überwiegend vertretener Auffassung keinen Vermögenswert haben muss.[208] § 242 StGB schützt nicht das Vermögen, sondern das Eigentum, unabhängig von einem wirtschaftlichen Wert. Gegen eine Einordnung als Vermögensdelikt lässt sich des Weiteren einwenden, dass es Daten gibt, die zwar keinen Vermögenswert besitzen, deren Schutz in strafrechtlicher Hinsicht aber dennoch angezeigt scheint, wobei insbesondere die privaten Daten einer Person zu nennen sind.

Es ist nicht zu verkennen, dass mit dem Recht, über Daten zu verfügen, häufig wirtschaftliche Interessen verbunden sind. Allerdings führt dies nicht dazu, dass die Vorschrift als Vermögensdelikt anzusehen ist.[209] Es werden vielmehr auch solche Daten von der Vorschrift erfasst, die lediglich einen ideellen Wert besitzen.

1.3 Formelles Geheimhaltungsinteresse

§ 202a StGB erfasst Daten, die gegen unberechtigten Zugang besonders gesichert sind. Das Tatbestandsmerkmal der besonderen Zugangssicherung ist ein für die Bestimmung des durch die Vorschrift geschützten Rechtsguts maßgebliches Kriterium, da die Zugangssicherung es demjenigen, dem das Verfügungsrecht im Hinblick auf die Daten zusteht, ermöglicht, zu bestimmen, welche Daten dem strafrechtlichen Schutz unterliegen. Durch Anbringen der Zugangssicherung bestimmt er den Umfang seines Geheimhaltungsinteresses in Bezug auf die Daten. Aus diesem Grund wird überwiegend die Auffassung vertreten, dass § 202a StGB das formelle Geheimhaltungsinteresse des Verfügungsberechtigten, der auch teilweise als „Herr der Daten" bezeichnet wird, schützt.[210]

---

207 Jessen, Zugangsberechtigung und besondere Sicherung, S. 39.

208 Haß, in: Lehmann, Rechtsschutz und Verwertung von Computerprogrammen, Kap. XII Rn 20; Schmid, Computerhacken und materielles Strafrecht, S. 30.

209 Lenckner, in: Schönke/Schröder, StGB, § 202a Rn 1; Jung, in: NK, § 202a Rn 2.

210 Tröndle/Fischer, StGB, § 202a Rn 2; Lenckner, in: Schönke/Schröder, StGB, § 202a Rn 1; Schünemann, in: LK, § 202a Rn 2; Lackner/Kühl, StGB, § 202a Rn 1; Schlüchter, 2. WiKG, S. 48; Haß, in: Lehmann, Rechtsschutz und Verwertung von Computerprogrammen, Kap. XII Rn 20; Leicht, iur 1987, 45; Bär, in: Wabnitz/Janovsky, Hdb. Wirtschafts- und Steuerstrafrecht, Kap. 18 Rn 70; Schmid, Computerhacken und materielles Strafrecht, S. 31 f.

Bühler hat kritisiert, dass durch eine solche Rechtsgutsbestimmung der Schutz auf eine bloße Hülse reduziert werde.[211] Dem ist jedoch entgegenzuhalten, dass es dem hinsichtlich der Daten Verfügungsberechtigten möglich ist, die Hülse mit solchen Informationen auszufüllen, an denen er ein Geheimhaltungsinteresse hat, sodass es nicht bei dem Schutz einer bloßen Hülse bleibt.[212]

Nicht einheitlich beurteilt wird die Frage, ob neben dem hinsichtlich der Daten Verfügungsberechtigten auch der durch den Dateninhalt Betroffene mitgeschützt wird. Dies wird teilweise unter der Voraussetzung bejaht, dass dieser ein Recht auf Wahrung der Vertraulichkeit gegenüber dem Berechtigten hat.[213] Dieser Auffassung steht jedoch entgegen, dass § 202a StGB gerade nicht dem Schutz materieller Geheimnisse dient. Darüber hinaus spricht gegen diese Ansicht, dass von § 202a StGB nur solche Daten erfasst werden, die nicht für den Täter bestimmt sind. Der Betroffene hat jedoch nicht immer das Recht, sich den Zugriff auf Daten zu verschaffen, deren Inhalt über ihn etwas aussagt.[214] Aus den zuvor genannten Gründen ist nicht derjenige Rechtsgutsträger, der durch den Dateninhalt betroffen ist, sondern ausschließlich derjenige, dem das Verfügungsrecht hinsichtlich der Daten zusteht.

2 Tatobjekt

Tatobjekt des § 202a StGB sind Daten, die nicht für den Täter bestimmt und gegen unberechtigten Zugang besonders gesichert sind. § 202a Abs. 2 StGB sieht eine Einschränkung dahingehend vor, dass Daten i. S. des § 202a Abs. 1 StGB nur solche sind, die elektronisch, magnetisch oder sonst nicht unmittelbar wahrnehmbar gespeichert sind oder übermittelt werden. Der Schutz des § 202a StGB bezieht sich folglich grundsätzlich auf Daten, wobei dieser Begriff verschiedene Einschränkungen erfährt. Bevor diese Einschränkungen im Einzelnen untersucht werden, muss zunächst der Datenbegriff an sich herausgearbeitet werden.

2.1 Datenbegriff

Der Begriff der Daten ist von zentraler Bedeutung innerhalb der Vorschriften des StGB, die sich auf die strafrechtliche Erfassung der Computerkriminalität beziehen. Der Begriff wird allerdings nicht nur im StGB verwendet, sondern ist

---

211 Bühler, MDR 1987, 448, 452.

212 Jessen, Zugangsberechtigung und besondere Sicherung, S. 42.

213 So Lackner/Kühl, StGB, § 202a Rn 1.

214 Schmitz, JA 1995, 478.

auch in anderen Gesetzen, z. B. im BDSG, in der StPO, im HGB, im BZRG usw. enthalten. Jedoch hat der Gesetzgeber den Datenbegriff an keiner Stelle im Gesetz ausdrücklich definiert. Teilweise wird zwar behauptet, § 202a Abs. 2 StGB enthalte eine Legaldefinition des Datenbegriffs.[215] Dies ist jedoch missverständlich, da § 202a Abs. 2 StGB lediglich einen speziellen Datenbegriff festlegt, der nur auf die Tatbestände Anwendung findet, die ausdrücklich auf diese Vorschrift verweisen (also außer § 202a Abs. 1 die §§ 274 Abs. 1 Nr. 2, 303a, 303b Abs. 1 Nr. 1 i. V. m. 303a StGB). Hierbei wird jedoch ein allgemeiner Datenbegriff vorausgesetzt, der nicht näher bestimmt wird.[216]

Um die Bedeutung des Datenbegriffs näher zu analysieren, kann es hilfreich sein, zu wissen, warum der Gesetzgeber von einer Legaldefinition des Datenbegriffs abgesehen hat. Hier sind im Wesentlichen zwei Ursachen zu nennen. Zum einen ging der Gesetzgeber davon aus, dass es sich um einen Begriff handelt, dessen Bedeutung nicht klärungsbedürftig ist, da er bereits hinreichend bekannt ist.[217] Zum anderen wollte der Gesetzgeber den Datenbegriff für technische Veränderungen offen lassen. Gerade der EDV-Bereich ist einem ständigen Wandel durch technische Neuerungen unterworfen. Um eine ständig erforderlich werdende Anpassung der Gesetze an die technische Entwicklung zu vermeiden, hat der Gesetzgeber darauf verzichtet, der Technik entstammende Begriffe, wie z. B. den Datenbegriff, im Wege einer Legaldefinition festzulegen.

Es ist festzustellen, dass hinsichtlich des Datenbegriffs in den verschiedenen Gesetzen eine unterschiedliche Schwerpunktsetzung erfolgt. Hieraus wird abgeleitet, dass kein einheitlicher juristischer Datenbegriff existiere, sondern in den einzelnen Bereichen des Rechts, z. B. im Strafrecht oder im Datenschutzrecht, unterschiedliche Datenbegriffe Verwendung fänden.[218] Diese Folgerung ist jedoch nicht zwingend. Denn möglicherweise lässt sich ein allgemeiner Datenbegriff bestimmen, der in den verschiedenen Bereichen in unterschiedlichen Modifikationen verwendet wird.

Der Datenbegriff ist ursprünglich kein juristischer Begriff, sondern er stammt aus dem technischen Bereich. Daher muss bei der Definition des Datenbegriffs im Recht der technische Datenbegriff als Grundlage herangezogen werden. Ergänzend lassen sich darüber hinaus möglicherweise Kriterien für die Festlegung

---

215 Lenckner, in: Schönke/Schröder, StGB, § 202a Rn 2; Lenckner/Winkelbauer, CR 1986, 483, 484; Welp, iur 1988, 443, 444.

216 Schmitz, JA 1995, 478, 479; Hilgendorf, JuS 1996, 509, 511; Schünemann, in: LK, § 202a Rn 3.

217 Vgl. Scheffler, Das 2. WiKG, S. 168.

218 Eiding, Strafrechtlicher Schutz elektronischer Datenbanken, S. 3.

eines allgemeinen rechtlichen Datenbegriffs aus dem BDSG entnehmen, da hier der Datenbegriff – und zwar in Form der personenbezogenen Daten – eine zentrale Rolle spielt.

2.1.1 Der technische Datenbegriff als Grundlage eines juristischen Datenbegriffs

Im Rahmen der Kommentierung des Straftatbestandes des § 268 Abs. 2 StGB wird hinsichtlich des Datenbegriffs auf die Definition in DIN 44300 Nr. 19 von 1972 hingewiesen.[219] Nach dieser DIN-Norm sind Daten „Zeichen oder kontinuierliche Funktionen, die zum Zweck der Verarbeitung Information auf Grund bekannter oder unterstellter Abmachungen darstellen". Problematisch an dieser Definition des Datenbegriffs ist, dass nur solche Informationen erfasst werden, die zum Zwecke der Verarbeitung dargestellt werden. Folglich würden die Ergebnisse eines Datenverarbeitungsvorgangs nicht unter den Datenbegriff fallen.[220] Daneben wären auch die Computerprogramme nicht von dem Datenbegriff erfasst, da diese zur Ausführung bestimmt sind und selbst nicht verarbeitet werden.[221] Gegen eine Einschränkung des Datenbegriffs durch das Erfordernis eines Verarbeitungszwecks spricht, dass sich den Materialien zur Entstehungsgeschichte zum 2. WiKG keine Anhaltspunkte dafür entnehmen lassen, dass der Gesetzgeber eine solche Beschränkung vorgesehen hat.[222] Auch das BDSG enthält kein derartiges Einschränkungskriterium, das bei der Bestimmung eines allgemeinen juristischen Datenbegriffs herangezogen werden könnte.

Aus den zuvor genannten Gründen wird vielfach vorgeschlagen, eine neuere DIN-Norm, nämlich DIN 44300 Teil 2-2:1.13 von 1985, zur Bestimmung des Datenbegriffs heranzuziehen. Hiernach sind Daten „Gebilde aus Zeichen oder kontinuierlichen Funktionen, die auf Grund bekannter oder unterstellter Abmachung und vorrangig zum Zwecke der Verarbeitung Informationen darstellen". Der Vorteil dieser Definition besteht darin, dass jetzt auch die Ergebnisse eines Datenverarbeitungsvorgangs erfasst werden.[223] Schwierigkeiten ergeben sich jedoch weiterhin bei der Subsumtion von Computerprogrammen unter diese Definition, da hier zumindest die Möglichkeit einer Verarbeitung vorausgesetzt

---

219 Jessen, Zugangsberechtigung und besondere Sicherung, S. 47; Lenckner/Winkelbauer, wistra 1986, 128, 132.

220 Möhrenschlager, wistra 1986, 128, 132; Jessen, Zugangsberechtigung und besondere Sicherung, S. 47.

221 Scholz, Der strafrechtliche Schutz veröffentlichter elektronischer Datenbanken, S. 110.

222 BT-Drucks. 10/5058, S. 29.

223 Schneider, Lexikon der Informatik und Datenverarbeitung, S. 181.

wird, die aber bei Computerprogrammen nicht gegeben ist, da diese nur zur Ausführung bestimmt sind und regelmäßig nicht verarbeitet werden.[224]

Der Definition des Datenbegriffs im technischen Bereich kann eine Einteilung in zwei verschiedene Ebenen entnommen werden, nämlich eine Unterteilung in die semantische und die syntaktische Ebene.[225] Diese Einteilung kann auch für die Bestimmung eines rechtlichen Datenbegriffs herangezogen werden, wobei sich möglicherweise auf den einzelnen Ebenen Kriterien für eine Bestimmung eines allgemeinen rechtlichen Datenbegriffs ergeben.

Die semantische Ebene bezieht sich auf den Bedeutungsgehalt der Daten und damit auf die in den Daten enthaltene Information. Die Information ist ein Begriff, der in verschiedenen Bereichen verwendet wird und für den je nach Fachgebiet unterschiedliche Definitionen existieren.[226] So wird z. B. im Bereich der Nachrichtenübertragungstechnik unter Information jede Kenntnis über Abläufe, Tatsachen oder Ereignisse verstanden, während in der Betriebswirtschaftslehre der Begriff der Information für zweckorientiertes oder zielgerichtetes Wissen verwendet wird.[227] Losgelöst von einem bestimmten Fachgebiet ist es äußerst schwierig, verbindlich festzulegen, was unter „Information“ zu verstehen ist. Der Begriff der Information ist sehr weitreichend und bezeichnet allgemein jegliche Kenntnisbeziehung zu realen oder irrealen Gegenständen.[228] Daher lassen sich keine Eingrenzungskriterien ermitteln, die eine einschränkende Definition des Informationsbegriffs zulassen. Der Begriff ist demzufolge per se grenzenlos[229] und kann somit auch nicht als ein den Datenbegriff einschränkendes Kriterium herangezogen werden.

Die Ebene der Syntax bezieht sich auf die Darstellung der Information durch Zeichen. Das Zeichen bildet den Bedeutungsgehalt ab, indem es die Information codiert.[230] Zu prüfen ist, ob sich auf dieser Ebene Einschränkungskriterien für den Datenbegriff herleiten lassen. Damit Information wahrgenommen werden kann, muss sie in Form von Zeichen dargestellt werden. Zeichen können die Information allerdings nur dann verkörpern, wenn Interpretationsregeln vorhanden sind, mit deren Hilfe sich der Bedeutungsgehalt, der sich hinter diesen Zeichen

---

224 Jessen, Zugangsberechtigung und besondere Sicherung, S. 47.

225 Welp, iur 1988, 443, 445; Schulze-Heiming, Strafrechtlicher Schutz der Computerdaten, S. 21; Schmitz, JA 1995, 478, 479.

226 Hoeren, JuS 2002, 947.

227 Schwarze, Einführung in die Wirtschaftsinformatik, S. 39.

228 Welp, iur 1988, 443, 445.

229 Welp, iur 1988, 443, 445; Schmitz, JA 1995, 478, 479; Hoeren, JuS 2002, 947, 948.

230 Schmitz, JA 1995, 478, 479; Schünemann, in: LK, § 202a Rn 3.

verbirgt, erschließen lässt. Ansonsten lässt sich der Darstellung durch Zeichen keine Kenntnisbeziehung zu realen oder irrealen Gegenständen und damit keine Information entnehmen. Soweit es sich um eine Codierung handelt, für die Interpretationsregeln existieren, sind an die Art der Codierung im Zusammenhang mit der Festlegung des Datenbegriffs keine weiteren Anforderungen zu stellen, sodass z. B. auch das Schriftalphabet als Codierung in Betracht kommt. Einschränkungen ergeben sich erst aus dem Zusammenhang, in dem der Datenbegriff verwendet wird. So enthält z. B. § 202a Abs. 2 StGB für die Straftatbestände, die auf diese Norm verweisen, den Datenbegriff einschränkende Kriterien, die Rückschlüsse auf die Art der Codierung zulassen. Es werden hier nämlich nur solche Daten erfasst, die elektronisch, magnetisch oder sonst nicht unmittelbar wahrnehmbar gespeichert oder übermittelt werden. Auf der Ebene der Syntax ergibt sich folglich als alleiniges Einschränkungskriterium des Datenbegriffs, dass die Information durch eine Codierung verkörpert wird, für die Interpretationsregeln existieren. Hinsichtlich der Art der Codierung bestehen darüber hinaus keine Einschränkungen.

In der Technik wird hinsichtlich der Darstellung von Information zwischen analogen und digitalen Daten unterschieden. Analoge Daten sind Daten, die durch kontinuierliche Funktionen dargestellt werden. Sie zeichnen sich dadurch aus, dass sie durch eine physikalische Größe dargestellt werden, die sich entsprechend dem abzubildenden Sachverhalt bzw. Vorgang stufenlos ändert, d. h. die Funktion kann grundsätzlich jeden beliebigen Zwischenwert annehmen.[231] Als Beispiele für die analoge Ausgabe von Daten können der Tachometer in einem Auto, ein Thermometer oder eine Zeigeruhr genannt werden. Die heutigen Computer können nicht ohne weiteres analoge Daten verarbeiten. Diese müssen daher zunächst digitalisiert, d. h. in digitale Daten, umgewandelt werden. Digitale Daten sind dadurch gekennzeichnet, dass ihr Wertebereich abzählbar ist, d. h. jeder Zustand kann durch eine Zahl oder ein Zeichen aus einer endlichen Zahlen- und Zeichenfolge beschrieben werden.[232]

Die computerinterne Darstellung von Information beruht auf zwei unterschiedlichen Spannungszuständen, die in der Regel mit den Binärziffern 0 und 1 beschrieben werden.[233] Die Binärziffern 0 und 1 werden dabei jeweils als ein Bit bezeichnet. Um verschiedene Zeichen, wie z. B. das Alphabet, darstellen zu können, müssen mehrere Bits kombiniert werden, wobei sich für die Darstellung eines Zeichens eine Folge von acht Bit durchgesetzt hat, die als ein Byte be-

---

231 Schwarze, Einführung in die Wirtschaftsinformatik, S. 40.

232 Schulze-Heiming, Strafrechtlicher Schutz der Computerdaten, S. 22.

233 Rasch/Daalmann, Informationsverarbeitung, S. 13; Schwarze, Einführung in die Wirtschaftsinformatik, S. 42.

zeichnet wird. Durch die verschiedenen Folgen von acht Bit lassen sich 2^8 (= 256) unterschiedliche Zeichen darstellen. Diese Darstellung erfordert es, dass jedem Zeichen eine bestimmte Bitfolge zugeordnet wird. Die jeweilige Vorschrift, die bestimmt, durch welche Bitfolge ein Zeichen abgebildet wird, nennt man Code. Es existieren mehrere Codes, die international standardisiert sind. Ein in der Praxis sehr häufig verwendeter Code für die Darstellung von Schrift- und Steuerzeichen ist der ASCII (American Standard Code for Information Interchange).[234]

2.1.2 Heranziehung des Datenbegriffs aus dem BDSG

Es ist weiter zu untersuchen, ob sich aus dem BDSG einschränkende Kriterien für einen allgemeinen juristischen Datenbegriff herleiten lassen.

Das BDSG befasst sich mit personenbezogenen Daten. Nach § 3 Abs. 1 BDSG sind unter personenbezogenen Daten „Einzelangaben über persönliche oder sachliche Verhältnisse einer bestimmten oder bestimmbaren natürlichen Person" zu verstehen. Der Begriff der „Angabe" umfasst dabei nach h. M. jede Information,[235] sodass sich auf der semantischen Ebene des Datenbegriffs keine Einschränkungen aus dem BDSG ergeben.

Auf der syntaktischen Ebene könnten sich aus dem BDSG dann Einschränkungen für den Datenbegriff ergeben, wenn der dort verwendete Begriff eine Fixierung der Information auf einem Datenträger voraussetzen würde. Dies wird teilweise bejaht mit der Begründung, dass der Zweck des BDSG gerade darin läge, den Bürger in seiner Privatsphäre vor Eingriffen durch die moderne Datenverarbeitung zu schützen, wobei eine Gefährdung nur gegeben sei, wenn die Daten auf einem Datenträger fixiert seien, da sie lediglich auf diese Weise anderen in einer für die Datenverarbeitung typischen Art und Weise zugänglich gemacht werden könnten.[236] Hiergegen sprechen v. a. der Wortlaut und der Aufbau des § 3 BDSG. In § 3 Abs. 1 BDSG wird zunächst lediglich der Begriff der personenbezogenen Daten definiert, wobei in diesem Zusammenhang nicht das Erfordernis einer Fixierung genannt wird. Erst in den folgenden Absätzen des § 3 BDSG wird nach der Art der Fixierung unterschieden, um hierdurch den Bereich der durch das BDSG geregelten Informationsverarbeitung näher zu bestimmen.[237]

---

234 Danach wird z. B. der Buchstabe A mit dem Binärcode 01100111 dargestellt.

235 Dammann, in: Simitis/Dammann, BDSG, § 3 BDSG a. F. Rn 5.

236 Bauer, Moderne Informationsverarbeitung – strafrechtlicher Schutz bei Mißbrauch, S. 67.

237 Schulze-Heiming, Strafrechtlicher Schutz der Computerdaten, S. 24; Scheffler, Das 2. WiKG, S. 170 ff.

Das BDSG enthält keine Legaldefinition des Datenbegriffs. Da das BDSG sich ausschließlich auf personenbezogene Daten erstreckt, wird dieser Begriff erklärt, wobei der Datenbegriff mit dem Begriff der Angabe umschrieben wird. Der Begriff „Angabe“ betrifft hauptsächlich die semantische Ebene, während die syntaktische Ebene bei diesem Begriff eine nur untergeordnete Rolle spielt.[238] Auf beiden Ebenen ergeben sich aus dem BDSG keine Einschränkungen, die für die Festlegung eines allgemeinen juristischen Datenbegriffs herangezogen werden könnten.

2.1.3 Definition eines allgemeinen juristischen Datenbegriffs

In der juristischen Literatur wird vielfach die Auffassung vertreten, dass der Datenbegriff entsprechend dem natürlichen Wortsinn (lat. datum: das Gegebene) und dem allgemeinen Sprachgebrauch weit verstanden werden müsse.[239]

Der Datenbegriff stammt aus dem technischen Bereich und weist auch im rechtlichen Kontext regelmäßig einen Bezug zur Technik, insbesondere der elektronischen Datenverarbeitung, auf. Daher muss bei der Bestimmung des Begriffs die Definition des Datenbegriffs in der Technik berücksichtigt werden. Für den Datenbegriff in der Technik ist die DIN-Norm 44300 Teil 2-3.1.13 maßgebend. Dieser DIN-Norm kann als Hauptkriterium für einen Datenbegriff im Recht die Unterteilung in eine semantische und eine syntaktische Ebene entnommen werden. Bezüglich des semantischen Aspekts ergeben sich keine Begrenzungskriterien, die für die Definition des juristischen Datenbegriffs herangezogen werden könnten. Auf der semantischen Ebene betrachtet, beinhalten Daten Informationen, wobei der Begriff der Information in seiner Bedeutung grenzenlos ist und die Kenntnisbeziehung zu jedem realen oder irrealen Gegenstand der Welt umfasst.[240] Auf der syntaktischen Ebene, d. h. der Ebene der Darstellung der Information durch Zeichen, ergibt sich eine Einschränkung des Datenbegriffs lediglich insofern, als für die verwendete Darstellungsform (Codierung) Interpretationsregeln vorhanden sein müssen, mit deren Hilfe sich der Bedeutungsgehalt und damit die Information erschließt. Darüber hinaus bestehen hinsichtlich der Art der Codierung keine Einschränkungen, sodass z. B. neben dem der elektro-

---

238 Ähnlich Schulze-Heiming, Strafrechtlicher Schutz der Computerdaten, S. 24 ff., die allerdings die Auffassung vertritt, dass der Begriff der Angabe die syntaktische Ebene völlig unberücksichtigt lässt und sich hieraus ein Unterschied zum technischen Datenbegriff ableiten lasse.

239 Schlüchter, 2. WiKG, S. 60; Lenckner, in: Schönke/Schröder, StGB, § 202a Rn 3; Lenckner/Winkelbauer, CR 1986, 483, 484 f.

240 Welp, iur 1988, 443, 445.

nischen Datenverarbeitung zugrunde liegenden binären Code auch das Schriftalphabet als Form der Codierung in Betracht kommt.[241]

Teilweise wird in der Literatur im Rahmen des Datenbegriffs gefordert, dass die jeweilige Information auf einem Datenträger fixiert sein müsse.[242] Hiergegen spricht zum einen die Definition des Datenbegriffs in der Technik, wo eine Fixierung auf einem Datenträger als Kriterium nicht vorgesehen ist, als auch der im BDSG verwendete Datenbegriff, der ebenfalls keine Fixierung der Information auf einem Datenträger verlangt. Die Form bzw. die Darstellungsart, in der die Daten vorliegen müssen, ergibt sich vielmehr aus den durch das Gesetz im Einzelfall festgelegten Kriterien.[243] So beschränkt z. B. § 202a Abs. 2 StGB den Begriff der Daten dergestalt, dass diese elektronisch, magnetisch oder sonst nicht unmittelbar wahrnehmbar gespeichert sein oder übermittelt werden müssen. Die in dieser Vorschrift vorgesehene Einschränkung des Datenbegriffs gilt jedoch nur für die Vorschriften, die ausdrücklich auf die Norm Bezug nehmen.

Nach anderer Auffassung ist zwar keine Fixierung der Information auf einem Datenträger, aber ein funktionaler Zusammenhang der Information mit dem Betrieb einer Datenverarbeitungsanlage[244] bzw. das Vorliegen der Information in einer für den Computer lesbaren Form erforderlich. Hiergegen spricht, dass ein funktionaler Zusammenhang der Information mit dem Betrieb einer Datenverarbeitungsanlage weder in der DIN-Norm vorausgesetzt wird, noch eine Notwendigkeit besteht, diesen Bezug bereits im Rahmen des Datenbegriffs zu fordern, da er sich gegebenenfalls aus den in dem jeweiligen Gesetz festgelegten weiteren Voraussetzungen ergibt.[245]

Der allgemeine juristische Datenbegriff setzt somit lediglich voraus, dass eine durch Zeichen verkörperte Information vorliegt, wobei Interpretationsregeln für die jeweils verwendeten Zeichen existieren müssen.

Dieser allgemeine juristische Datenbegriff gilt grundsätzlich für alle Rechtsgebiete. Allerdings können sich aus dem Kontext des jeweiligen Gesetzes Einschränkungen des Datenbegriffs ergeben.

---

241 Schmitz, JA 1995, 478, 479.

242 Haft, NStZ 1987, 6, 8; Hilgendorf JuS 1996, 509, 511.

243 Schulze-Heiming, Strafrechtlicher Schutz der Computerdaten, S. 25.

244 Jähnke, in: LK (10. Aufl.), § 202a Rn 3. Nach Lenckner, in: Schönke/Schröder, StGB, § 202a Rn 3 fallen nur solche Informationen unter den Datenbegriff, die sich als Gegenstand oder Mittel der Datenverarbeitung für eine Datenverarbeitungsanlage codieren lassen oder das Ergebnis eines Datenverarbeitungsvorgangs sind.

245 Schulze-Heiming, Strafrechtlicher Schutz der Computerdaten, S. 25.

2.1.4 Computerprogramm

Zu untersuchen ist, ob ein Computerprogramm von dem zuvor untersuchten Datenbegriff erfasst wird. Der Begriff des Computerprogramms wird weder im Strafrecht noch in sonstigen Gesetzen definiert. Nach DIN 44300 Nr. 40 (1972) ist ein Programm „eine zur Lösung einer Aufgabe vollständige Anweisung, zusammen mit allen erforderlichen Vereinbarungen“[246], woraus gefolgert wird, dass es sich bei einem Computerprogramm um Arbeitsanweisungen an den Computer handelt.[247] Nach den von der Weltorganisation für geistiges Eigentum (WIPO) 1977 veröffentlichten Mustervorschriften für den Schutz von Computersoftware handelt es sich bei einem Computerprogramm um „eine Folge von Befehlen, die nach Aufnahme in einen maschinenlesbaren Träger fähig sind, zu bewirken, dass eine Maschine mit informationsverarbeitenden Fähigkeiten eine bestimmte Funktion oder Aufgabe oder ein bestimmtes Ereignis anzeigt, ausführt oder erzielt“.[248] Bei einem Computerprogramm handelt es sich also um eine Folge von Befehlen, wobei die Befehle Informationen darstellen, die durch maschinenlesbare Zeichen codiert wurden.[249] Befehle sind somit als Daten einzuordnen. Die Programme bestehen also ihrerseits aus Daten. Da der Datenbegriff nicht auf Einzelinformationen beschränkt ist, sondern auch „komplexe Informationszusammenhänge“ erfasst, sind auch die Computerprogramme als Daten anzusehen.[250] Diese Daten weisen lediglich die Besonderheit auf, dass sie nicht Objekt, sondern Mittel der Datenverarbeitung sind.

Eine andere Auffassung in diesem Zusammenhang vertritt von Gravenreuth.[251] Er ist der Ansicht, dass es einen Verstoß gegen das Analogieverbot im Strafrecht darstellt, wenn Computerprogramme generell als Daten behandelt werden.[252] Außerdem würden, soweit eine Zugriffssicherung besteht, ganz einfache Programme ohne jegliche urheberrechtliche Werksqualität von § 202a StGB geschützt, während komplexere Programme, die die hohen Anforderungen an ein urheberrechtlich geschütztes Werk nicht erfüllen und nicht über eine Zugriffssi-

246 Zitiert bei Binder, Strafbarkeit intelligenten Ausspähens von programmrelevanten DV-Informationen, S. 6.

247 Möhrenschlager, wistra 1986, 128, 132; Binder, Strafbarkeit intelligenten Ausspähens von programmrelevanten DV-Informationen, S. 6.

248 Zitiert bei Loewenheim, in: Schricker, Urheberrecht, § 69a Rn 2.

249 Schulze-Heiming, Strafrechtlicher Schutz der Computerdaten, S. 26.

250 Schmitz, JA 1995, 478, 479; Lackner/Kühl, StGB, § 263a Rn 3; Lenckner/Winkelbauer, CR 1986, 483 ff.; Schmid, Computerhacken und materielles Strafrecht, S. 55.

251 Von Gravenreuth, Computerviren, S. 88 f.; von Gravenreuth, NStZ 1989, 201, 204, 205 f.

252 Von Gravenreuth, Computerviren, S. 88.

cherung verfügen, straflos kopiert werden könnten.[253] Dieser Argumentation kann nicht gefolgt werden, da die Vorschriften des StGB, die den Datenbegriff beinhalten, eine andere Schutzrichtung als die urheberrechtlichen Vorschriften aufweisen.[254] Darüber hinaus ist der urheberrechtliche Schutz von Computerprogrammen durch die Einfügung der §§ 69a bis 69 g in das Urheberrechtsgesetz erheblich erweitert worden, sodass jetzt komplexere Computerprogramme in der Regel urheberrechtlich geschützt werden.[255] Zum Teil wird zur Begründung der Auffassung, dass die Computerprogramme nicht als Daten anzusehen seien, auf die Vorschrift des § 263a StGB verwiesen, in der zwischen „Daten" und „Programmen" unterschieden wird. Jedoch vermag auch diese Argumentation nicht zu überzeugen, da die Differenzierung hier lediglich der Klarstellung dient, dass Programme als eine besondere Form von Daten anzusehen sind.[256]

2.1.5 Das einzelne Datum

In Anbetracht der im Gesetz verwendeten Pluralform ist zu untersuchen, ob auch das einzelne Datum unter den Datenbegriff fällt. Bei der Verwendung der Pluralform „Daten" im Gesetzestext handelt es sich um eine sprachliche Gestaltung des Gesetzgebers. Dies soll jedoch nicht bedeuten, dass nicht auch ein einzelnes Datum durch die entsprechenden Vorschriften geschützt wird.[257]

Bei den heute üblichen Datenverarbeitungsanlagen verkörpert ein Bit, welches nur zwei Zustände, nämlich 0 und 1, annehmen kann, die kleinste codierte Informationseinheit. Daher ist davon auszugehen, dass das einzelne Bit ein Datum darstellt. Da es sich hierbei entsprechend der zuvor herausgearbeiteten Definition des Datenbegriffs um eine Information handelt, die in codierter Form vorliegt, fällt auch ein einzelnes Bit und damit das einzelne Datum unter den Datenbegriff. Allerdings müssen grundsätzlich bereits zur Darstellung einer Zahl, die größer als 1 ist, mehrere Bits verwendet werden, sodass üblicherweise von Daten zu sprechen ist. Damit lässt sich erklären, dass der Gesetzgeber nur die Pluralform verwendet hat.

---

253 Von Gravenreuth, NStZ 1989, 201, 204.

254 Schulze-Heiming, Strafrechtlicher Schutz der Computerdaten, S. 27; Scholz, Der strafrechtliche Schutz veröffentlichter elektronischer Datenbanken, S. 110 (Fn 441); Schmid, Computerhacken und materielles Strafrecht, S. 56.

255 Vgl. hierzu 4. Kapitel unter 5.1.

256 Lenckner/Winkelbauer, CR 1986, 483 ff.; Heinrich, Die Strafbarkeit der unbefugten Vervielfältigung und Verbreitung von Standardsoftware, S. 300 f.; Schmid, Computerhacken und materielles Strafrecht, S. 55.

257 Schulze-Heiming, Strafrechtlicher Schutz der Computerdaten, S. 28; a. A. Schmid, Computerhacken und materielles Strafrecht, S. 58.

2.2 Daten i. S. des § 202a Abs. 2 StGB

§ 202a Abs. 2 StGB beschränkt den allgemeinen strafrechtlichen Datenbegriff für den Straftatbestand des § 202a Abs. 1 StGB und für die Tatbestände, die ausdrücklich auf diese Regelung verweisen, in zweifacher Weise. Zum einen muss es sich um Daten handeln, die nicht unmittelbar wahrnehmbar sind, und zum anderen werden nur Daten erfasst, die gespeichert sind oder übermittelt werden.

2.2.1 Nicht unmittelbar wahrnehmbare Daten

Der Gesetzgeber hat die durch § 202a StGB geschützten Daten auf solche beschränkt, die nicht unmittelbar wahrnehmbar sind. Der Grund für diese Beschränkung liegt darin, dass unmittelbar wahrnehmbare Daten im Gesetzgebungsverfahren als ausreichend geschützt – v. a. durch die §§ 201 und 202 StGB – angesehen wurden.[258] Zunächst ist festzuhalten, dass Einigkeit darüber besteht, dass sich die fehlende unmittelbare Wahrnehmbarkeit auf die Ebene der Syntax und nicht auf die Ebene der Semantik bezieht, d. h. es kommt nicht auf die Möglichkeit zur Kenntnisnahme des Dateninhaltes an.[259] Dies ergibt sich bereits daraus, dass ansonsten auch manuelle Datensammlungen in verschlüsselter Form unter den Datenbegriff des § 202a Abs. 2 StGB fielen, obwohl manuelle Datensammlungen durch das Kriterium der fehlenden unmittelbaren Wahrnehmbarkeit gerade von dem Schutz des § 202a StGB ausgeschlossen werden sollten.[260] Daraus, dass sich die fehlende unmittelbare Wahrnehmbarkeit auf die Syntax – also auf die Darstellung der Daten – bezieht, folgt, dass Daten dann nicht unmittelbar wahrnehmbar sind, wenn sie erst nach einer entsprechenden Umformung für die menschliche Wahrnehmung – insbesondere für die optische und akustische Wahrnehmung – erkennbar sind.[261] Nicht einheitlich beurteilt wird die Frage, welche Anforderungen an die Umformung zu stellen sind. Teilweise wird hier die Auffassung vertreten, dass die fehlende unmittelbare Wahrnehmbarkeit eine Transformation in andere Zeichen erfordert.[262] Diese einschränkende Auslegung vermag jedoch nicht zu überzeugen. Zum einen findet sie keine Grundlage im Wortlaut. Der Begriff „wahrnehmen“ bedeutet nämlich im allge-

---

[258] BT-Drucks. 10/5058, S. 29.

[259] Schmitz, JA 1995, 478, 479; Welp, iur 1988, 443, 446; Jessen, Zugangsberechtigung und besondere Sicherung, S. 51.

[260] BT-Drucks. 10/5058, S. 29.

[261] Samson, in: SK StGB, § 202a Rn 6; Lenckner, in: Schönke/Schröder, StGB, § 202a Rn 4; Welp, iur 1988, 443, 445.

[262] Samson, in: SK StGB, § 202a Rn 7.

meinen Sprachgebrauch lediglich „mit den natürlichen Sinnen erfassen".[263] Außerdem ist von „nicht unmittelbar wahrnehmbaren" Daten die Rede und nicht etwa von „nicht wahrnehmbaren" Daten, was darauf hindeutet, dass auch solche Daten erfasst werden, die zwar unsichtbar bzw. nicht hörbar sind, die jedoch nicht in andere Zeichen transformiert werden müssen, um mit den natürlichen Sinnen wahrgenommen zu werden, so z. B. Daten, die erst nach einer entsprechenden Vergrößerung mit einem Elektronenmikroskop erkennbar werden.[264] Zum anderen würde das Erfordernis einer Transformation in andere Zeichen dazu führen, dass die immer häufiger verwendeten optischen Speicher- und Übertragungsmedien nicht von der Regelung des § 202a Abs. 2 StGB erfasst wären, was eine erhebliche Einschränkung des strafrechtlichen Schutzes von Computerdaten zur Folge hätte.[265] Bei diesen ist es nämlich möglich, die Syntax ohne Transformation in andere Zeichen sichtbar zu machen. So kann z. B. die Syntax der Daten auf einer CD-ROM, die aus mikroskopisch kleinen Vertiefungen besteht, mit Hilfe entsprechender technischer Geräte sichtbar gemacht werden, ohne dass hierzu eine Transformation in andere Zeichen erforderlich ist.[266]

Aus den zuvor genannten Gründen ist der überwiegend vertretenen Auffassung zu folgen, wonach das Merkmal der fehlenden unmittelbaren Wahrnehmbarkeit nicht eine Transformation in andere Zeichen voraussetzt. Ausreichend ist vielmehr, wenn Daten, die mit den natürlichen Sinnen nicht erfasst werden können, auf Grund einer technischen Umformung in einen Zustand versetzt werden, der ihre Wahrnehmung mit den natürlichen Sinnesorganen ermöglicht. Ohne Einfluss auf das Vorliegen des Merkmals der fehlenden unmittelbaren Wahrnehmbarkeit ist es, wenn zwar erkennbar ist, dass Daten in irgendeiner Form dargestellt werden, jedoch die zur Darstellung verwendeten Zeichen selbst nicht im Einzelnen mit den natürlichen Sinnen wahrzunehmen sind. Um festzustellen, wann Daten mit den natürlichen Sinnen erfasst werden können, ist die durchschnittliche optische und akustische Wahrnehmungsfähigkeit des Menschen ohne technische Hilfsmittel heranzuziehen.[267] Allerdings bleiben in diesem Zusammenhang solche Hilfsmittel außer Betracht, die – wie z. B. Brillen oder

---

263 Schmitz, JA 1995, 478, 480.

264 Jessen, Zugangsberechtigung und besondere Sicherung, S. 52.

265 Schmitz, JA 1995, 478, 480; Welp, iur 1988, 443, 446; Jessen, Zugangsberechtigung und besondere Sicherung, S. 52.

266 Schmitz, JA 1995, 478, 480.

267 Schmitz, JA 1995, 478, 480.

Hörgeräte – ein eingeschränktes Wahrnehmungsvermögen auf ein durchschnittliches Niveau anheben.[268]

Als Beispiele fehlender unmittelbarer Wahrnehmbarkeit von Daten werden in § 202a Abs. 2 StGB die magnetische und die elektronische Speicherung genannt. Durch die Formulierung „oder sonst nicht unmittelbar wahrnehmbar" wollte der Gesetzgeber der rasanten Entwicklung in der Technik Rechnung tragen und die Anwendbarkeit der Vorschrift auch für neue Verfahren der Speicherung offen halten.[269]

2.2.2 Speicherung oder Übermittlung

Der Datenbegriff des § 202a StGB enthält eine Beschränkung auf zwei Verarbeitungsformen von Daten, nämlich die Speicherung und die Übermittlung. Die Begriffe der Speicherung und der Übermittlung werden im StGB nicht definiert. Definitionen dieser Begriffe sind im BDSG enthalten. Des Weiteren werden die Begriffe auch in der Technik verwendet.

Häufig wird zur Festlegung des Begriffs der Speicherung die Begriffsbestimmung des BDSG herangezogen.[270] Gemäß § 3 Abs. 4 Nr. 1 BDSG ist unter Speichern das Erfassen, Aufnehmen oder Aufbewahren personenbezogener Daten auf einem Datenträger zum Zwecke ihrer weiteren Verarbeitung oder Nutzung zu verstehen. Die Definition enthält im Wesentlichen zwei Voraussetzungen. Zum einen muss die Information auf einem Datenträger verkörpert werden und zum anderen muss diese Verkörperung zum Zwecke der weiteren Verarbeitung bzw. Nutzung erfolgen. Das zuletzt genannte Kriterium trägt der Intention des BDSG, zum Schutz des Grundrechts auf informationelle Selbstbestimmung beizutragen, Rechnung. Dieses Recht wird nämlich nicht allein durch die Fixierung von Informationen auf einem Datenträger tangiert, sondern erst dann, wenn Dritte unzulässigerweise die Möglichkeit der Kenntnisnahme vom Dateninhalt

---

[268] Lenckner, in: Schönke/Schröder, StGB, § 202a Rn 4; Jessen, Zugangsberechtigung und besondere Sicherung, S. 51 f.; Schmitz, JA 1995, 478, 480. Eine Lupe verstärkt, soweit sie nicht als Brillenersatz verwendet wird, die Sehfähigkeit über das durchschnittliche Maß hinaus. Daher sind auch solche Daten, die nur mit Hilfe einer Lupe wahrgenommen werden können, nicht unmittelbar wahrnehmbar i. S. des § 202a Abs. 1 StGB (vgl. Schmitz JA 1995, 478, 480 [Fn 26]; a. A. Welp, iur 1988, 443, 446).

[269] Bär, in: Wabnitz/Janovsky, Hdb. Wirtschafts- und Steuerstrafrecht, Kap. 18 Rn 74.

[270] Lenckner, in: Schönke/Schröder, StGB, § 202a Rn 4; Haß, in: Lehmann, Rechtsschutz und Verwertung von Computerprogrammen, Kap. XII Rn 22; Tröndle/Fischer, StGB, § 202a Rn 4 f.

haben.[271] Hierin besteht ein wesentlicher Unterschied zu den strafrechtlichen Normen, die zum Schutz von Daten und deren Besitzern (z. B. Schutz der Integrität von Daten und Schutz des formellen Verfügungsrechts über Daten) in das StGB eingefügt worden sind und für die der Datenbegriff des § 202a Abs. 2 StGB gilt. In diesem Zusammenhang kann der Verwendungs- bzw. Nutzungszweck keine Rolle spielen. Ein weiterer Unterschied besteht darin, dass im Rahmen des BDSG nur Speichervorgänge von gewisser Dauer relevant sind, da nur in einem solchen Fall der Schutzzweck des BDSG tangiert wird. Aus diesem Grund fällt das Laden von Daten in den Arbeitsspeicher eines Rechners nicht unter den Begriff der Speicherung nach § 3 Abs. 4 Nr. 1 BDSG. Für den strafrechtlichen Bereich muss jedoch etwas anderes gelten, da die Integrität von Daten und das Verfügungsrecht über diese auch dann gefährdet sein können, wenn die Daten im Arbeitsspeicher eines Rechners abgelegt wurden.[272] Daten, die sich im Arbeitsspeicher eines Rechners befinden, sind sogar besonders gefährdet, da hier ein Ladevorgang nicht mehr erforderlich ist.[273] Somit ist für die strafrechtliche Festlegung des Begriffs der Speicherung nur das Erfordernis der Verkörperung der Daten auf einem Datenträger relevant. Auf einen Verwendungs- oder Nutzungszweck muss in diesem Zusammenhang verzichtet werden.[274] Dies stimmt auch mit der technischen Begriffsfestlegung überein, wonach unter Speicherung jede über einen beliebigen Zeitraum bestehende Fixierung von Daten auf einem Datenträger zu verstehen ist.[275]

Auch der Begriff des Übermittelns wird im BDSG definiert. Gemäß § 3 Abs. 4 Nr. 3 ist hierunter das Bekanntgeben gespeicherter oder durch Datenverarbeitung gewonnener personenbezogener Daten an einen Dritten zu verstehen. Die Bekanntgabe kann in der Weise erfolgen, dass die Daten durch die speichernde Stelle an den Empfänger weitergegeben werden oder dadurch, dass der Empfänger von der speichernden Stelle zur Einsicht oder zum Abruf bereitgehaltene Daten einsieht oder abruft. Auch diese Definition ist speziell auf die Anforderungen des BDSG zugeschnitten und orientiert sich demzufolge an den Schutzinteressen desjenigen, der vom Dateninhalt betroffen ist.[276] Eine Übernahme dieser Definition für die strafrechtliche Bewertung erscheint nicht geeignet. Zum

---

271 Schulze-Heiming, Strafrechtlicher Schutz der Computerdaten, S. 42.

272 Welp, iur 1988, 443, 445; Jessen, Zugangsberechtigung und besondere Sicherung, S. 53; Hilgendorf, JuS 1996, 509, 511; a. A. Schmitz, JA 1995, 478, 481.

273 Jessen, Zugangsberechtigung und besondere Sicherung, S. 53.

274 Welp, jur 1988, 443, 445; Schmitz, JA 1995, 478, 480; Schulze-Heiming, Strafrechtlicher Schutz der Computerdaten, S. 43.

275 Schulze-Heiming, Strafrechtlicher Schutz der Computerdaten, S. 42.

276 Welp, iur 1988, 443, 445; Schulze-Heiming, Strafrechtlicher Schutz der Computerdaten, S. 44.

einen wird in der Definition des BDSG die Übertragung von Daten innerhalb der speichernden Stelle von dem Begriff der Übermittlung ausgeschlossen und zum anderen wird die Kenntnisnahme des Dateninhalts vorausgesetzt.[277] Diese Kriterien tragen jedoch den Erfordernissen der Straftatbestände zum Schutz des Datenbesitzers in Bezug auf die Integrität der Daten bzw. auf das Verfügungsrecht über Daten in keiner Weise Rechnung. Auch während des Datenflusses innerhalb der speichernden Stelle sind Handlungen möglich, die die Integrität von Daten und das Verfügungsrecht über Daten gefährden bzw. verletzen. Außerdem setzen solche Handlungen nicht die Kenntnisnahme vom Dateninhalt voraus. Demnach ist die Definition des § 3 Abs. 4 Nr. 3 BDSG in diesem Zusammenhang nicht anwendbar.[278] Zur Bestimmung des Begriffs der Übermittlung ist auf die Bedeutung zurückzugreifen, die der Begriff in der Technik aufweist. Dort versteht man unter Übermittlung jede Weiterleitung von Daten. Diese kann innerhalb eines Computersystems von einer Hardwarekomponente zur anderen stattfinden oder sie kann online von Rechner zu Rechner innerhalb eines Netzwerkes sowie außerhalb eines Netzwerkes über Fernmeldewege erfolgen.[279]

Der Transport eines körperlichen Datenträgers, wie z. B. einer Festplatte oder einer Diskette, wird nicht von dem Begriff der Übermittlung erfasst. Dennoch entstehen hier keine Gesetzeslücken, da in diesem Fall gespeicherte Daten vorliegen, die ebenfalls vom Datenbegriff des § 202a Abs. 2 StGB erfasst werden.[280]

2.2.3 Einzelne Speichermedien

Die Speichermedien lassen sich u. a. nach der Art der verwendeten Speichertechnik unterscheiden. Unter den Datenbegriff des § 202a StGB fallen ausdrücklich solche Daten, die magnetisch oder elektronisch gespeichert sind. Zu den magnetischen Speichermedien zählen Disketten, Festplatten und Magnetbänder (Streamer).[281] Diese Speichermedien bestehen physikalisch aus einer Kunststoff- oder Aluminiumplatte, die mit einer magnetisierenden Schicht versehen ist.[282] Die Speicherung von Daten erfolgt hier in der Weise, dass elektrische Signale in

277 Welp, iur 1988, 443, 445.

278 Tröndle/Fischer, StGB, § 202a Rn 5; Welp, iur 1988, 443, 445; Schulze-Heiming, Strafrechtlicher Schutz der Computerdaten, S. 44.

279 Welp, iur 1988, 443, 445; Schulze-Heiming, Strafrechtlicher Schutz der Computerdaten, S. 44.

280 Welp, iur 1988, 443, 445.

281 Rasch/Daalmann, Informationsverarbeitung, S. 52-57.

282 Gumm/Sommer, Einführung in die Informatik, S. 51.

magnetische Informationen umgewandelt werden, wobei die beiden magnetischen Zustände das Speichern von Bits (0 und 1) ermöglichen.[283] Einen weiteren Anwendungsbereich findet die magnetische Speicherung im Zusammenhang mit der Magnetstreifenkarte, die v. a. als Bankkarte oder als Ausweis zur Kontrolle von Zugangsberechtigungen eingesetzt wird. Hierbei handelt es sich um eine Kunststoffkarte mit einer Standardgröße, deren Rückseite einen Magnetstreifen aufweist, auf dem Daten aufgezeichnet sind, die mit Hilfe eines speziellen Kartenlesers eingelesen werden können.

Elektronisch gespeichert werden Daten in ROM- und in RAM-Bausteinen. Inhalt der ROM-Bausteine, die auch als Festwertspeicher bezeichnet werden, sind feststehende Programme oder Programmteile, die wiederkehrend verwendet werden, z. B. zum Start des Computers.[284] Die dort abgelegten Daten sind dauerhaft verfügbar, d. h. sie bleiben auch beim Ausschalten des Computers erhalten. Bei den RAM-Bausteinen handelt es sich um Speichereinheiten, die beliebig oft wahlweise gelesen oder beschrieben werden können. Die Daten bleiben hier im Gegensatz zu ROM-Speichern nur solange erhalten, wie der Speicher mit Strom versorgt wird.[285] Bei dem Arbeitsspeicher handelt es sich um einen RAM-Speicher. Ein weiteres Beispiel elektronischer Speicherung ist die Aufzeichnung von Daten auf Chipkarten, die z. B. als Zahlungsmittel (elektronische Geldbörse, Telefonkarten usw.) eingesetzt werden. Diese Kunststoffkarten, auf denen elektronische Chips angebracht sind, die der Datenspeicherung dienen, weisen die gleiche Standardgröße wie die Magnetstreifenkarten auf. Die Chipkarten gewinnen immer mehr an Bedeutung, was v. a. auf ihre gegenüber den Magnetstreifenkarten erhöhte Speicherkapazität zurückzuführen ist.

Neben den im Gesetz ausdrücklich genannten Speicherverfahren der magnetischen und elektronischen Speicherung gibt es noch die mechanische und die optische Speichertechnik. Da diese Speicherverfahren nicht ausdrücklich in § 202a Abs. 2 StGB erwähnt werden, muss hier im Einzelfall geprüft werden, ob die Voraussetzung der fehlenden unmittelbaren Wahrnehmbarkeit erfüllt ist.

Hauptvertreter der mechanischen Speichertechnik ist die Lochkarte, auf der die Daten in Form von Lochungen dargestellt sind. In der Regel enthält eine Lochkarte 80 Spalten, wobei jede Spalte eine Ziffer oder einen Buchstaben aufnimmt. Der Lesevorgang erfolgt mit Hilfe der fotoelektronischen Abtastung.[286] Da die Informationen hier durch Lochungen dargestellt sind und somit die Syntax un-

---

283 Rasch/Daalmann, Informationsverarbeitung, S. 52.

284 Gabler Kompaktlexikon EDV und Informatik, Stichwort: ROM.

285 Rasch/Daalmann, Informationsverarbeitung, S. 42 f.

286 Schulze-Heiming, Strafrechtlicher Schutz der Computerdaten, S. 47.

mittelbar für das menschliche Auge erkennbar ist, fällt diese Form der Speicherung aus dem Anwendungsbereich des § 202a Abs. 2 StGB heraus.[287] Nicht relevant ist, dass der Dateninhalt nicht unmittelbar ersichtlich ist, da sich die fehlende unmittelbare Wahrnehmbarkeit nur auf die Ebene der Syntax bezieht. Im Zusammenhang mit der Lochkarte werden jedoch keine wesentlichen Strafbarkeitslücken entstehen, da diese Form der Speicherung durch die Einführung modernerer Speichermethoden nahezu jegliche Bedeutung verloren hat.[288]

Gleiches gilt für die Schallplatte, auf der die Daten durch eine spiralförmig zur Mitte verlaufende Rille dargestellt werden. Da die Rille sichtbar und damit die Syntax der Daten unmittelbar wahrnehmbar ist, werden hier die Voraussetzungen des § 202a Abs. 2 StGB ebenfalls nicht erfüllt.[289]

Zu den optischen Speicherverfahren gehören z. B. das Festhalten von Daten auf Mikrofilmen sowie auf optischen Speicherplatten (CD-ROM und DVD). Bei einem Mikrofilm handelt es sich um einen Datenträger, auf dem z. B. Bilder oder Texte stark verkleinert aufgezeichnet sind.[290] Mit Hilfe von Lesegeräten können die Daten durch optische Vergrößerung sichtbar gemacht werden. Ob Daten, die auf Mikrofilmen gespeichert sind, vom Datenbegriff des § 202a Abs. 2 StGB erfasst werden, hängt davon ab, welche Voraussetzungen an den Begriff der fehlenden unmittelbaren Wahrnehmbarkeit gestellt werden. Diejenigen, die in diesem Zusammenhang eine Umsetzung in andere Zeichen fordern,[291] kommen zu dem Ergebnis, dass der Mikrofilm nicht vom Datenbegriff des § 202a StGB erfasst wird, da die Daten auf dem Mikrofilm bereits durch die Zeichen dargestellt werden, durch die sie nach der Vergrößerung wahrgenommen werden. Nach vorzugswürdiger Auffassung ist Voraussetzung des Begriffs der fehlenden unmittelbaren Wahrnehmbarkeit jedoch nicht eine Transformation in an-

---

287 Jessen, Zugangsberechtigung und besondere Sicherung, S. 56; Schulze-Heiming, Strafrechtlicher Schutz der Computerdaten, S. 47; Welp, iur 1988, 443, 446; Schünemann, in: LK, § 202a Rn 4.

288 Schulze-Heiming, Strafrechtlicher Schutz der Computerdaten, S. 47; Jessen, Zugangsberechtigung und besondere Sicherung, S. 56.

289 Schulze-Heiming, Strafrechtlicher Schutz der Computerdaten, S. 48; im Ergebnis auch Jessen, Zugangsberechtigung und besondere Sicherung, S. 56, allerdings mit anderer Begründung (es fehle bei der Schallplatte in der Regel an einer Adressierung der Daten); a. A. Lackner/Kühl, StGB, § 202a Rn 2.

290 Die Mikroverfilmung wird heute in der Regel mit Hilfe des COM-Verfahrens (computer output on microfilm) vorgenommen, wobei ein COM-Recorder digitale Daten in die jeweilige zur Ausgabe vorgesehene Form (Abbildung, Text usw.) umsetzt und auf einen Mikrofilm überträgt. Um Daten von einem Mikrofilm in den Rechner einzugeben, wird das CIM-Verfahren (Computer input from microfilm) eingesetzt.

291 Samson, in: SK StGB, § 202a Rn 7.

dere Zeichen, sondern es reicht aus, wenn die Darstellung der Daten mit den natürlichen Sinnen nicht zu erkennen ist. Die auf einem Mikrofilm festgehaltenen Daten sind zwar visuell wahrnehmbar. Allerdings werden die einzelnen zur Darstellung verwendeten Zeichen (Syntax) erst dann sichtbar und damit unmittelbar wahrnehmbar, wenn sie mit Hilfe des Lesegerätes vergrößert werden. Daher erfüllen die auf einem Mikrofilm gespeicherten Daten die Voraussetzungen des § 202a Abs. 2 StGB.[292]

In neuerer Zeit haben sich immer mehr die optischen Speicherplatten, nämlich CD-ROM und DVD, als Speichermedien durchgesetzt. Die Speicherung von Daten beruht hierbei auf dem Prinzip, dass auf einer metallbeschichteten Kunststoffplatte Vertiefungen (Pits) erstellt werden, die in einer spiralförmigen Spur angeordnet sind. Die Oberfläche der Speicherplatte wird von einem Laserstrahl abgetastet, wobei die Vertiefungen durch verändertes Reflexionsverhalten erkannt werden und in elektrische Signale umgewandelt werden.[293] Da die auf einer optischen Speicherplatte angebrachten Vertiefungen nur mit Hilfe eines Mikroskops sichtbar gemacht werden können und somit die Darstellung der Daten nicht unmittelbar wahrnehmbar ist, werden die auf CD-ROM bzw. DVD gespeicherten Daten von der Definition des § 202a Abs. 2 StGB erfasst.[294]

Teilweise wird die Auffassung vertreten, dass das Kriterium der fehlenden unmittelbaren Wahrnehmbarkeit im Bereich der modernen Scanner-Technik zu empfindlichen Strafbarkeitslücken führe.[295] Scanner sind Eingabegeräte, die dazu dienen, Abbildungen, Textdokumente, Zahlen etc. einzulesen und diese in digitale Zeichen zur Weiterverarbeitung im Rechner umzuwandeln.[296] Zum Teil sind zu diesem Zweck spezielle Schriftarten entwickelt worden, z. B. die international genormten Schriften OCR-A und OCR-B. Bekannt sind v. a. die europaeinheitlichen Artikelnummern (EAN), die auf Etiketten an Lebensmitteln und sonstigen Produkten angebracht sind. Hier erfolgt die Darstellung mittels eines Strichcodes, der eine dreizehnstellige Nummer optisch umsetzt, wobei die Strichbreiten für bestimmte Ziffern stehen. Unter dem Strichcode ist zusätzlich

---

292 Jessen, S. 57; Schulze-Heiminig, Strafrechtlicher Schutz der Computerdaten, S. 48 f.; Schünemann, in: LK, § 202a Rn 4; Welp, iur 1988, 443, 446; Schmitz, JA 1995, 478, 480; Lenckner, in: Schönke/Schröder, StGB, § 202a Rn 4; Tröndle/Fischer, StGB, § 202a Rn 4; Hilgendorf, JuS 1996, 509, 511.

293 Rasch/Daalmann, Informationsverarbeitung, S. 58.

294 Schmitz, JA 1995, 478, 480; Schulze-Heiming, Strafrechtlicher Schutz der Computerdaten, S. 49.

295 Schünemann, in: LK, § 202a Rn 4; Schulze-Heiming, Strafrechtlicher Schutz der Computerdaten, S. 50 ff.

296 Dworatschek, Grundlagen der Datenverarbeitung, S. 270.

die codierte Nummer aufgedruckt, die bei Bedarf auch direkt in den Rechner eingegeben werden kann. Darüber hinaus besteht mit der modernen Scanner-Technik die Möglichkeit, Texte, Abbildungen usw. in ihrer ursprünglichen Form – ohne Codierung – unmittelbar einzulesen und in digitale Zeichen umzuwandeln. Unabhängig davon, ob Daten in ihrer ursprünglichen Form oder in codierter Form als Vorlage zum Scannen verwendet werden, ist ihre Darstellung immer visuell unmittelbar wahrnehmbar, sodass die entsprechenden Informationen nicht unter den Datenbegriff des § 202a Abs. 2 StGB fallen.[297] Allerdings erscheint es fraglich, ob in dieser Tatsache eine empfindliche Strafbarkeitslücke zu erblicken ist. Der Gesetzgeber hat den Datenbegriff in § 202a StGB auf nicht unmittelbar wahrnehmbar gespeicherte Daten beschränkt, da er die unmittelbar wahrnehmbar gespeicherten Daten als bereits ausreichend geschützt angesehen hat. Der Scanner ist ein Eingabegerät und ersetzt als solches das Eingeben von Informationen z. B. mittels der Tastatur. Es besteht also im Grunde genommen kein Unterschied zwischen dem Einlesen von Informationen mit Hilfe eines Scanners und der Eingabe von Informationen über die Tastatur. Daher kann auch bezüglich der verwendeten Vorlage nichts anderes gelten. Würde man hinsichtlich der für den Scanner verwendeten Vorlage fordern, dass die darin enthaltenen Informationen unter den Datenbegriff des § 202a Abs. 2 StGB fallen, so ließe sich eine Einschränkung des Datenbegriffs überhaupt nicht vertreten. Auch die in einem gedruckten Textdokument enthaltenen Informationen müssten dann nämlich folgerichtig von dem Datenbegriff des § 202a Abs. 2 StGB erfasst werden. Dies war jedoch vom Gesetzgeber eindeutig nicht beabsichtigt und erscheint auch nicht sinnvoll, da diesbezüglich bereits durch andere Vorschriften ausreichender Schutz besteht. Auch wenn die zum Scannen vorgesehenen Informationen in codierter Form (z. B. Strichcode) vorliegen, besteht kein Bedürfnis, diese dem Datenbegriff des § 202a Abs. 2 StGB zuzuordnen. Hier existiert nämlich kein wesentlicher Unterschied zu einem Textdokument, das in einer Geheimsprache verfasst ist und das für die Eingabe in einen Rechner über die Tastatur vorgesehen ist.

Sobald die Informationen mit Hilfe des Scanners eingelesen und in einem anderen Speichermedium nicht unmittelbar wahrnehmbar gespeichert sind, liegen Daten i. S. des § 202a Abs. 2 StGB vor.

2.2.4 Zusammenfassung

Zusammenfassend ist festzustellen, dass die auf den heute gängigen Speichermedien festgehaltenen Informationen unter den Datenbegriff des § 202a Abs. 2 StGB fallen. Die wenigen Speichermedien, bei denen die Voraussetzungen des

---

[297] Schulze-Heiming, Strafrechtlicher Schutz der Computerdaten, S. 50.

§ 202a Abs. 2 StGB nicht erfüllt sind (Lochkarte, Schallplatte), haben durch die technische Entwicklung an Bedeutung verloren und finden heute nur noch selten bzw. keine Anwendung mehr.

Der Gesetzgeber wollte durch das Merkmal der fehlenden unmittelbaren Wahrnehmbarkeit ein Abgrenzungskriterium zu den §§ 201 und 202 StGB schaffen.

Ein Straftatbestand, der einen starken Bezug zur Technik aufweist, ist immer der Gefahr ausgesetzt, dass die darin enthaltenen Tatbestandsmerkmale durch die technische Entwicklung überholt werden. Daher ist auch die Forderung berechtigt, dass solche Tatbestände weitgehend auf die Verwendung technischer Begriffe verzichten und an die auch in der Zukunft höchstwahrscheinlich unverändert bleibende Struktur informationsverarbeitender und -übertragender Systeme anknüpfen sollten.[298] Der Gesetzgeber hat in § 202a Abs. 2 StGB den allgemeinen Datenbegriff auf Daten beschränkt, die elektronisch, magnetisch oder sonst nicht unmittelbar wahrnehmbar gespeichert sind. Durch die Verwendung der Begriffe der elektronischen oder magnetischen Speicherung hat er zwar technische Begriffe verwendet, allerdings werden diese Speicherungsverfahren nur als Beispiele nicht unmittelbar wahrnehmbarer Speicherung genannt. Durch die Verwendung des Merkmals der fehlenden unmittelbaren Wahrnehmbarkeit hat der Gesetzgeber den Datenbegriff auch für zukünftige Speicherverfahren offengelassen, wobei z. B. an die Entwicklung biologischer oder chemischer Speichertechnik zu denken ist.[299] Strafbarkeitslücken in diesem Zusammenhang sind zum jetzigen Zeitpunkt – soweit man den Begriff der fehlenden unmittelbaren Wahrnehmbarkeit wie dargestellt auslegt – nicht festzustellen und auch für die Zukunft nicht zu erwarten. Daher sind die an den Gesetzgeber gerichteten Alternativvorschläge, die diesbezüglich seitens einiger Autoren unterbreitet wurden, abzulehnen. So ist z. B. der Vorschlag, im Gesetz lediglich verschiedene taugliche Speicherungs- und Übermittlungsverfahren zu benennen,[300] nicht überzeugend, da dies dazu führen würde, dass mit der Fortentwicklung der Technik der Straftatbestand ständig verändert werden müsste.[301]

2.3 Daten, die nicht für den Täter bestimmt sind

Der Tatbestand des § 202a Abs. 1 StGB bezieht sich nur auf solche Daten, die nicht für den Täter bestimmt sind. Diesem Merkmal ist zu entnehmen, dass der

---

[298] Sieber, Informationstechnologie und Strafrechtsreform, S. 33.

[299] Jessen, Zugangsberechtigung und besondere Sicherung, S. 57.

[300] Welp, iur 1988, 443, 446.

[301] Jessen, Zugangsberechtigung und besondere Sicherung, S. 59.

Tatbestand ein Handeln gegen den Willen des Verfügungsberechtigten voraussetzt.[302]

2.3.1 Verfügungsberechtigter hinsichtlich der Daten

Die Bestimmung des Verfügungsberechtigten in Bezug auf Daten ist problematisch, da weder das StGB eine Zuordnung von Daten vornimmt noch eine unmittelbare Zuordnung der Daten nach sachenrechtlichen Kriterien möglich ist, da die Daten selbst keine körperlichen Gegenstände und damit keine Sachen i. S. des § 90 BGB sind,[303] was zur Folge hat, dass an diesen kein Eigentum bestehen kann.

In der Literatur wird das Problem der Verfügungsberechtigung in Bezug auf Daten v. a. im Zusammenhang mit dem Straftatbestand des § 303a StGB behandelt. Da sowohl § 202a StGB als auch § 303a StGB das Integritätsinteresse in Bezug auf Daten – allerdings jeweils in unterschiedlicher Ausprägung – schützen, kann eine Zuordnung von Daten zu einer bestimmten Person nur nach einheitlichen Kriterien erfolgen.[304] Demnach können bei der Bestimmung des Verfügungsberechtigten im Rahmen des § 202a StGB auch die in der Literatur im Zusammenhang mit § 303a StGB gemachten Ausführungen herangezogen werden.

Als Anknüpfungspunkte für eine Datenzuordnung im Strafrecht werden unterschiedliche Kriterien genannt, und zwar das Eigentum an dem Datenträger, das „Betroffensein“ durch den Dateninhalt, die Urheberschaft hinsichtlich des Dateninhalts und die Vornahme der erstmaligen Speicherung bzw. Übermittlung von Daten.[305]

Die Verfügungsberechtigung hinsichtlich der Daten könnte aus dem Eigentum an dem Datenträger, auf dem die Daten festgehalten sind, abgeleitet werden.[306] Da es sich hierbei um einen körperlichen Gegenstand und damit um eine Sache i. S. des § 90 BGB handelt, steht er regelmäßig im Eigentum einer bzw. mehrerer Person(en). Für dieses Zuordnungskriterium spricht, dass es praktikabel und eindeutig ist. Es ist nämlich in der Regel unproblematisch, den Eigentümer des

---

302 Bär, in: Wabnitz/Janovsky, Hdb. Wirtschafts- und Steuerstrafrecht, Kap. 18 Rn 75.

303 Palandt/Heinrichs, BGB, § 90 Rn 2.

304 Im Ergebnis auch Schmid, Computerhacken und materielles Strafrecht, S. 34; Hilgendorf, JuS 1996, 509, 512.

305 Hilgendorf, JuS 1996, 890, 892; Schulze-Heiming, Strafrechtlicher Schutz der Computerdaten, S. 28 ff.; Schmid, Computerhacken und materielles Strafrecht, S. 35; Splitt, Der Rechtswidrigkeitsbegriff im Rahmen des § 303a StGB, S. 47 ff.

306 Samson, in: SK StGB, § 303a Rn 14.

Datenträgers zu ermitteln. Nicht überzeugend erscheint die Zuordnung nach dem Eigentum an dem Datenträger jedoch z. B. in den Fällen, in denen Daten an einem fremden Computer erstellt und anschließend auf der Festplatte dieses Computers gespeichert werden, da hier nur der Eigentümer des Rechners verfügungsbefugt in Bezug auf die Daten wäre und nicht derjenige, der die Daten erstellt hat. Hilgendorf hat in diesem Zusammenhang zutreffend darauf hingewiesen, dass es durch den zunehmenden Einsatz von Großrechnern und die Verbreitung von Datennetzen immer häufiger vorkommt, dass derjenige, der die Daten erstellt und bearbeitet, nicht der Eigentümer der jeweils genutzten Anlage ist.[307] Würden hier dem Eigentümer des Datenträgers die Daten zugeordnet, so wäre derjenige, der die Daten erstellt und bearbeitet hat, strafrechtlich nicht ausreichend geschützt. Große Schwierigkeiten bereitet eine zivilrechtliche Zuordnung entsprechend dem Eigentum an dem Datenträger auch in Fällen, in denen die Daten sich im Übermittlungsstadium befinden, da eine Zuordnung von Daten auf der Grundlage der Eigentumsverhältnisse an dem Übermittlungsmedium regelmäßig nicht möglich ist.[308] Aus den zuvor genannten Gründen kann bei der Frage der Verfügungsberechtigung in Bezug auf Daten nicht auf das Eigentum an dem jeweiligen Datenträger abgestellt werden. Der hinsichtlich der Daten Verfügungsberechtigte kann mit dem Eigentümer des Rechners oder des Datenträgers, auf dem die Daten festgehalten sind, identisch sein. Dies ist jedoch nicht zwingend der Fall.[309]

Des Weiteren könnte derjenige hinsichtlich der Daten verfügungsberechtigt sein, der durch den Dateninhalt betroffen ist.[310] Hiergegen spricht zunächst, dass sich keine eindeutigen Kriterien dafür angeben lassen, wann jemand durch den Dateninhalt betroffen ist.[311] Darüber hinaus schützt § 202a StGB anders als das BDSG das formelle Geheimhaltungsinteresse in Bezug auf Daten unabhängig davon, ob es sich um personenbezogene Daten handelt. Es werden durch § 202a StGB auch solche Daten geschützt, die keine bestimmte Person betreffen. Daher muss im Rahmen des § 202a StGB ein weitreichenderes Zuordnungskriterium gefunden werden, das über das des persönlichen „Betroffenseins“ hinausgeht.

Des Weiteren ist zu überlegen, ob eine Zuordnung von Daten generell nach urheberrechtlichen Gesichtspunkten vorgenommen werden kann. Wählt man die-

---

307 Hilgendorf, JuS 1996, 890, 892 f.

308 Splitt, Der Rechtswidrigkeitsbegriff im Rahmen des § 303a StGB, S. 50.

309 Bär, Wabnitz/Janovsky, Hdb. Wirtschafts- und Steuerstrafrecht, Kap. 18 Rn 75; Hilgendorf, JuS 1996, 509, 511.

310 Lackner/Kühl, StGB, § 202a Rn 1, der die Auffassung vertritt, dass der durch den Dateninhalt Betroffene mitgeschützt wird.

311 Hilgendorf, JuS 1996, 890, 892.

sen Anknüpfungspunkt, so wäre derjenige als Verfügungsberechtigter im Hinblick auf Daten anzusehen, der der geistige Urheber des Dateninhalts ist. Hiergegen ist einzuwenden, dass ein solches Vorgehen zu einer uferlosen Ausweitung des urheberrechtlichen Schutzes auf alle Daten führen würde, also auch auf solche Daten, deren Schutz durch das Urheberrechtsgesetz auf Grund der fehlenden Schöpfungshöhe gemäß § 2 Abs. 2 UrhG gerade nicht vorgesehen ist.[312]

Welp[313] hat vorgeschlagen, bei der Datenzuordnung auf den „Skriptaturakt" abzustellen und damit denjenigen als verfügungsberechtigt im Hinblick auf Daten anzusehen, der ihre Speicherung oder Übermittlung selbst unmittelbar bewirkt hat. Dieses Zuordnungskriterium hat den Vorteil, dass es in der Regel leicht handhabbar ist, denn derjenige, der die Speicherung oder Übermittlung der Daten bewirkt hat, kann meistens ohne größeren Aufwand ermittelt werden. Probleme bereitet dieses Zuordnungskriterium allerdings in den Fällen, in denen die Speicherung oder Übermittlung im Auftrag und nach Weisung eines Dritten erfolgt. Hier erscheint es sachgerecht, die Daten dem Auftraggeber zuzuordnen, da derjenige, der die Daten gespeichert oder übermittelt hat, bei diesen Vorgängen vornehmlich im Interesse seines Auftraggebers gehandelt hat und auch regelmäßig will, dass die Daten diesem zugerechnet werden.[314] Als Verfügungsberechtigter über Daten ist daher derjenige anzusehen, der für die Speicherung oder die Übermittlung der Daten verantwortlich ist. Damit ist entweder derjenige gemeint, der diese Vorgänge selbst vornimmt, oder im Falle eines Auftragsverhältnisses derjenige, der die Speicherung oder Übermittlung der Daten als Auftraggeber veranlasst hat. Die Verantwortung für die Speicherung oder Übermittlung der Daten erscheint insofern geeignet, eine sachgemäße Zuordnung der Daten zu einer bestimmten Person vorzunehmen, als es die Untergliederung des Datenbegriffs in eine Syntaxebene und eine Semantikebene berücksichtigt. Würde man das „Betroffensein" durch den Dateninhalt oder die geistige Urheberschaft bezüglich des Dateninhalts als Anknüpfungspunkte für die Datenzuordnung wählen, so würde die syntaktische Ebene des Datenbegriffs völlig vernachlässigt, obwohl diese im Rahmen der Begriffsfestlegung des § 202a Abs. 2 StGB eine ganz wesentliche Rolle spielt. Eine Zuordnung der Daten danach, wer für ihre Speicherung oder Übermittlung verantwortlich ist, knüpft demgegenüber an die Syntax an, wobei häufig auch eine Identität mit dem geistigen Urheber des Dateninhalts gegeben ist. Gegenüber einer Datenzuordnung entsprechend dem Eigentum an dem Datenträger weist das zuvor genannte Zuord-

---

312 Hilgendorf, JuS 1996, 890, 893; Schmid, Computerhacken und materielles Strafrecht, S. 37.

313 Welp, iur 1988, 443, 447 f.

314 Hilgendorf, JuS 1996, 890, 893; Splitt, Der Rechtswidrigkeitsbegriff im Rahmen des § 303a StGB, S. 107.

nungskriterium den Vorteil auf, dass man mit diesem in Fällen der Speicherung oder Übermittlung von Daten auf fremden Rechneranlagen zu sachgerechteren Ergebnissen gelangt. Zu untersuchen ist weiter, ob dieser Anknüpfungspunkt auch dann geeignet ist, wenn Daten auf einem fremden Datenträger gegen den Willen des Eigentümers gespeichert werden. Auch in diesen Fällen ändert sich an der Datenzuordnung nichts, d. h. derjenige, der die Daten gespeichert hat, ist als Verfügungsberechtigter hinsichtlich der sich auf einem fremden Rechner befindenden Daten anzusehen. Es besteht hier keine Notwendigkeit, die Daten etwa dem Eigentümer zuzuordnen, da dieser gegebenenfalls durch das Strafrecht (z. B. durch §§ 303a und 303b StGB) und in jedem Fall durch das Zivilrecht auf Grund des Bestehens von Beseitigungs- und Unterlassungsansprüchen hinreichend geschützt ist.[315]

Teilweise wird die Auffassung vertreten, dass im Fall der Übermittlung von Daten auch der Datenempfänger als Berechtigter anzusehen ist.[316] Dieser Ansicht kann nur unter einer Einschränkung gefolgt werden. Erst wenn die Daten in den Machtbereich des Adressaten gelangt sind und dieser sie auf seinem Rechner oder auf einem Datenträger gespeichert bzw. verarbeitet hat, ist er als Verfügungsberechtigter hinsichtlich der Daten anzusehen.[317] Bis zu diesem Zeitpunkt bleibt derjenige Verfügungsberechtigter hinsichtlich der Daten, der für ihre Übermittlung verantwortlich ist. Ansonsten wäre der Empfänger auch hinsichtlich unerwünscht zugesandter Daten, ohne Einsicht in den Dateninhalt genommen zu haben, Verfügungsberechtigter in Bezug auf die Daten.

2.3.2 Bestimmung seitens des Verfügungsberechtigten

Nicht für den Täter bestimmt sind diejenigen Daten, die nach dem Willen des Verfügungsberechtigten dem Zugriff – insbesondere der Kenntnisnahme – des Täters entzogen sind, also nicht in den Herrschaftsbereich des Täters gelangen sollen.[318] Entspricht demgegenüber der Zugriff auf die Daten durch einen anderen dem Willen des Verfügungsberechtigten, so sind die Daten für diesen bestimmt und der Tatbestand des § 202a Abs. 1 StGB ist nicht erfüllt. Bei dem Merkmal der Bestimmung der Daten handelt es sich demnach um einen Fall des

---

[315] Hilgendorf, JuS 1996, 890, 893.

[316] Lackner/Kühl, StGB, § 202a Rn 3.

[317] Lenckner, in: Schönke/Schröder, StGB, § 202a Rn 6.

[318] Schünemann, in: LK, § 202a Rn 9; Lackner/Kühl, StGB, § 202a Rn 3; Jessen, Zugangsberechtigung und besondere Sicherung, S. 59; anders Samson, in: SK StGB, § 202a Rn 9: „Das Merkmal hat vielmehr die Aufgabe, denjenigen straflos sein zu lassen, der sich die Daten, die er ohnehin erhalten soll, im Vorgriff selbst verschafft."

tatbestandsausschließenden Einverständnisses.[319] Das Einverständnis seitens des Berechtigten kann den Tatbestand nur ausschließen, wenn es zur Zeit der Tat vorliegt.[320] Hieraus folgt, dass sich nur derjenige nach § 202a Abs. 1 StGB strafbar machen kann, für den die Daten noch nicht, nicht mehr oder nicht zu dem jeweiligen Zeitpunkt bestimmt sind.

2.3.3 Einzelfälle im Zusammenhang mit der Datenbestimmung

2.3.3.1 Betriebsspionage

Wird einem Arbeitnehmer im Rahmen seiner Tätigkeit von seinem Dienst- bzw. Geschäftsherrn Datenmaterial überlassen, so sind diese Daten für ihn bestimmt mit der Folge, dass er sich auch dann nicht nach § 202a Abs. 1 StGB strafbar macht, wenn er die Daten zweckwidrig verwendet, z. B. zu eigenen Zwecken nutzt oder an ein Konkurrenzunternehmen weitergibt.[321] Durch sein Verhalten verletzt er zwar seine arbeitsvertraglichen Pflichten, erfüllt jedoch nicht den Tatbestand des § 202a Abs. 1 StGB. Wenn das Arbeitsverhältnis durch Ablauf oder Kündigung des Arbeitsvertrages beendet wird, ist das Datenmaterial für den Arbeitnehmer nicht mehr bestimmt, sodass eine Strafbarkeit nach § 202a Abs. 1 StGB ab diesem Zeitpunkt in Betracht kommt.[322] Das gleiche gilt, wenn es dem Arbeitnehmer ausdrücklich untersagt ist, nach Dienstschluss auf die Daten zuzugreifen, da in diesem Zeitraum ein den Tatbestand ausschließendes Einverständnis seitens des Arbeitgebers nicht vorliegt.[323] Ist dem Arbeitnehmer außerhalb eines bestimmten Nutzungszwecks oder einer Benutzungsbedingung der Zugang zu den Daten durch entsprechende Sicherungsvorkehrung verwehrt, so sind die Daten, wenn sie zweckwidrig bzw. entgegen der Benutzungsbedingung verwendet werden, nicht für ihn bestimmt, da der Arbeitnehmer dann den Daten insoweit wie ein Betriebsexterner gegenübersteht.[324]

---

319 Haß, in: Lehmann, Rechtsschutz und Verwertung von Computerprogrammen, Kap. XII Rn 24; Jessen, Zugangsberechtigung und besondere Sicherung, S. 60.

320 Schmitz, JA 1995, 478, 481; Haß, in: Lehmann, Rechtsschutz und Verwertung von Computerprogrammen, Kap. XII Rn 24; Hilgendorf, JuS 1996, 509, 511.

321 Lenckner/Winkelbauer, CR 1996, 483, 486; Schulze-Heiming, Strafrechtlicher Schutz der Computerdaten, S. 54; Jessen, Zugangsberechtigung und besondere Sicherung, S. 62.

322 Jessen, Zugangsberechtigung und besondere Sicherung, S. 60.

323 A. A. Lenckner/Winkelbauer, CR 1986, 483, 486, der entgegen der hier vertretenen Auffassung (vgl. hierzu auch die Ausführungen in diesem Kapitel unter 2.3.3.2) das Merkmal der fehlenden Datenbestimmung von dem Vorhandensein einer besonderen Zugangssicherung abhängig macht.

324 Ebenso im Ergebnis Lenckner/Winkelbauer, CR 1986, 483, 486.

2.3.3.2 Daten in Datennetzen

Werden Daten in Datennetzen, z. B. im Internet, frei zugänglich, d. h. ohne Zugangsbeschränkungen, zum Abruf bereitgehalten, so sind diese Daten für jeden bestimmt.[325] Dies gilt auch dann, wenn sie nur für einen bestimmten Zweck bereitgehalten werden und der die Daten Abrufende diese zweckwidrig verwendet.[326] Allerdings kann auch in Datennetzen der Zugriff auf Daten von der Erfüllung gewisser Voraussetzungen abhängig gemacht werden, deren Einhaltung durch bestimmte Sicherungsvorkehrungen gewährleistet wird, z. B. wenn der Zugriff auf die Daten von der Zahlung eines Entgelts abhängig ist oder nur mit Hilfe eines Passwortes möglich ist. Erfüllt derjenige, der die Daten abruft, diese Voraussetzungen nicht, so sind die Daten nicht für ihn bestimmt.[327]

Bei einer Datenbank, wie z. B. dem Juris-System, sind die Daten nur dann für denjenigen, der Daten abruft, bestimmt, wenn er über einen ordnungsgemäßen Anschluss verfügt.[328] Grundsätzlich sind für das Merkmal der Bestimmung von Daten bei der Nutzung einer Datenbank die Vereinbarungen mit dem Datenbankbetreiber, insbesondere dessen Allgemeine Geschäftsbedingungen, von Bedeutung.[329] Aus diesen ist auch zu entnehmen, ob und inwieweit die Datenzugriffsmöglichkeit auf Dritte übertragen werden darf.[330]

Umstritten ist die Frage, ob Daten für den Inhaber eines Anschlusses bestimmt i. S. des § 202a Abs. 1 StGB sind, wenn diesem ohne Sperrung des Anschlusses die Nutzung von dem Datenbankbetreiber untersagt wurde. Teilweise wird die Ansicht vertreten, dass eine bloße Nutzungsuntersagung ohne Sperrung des Anschlusses nichts daran ändere, dass die Daten weiterhin für den Anschlussinhaber bestimmt sind.[331] Dieser Auffassung kann jedoch nicht gefolgt werden, da sie mit den Grundsätzen des Einverständnisses nicht in Einklang steht.[332] Daten

---

325 Hilgendorf, JuS 1996, 509, 511.

326 Bär, in: Wabnitz/Janovsky, Hdb. Wirtschafts- und Steuerstrafrecht, Kap. 18 Rn 75.

327 Jung, in: NK, § 202a Rn 8.

328 Schulze-Heiming, Strafrechtlicher Schutz der Computerdaten, S. 63; Lenckner/Winkelbauer, CR 1986, 483, 486.

329 Jessen, Zugangsberechtigung und besondere Sicherung, S. 186.

330 Hilgendorf, JuS 1996, 509, 511.

331 Lenckner/Winkelbauer, CR 1986, 483, 486; Schulze-Heiming, Strafrechtlicher Schutz der Computerdaten, S. 63.

332 Lenckner, in: Schönke/Schröder, StGB, § 202a Rn 6; Eiding, Strafrechtlicher Schutz elektronischer Datenbanken, S. 75; Scholz, Der strafrechtliche Schutz veröffentlichter elektronischer Datenbanken, S. 125.

sind für den Täter nicht bestimmt, wenn er nach dem Willen des Verfügungsberechtigten nicht auf diese zugreifen soll, insbesondere nicht von deren Inhalt Kenntnis nehmen soll. Durch eine Nutzungsuntersagung bringt der Datenbankbetreiber seinen Willen eindeutig zum Ausdruck, dass der Anschlussinhaber nicht mehr auf die Daten zugreifen soll. Er erklärt folglich, dass die Daten nicht mehr für den Anschlussinhaber bestimmt sind. Eine Sperrung des Anschlusses ist in diesem Zusammenhang nicht erforderlich. Die Daten sind vielmehr allein auf Grund der Nutzungsuntersagung nicht mehr für den Anschlussinhaber bestimmt. Letztlich ist jedoch auch nach der hier vertretenen Auffassung eine Verwirklichung des Tatbestandes des § 202a Abs. 1 StGB zu verneinen, da es in Fällen bloßer Nutzungsuntersagung regelmäßig an dem im Folgenden noch zu erörternden Tatbestandsmerkmal der besonderen Zugangssicherung fehlt.

2.3.3.3 Programmdaten von Computersoftware

Bei dem Erwerb eines Computerprogramms wird dem Erwerber von Seiten des Softwareherstellers ein Nutzungsrecht hinsichtlich des Programms eingeräumt, das sich regelmäßig auf die Durchführung der Funktionen des Computerprogramms bezieht. Problematisch ist in diesem Zusammenhang, ob die dem Computerprogramm zugrunde liegenden Programmdaten für den Erwerber der Software bestimmt sind. Der Softwarehersteller hat grundsätzlich ein Interesse daran, dass die Programmdaten nicht bekannt werden, da diese wichtige Informationen über den Programmablauf enthalten und zum Teil auf jahrelanger Entwicklungsarbeit basieren. Der Erwerber des Softwareprogramms kann dieses Interesse gefährden, indem er vertragswidrig Kopien des Computerprogramms – sog. Raubkopien – anfertigt oder indem er durch Dekompilieren des Objektcodes in den Quellcode das Computerprogramm analysiert, wodurch er in die Lage versetzt wird, auf der Grundlage der gewonnenen Erkenntnisse ein neues, der analysierten Software vergleichbares Programm zu erstellen („Reengineering").

Teilweise wird die Auffassung vertreten, dass mit dem Erwerb des Computerprogramms die darin enthaltenen Programmdaten dem Erwerber bestimmungsgemäß zugänglich gemacht werden.[333] Auch wenn der Erwerber der Software vertragswidrig Kopien anfertige und dazu vielleicht sogar Kopiersicherungen überwinde, ändere dies nichts an der Tatsache, dass die Programmdaten für den Erwerber bestimmt seien.[334] In diesem Verhalten sei lediglich eine Verletzung des urheberrechtlichen Verwertungsrechts, insbesondere des Vervielfältigungs-

---

[333] Schünemann, in: LK, § 202a Rn 10; Niemeyer, in: Müller-Gugenberger/Bieneck, Wirtschaftsstrafrecht, § 33 Rn 20; Tröndle/Fischer, StGB, Rn 7.

[334] Schünemann, in: LK, § 202a Rn 10.

rechts, zu sehen. Dieser Auffassung muss jedoch entgegengehalten werden, dass Softwareerwerb nicht unbedingt die Bestimmung der Programmdaten für den Erwerber zur Folge hat. Zunächst ist festzuhalten, dass der Erwerber eines Computerprogramms nicht die Verfügungsberechtigung hinsichtlich der dem Programm zugrunde liegenden Programmdaten erwirbt, sondern nur ein Nutzungsrecht, das sich in der Regel auf die Ausführung der Programmfunktionen beschränkt. Verfügungsberechtigter bleibt folglich der bisherige Verfügungsberechtigte, also in der Regel der Softwarehersteller. Ob die Programmdaten für den Erwerber bestimmt sind, richtet sich nach dem Willen des Verfügungsberechtigten. Dessen Wille ist jedoch regelmäßig darauf beschränkt, dem Erwerber der Software ein Recht zur Nutzung des Programms einzuräumen. Die Gewährung sonstiger Zugriffsrechte hinsichtlich der Programmdaten, wie z. B. des Rechts zur Kenntnisnahme des Dateninhalts, ist dabei nicht vom Willen des Verfügungsberechtigten umfasst.[335] Es kommt folglich bei der Bestimmung der Programmdaten auf den Willen des Verfügungsberechtigten, d. h. in der Regel des Softwareherstellers, an. Nur wenn dieser will, dass der Erwerber auf die Programmdaten zugreifen und insbesondere von diesen Kenntnis nehmen kann, sind die Daten für den Erwerber bestimmt.[336] Teilweise wird danach differenziert, ob die Programmdaten für den Erwerber unzugänglich bleiben.[337] Programmdaten, die für den Anwender über den Bildschirm seines Betriebssystems zugänglich sind, seien danach für diesen bestimmt. Dieser Ansicht ist jedoch entgegenzuhalten, dass hier die Grenzen zwischen den einzelnen Tatbestandsmerkmalen des § 202a Abs. 1 StGB verwischt werden.[338] Ob die Daten zugänglich sind oder nicht, ist nicht eine Frage der Bestimmung der Daten, sondern wird erst im Zusammenhang mit dem Tatbestandsmerkmal der Zugangssicherung relevant. Innerhalb des Merkmals der Bestimmung der Daten kommt es nur auf die Willensrichtung des Verfügungsberechtigten an und nicht auf entsprechende Sicherungsmaßnahmen, die dieser getroffen hat, um seinem Willen Rechnung zu tragen. Auch eine Unterscheidung nach den einzelnen Zugriffsarten bzw. -zwecken, wie sie Schulze-Heiming[339] vorgenommen hat, vermag nicht zu überzeugen, da generell entschieden werden muss, ob Programmdaten für

---

335 Vgl. hierzu Kuhlmann, CR 1989, 177, 185.

336 Schlüchter, 2. WiKG, S. 63 f.; Kuhlmann, CR 1989, 177, 185; Meier, JZ 1992, 657, 661 f.

337 Lenckner, in: Schönke/Schröder, StGB, § 202a Rn 6; Lenckner/Winkelbauer, CR 1986, 483, 486.

338 Kuhlmann, CR 1989, 177, 185.

339 Schulze-Heiming, Strafrechtlicher Schutz der Computerdaten, S. 56 ff., die im Falle der Kopie von Programmdaten eine Verletzung des Verfügungsrechts des Softwareherstellers verneint.

den Erwerber bestimmt sind und nicht danach unterschieden werden kann, zu welchem Zweck der Erwerber auf die Daten zugreift.

2.3.3.4 Bestimmung der auf einer Bankautomatenkarte gespeicherten Daten

Es sind bereits mehrfach Fälle aufgetreten, in denen der Täter die Daten auf der ihm von seiner Bank ausgehändigten Bankautomatenkarte manipuliert hat, um mit Hilfe der manipulierten Karte an einem Geldautomaten eine Bargeldauszahlung zu erreichen. Ein solcher Fall lag z. B. der Entscheidung des Amtsgerichts Böblingen vom 10. Februar 1988 zugrunde.[340] Hier hatte der Täter die auf dem Magnetstreifen seiner Eurochequekarte gespeicherten Daten mit Hilfe eines selbst entwickelten Programms entschlüsselt. Hierdurch war es ihm möglich, die Daten zu lesen und hinsichtlich Gültigkeitsdauer der Karte, des Limits pro Zyklusdauer, des Restbetrags, des Kreditlimits und der Prüfziffer zu verändern. Die geänderten Daten konnte er auf eine Blanko-Codekarte übertragen und mit dieser bei verschiedenen Banken Geldbeträge abheben.

Die Bank überlässt in solchen Fällen dem Täter die Bankautomatenkarte mit den auf ihr gespeicherten Daten zur Nutzung. Vergleichbar der Problematik im Zusammenhang mit der Herstellung von Raubkopien gilt auch hier, dass nach dem Willen des Verfügungsberechtigten mit der Nutzung nicht zugleich ein Zugriff auf die Daten, etwa durch Kenntnisnahme ihres Inhalts, verbunden ist. Der Inhaber einer Bankautomatenkarte soll zwar mit den auf der Karte gespeicherten Daten in dem Sinne „arbeiten" können, dass er in der Lage ist, Abhebungen an einem Geldautomaten zu tätigen, wobei die Daten jeweils entsprechend fortgeschrieben werden.[341] Eine Kenntnisnahme des Dateninhalts oder eine eigene Bearbeitung der Daten ist jedoch weder für die vorgesehene Nutzung der Karte erforderlich noch ist dies von der dem Karteninhaber eingeräumten Berechtigung gedeckt. Somit sind die auf einer Bankautomatenkarte gespeicherten Daten für den Inhaber der Karte nicht bestimmt.[342]

2.3.3.5 Bestimmung der auf dem EPROM-Chip eines Geldspielautomaten gespeicherten Daten

Im Hinblick auf das Merkmal der fehlenden Bestimmung der Daten sind auch die Fälle interessant, in denen der Erwerber eines Geldspielautomaten unter

---

340 AG Böblingen, CR 1989, 308.

341 Richter, CR 1989, 303, 305.

342 AG Böblingen, CR 1989, 308; Richter, CR 1989, 303, 305; Schulze-Heiming, Strafrechtlicher Schutz der Computerdaten, S. 62; Lenckner, in: Schönke/Schröder, § 202a Rn 6.

Auswertung des den Automaten steuernden Computerprogramms den Spielablauf in Erfahrung bringt und dadurch in die Lage versetzt wird, den Automaten systematisch zu entleeren bzw. ein Programm zu erstellen, das das systematische Entleeren des Spielautomaten ermöglicht.

Der Täter hat zwar hinsichtlich des Spielautomaten Eigentum erworben, jedoch erstreckt sich dieser Eigentumserwerb nicht auf die Programmdaten, die auf dem EPROM-Chip des Spielautomaten gespeichert sind. In Bezug auf diese Daten bekommt er von Seiten des Verfügungsberechtigten, der in der Regel der Hersteller des Spielautomaten ist, nur ein eingeschränktes Nutzungsrecht eingeräumt. Das Spielprogramm ist nämlich nur insofern zur Nutzung bestimmt, als der Spielautomat durch dieses in Gang gesetzt und gesteuert wird. Eine Kenntnisnahme der Daten und eine Analyse des Programms sind hierfür nicht erforderlich.[343] Demzufolge sind die auf dem EPROM-Chip eines Geldspielautomaten gespeicherten Daten nicht für den Erwerber des Automaten bestimmt.[344]

2.4 Daten, die gegen unberechtigten Zugang besonders gesichert sind

Der Gesetzgeber hat den Anwendungsbereich des § 202a Abs. 1 StGB insoweit eingeschränkt, als nur solche Daten durch diese Vorschrift geschützt werden, die gegen unberechtigten Zugang besonders gesichert sind.

2.4.1 Unberechtigter Zugang

Der Begriff des Zugangs zum Tatobjekt ist weit auszulegen. Er umfasst sowohl jede technische oder physische Einwirkungsmöglichkeit auf Daten bzw. Datenspeicher als auch den physischen Zugang zu einem Computersystem und sogar bereits zu dem Sicherheitsbereich, der das System umgibt.[345]

Da der Datenbegriff durch eine Aufteilung in zwei Ebenen, nämlich die Ebene der Syntax und die Ebene der Semantik, gekennzeichnet ist, muss untersucht werden, auf welche dieser Ebenen sich der Begriff der Sicherung gegen unberechtigten Zugang in § 202a Abs. 1 StGB bezieht. Die Beantwortung dieser Frage ist erforderlich, um im Einzelnen die Voraussetzungen, die an das Tatbestandsmerkmal der Zugangssicherung zu stellen sind, zu ermitteln. Da eine Sicherung gegen Zugang zur Syntax immer auch den Bedeutungsinhalt (Ebene der Semantik) umfasst und somit eine Sicherung, die sich allein auf die Darstellung

---

343 Etter, CR 1988, 1021, 1024.

344 Schlüchter, NStZ 1988, 53, 55; Etter, CR 1988, 1021, 1024.

345 Tröndle/Fischer, StGB, § 202a Rn 7a; Leicht, iur 1987, 45, 46.

der Information durch Zeichen bezieht, nicht vorstellbar ist, kann sich der Begriff der Zugangssicherung zum einen allein auf die Ebene der Semantik beziehen oder zum anderen gleichzeitig auf Syntax- und Semantikebene. Gegen eine Beschränkung der Zugangssicherung allein auf die Ebene der Semantik spricht, dass in § 202a Abs. 1 StGB eine Sicherung gegen Zugang zu Daten vorausgesetzt wird und der Datenbegriff sich immer gerade aus den beiden Ebenen – Syntax und Semantik – zusammensetzt.[346] Daher lässt bereits der Wortlaut des § 202a Abs. 1 StGB – indem er von Sicherung der Daten gegen Zugang spricht und nicht etwa des Dateninhalts oder der Information – darauf schließen, dass sich die Zugangssicherung sowohl auf Syntax- als auch Semantikebene beziehen muss. Außerdem kann auch nur dadurch, dass sich die Zugangssicherung gleichzeitig auf beide Ebenen erstreckt, dem Schutz des formellen Geheimhaltungsinteresses, das sich auch auf die Darstellung der Daten bezieht, hinreichend Rechnung getragen werden. Aus den zuvor genannten Gründen kann es im Rahmen des § 202a Abs. 1 StGB nicht ausreichen, wenn die Sicherung nur vor dem Zugang zum Bedeutungsinhalt der Daten schützt, sondern es müssen sowohl die Ebene der Syntax als auch die Ebene der Semantik gegen unberechtigten Zugang gesichert sein.[347]

Die Sicherung muss vor unberechtigtem Zugang schützen. Die Entscheidung darüber, wann es sich um einen unberechtigten Zugang handelt, steht in engem Zusammenhang mit dem Merkmal der fehlenden Bestimmung.[348] Sind die Daten für eine Person bestimmt, so ist der Zugang zu den Daten für diese Person berechtigt, während unberechtigter Zugang bei denjenigen gegeben ist, für die die Daten nicht bestimmt sind.

2.4.2 Besondere Sicherung

Die Daten müssen gegen unberechtigten Zugang besonders gesichert sein. Dem Gesetzeswortlaut selbst lassen sich dabei keine Anhaltspunkte dafür entnehmen, wie die Sicherung im Einzelnen ausgestaltet sein muss. Allerdings wird in den Gesetzesmaterialien zur Auslegung dieses Tatbestandsmerkmals auf die Verwendung des Merkmals der besonderen Sicherung in § 202 Abs. 2 StGB und § 243 Abs. 1 Nr. 2 StGB hingewiesen.[349] Dies vermag jedoch nur wenig zur Klärung der Bedeutung des Merkmals in § 202a Abs. 1 StGB beizutragen, da

[346] Jessen, Zugangsberechtigung und besondere Sicherung, S. 160.

[347] Vgl. auch Leicht, iur 1987, 45, 51.

[348] Lenckner, in: Schönke/Schröder, StGB, § 202a Rn 9; Leicht, iur 1987, 45, 46; Schulze-Heiming, Strafrechtlicher Schutz der Computerdaten, S. 66.

[349] BT-Drucks. 10/5058, S. 29.

zum einen der Begriff der besonderen Sicherung in § 202 Abs. 2 bisher keine hinreichenden Konturen durch die Literatur und die Rechtsprechung erhalten hat[350] und zum anderen die im Zusammenhang mit § 243 Abs. 1 Nr. 2 StGB gewonnenen Erkenntnisse nicht ohne weiteres herangezogen werden können, da es hier um die Sicherung vor Wegnahme geht, die nicht unbedingt gleichzeitig einen Schutz vor Kenntnisnahme einschließt.[351] Außerdem bestehen zu § 202 Abs. 2 StGB und § 243 Abs. 1 Nr. 2 StGB insofern erhebliche Unterschiede, als es dort um den Schutz von körperlichen Gegenständen durch mechanisch wirkende Schutzvorrichtungen geht, während sich die Sicherung in § 202a Abs. 2 StGB auf Daten bezieht.[352] Diese können sich zwar auf einem körperlichen Datenträger befinden, der in einer von § 202 Abs. 2 StGB oder § 243 Abs. 1 Nr. 2 StGB vorausgesetzten Weise gesichert ist. Im Rahmen des § 202a Abs. 1 StGB werden jedoch häufig Fälle relevant, in denen der Täter sich Daten ohne Zugriff auf einen körperlichen Datenträger durch Abruf auf dem Bildschirm oder durch Abfangen im Übermittlungsstadium verschafft.[353] Darüber hinaus stehen im Zusammenhang mit der Sicherung von Daten computerspezifische Schutzvorrichtungen, d. h. software- und hardwaremäßige Sicherungen, im Vordergrund, die im Rahmen der §§ 202 Abs. 2 und 243 Abs. 1 Nr. 2 StGB keine bzw. nur eine unbedeutende Rolle spielen.[354] Aus dem Verweis auf das Merkmal der besonderen Sicherung in § 202 Abs. 2 StGB und § 243 Abs. 1 Nr. 2 StGB lassen sich für § 202a Abs. 1 StGB jedoch zwei Elemente ermitteln: Die besondere Sicherung muss zum Schutz des Tatobjekts geeignet und bestimmt sein.[355] Es ist hier also zwischen zwei Ebenen zu unterscheiden, nämlich der objektiven und der subjektiven Ebene.[356] Auf der objektiven Ebene stellt sich die Frage, ob das eingesetzte Mittel dazu geeignet ist, einen Schutz der Daten vor unberechtigtem Zugang zu gewährleisten. Auf der subjektiven Ebene ist zu untersuchen, ob der hinsichtlich der Daten Verfügungsberechtigte einen Schutz der Daten vor unberechtigtem Zugang bezwecken wollte.

---

350 Jessen, Zugangsberechtigung und besondere Sicherung, S. 78; Scholz, Der strafrechtliche Schutz veröffentlichter elektronischer Datenbanken, S. 126.

351 Scholz, Der strafrechtliche Schutz veröffentlichter elektronischer Datenbanken, S. 126.

352 Lenckner/Winkelbauer, CR 1986, 483, 486 f.; Schmid, Computerhacken und materielles Strafrecht, S. 71.

353 Lenckner/Winkelbauer, CR 1986, 483, 487.

354 Leicht, iur 1987, 45, 46; Scholz, Der strafrechtliche Schutz veröffentlichter elektronischer Datenbanken, S. 126.

355 Jessen, Zugangsberechtigung und besondere Sicherung, S. 78; vgl. auch Leicht, iur 1987, 45, 46 f., der in diesem Zusammenhang von Sicherungsgrad und Schutzzweck spricht.

356 Jessen, Zugangsberechtigung und besondere Sicherung, S. 101 f.; Hilgendorf, JuS 1996, 702.

2.4.2.1 *Eignung*

Welche Anforderungen an die Eignung der Sicherung zu stellen sind, wird nicht einheitlich beurteilt. Zum Teil wird die Auffassung vertreten, dass kein besonderer Sicherungsgrad vorausgesetzt wird. Es reiche vielmehr aus, wenn der Verfügungsberechtigte durch Schutzmaßnahmen sein Interesse an der Geheimhaltung der Daten zum Ausdruck bringe und der Täter erkennen könne, dass eine besondere Zugangsvoraussetzung Sicherungsfunktion hat.[357] Nach anderer Auffassung darf die Sicherung einerseits nicht so ausgestaltet sein, dass sie ohne weiteres umgangen bzw. überwunden werden kann, andererseits braucht der Schutz nicht vollständig zu sein.[358] Teilweise wird hierbei auf die Fähigkeiten des Täters Bezug genommen. Auch wenn die Schutzvorrichtung von einem versierten Hacker ohne größere Probleme „geknackt" werden kann, soll die Eignung als Zugangssicherung noch bejaht werden können, während die Eignung zu verneinen ist, wenn sie bereits von einem Laien ohne größeren Aufwand überwunden werden kann.[359] Diese Unterscheidung vermag jedoch nicht zu überzeugen, da es in der Praxis schwierig sein dürfte, die computerspezifischen Fähigkeiten des einzelnen Täters zu ermitteln. Darüber hinaus ist es ohne Probleme möglich, an Programme zu gelangen, die das Überwinden verschiedener Zugangssicherungen erheblich erleichtern, z. B. Programme zum Ausspionieren von Passwörtern. Mit Hilfe solcher Programme ist es auch dem Laien möglich, ohne größere Mühe eine Zugangssicherung zu überwinden. Die Fähigkeiten des einzelnen Täters können somit kein Kriterium sein, die Eignung einer Zugangssicherung zu ermitteln.

Nach anderer Auffassung richtet sich der Sicherungsgrad der Maßnahme – in Anlehnung an § 202 Abs. 2 und § 243 Abs. 1 Nr. 2 StGB – an der vom Täter einzusetzenden erhöhten kriminellen Energie aus.[360] Auch nach dieser Ansicht darf die Sicherungsmaßnahme nicht so ausgestaltet sein, dass sie ohne weiteres überwunden werden kann. Das Kriterium der erhöhten kriminellen Energie ist jedoch ebenfalls zu unbestimmt, um eindeutige Schlüsse hinsichtlich der Eignung einer Sicherungsmaßnahme zuzulassen.

Im Zusammenhang mit der Eignung der Sicherungsmaßnahmen könnte eine Heranziehung der Kriterien des § 9 BDSG einschließlich der Anlage zu dieser Vor-

---

357 Tröndle/Fischer, StGB, § 202a Rn 7a.

358 Lenckner/Winkelbauer, CR 1986, 483, 487; Schulze-Heiming, Strafrechtlicher Schutz der Computerdaten, S. 67.

359 Hilgendorf, JuS 1996, 702.

360 Leicht, iur 1987, 45, 47.

schrift erwogen werden.[361] Nach § 9 BDSG haben öffentliche und nicht-öffentliche Stellen, die selbst oder im Auftrag personenbezogene Daten erheben, verarbeiten oder nutzen, die technischen und organisatorischen Maßnahmen zu treffen, die erforderlich sind, um die Ausführung der Vorschriften des BDSG, insbesondere die in der Anlage genannten Anforderungen, zu gewährleisten. In der Anlage zu § 9 BDSG werden diese Maßnahmen konkretisiert. Die Maßnahmen müssen je nach der Art der zu schützenden personenbezogenen Daten geeignet sein, insbesondere als Zutrittskontrolle, Zugangskontrolle, Zugriffskontrolle, Weitergabekontrolle, Eingabekontrolle, Auftragskontrolle und Verfügbarkeitskontrolle zu dienen. Gegen eine Orientierung an den zuvor genannten Kriterien im Rahmen der Eignung spricht jedoch, dass § 9 BDSG und die entsprechende Anlage datenschutzrechtliche Regelungen darstellen und der Datenschutz hinsichtlich seiner Zielrichtung von der Datensicherung zu unterscheiden ist.[362] Da die datenschutzrechtlichen Regelungen in erster Linie dem Schutz des Persönlichkeitsrechtes des von dem Dateninhalt Betroffenen dienen, kommen hier teilweise auch Maßnahmen in Betracht, die erst nachträglich Wirkung entfalten.[363] Diese sind jedoch als Maßnahmen zur Sicherung von Daten gegen unberechtigten Zugang ungeeignet. Demnach kann § 9 BDSG einschließlich der Anlage zu dieser Bestimmung nicht zur Auslegung des Merkmals der besonderen Sicherung im Rahmen des § 202a Abs. 1 StGB herangezogen werden.

Um festzustellen, welche Anforderungen im Zusammenhang mit der Eignung einer Sicherungsmaßnahme zu stellen sind, ist zunächst danach zu fragen, welche Bedeutung dem Tatbestandsmerkmal der besonderen Sicherung gegen unberechtigten Zugang zukommt. Zur Beantwortung dieser Frage können Parallelen zu dem Besitz von körperlichen Gegenständen gezogen werden.[364] Der Besitz hat dort Publizitätsfunktion, d. h. er steht als Indiz für bestimmte dingliche Gegebenheiten. So wird gemäß § 1006 Abs. 1 BGB aus dem Besitz die Vermutung für das Eigentum abgeleitet. Da der Besitz einer Sache somit darauf schließen lässt, dass der Besitzer der Eigentümer der Sache ist, kann der Eigentümer durch den Besitz der Sache sein bestehendes tatsächliches Herrschaftsverhältnis nach außen hin deutlich machen. Da es sich bei Daten nicht um Sachen i. S. des § 90 BGB handelt, muss ein anderes Kriterium diese Publizitäts- bzw. Dokumentati-

---

361 Bühler, MDR 1987, 448, 453; vgl. hierzu auch die ausführliche Darstellung bei Jessen, Zugangsberechtigung und besondere Sicherung, S. 88 ff.

362 Jessen, Zugangsberechtigung und besondere Sicherung, S. 90.

363 Z. B. Anlage zu § 9 (Nr. 1): Maßnahmen, die je nach der Art der zu schützenden personenbezogenen Daten geeignet sind, zu gewährleisten, dass nachträglich überprüft und festgestellt werden kann, welche personenbezogenen Daten zu welcher Zeit von wem in Datenverarbeitungssysteme eingegeben worden sind (Eingabekontrolle).

364 Schulze-Heiming, Strafrechtlicher Schutz der Computerdaten, S. 65.

onsfunktion übernehmen. Der hinsichtlich der Daten Verfügungsberechtigte kann sein Herrschaftsverhältnis über die Daten nur dadurch zum Ausdruck bringen, dass er diese gegen unberechtigten Zugang sichert.[365] Durch die Sicherung der Daten dokumentiert der Verfügungsberechtigte nach außen sein Interesse an der Geheimhaltung der Daten[366] und bringt zum Ausdruck, dass die Daten nicht der Allgemeinheit zur Verfügung stehen sollen. Das Tatbestandsmerkmal der besonderen Sicherung gegen unberechtigten Zugang hat folglich Dokumentationsfunktion.[367] Aus dieser Dokumentationsfunktion der besonderen Sicherung ergibt sich das Erfordernis, dass eine Sicherung i. S. des § 202a Abs. 1 StGB für Außenstehende erkennbar sein muss. Die Sicherung muss demnach so ausgestaltet sein, dass dem Täter das formelle Geheimhaltungsinteresse des hinsichtlich der Daten Verfügungsberechtigten deutlich wird.[368]

Des Weiteren hat das Tatbestandsmerkmal der besonderen Zugangssicherung auch viktimdogmatische Bedeutung, da es strafrechtlichen Schutz nur demjenigen zuteil werden lässt, der sich eines ohne weiteres zumutbaren Selbstschutzes bedient.[369] Ein viktimdogmatisches Konzept, das die Strafbarkeit eines Verhaltens von zumutbaren Selbstschutzmaßnahmen des Opfers abhängig macht und auf diese Weise zu Tatbestandsbegrenzungen führt,[370] liegt zwar dem deutschen Strafrecht generell nicht zugrunde.[371] Grundsätzlich ist das Vorliegen eines Straftatbestandes unabhängig davon, dass das Opfer selbst Schutzvorkehrungen getroffen hat. Durch ein solches Erfordernis würde nämlich das Opfer im Allgemeinen zu sehr beeinträchtigt, da es ständig sein eigenes Verhalten und die Vornahme eigener Schutzvorkehrungen überdenken müsste, was die Gefahr einer Verunsicherung auf Seiten des Opfers begründen würde.[372] Im Rahmen des § 202a StGB hat der Gesetzgeber jedoch durch das Merkmal der besonderen Zugangssicherung ein viktimdogmatisches Element auf der Tatbestandsebene verankert. Dies ist insofern zu begrüßen, als gerade im Bereich des Schutzes von

---

365 Schulze-Heiming, Strafrechtlicher Schutz der Computerdaten, S. 65.

366 BT-Drucks. 10/5058, S. 29; Schünemann, in: LK, § 202a Rn 14.

367 Schünemann, in: LK, § 202a Rn 14; Leicht, iur 1987, 45.

368 Leicht, iur 1987, 45, 49; Schulze-Heiming, Strafrechtlicher Schutz der Computerdaten, S. 65; a. A. Schünemann, in: LK, § 202a Rn 14.

369 Schünemann, in: LK, § 202a Rn 14; Lenckner/Winkelbauer, CR 1986, 483, 485; Beukelmann, Prävention von Computerkriminalität, S. 117.

370 So aber Schünemann, in: FS für Schmitt, S. 117 ff., 128 f.; Schünemann, in: FS für Faller, S. 357 ff., 362.

371 Roxin, Strafrecht AT, § 14 Rn 19;Lenckner, in: Schönke/Schröder, StGB, Vorbem. §§ 13 ff. Rn 70 b; zur Kritik an dem viktimdogmatischen Konzept Günther, in: FS für Lenckner, S. 69 ff.

372 Roxin, Strafrecht AT, § 14 Rn 21; Günther, in: FS für Lenckner, S. 69 ff., 79.

Daten gegen unberechtigten Zugriff eine Strafandrohung allein nicht genügen kann. Weit wirkungsvoller als eine Strafandrohung ist es hier, wenn der hinsichtlich der Daten Verfügungsberechtigte selbst Sicherungsmaßnahmen auf technischer Ebene ergreift, die einen Zugriff Unbefugter auf die Daten von vornherein ausschließen bzw. erschweren. In diesem Bereich stehen – anders als in vielen anderen Kriminalitätsbereichen – zahlreiche Schutzmöglichkeiten zur Verfügung, die zum Teil keinen allzu großen technischen und finanziellen Aufwand erfordern und für jedermann ohne Probleme zugänglich sind. Daher ist es in diesem Fall verhältnismäßig, wenn das Eingreifen des strafrechtlichen Schutzes davon abhängig gemacht wird, dass der hinsichtlich der Daten Verfügungsberechtigte Schutzvorkehrungen gegen den Zugriff Unbefugter trifft.

Die Datensicherung allein kann jedoch keinen hundertprozentigen Schutz gewährleisten, da es immer wieder Täter gibt, die auch sehr gut durchdachte Sicherungsmaßnahmen mit Hilfe technischer Kenntnisse umgehen bzw. überwinden. Ein effektiver Schutz kann daher nur im Zusammenwirken von Sicherungsvorkehrungen seitens des Verfügungsberechtigten einerseits und gesetzlichen Regelungen andererseits gewährleistet werden.[373] Aus dieser Bedeutung des Merkmals der besonderen Sicherung, den Strafrechtsschutz von Schutzvorkehrungen seitens des Verfügungsberechtigten abhängig zu machen, kann gefolgert werden, dass bei der Auswahl der Sicherungsvorkehrung eine gewisse Sorgfalt beachtet werden muss.[374]

Bei der Festlegung der Anforderungen, die an die Sorgfalt auf Seiten des hinsichtlich der Daten Verfügungsberechtigten zu stellen sind, kann man sich an unterschiedlichen Kriterien orientieren. Ein wichtiges Kriterium ist die Frage, inwieweit bei objektiver Betrachtung mit einem Angriff auf die geschützten Daten zu rechnen ist. Hierbei können insbesondere die Art der Daten, der wirtschaftliche Wert der Daten und die Stellung des Datenberechtigten eine Rolle spielen. So müssen z. B. große Unternehmen, die an wichtigen technologischen Entwicklungen arbeiten und entsprechende Forschungsdaten in ihrem Computersystem gespeichert haben, eher mit einem Angriff auf ihren Datenbestand rechnen als ein privater Nutzer, der lediglich seinen Schriftverkehr, Urlaubsfotos usw. auf seinem Rechner gespeichert hat. Vor allem auch die Wahrscheinlichkeit, Opfer gezielter Angriffe durch geschulte Computerexperten zu werden, ist für das Unternehmen aus dem vorangegangenen Beispiel wesentlich größer als für den privaten Nutzer. Dieser darf zwar nicht einfach darauf vertrauen, dass kein Unberechtigter auf seine Daten zugreifen wird, jedoch ist hier ein Angriff

---

373 Dannecker, BB 1996, 1285, 1292; Jessen, Zugangsberechtigung und besondere Sicherung, S. 117.

374 Jessen, Zugangsberechtigung und besondere Sicherung, S. 117.

aus objektiver Sicht unwahrscheinlicher, so dass die Anforderungen, die an die Qualität der Zugangssicherung gestellt werden, geringer sind. Die Anforderungen, die an die Qualität der Zugangssicherung und damit an die Sorgfalt des Datenberechtigten gestellt werden, sind also zunächst davon abhängig, inwieweit dieser mit gezielten Angriffen, v. a. auch durch geschulte Computerexperten, rechnen muss.

Ein weiteres Kriterium, das bei der Festlegung des Sorgfaltsmaßstabs herangezogen werden kann, ist die Frage, welche Möglichkeiten dem hinsichtlich der Daten Berechtigten zur Verfügung stehen, um einen unberechtigten Zugriff auf seine Daten zu verhindern. So ist es z. B. in einem großen Unternehmen möglich, einen separaten und durch spezielle Schließvorrichtungen gesicherten Raum vorzusehen, in dem sich die Datenverarbeitungsanlage befindet, was z. B. in einem kleineren Handwerksbetrieb in der Regel schon auf Grund der räumlichen Gegebenheiten von vornherein ausgeschlossen ist. Außerdem stehen in größeren Unternehmen häufig Sicherheitsexperten zur Verfügung, die sich u. a. auch mit dem Schutz von Daten gegen unberechtigten Zugriff befassen und die Sicherheitskonzepte diesbezüglich ständig aktualisieren. Über diese Möglichkeit verfügen kleinere und mittelständische Betriebe in der Regel nicht.

Mit den zuvor genannten Kriterien in engem Zusammenhang steht die Frage der Zumutbarkeit von Sicherungsmaßnahmen, die ebenfalls bei der Festlegung des Sorgfaltsmaßstabs zu berücksichtigen ist. Einem großen Softwareunternehmen, das wichtige Informationen, wie z. B. den Quellcode eines neu entwickelten Computerprogramms, in seinem Computersystem gespeichert hat, kann hinsichtlich der Qualität der vorzunehmenden Sicherungsvorkehrungen mehr zugemutet werden als einem privaten Nutzer, der seine persönlichen Daten auf dem PC gegen unberechtigten Zugriff schützen will. So muss ein Softwareunternehmen unter Umständen auch höhere finanzielle Investitionen treffen, um die Sicherheit der Daten zu gewährleisten. Von dem privaten Nutzer kann hingegen nicht erwartet werden, dass er hohe finanzielle Aufwendungen für eine Zugangssicherung vornimmt, die unter Umständen bei weitem den Wert der Computeranlage selbst oder der gespeicherten Daten übersteigen.

Hinsichtlich des Sorgfaltsmaßstabs, den der Verfügungsberechtigte bei der Sicherung seiner Daten gegen unberechtigten Zugang zu beachten hat, können somit keine generellen Aussagen getroffen werden. Es ist vielmehr im jeweiligen Einzelfall eine Beurteilung vorzunehmen, bei der die zuvor dargestellten Kriterien herangezogen werden können.

2.4.2.2 Sicherungszweck

Um den Anforderungen an eine besondere Sicherung gegen unberechtigten Zugang i. S. des § 202a Abs. 1 StGB zu genügen, muss eine Maßnahme neben der Eignung als Sicherung auch eine entsprechende Zweckbestimmung aufweisen.

Problematisch ist die Frage nach der Zweckbestimmung in Fällen, in denen durch die Sicherungsmaßnahme gleichzeitig mehrere Ziele verfolgt werden, z. B. neben dem Schutz vor unberechtigtem Zugang zu Daten gleichzeitig die Sicherung gegen Diebstahl oder gegen unberechtigtes Betreten eines Gebäudes bzw. Raumes. Leicht[375] vertritt diesbezüglich die Auffassung, dass auf den primären Schutzzweck der jeweiligen Sicherung abzustellen sei, da es ansonsten zu Kollisionen mit den Schutzbereichen anderer Normen, z. B. § 123 StGB,[376] kommen könne. Nach dieser Ansicht ist das Vorliegen einer besonderen Zugangssicherung i. S. des § 202a Abs. 1 StGB nur zu bejahen, wenn eine Sicherungsmaßnahme in erster Linie den Schutz vor unberechtigtem Zugang zu Daten bezweckt. Diese Auffassung ist jedoch abzulehnen. Zum einen vermag die Begründung, Kollisionen mit den Schutzbereichen anderer Normen zu vermeiden, nicht zu überzeugen, da solche Überschneidungen im Strafrecht nicht grundsätzlich auszuschließen sind.[377] So ist es z. B. durchaus möglich, dass eine Schutzvorrichtung i. S. des § 243 Abs. 1 Nr. 2 StGB zugleich vor der Begehung anderer Delikte, z. B. § 202 Abs. 2 StGB, schützt.[378] Zum anderen gibt es v. a. in Betrieben oder Unternehmen unterschiedliche Faktoren, durch die die Datensicherheit beeinträchtigt werden kann und es wird sehr häufig vorkommen, dass durch eine Sicherungsvorkehrung diesen unterschiedlichen Gefahren gleichzeitig begegnet werden soll. Würde man im Rahmen des § 202a Abs. 1 StGB verlangen, dass der primäre Schutzzweck der jeweiligen Sicherungsmaßnahme der Schutz vor unberechtigtem Zugang sein soll, so hätte dies zur Folge, dass nur wenige Sicherungen den Anforderungen des § 202a Abs. 1 StGB genügen würden, da die meisten Sicherungsmaßnahmen auf verschiedene Gefahren ausgerichtet sind. Dies trifft v. a. für die räumlich wirkenden Schutzvorrichtungen zu, die gleichzeitig vor Diebstahl des Rechners bzw. eines Datenträgers oder Verlusten durch höhere Gewalt und dem unberechtigten Zugang zu Daten schützen sollen.[379] Aus

[375] Leicht, iur 1987, 45, 47; ähnlich Schmitz, JA 1995, 478, 480 ohne Begründung, der allerdings hinsichtlich der Closed-Shop-Systeme im Gegensatz zu Leicht den Sicherungszweck bejaht.

[376] Leicht, iur 1987, 45, 48 im Zusammenhang mit Closed-Shop-Systemen.

[377] Jessen, Zugangsberechtigung und besondere Sicherung, S. 98.

[378] Jessen, Zugangsberechtigung und besondere Sicherung, S. 98 (dort Fn 244).

[379] Vgl. Dworatschek/Büllesbach/Koch/u. a., Personal Computer und Datenschutz, S. 123 f., 134.

den zuvor genannten Gründen kann nicht auf den primären Schutzzweck der jeweiligen Sicherung abgestellt werden, sondern es reicht aus, wenn die Sicherungsmaßnahme neben einem oder mehreren anderen Schutzzwecken auch die Sicherung von Daten gegen unberechtigten Zugang als Schutzzweck einschließt. Allerdings reicht es nicht aus, wenn die fragliche Maßnahme ausschließlich anderen Zwecken (z. B. Brandschutz) dient oder wenn die Sicherung gegen unberechtigten Zugang ein bloßer Nebeneffekt der Maßnahme ist.[380]

2.4.2.3 Einzelne Sicherungsmaßnahmen

Im Folgenden sollen verschiedene Sicherungsmaßnahmen im Hinblick auf ihre Eignung und ihren Zweck untersucht werden.

2.4.2.3.1 Maßnahmen auf organisatorischer Ebene und Maßnahmen der Beweissicherung

Rein organisatorische Maßnahmen, die allein die Willensbildung beeinflussen, wie z. B. Verbote oder personelle Anweisungen, stellen keine geeigneten Sicherungsmaßnahmen dar, weil diese Maßnahmen den Zugang zu den Daten für den Täter nicht tatsächlich erschweren.[381] Außerdem werden diese Maßnahmen bereits von dem Merkmal „nicht für ihn bestimmt" umfasst, sodass insoweit noch nicht von einer besonderen Zugangssicherung i. S. des § 202a Abs. 1 StGB gesprochen werden kann.[382]

Ebenfalls nicht geeignet als Sicherung gegen unberechtigten Zugang sind Maßnahmen, die lediglich der Beweissicherung dienen, wie z. B. Videokameras oder die Erstellung von Zugriffsprotokollen, da diese nicht den Zugang zu den Daten verhindern bzw. erschweren.[383]

---

380 Lenckner, in: Schönke/Schröder, StGB, § 202a Rn 7; Schulze-Heiming, Strafrechtlicher Schutz der Computerdaten, S. 66 f.; Mühle, Hacker und Computer-Viren im Internet, S. 67.

381 Schünemann, in: LK, § 202a Rn 14; Leicht, iur 1987, 45, 47; Tröndle/Fischer, StGB, § 202a Rn 7.

382 Hilgendorf, JuS 1996, 702; Schmachtenberg, DuD 1998, 401.

383 Tröndle/Fischer, § 202a Rn 7a; Schulze-Heiming, Strafrechtlicher Schutz der Computerdaten, S. 67 f.

2.4.2.3.2 Biometrische Sicherungsvorkehrungen

Auf der Hardwareebene werden biometrische Verfahren eingesetzt, bei denen der Zugang zu einem Computersystem von dem Ergebnis eines Authentifikationsabgleichs abhängig gemacht wird. Der Authentifikationsabgleich erfolgt in der Weise, dass unter Verwendung von Sensoren bestimmte Merkmale (z. B. Fingerabdruck, Stimme, Gesichtsgeometrie, Handschrift usw.) aufgenommen werden, die dergestalt reduziert werden, dass nur wenige spezifische Merkmale übrig bleiben (Merkmalsextraktion). Die durch diese Merkmalsextraktion gewonnenen Daten werden anschließend mit den im System gespeicherten Daten verglichen, die die spezifischen Merkmale derjenigen Benutzer des Systems enthalten, die zum Zugang berechtigt sind. Da auf Grund von äußeren Faktoren in der Regel keine vollständige Übereinstimmung vorliegt, ist das Verfahren so gestaltet, dass das Ergebnis des Authentifikationsprozesses positiv ausfällt, wenn die Übereinstimmung der Merkmale in einem bestimmten Umfang gegeben ist.[384] Diese Sicherungsmaßnahmen auf der Ebene der Hardware, die einen Berechtigten anhand bestimmter Merkmale identifizieren und somit den Zugang zu dem gesicherten Computersystem auf diesen Personenkreis beschränken, sind dazu geeignet und auch dazu bestimmt, den unberechtigten Zugang zu den in dem jeweiligen Computersystem befindlichen Daten auszuschließen bzw. nicht nur unerheblich zu erschweren.[385] Daneben lassen diese Formen der Zugangssicherung den Geheimhaltungswillen des Verfügungsberechtigten nach außen erkennen.

2.4.2.3.3 Dongle

Eine weitere Sicherungsvorkehrung auf der Hardwareebene, die geeignet ist, den unberechtigten Zugang zu Daten zu verhindern bzw. wesentlich zu erschweren, ist der sog. Dongle. Hierbei handelt es sich um eine Art Stecker, der meistens auf den Druckeranschluss eines Computers aufgesetzt wird. Erst wenn der Dongle an dem Gerät angebracht wurde, ist die dazugehörige Software ablauffähig, sodass durch diese Sicherung verhindert wird, dass die Software ohne ein Nutzungsrecht verwendet wird.[386] Die Sicherung mit Hilfe eines Dongles bewirkt, dass zwar der berechtigte Benutzer Kopien des Softwareprogramms anfertigen kann, diese jedoch nicht an mehreren Geräten gleichzeitig ablaufen lassen oder sie an einen nichtberechtigten Dritten zur gleichzeitigen Nutzung wei-

---

[384] Egger, Hilfsmittel für erhöhte Sicherheit, in: Fleissner/Choc, Datensicherheit und Datenschutz, S. 271, 286 ff.

[385] Schünemann, in: LK, § 202a Rn 16; Hilgendorf, JuS 1996, 702; Bär, in: Wabnitz/Janovsky, Kap. 18 Rn 77.

[386] Schneider, Handbuch des EDV-Rechts, Kap. C Rn 54.

tergeben kann, da die Kopien nur in Verbindung mit dem Dongle ablauffähig sind. Die Sicherung mittels eines Dongles dient also als Kopierschutz, indem das Benutzungsrecht an der Software geprüft und damit der unautorisierte Softwareeinsatz verhindert wird. Gleichzeitig wird hierdurch auch der unberechtigte Zugang zu den dem Computerprogramm zugrunde liegenden Daten durch Personen, die nicht im Besitz des Dongles sind, unterbunden, da das Computerprogramm nur dann ablaufen kann, wenn der Dongle, der den berechtigten Nutzer ausweist, an der entsprechenden Stelle am Rechner aufgesteckt ist. Allerdings ist dies nur eine bloße Nebenfolge und nicht der eigentliche Zweck einer solchen Sicherungsvorkehrung. Die Sicherung mittels eines Dongles hat den Zweck, die unberechtigte Nutzung eines Programms zu verhindern, indem nur derjenige mit dem Programm arbeiten kann, der über den zum Ablauf der Software notwendigen Dongle verfügt. Hierdurch wird zwar gleichzeitig erreicht, dass derjenige, der nicht im Besitz des Dongles ist, auch nicht die Möglichkeit hat, auf Programmdaten zuzugreifen. Dies kann jedoch nicht der eigentliche Zweck einer solchen Sicherungsmaßnahme sein, was sich bereits daraus ergibt, dass der Besitzer des Dongles trotzdem auf die Daten zugreifen kann, obwohl diese nicht für ihn bestimmt sind.

2.4.2.3.4 Passwörter

Passwörter, Datenverschlüsselung und Kopierschutzmaßnahmen sind Beispiele für software-technische Sicherungsmaßnahmen.

Eine sehr häufig in der Praxis zur Anwendung kommende Schutzvorkehrung ist die Sicherung durch ein Passwort. Bei einem Passwort handelt es sich um eine individuell vom Benutzer festgelegte Zeichenfolge. Sind Computersysteme bzw. Daten durch Passwort geschützt, so ist ein Zugang zu dem jeweiligen Computersystem bzw. zu den Daten erst nach Eingabe des entsprechenden Passwortes möglich. Bei Eingabe eines falschen Passwortes wird der Zutritt zu dem geschützten Computersystem bzw. zu bestimmten geschützten Daten verweigert. Hinsichtlich der Sicherung durch ein Passwort stellt sich die Frage, wie dieses ausgestaltet sein muss, damit es den Anforderungen, die im Zusammenhang mit der Eignung als besondere Zugangssicherung zu stellen sind, entspricht. Denkbar wäre es, eine Einschränkung dergestalt zu fordern, dass solche Passwörter als besondere Zugangssicherung i. S. des § 202a Abs. 1 StGB ausscheiden, die ohne größeren Aufwand herausgefunden werden können, wie z. B. der Firmenname, der Name des Programmierers oder der Name des verwendeten Computerprogramms.[387] Allerdings dürfte es in der Praxis nahezu unmöglich sein, Kriterien herauszuarbeiten, die einen sicheren Rückschluss darauf erlauben, ob das

[387] Von Gravenreuth, NStZ 1989, 201, 206.

Passwort ohne größeren Aufwand oder nur mit erheblichen Schwierigkeiten herausgefunden werden kann.[388] Vor allem auch im Hinblick darauf, dass Computerprogramme zur Verfügung stehen, die nach dem „Trial and Error"-Verfahren in der Lage sind, Passwörter herauszufinden,[389] ist es problematisch, eine Differenzierung dahingehend vorzunehmen, wie aufwendig das Herausfinden eines Passwortes ist. Mit Hilfe solcher Computerprogramme können nämlich in kürzester Zeit eine große Anzahl verschiedener Wörter und Zeichenkombinationen ausprobiert werden, was schließlich in vielen Fällen dazu führt, dass das zutreffende Passwort ermittelt wird. Unter Zuhilfenahme eines solchen Computerprogramms ist das Herausfinden eines Passwortes, und zwar auch eines komplizierteren Wortes, häufig ohne große Schwierigkeiten für den Täter möglich; es sei denn, es sind weitere Sicherungen zur Verhinderung eines solchen Vorgehens vorhanden, z. B. eine Beschränkung der Anzahl der Eingabeversuche. Aus den zuvor genannten Gründen ist eine Differenzierung danach, wie schwierig es ist, ein Passwort herauszufinden, nicht überzeugend.

Um festzustellen, welche Anforderungen an ein Passwort zu stellen sind, damit es sich als besondere Zugangssicherung eignet, ist vielmehr auf den Einzelfall abzustellen. Bei dieser Einzelfallprüfung müssen insbesondere die im Rahmen der Eignung herausgearbeiteten Kriterien herangezogen werden.[390] So wird es z. B. für ein Unternehmen, das wichtige Geschäftsdaten in seinem Computersystem gespeichert hat und mit Angriffen auf diese Daten rechnen muss, nicht ausreichen, wenn diese lediglich durch ein Passwort gesichert sind, das mit Hilfe eines entsprechenden Computerprogramms ohne Probleme herauszufinden ist. Hier müssen weitere Vorkehrungen hinzukommen, um ein solches Vorgehen zu verhindern, wie z. B. eine Begrenzung von Eingabeversuchen. Demgegenüber ist es bei einem privaten Computernutzer, der bei objektiver Betrachtung nicht mit einem Angriff auf seine Computerdaten zu rechnen braucht, ausreichend, wenn er seine Daten durch ein Passwort sichert, auch wenn dieses durch den Täter erraten oder mit Hilfe entsprechender Programme herausgefunden werden kann. Ein Passwort stellt nämlich grundsätzlich eine Hürde dar, die dem Täter den Zugang zu den Daten erschwert und ihm deutlich macht, dass der Verfügungsberechtigte ein formelles Geheimhaltungsinteresse bezüglich der auf diese Weise geschützten Daten hat. Einem privaten Computernutzer kann in der Regel eine weitergehende Sicherung nicht zugemutet werden. Ein Passwort, das ohne größere Mühe zu erraten oder mit Hilfe eines entsprechenden Computerprogramms herauszufinden ist, verringert zwar die Sicherheit seines Computersystems, führt jedoch nicht dazu, dass das Vorliegen einer besonderen Zugangssi-

---

388 Mühle, Hacker und Computer-Viren im Internet, S. 68.

389 Schmachtenberg, DuD 1998, 401, 402.

390 Vgl. hierzu in diesem Kapitel unter 2.4.2.1.

cherung i. S. des § 202a Abs. 1 StGB auf Grund fehlender Eignung zu verneinen wäre.[391]

Der Sicherungszweck kann bei einem Passwort unproblematisch bejaht werden.

2.4.2.3.5 Datenverschlüsselung (Kryptographie)

Die Datenverschlüsselung (Kryptographie) ist eine Sicherungsmaßnahme, die v. a. im Rahmen der Datenübermittlung eine wichtige Rolle spielt, da die Verschlüsselung derzeit die einzig wirksame Methode ist, um Daten im Übermittlungsstadium wirksam zu schützen.[392] Aber auch die Vertraulichkeit gespeicherter Daten kann durch Verschlüsselungsverfahren sichergestellt werden.[393]

Zur Verschlüsselung werden mathematische Algorithmen eingesetzt, die zur Erhöhung der Sicherheit unter Verwendung eines Schlüssels verändert werden.[394] Innerhalb der kryptographischen Verfahren unterscheidet man zwischen symmetrischen und asymmetrischen Verschlüsselungsverfahren. Daneben existieren noch sog. Hybridverfahren, die symmetrische und asymmetrische Verschlüsselungsmethoden kombinieren.[395] Symmetrische Verschlüsselungsverfahren sind dadurch gekennzeichnet, dass es nur einen einzigen Schlüssel gibt, der sowohl zur Verschlüsselung der Daten als auch zu ihrer Entschlüsselung benutzt wird.[396] Nachteilig ist hierbei, dass dem Empfänger der Information der Schlüssel mitgeteilt werden muss, damit er die Daten entschlüsseln kann. Dies ist oftmals nur unter großen Schwierigkeiten möglich und birgt die Gefahr in sich, dass Dritte von dem Schlüssel Kenntnis erlangen und so ebenfalls in der Lage sind, die Daten zu entschlüsseln.[397] Dieser Nachteil wird durch die asymmetrischen Verschlüsselungsverfahren vermieden, indem hier zwei Schlüssel verwendet werden, nämlich der „private Schlüssel“ (private key), der nur den Beteiligten des

---

391 Mühle, Hacker und Computer-Viren im Internet, S. 68 f.; Schmachtenberg, DuD 1998, 401, 402. Die zuvor genannten Autoren nehmen jedoch hinsichtlich der Eignung keine Differenzierung im Einzelfall vor, sondern bejahen die Eignung eines Passwortes als besondere Zugangssicherung generell.

392 Hilgendorf, JuS 1996, 702 (dort Fn 7); Schulze-Heiming, Strafrechtlicher Schutz der Computerdaten, S. 75; Schünemann, in: LK, § 202a Rn 16.

393 Dworatschek/Büllesbach/Koch u. a., Personal Computer und Datenschutz, S. 121.

394 Rasch/Daalmann, Informationsverarbeitung, S. 179; Kuner, NJW-CoR 1995, 413.

395 Dworatschek/Büllesbach/Koch u. a., Personal Computer und Datenschutz, S. 122.

396 Kuner, NJW-CoR 1995, 413; Schein, Sicherheitskonzepte im Internet, in: Hoeren/Queck, Rechtsfragen der Informationsgesellschaft, S. 107, 114.

397 Dworatschek/Büllesbach/Koch u. a., Personal Computer und Datenschutz, S. 122; Kuner, NJW-CoR 1995, 413.

Sendevorgangs bekannt ist, und der „öffentliche Schlüssel“ (public key), der allgemein zugänglich ist.[398] Daten, die mit einem der Schlüssel verschlüsselt wurden, können nur mit dem dazugehörigen anderen Schlüssel entschlüsselt werden.[399]

Es ist zu untersuchen, ob die Datenverschlüsselung als Sicherung gegen unberechtigten Zugang geeignet ist. In der Literatur wird die Auffassung vertreten, dass die Verschlüsselung von Daten nicht den Zugang zu Daten ausschließe, sondern – soweit der Schlüssel nicht bekannt ist – lediglich verhindere, dass der Täter den Bedeutungsinhalt der Daten zur Kenntnis nehmen könne.[400] Daher wird die Datenverschlüsselung entweder als geeignete Sicherungsmethode i. S. des § 202a Abs. 1 StGB abgelehnt[401] oder aber ihre Eignung als Zugangssicherung i. S. dieser Vorschrift wird im Hinblick auf die ratio legis bejaht.[402] Da gemäß § 202a Abs. 2 StGB auch Daten während des Übermittlungsvorganges durch § 202a Abs. 1 StGB ausdrücklich erfasst werden und ein wirksamer Schutz solcher Daten derzeit nur durch die Verschlüsselung gewährleistet werden kann, dürfe dieser Sicherungsmethode die Eignung als Zugangssicherung i. S. des § 202a Abs. 1 StGB nicht abgesprochen werden.[403] Ansonsten wäre die Regelung des § 202a StGB für sich im Übermittlungsstadium befindende Daten überflüssig und es beständen weiterhin die vor dem 2. WiKG existierenden Strafbarkeitslücken im Bereich der Datenübertragung.[404]

Diese ausschließlich am Ergebnis orientierte Argumentation versucht eine aus dem Wortlaut der Vorschrift entwickelte Ausgangsthese unter Heranziehung der ratio legis zu korrigieren. Dies vermag jedoch nicht zu überzeugen. Zunächst ist festzustellen, dass sich eine Zugangssicherung i. S. des § 202a Abs. 1 StGB sowohl auf die Syntaxebene als auch auf die Ebene der Semantik beziehen muss.

---

398 Dworatschek/Büllesbach/Koch u. a., Personal Computer und Datenschutz, S. 122; Kuner, NJW-CoR 1995, 413 f.; Schein, Sicherheitskonzepte im Internet, in: Hoeren/Queck, Rechtsfragen der Informationsgesellschaft, S. 107, 115.

399 Kuner, NJW-CoR 1995, 414.

400 Bär, in: Wabnitz/Janovsky, Hdb. Wirtschafts- und Steuerstrafrecht, Kap. 18 Rn 78; Leicht, iur 1987, 45, 51; Schulze-Heiming, Strafrechtlicher Schutz der Computerdaten, S. 75; Schünemann, in: LK, § 202a Rn 16.

401 Bär, in: Wabnitz/Janovsky, Hdb. Wirtschafts- und Steuerstrafrecht, Kap. 18 Rn 78; Schmid, Computerhacken und materielles Strafrecht, S. 104.

402 Schulze-Heiming, Strafrechtlicher Schutz der Computerdaten, S. 75; Mühle, Hacker und Computer-Viren im Internet, S. 70.

403 Mühle, Hacker und Computer-Viren im Internet, S. 70.

404 Leicht, iur 1987, 45, 52; Mühle, Hacker und Computer-Viren im Internet, S. 70; Lenckner/Winkelbauer, CR 1986, 483, 487.

Es muss also der Bedeutungsinhalt der Daten gegen Kenntnisnahme gesichert werden und zugleich verhindert werden, dass sich ein Unberechtigter Zugang zu der Darstellung der Daten verschafft. Soweit man die Auffassung vertritt, dass die Datenverschlüsselung lediglich vor Kenntnisnahme des Dateninhalts schützt und nicht den Zugang zu der Syntax verhindert, muss man folgerichtig eine Zugangssicherung i. S. des § 202a Abs. 1 StGB verneinen. Allerdings erscheint bereits die Aussage, dass die Datenverschlüsselung nicht den Zugang zu der Syntax der Daten verhindere, fragwürdig. Bei der Datenverschlüsselung muss zwischen den Originaldaten und den in verschlüsselter Form vorliegenden Daten unterschieden werden.[405] Zunächst soll überprüft werden, inwieweit die Originaldaten mit den verschlüsselten Daten identisch sind, wobei die durch den Datenbegriff vorgegebene Aufteilung in die Ebene der Syntax und die der Semantik herangezogen wird. Hinsichtlich ihres Informationsgehaltes weisen die Originaldaten im Vergleich zu den verschlüsselten Daten keine Unterschiede auf. Durch die Verschlüsselung der Daten wird seitens des Verfügungsberechtigten keine Veränderung des Bedeutungsinhaltes bezweckt, sondern es soll lediglich verhindert werden, dass ein Nichtberechtigter die Bedeutung der Daten zur Kenntnis nehmen kann. Hinsichtlich des Bedeutungsinhaltes, also auf der Ebene der Semantik, sind somit die Originaldaten mit den in verschlüsselter Form vorliegenden Daten identisch. Bei der Datenverschlüsselung wird die Darstellung der Daten verändert, sodass die Originaldaten im Hinblick auf die Syntax von den verschlüsselten Daten abweichen. Da der Datenbegriff eine Aufteilung in Syntax und Semantik voraussetzt, sind Daten nur dann identisch, wenn sie sowohl hinsichtlich ihrer Darstellung als auch hinsichtlich ihrer Bedeutung übereinstimmen. Demzufolge sind die Originaldaten nicht mit den in verschlüsselter Form vorliegenden Daten identisch. Eine Identität der Daten ist allerdings dann zu bejahen, wenn die verschlüsselten Daten entschlüsselt wurden und wieder in der ursprünglichen Darstellungsform vorliegen. Da sich eine Zugangssicherung i. S. des § 202a Abs. 1 StGB sowohl auf die Syntaxebene als auch auf die Ebene der Semantik beziehen muss, sind die in verschlüsselter Form vorliegenden Daten als solche, da ihre Syntax frei zugänglich ist, nicht gegen unberechtigten Zugang besonders gesichert. Allerdings gilt für die Originaldaten etwas anderes. Durch den Verschlüsselungsvorgang wurden sie in andere Daten umgewandelt, was bewirkt, dass zu ihrer ursprünglichen Syntax nur noch für denjenigen Zu-

[405] Ähnlich Lenckner/Winkelbauer, CR 1986, 483, 487, die die Bejahung der Datenverschlüsselung als Zugangssicherung i. S. des § 202a Abs. 1 StGB damit begründen, dass hierbei die Information durch einen Schlüssel so transponiert werde, dass sich die Kenntnisnahme der verschlüsselten Daten nicht mehr als Zugang zu den Originaldaten darstelle und daher der Schlüssel als eine den Daten unmittelbar anhaftende Zugangssicherung anzusehen sei.; Leicht, iur 1987, 45, 52, der die Datenverschlüsselung mit „dem Überstülpen eines anderen Gegenstandes über den zu schützenden" vergleicht.

gang besteht, der über den entsprechenden Schlüssel verfügt, der zur Rückübersetzung in die ursprüngliche Darstellung erforderlich ist. Diejenigen, die den entsprechenden Schlüssel nicht kennen, haben grundsätzlich – auf Grund der Umwandlung in neue Daten – zu den Ursprungsdaten keinen Zugang, weder zu der Syntax dieser Daten noch zu ihrem Bedeutungsinhalt. Die fehlende Identität zwischen Originaldaten und verschlüsselten Daten führt daher dazu, dass sich der Täter die Originaldaten erst dann verschaffen kann, wenn er die Daten entschlüsselt und damit die ursprüngliche Syntax wiederherstellt. Erst zu diesem Zeitpunkt liegen nämlich die Originaldaten wieder vor.

Die Datenverschlüsselung ist aus den zuvor dargestellten Gründen als Sicherung gegen unberechtigten Zugang zu Daten geeignet. Da sie auch als Sicherungsmaßnahme für einen Außenstehenden erkennbar ist und außerdem eine Sicherung gegen unberechtigten Zugang bezweckt wird, sind die Voraussetzungen, die nach § 202a Abs. 1 StGB an eine besondere Zugangssicherung zu stellen sind, hier erfüllt.

2.4.2.3.6 Kopierschutzmaßnahmen auf Softwareebene

Durch Kopierschutzmaßnahmen auf der Softwareebene soll die Herstellung von Raubkopien verhindert werden, indem sichergestellt wird, dass die dem Erwerber zur Nutzung überlassene Kopie eines Softwareprogramms nur in Verbindung mit dem verkauften Datenträger ablauffähig ist und somit nicht auf mehreren Rechnern gleichzeitig genutzt werden kann.[406] Technisch funktioniert dies durch Unterprogramme, die bei jedem Programmablauf gestartet werden und verhindern, dass ein Kopiervorgang ausgelöst wird.[407] Ob solche Kopierschutzmaßnahmen auf der Softwareebene als Zugangssicherungen i. S. des § 202a Abs. 1 StGB geeignet sind, ist umstritten. Teilweise wird dies bejaht, da Kopierschutzmaßnahmen das Übertragen eines Programms auf einen anderen Datenträger verhindern und damit die Verfügungsgewalt über diese Daten ausschließen.[408] Nach anderer Auffassung stellt der Kopierschutz keine besondere Sicherung gegen unberechtigten Zugang i. S. des § 202a Abs. 1 StGB dar.[409] Dies wird damit begründet, dass die Kopiersperre lediglich das Vervielfältigungsrecht

---

406 Kuhlmann, CR 1989, 177.

407 Heinrich, Die Strafbarkeit der unbefugten Vervielfältigung und Verbreitung von Standardsoftware, S. 302; Kuhlmann, CR 1989, 177.

408 Lenckner, in: Schönke/Schröder, StGB, § 202a Rn 8; Meier, JZ 1992, 657, 662.

409 Heinrich, Die Strafbarkeit der unbefugten Vervielfältigung und Verbreitung von Standardsoftware, S. 302 f.; Schulze-Heiming, Strafrechtlicher Schutz der Computerdaten, S. 72; Haß, in: Lehmann, Rechtsschutz und Verwertung von Computerprogrammen, Kap. XII Rn 22.

eines anderen schütze und nicht den unberechtigten Zugang zu den Daten verhindere.[410]

Die Eignung von Kopierschutzmaßnahmen als Zugangssicherung hängt davon ab, ob sie verhindern können, dass der Benutzer der Software Zugriff auf die Programmdaten nimmt. Dies ist bei den gängigen Kopierschutzmaßnahmen zu verneinen, da dem Anwender die Programmdaten trotz der Kopierschutzmaßnahme entweder über den Bildschirm seines Betriebssystems zugänglich sind oder durch den Einsatz von Hilfsmitteln, wie z. B. einem sog. Disassembler,[411] zugänglich gemacht werden können. Der Kopierschutz verhindert nicht, dass die Programmdaten mit Hilfe eines Disassemblers oder sonstiger Hilfsmittel angesehen und analysiert werden können, sondern er verhindert bzw. erschwert nur den Kopiervorgang.[412] Da der Zugang zu den Programmdaten durch die gängigen Kopierschutzmaßnahmen auf der Softwareebene weder verhindert noch erschwert wird, sind diese als besondere Zugangssicherung i. S. des § 202a Abs. 1 StGB nicht geeignet.

2.4.2.3.7 Geheimhaltung von Daten

Die Geheimhaltung von Daten, die z. B. dadurch gewährleistet werden soll, dass die Daten in einem systematisch falschen Verzeichnis oder unter einem unzutreffenden Namen gespeichert werden, gehört ebenfalls in den Bereich der software-technischen Maßnahmen. Ob in der Geheimhaltung eine besondere Sicherung gegen unberechtigten Zugang gesehen werden kann, ist umstritten. Hilgendorf[413] bejaht dies mit der Begründung, dass die Geheimhaltung ebenso effektiv sein könne wie der Schutz durch ein Passwort.[414] Allerdings müsse der Geheimhaltungswille des Berechtigten für einen objektiven Betrachter deutlich werden, d. h. das Versteck müsse zumindest teilweise als Sicherung erkennbar sein.[415] Gerade hierin liegt jedoch das Problem. Der Täter wird regelmäßig nicht in der Lage sein, zu unterscheiden, ob Daten aus Versehen in ein falsches Verzeichnis gelangt sind bzw. nur zufällig unter einem unzutreffenden Namen gespeichert

---

410 Schulze-Heiming, Strafrechtlicher Schutz der Computerdaten, S. 72; Haß, in: Lehmann, Rechtsschutz und Verwertung von Computerprogrammen, Kap. XII Rn 22.

411 Hierbei handelt es sich um ein Programm, mit dessen Hilfe der Objektcode eines Computerprogramms in den Quellcode umgewandelt werden kann.

412 Haß, in: Lehmann, Rechtsschutz und Verwertung von Computerprogrammen, Kap. XII Rn 22.

413 Hilgendorf, JuS 1996, 702, 703.

414 Ähnlich auch Schünemann, in: LK, § 202a Rn 16.

415 Hilgendorf, JuS 1996, 702, 703.

worden sind oder ob hierdurch der Geheimhaltungswille des Berechtigten dokumentiert wird. Außerdem ist die Sicherung als solche hier nicht ohne weiteres nach außen hin erkennbar. Demnach ist die bloße Geheimhaltung von Daten durch „Verstecken“ nicht als besondere Zugangssicherung i. S. des § 202a Abs. 1 StGB anzuerkennen.[416]

2.4.2.3.8 Physische Sicherungsvorkehrungen

Eine weitere Gruppe von Sicherheitsvorkehrungen bezieht sich darauf, dass der Rechner bzw. der jeweilige Datenträger selbst unmittelbar durch Verschluss vor unberechtigtem Zugriff geschützt wird. In Betracht kommen in diesem Zusammenhang z. B. verschlossene Schränke für das Aufbewahren des Rechners bzw. der Datenträger, verschlossene bzw. verplombte Blechgehäuse, die den EPROM-Chip eines Geldspielautomaten umgeben, oder abschließbare Büroräume. Besondere Bedeutung haben in diesem Bereich die sog. Closed-Shop-Systeme, die häufig in größeren Betrieben und Wirtschaftsunternehmen zur Anwendung kommen. Hierbei handelt es sich um räumlich abgegrenzte Bereiche, zu denen nur bestimmte Personen Zutritt haben, deren Berechtigung an einer Zugangsschleuse überprüft wird. Im Zusammenhang mit der Überprüfung der Zugangsberechtigung kommen verschiedene Verfahren in Betracht, z. B. Magnetkartenverfahren, Stimmerkennungsverfahren usw. Grundsätzlich sind die zuvor beschriebenen Schutzvorkehrungen geeignet, Daten gegen unberechtigten Zugang zu sichern, und sie sind darüber hinaus auch als Sicherungsvorkehrungen für Außenstehende erkennbar. Außerdem ist auch der Sicherungszweck bei diesen Maßnahmen zu bejahen, soweit die Maßnahme zumindest auch vor unberechtigtem Zugang schützen soll und dies nicht nur eine bloße Nebenfolge ist.[417]

Allerdings stellt sich im Zusammenhang mit den räumlichen Sicherungsvorkehrungen, v. a. den Closed-Shop-Systemen, die Frage, ob sich die Sicherung auf jeden unberechtigten Zugang beziehen muss[418] oder ob es ausreicht, dass überhaupt eine Zugangssicherung besteht und der Täter sich die Daten unter Über-

---

416 Mühle, Hacker und Computer-Viren im Internet, S. 69.

417 A. A. Leicht, iur 1987, 45, 48, der Closed-Shop-Systeme nicht als eine Sicherung i. S. des § 202a Abs. 1 StGB anerkennt, da der primäre Schutzzweck dieser Maßnahme nicht die Sicherung gegen unberechtigten Zugang sei und es daher zu Kollisionen mit § 123 StGB komme. Diese Auffassung wurde jedoch bereits in diesem Kapitel unter 2.4.2.2 abgelehnt.

418 So Lenckner, in: Schönke/Schröder, StGB, § 202a Rn 9; Schulze-Heiming, Strafrechtlicher Schutz der Computerdaten, S. 68 f.

windung bzw. Umgehung dieser Sicherung verschafft[419]. Die zuerst genannte Auffassung hätte zur Folge, dass ein Closed-Shop-System nur dann als besondere Zugangssicherung i. S. des § 202a StGB anzusehen wäre, wenn die geschützten Daten für alle Zugangsberechtigten zu dem Closed-Shop-Bereich bestimmt sind. Haben demgegenüber auch noch andere Personen, z. B. Beschäftigte in einem Unternehmen, für die die Daten nicht bestimmt sind, Zutritt zu dem betreffenden Bereich, so wären die Daten nach dieser Auffassung, soweit sie nicht noch durch sonstige Zugangssicherungen geschützt sind, grundsätzlich nicht von § 202a Abs. 1 StGB erfasst. In den meisten Unternehmen und Behörden sind die Beschäftigten nur während ihrer Arbeitszeit zum Zugriff auf Daten berechtigt, während ihre Zugriffsmöglichkeit häufig auch darüber hinaus besteht und nur mit unverhältnismäßig hohem Aufwand verhindert werden könnte.[420] Auch lässt es sich nicht vermeiden, dass z. B. das Reinigungspersonal oder Wachpersonal zu dem geschützten Bereich Zugang hat, obwohl die Daten für diesen Personenkreis nicht bestimmt sind.[421] Würde man in solchen Fällen eine besondere Zugangssicherung generell verneinen und damit den Schutz des § 202a Abs. 1 StGB auch gegenüber Betriebsexternen, die sich Zugang zu den Daten verschaffen, ablehnen, so würde dies zu einem erheblichen Bedeutungsverlust der Vorschrift führen, was sicherlich nicht mit dem Willen des Gesetzgebers in Einklang steht.[422] Gerade die Closed-Shop-Systeme kommen nämlich häufig als Sicherungsvorkehrung zur Anwendung und es lässt sich hier meistens nicht vermeiden, dass betriebsinterne Personen Zugang zu den Daten haben, obwohl sie nicht bzw. nicht zu dem entsprechenden Zeitpunkt zum Zugriff auf die Daten berechtigt sind. Auch dem Wortlaut des § 202a Abs. 1 StGB ist nicht zu entnehmen, dass die Sicherung der Daten gegen jeden unberechtigten Zugang wirken muss, sondern es kommt nur darauf an, dass im konkreten Fall die Merkmale der fehlenden Bestimmung und der besonderen Zugangssicherung gleichzeitig vorliegen.[423] Auch wenn die Sicherung nicht verhindert, dass ein Betriebsinterner unberechtigten Zugang zu den Daten hat, so kann sie dennoch gegenüber einem Betriebsexternen, der sie überwinden muss, um sich Zugang zu den geschützten Daten zu verschaffen, als besondere Zugangssicherung i. S. des § 202a Abs. 1 StGB anerkannt werden. Demnach sind die Closed-Shop-Systeme als besondere Zugangssicherung i. S. des § 202a Abs. 1 StGB grundsätzlich anzuerkennen.

---

419 So Hilgendorf, JuS 1996, 702, 704; Schünemann, in: LK, § 202a Rn 15; Tröndle/Fischer, StGB, § 202a Rn 7a.

420 Hilgendorf, JuS 1996, 702, 704.

421 Schünemann, in: LK, § 202a Rn 15.

422 Hilgendorf, JuS 1996, 702, 704; vgl. insoweit auch Lenckner, in: Schönke/Schröder, StGB, § 202a Rn 9.

423 Hilgendorf, JuS 1996, 702, 704.

2.4.2.3.9 Schutz von Daten im Übermittlungsstadium

Daten im Übermittlungsstadium werden v. a. durch die Datenverschlüsselung und durch physische Sicherungsmaßnahmen, wie z. B. Kabelummantelungen oder unterirdische Verlegung von Datenfernleitungen, geschützt.

Wie bereits dargestellt wurde,[424] ist die Datenverschlüsselung als besondere Zugangssicherung i. S. des § 202a Abs. 1 StGB anzuerkennen. Hinsichtlich der physischen Sicherungsmaßnahmen muss nach der Schutzrichtung unterschieden werden. Dienen diese Maßnahmen zumindest auch dem Schutz der Daten vor unbefugtem Zugang und ist eine derartige Sicherung auch bezweckt, so liegt eine besondere Zugangssicherung i. S. des § 202a Abs. 1 StGB vor. Diese Voraussetzungen können z. B. erfüllt sein, wenn Datenleitungen durch eine Bleiummantelung vor dem Austritt elektromagnetischer Abstrahlung geschützt werden.[425] Demgegenüber ist hinsichtlich der unterirdischen Verlegung der Datenfernleitungen festzustellen, dass diese Maßnahme eigentlich nur dazu dienen soll, eine störungsfreie Leitungsführung zu gewährleisten, insbesondere die Leitungen vor Beschädigungen zu schützen.[426] Die Sicherung der Daten im Übermittlungsstadium gegen unberechtigten Zugang ist dabei nur ein Nebeneffekt. Daher ist in dieser Art der Verlegung von Datenfernleitungen keine besondere Sicherung gegen unberechtigten Zugang zu Daten zu sehen.

3 Tathandlung

3.1 Bedeutung des Tatbestandsmerkmals „Verschaffen“

Als Tathandlung setzt § 202a Abs. 1 StGB voraus, dass der Täter die Daten sich oder einem Dritten unbefugt verschafft. Der Begriff des Verschaffens wird in § 202a Abs. 1 StGB nicht definiert. Allerdings wird der Begriff auch in anderen Tatbeständen des StGB verwendet, so z. B. in § 259 Abs. 1, § 202 Abs. 2 und § 96 Abs. 1 und 2 StGB. Im Rahmen des Tatbestandes des § 96 StGB (Landesverräterische Ausspähung; Auskundschaften von Staatsgeheimnissen) wird der Begriff des „Sich-Verschaffens“ ebenso wie in § 202a Abs. 1 StGB im Zusammenhang mit Information verwendet. Daher kann die Definition, die sich zu dem Tatbestandsmerkmal in § 96 StGB herausgebildet hat, herangezogen wer-

424 Vgl. hierzu die Ausführungen in diesem Kapitel unter 2.4.2.3.5.

425 Schulze-Heiming, Der strafrechtliche Schutz der Computerdaten, S. 73.

426 Lenckner/Winkelbauer, CR 1986, 483, 487; Welp, iur 1987, 45, 51.

den, um den Begriff in § 202a Abs. 1 StGB zu bestimmen.[427] Unter dem Begriff des „Sich-Verschaffens“ in § 96 StGB versteht man jede Handlung, durch die der Täter Kenntnis von einem Staatsgeheimnis erlangt bzw. durch die er die Verfügungsgewalt über einen Gegenstand, der das Staatsgeheimnis verkörpert, erhält, wobei in dem zuletzt genannten Fall eine Kenntnisnahme des Inhalts nicht erforderlich ist.[428] Auf § 202a Abs. 1 StGB übertragen bedeutet dies, dass der Täter sich Daten verschafft, wenn er durch optische oder akustische Wahrnehmung Kenntnis vom Dateninhalt nimmt oder wenn er den Datenträger in seine Verfügungsgewalt bringt bzw. die Daten auf einem in seinem Besitz stehenden Datenträger fixiert.[429] Im Gegensatz zu § 96 StGB ist es im Rahmen des § 202a Abs. 1 StGB auch möglich, dass der Täter die Daten einem Dritten verschafft, d. h. in Anlehnung an die vorangehenden Ausführungen dem Dritten die Kenntnisnahme möglich macht oder ihm den Besitz an dem Datenträger verschafft.[430]

3.2 „Verschaffen“ verschlüsselter Daten

Im Zusammenhang mit der Datenverschlüsselung wurde auf die fehlende Identität zwischen den Originaldaten und den verschlüsselten Daten hingewiesen.[431] Dies führt dazu, dass sich der Täter die Originaldaten erst dann verschaffen kann, wenn er die Daten entschlüsselt und damit die ursprüngliche Syntax wiederherstellt, da es sich erst dann wieder um die Originaldaten handelt. Es ist demnach für ein „Sich-Verschaffen“ der Daten nicht ausreichend, wenn der Täter neben den verschlüsselten Daten den Schlüssel, der zur Entschlüsselung der Daten benötigt wird,[432] in seinen Besitz bringt, sondern er muss, um die Tathandlung des „Verschaffens“ zu verwirklichen, die Entschlüsselung durchführen.[433]

---

427 Haß, in: Lehmann, Rechtsschutz und Verwertung von Computerprogrammen, Kap. XII Rn 25.

428 Stree/Sternberg-Lieben, in: Schönke/Schröder, StGB, § 96 Rn 4; Tröndle/Fischer, StGB, § 96 Rn 2.

429 Lenckner, in: Schönke/Schöder, StGB, § 202a Rn 10; Lenckner/Winkelbauer, CR 1986, 483, 488; Schmitz, JA 1995, 478, 483.

430 Haß, in: Lehmann, Rechtsschutz und Verwertung von Computerprogrammen, Kap. XII Rn 25.

431 Vgl. in diesem Kapitel unter 2.4.2.3.5

432 So aber Lenckner, in: Schönke/Schröder, § 202a Rn 10; Schmid, Computerhacken und materielles Strafrecht, S. 116.

433 Ebenso im Ergebnis Schmitz, JA 1995, 478, 483.

3.3 Überwindung der Zugangssicherung als Tatbestandserfordernis?

Unproblematisch erfüllt ein Täter den Tatbestand, wenn er sich Daten unter Überwindung der besonderen Zugangssicherung verschafft. Nicht einheitlich beurteilt wird jedoch die Frage, ob die Überwindung der konkreten Zugangssicherung zwingende Voraussetzung des Tatbestandes ist oder ob der Tatbestand auch dann erfüllt ist, wenn der Täter die vorhandene Zugangssicherung umgeht. Eine Umgehung der Zugangssicherung liegt vor, wenn der Täter Zugangswege zu den Daten ausfindig macht, auf die sich eine vorhandene Zugangssicherung nicht bezieht, und diese Lücken dazu nutzt, um sich Zugang zu den Daten zu verschaffen. Ein solcher Fall ist gegeben, wenn der Täter sich Zugang zu den z. B. durch Passwort geschützten Computerdaten verschafft, indem er die elektromagnetische Abstrahlung des Monitors mit einer Antenne abfängt und diese mit Hilfe entsprechender Geräte auswertet. Die Computerdaten sind hier zwar durch eine besondere Sicherung gegen unberechtigten Zugang geschützt, allerdings verschafft sich der Täter diese Daten nicht unter Überwindung dieser Sicherung, sondern er umgeht diese, indem er Lücken des Schutzes ausnutzt. Diejenigen, die für die Erfüllung des Tatbestandes ein Überwinden der Zugangssicherung verlangen, begründen dies mit dem Zweck des Erfordernisses einer besonderen Zugangssicherung, der u. a. darin bestehe, dass der Täter bei der Tat ein erhöhtes Maß an krimineller Energie zeigen müsse, was durch die Überwindung der Sicherungsmaßnahme gegeben sei.[434] Des Weiteren werden viktimdogmatische Überlegungen angeführt, indem darauf hingewiesen wird, dass derjenige keinen Strafrechtsschutz verdiene, der die Daten zwar gegen unberechtigten Zugang schützt, diesen Schutz jedoch lückenhaft gestaltet.[435]

Der zuvor dargestellten Auffassung ist entgegenzuhalten, dass sich weder aus dem Wortlaut der Vorschrift noch aus den Gesetzesmaterialien Anhaltspunkte dafür ergeben, dass der Täter sich oder einem Dritten die Daten unter Überwindung der Zugangssicherung verschaffen muss.[436] In § 202a Abs. 1 StGB wird lediglich vorausgesetzt, dass die Daten gegen unberechtigten Zugang besonders gesichert sein müssen. Hinsichtlich der Frage, ob die Zugangssicherung überwunden werden muss, trifft § 202a Abs. 1 StGB jedoch keine Aussage. Das Argument, dass sich in der Überwindung der Zugangssicherung eine erhöhte kriminelle Energie zeige, vermag deshalb nicht zu überzeugen, da auch in der Umgehung einer Sicherungsmaßnahme ein erhöhtes Maß an krimineller Energie zu Tage treten kann. Auch die von der Gegenauffassung angeführten viktimdogmatischen Überlegungen führen nicht zwingend zu dem Schluss, dass im Rahmen

---

434 Schünemann, in: LK, § 202a Rn 7; Hilgendorf, JuS 1996, 702, 705.

435 Hilgendorf, JuS 1996, 702, 705.

436 Jessen, Zugangsberechtigung und besondere Sicherung, S. 122.

des § 202a Abs. 1 StGB eine Überwindung der Zugangssicherung vorausgesetzt wird, da der Schutz der Daten vor unberechtigtem Zugriff nicht lückenlos sein muss.[437] Angesichts der Tatsache, dass die Umgehung einer Sicherungsmaßnahme nie völlig ausgeschlossen werden kann, erscheint es nicht überzeugend, dem hinsichtlich der geschützten Daten Verfügungsberechtigten den strafrechtlichen Schutz zu entziehen, wenn sich der Täter die Daten nicht unter Überwindung, sondern unter Umgehung der Zugangssicherung verschafft. Aus den zuvor genannten Gründen kann der Auffassung, dass die Überwindung der Zugangssicherung für die Erfüllung des Tatbestandes des § 202a Abs. 1 StGB erforderlich sei, nicht zugestimmt werden. Es reicht vielmehr aus, dass der Täter sich Daten verschafft, die durch eine besondere Zugangssicherung, die zum Tatzeitpunkt auch ihm gegenüber wirksam ist, geschützt sind. Dies ist unabhängig davon, ob der Täter diese Sicherung überwindet oder umgeht. Es genügt demnach nicht, wenn zwar eine Zugangssicherung grundsätzlich vorhanden ist, die für den Täter jedoch keine solche darstellt, da er z. B. berechtigterweise als Betriebsangehöriger über den Schlüssel zu dem Computerraum oder das Passwort zu den jeweiligen Daten verfügt. Ebenfalls ist es nicht ausreichend, wenn die Daten normalerweise gegen unberechtigten Zugang besonders geschützt sind, diese Zugangssicherung jedoch im Tatzeitpunkt nicht wirksam ist, so z. B., wenn eine Diskette, die sonst in einem abgeschlossenen Schrank verwahrt wird, im Tatzeitpunkt offen zugänglich herumliegt.[438]

4 Das Merkmal „unbefugt“

Um die Frage, ob es sich bei dem Merkmal der fehlenden Befugnis um ein Tatbestandsmerkmal handelt oder ob hiermit das allgemeine Deliktsmerkmal der Rechtswidrigkeit gemeint ist, beantworten zu können, ist zu untersuchen, inwieweit der Tatbestand auch ohne dieses Merkmal bereits ein sozialinadäquates Verhalten beeinhaltet. Stellt das in dem Tatbestand beschriebene Verhalten ohne dieses Merkmal noch kein Unrecht dar, so ist die fehlende Befugnis als Tatbestandsmerkmal einzuordnen, während es sich um das allgemeine Deliktsmerkmal der Rechtswidrigkeit handelt, soweit der Tatbestand auch ohne das Merkmal der fehlenden Befugnis bereits ein sozialinadäquates bzw. -schädliches Verhalten beschreibt.[439] Das in § 202a Abs. 1 StGB beschriebene Verhalten wird dadurch zu einem sozialinadäquaten bzw. -schädlichen Verhalten, dass der Täter

437 Jessen, Zugangsberechtigung und besondere Sicherung, S. 123.

438 Lenckner, in: Schönke/Schröder, StGB, § 202a Rn 7.

439 Jessen, Zugangsberechtigung und besondere Sicherung, S. 148; Schlüchter, 2. WiKG, S. 68.

sich oder einem Dritten Daten verschafft, die nicht für ihn bestimmt sind und die der Verfügungsberechtigte durch Anbringung einer Sicherungsvorkehrung vor unberechtigtem Zugang schützen will. Demzufolge handelt es sich bei der fehlenden Befugnis um das allgemeine Deliktsmerkmal der Rechtswidrigkeit, das nur bei Vorliegen eines Rechtfertigungsgrundes entfällt.[440]

So kann sich z. B. im Bereich der Strafverfolgung eine die Rechtswidrigkeit ausschließende Befugnis aus § 94 StPO oder aus § 100a StPO ergeben.[441] Im Rahmen des § 94 StPO ist jedoch zu beachten, dass die Daten als solche auf Grund ihrer fehlenden Körperlichkeit nicht unter den Gegenstandsbegriff des § 94 StPO fallen und demzufolge die Anwendbarkeit dieser Vorschrift auf das die Daten beinhaltende körperliche Speichermedium beschränkt ist.[442]

Zu untersuchen ist, ob im Rahmen des § 202a StGB auch die Einwilligung des Verfügungsberechtigten als Rechtfertigungsgrund die Rechtswidrigkeit entfallen lässt. Willigt der Verfügungsberechtigte in die Kenntnisnahme der Daten durch den Täter ein, so sind die Daten für diesen bestimmt, was bereits zum Tatbestandsausschluss führt (tatbestandsausschließendes Einverständnis).[443] Eine die Rechtswidrigkeit ausschließende Einwilligung kommt jedoch dann in Betracht, wenn die Daten nicht für den Täter, sondern für einen Dritten bestimmt sind und der Täter sie diesem ohne eigene Kenntnisnahme verschafft. In diesen Fällen kann, soweit keine ausdrückliche Einwilligung vorliegt, eine mutmaßliche Einwilligung gegeben sein.[444] Voraussetzung einer mutmaßlichen Einwilligung ist, dass bei Berücksichtigung der Interessenlage anzunehmen ist, dass der Verfügungsberechtigte seine Einwilligung erteilen würde, es aus Zeitgründen jedoch nicht möglich ist, eine ausdrückliche Einwilligung einzuholen.[445] Da es kaum vorstellbar ist, dass in solchen Fällen aus Zeitgründen eine Befragung des Verfügungsberechtigten nicht möglich ist, ist eine mutmaßliche Einwilligung zwar nicht ausgeschlossen, jedoch in der Praxis sehr selten.[446] Allerdings wird der Verfügungsberechtigte hier in der Regel auf die Stellung eines Strafantrages

---

440 Lenckner, in: Schönke/Schröder, StGB, § 202a Rn 11; Hilgendorf, JuS 1996, 702, 705; Lenckner/Winkelbauer, CR 1986, 483, 488.

441 Lenckner, in: Schönke/Schröder, StGB, § 202a Rn 11.

442 Radtke, in: FS für Meyer-Goßner, S. 321, 327.

443 Haß, in: Lehmann, Rechtsschutz und Verwertung von Computerprogrammen, Kap. XII Rn 26; Lenckner, in: Schönke/Schröder, StGB, § 202a Rn 11.

444 Tröndle/Fischer, StGB, § 202a Rn 9; Lackner/Kühl, StGB, § 202a Rn 7; Lenckner, in: Schönke/ Schröder, StGB, § 202a Rn 11.

445 Tröndle/Fischer, StGB, Vor § 32 Rn 4.

446 Schünemann, in: LK, § 202a Rn 18; Jessen, Zugangsberechtigung und besondere Sicherung, S. 149.

verzichten, sodass der Täter in diesem Fall auch bei fehlender Einwilligung im Ergebnis straflos ist.[447]

Hinzuweisen ist schließlich noch darauf, dass ein Auskunftsanspruch des von den Daten Betroffenen nach § 19 BDSG diesem nicht die Befugnis verleiht, sich die ihn betreffenden Daten zu verschaffen.[448]

5 Subjektiver Tatbestand

Die Tat nach § 202a Abs. 1 StGB erfordert Vorsatz in Bezug auf alle Merkmale des objektiven Tatbestandes, wobei dolus eventualis ausreichend ist.[449] Der Vorsatz kann infolge eines Tatbestandsirrtums (§ 16 Abs. 1 StGB) entfallen, wenn der Täter irrig annimmt, die verschafften Daten seien für ihn bestimmt.[450] Ein solcher Irrtum ist z. B. gegeben, wenn der Täter der Auffassung ist, die Daten seien weiterhin für ihn bestimmt, obwohl der Verfügungsberechtigte inzwischen die Bestimmung der Daten geändert hat.[451]

Kein Tatbestandsirrtum, sondern ein Verbotsirrtum liegt vor, wenn der Täter erkennt, dass die Daten nicht für ihn bestimmt sind, jedoch an eine rechtlich nicht existierende Befugnis glaubt, die ihn zum Abruf der Daten berechtigen würde.[452] Ein solcher Fall ist z. B. gegeben, wenn ein Betroffener i. S. des BDSG annimmt, auf Grund des Auskunftsrechts in § 19 BDSG dazu berechtigt zu sein, sich die über ihn gespeicherten Daten zu verschaffen.[453]

6 Strafverfolgung

Gemäß § 205 Abs. 1 StGB wird die Tat nach § 202a Abs. 1 StGB nur auf Antrag verfolgt. Es besteht hier nicht – wie bei anderen Antragsdelikten vorgese-

---

447 Jessen, Zugangsberechtigung und besondere Sicherung, S. 149.

448 Lenckner, in: Schönke/Schröder, StGB, § 202a Rn 11.

449 Schünemann, in: LK, § 202a Rn 7; Hilgendorf, JuS 1996, 702, 705; Tröndle/Fischer, StGB, § 202a Rn 10; Lenckner, in: Schönke/Schröder, StGB, § 202a Rn 12.

450 Hilgendorf, JuS 1996, 702, 705.

451 Jessen, Zugangsberechtigung und besondere Sicherung, S. 146 f.

452 Tröndle/Fischer, StGB, § 202a Rn 10; Jessen, Zugangsberechtigung und besondere Sicherung, S. 149.

453 Schulze-Heiming, Strafrechtlicher Schutz der Computerdaten, S. 84; Lenckner, in: Schönke/Schröder, StGB, § 202a Rn 12.

hen – die Möglichkeit, die Strafverfolgung auf Grund des Vorliegens eines öffentlichen Interesses in Gang zu setzen. Dies erscheint insofern problematisch, als Taten nach § 202a StGB häufig sehr große Schäden verursachen, die Geschädigten jedoch diese Taten oftmals nicht zur Anzeige bringen, v. a. weil sie Imageverluste in der Öffentlichkeit fürchten.[454] Andererseits muss berücksichtigt werden, dass es sich bei § 202a Abs. 1 StGB um ein Delikt handelt, das insofern sehr stark an dem Willen des hinsichtlich der Daten Verfügungsberechtigten ausgerichtet ist, als dieser zum einen durch die Anbringung einer Zugangssicherung festlegt, welche Daten überhaupt unter den strafrechtlichen Schutz fallen, und zum anderen den Täterkreis durch das Merkmal der Bestimmung der Daten von vornherein einschränken kann. Hinzu kommt, dass das durch § 202a StGB geschützte Rechtsgut nicht zu den hochrangigen Rechtsgütern, wie z. B. Leben oder körperliche Unversehrtheit, gehört, die unter Umständen auch gegen den Willen des Rechtsgutsinhabers im öffentlichen Interesse zu schützen sind.

Die Ermittlung der Identität der Täter ist v. a. in Fällen, in denen diese über ein Datennetz in ein fremdes Computersystem eingedrungen sind, mit erheblichen Schwierigkeiten verbunden.[455] Eine Überwachung der Telekommunikation allein zur Ermittlung einer Straftat nach § 202a Abs. 1 StGB scheidet aus, da es sich bei § 202a Abs. 1 StGB nicht um eine Katalogtat i. S. des § 100a StPO handelt. Daher sind die Behörden bei der Ermittlung der Täter häufig allein auf die Auskunft von Seiten der Kommunikationsdienstleister angewiesen, die die Möglichkeit haben, die widerrechtliche Nutzung ihres Angebots zurückzuverfolgen.[456]

Konnte der Täter ermittelt werden, so muss diesem nachgewiesen werden, dass er sich tatsächlich Daten verschafft hat. Wenn der Täter weder ein Geständnis ablegt noch bei einer Durchsuchung auf einem Datenträger abgespeicherte Daten des Geschädigten gefunden werden, ist dieser Nachweis schwierig, in vielen Fällen sogar ausgeschlossen.[457]

---

[454] Jessen, Zugangsberechtigung und besondere Sicherung, S. 216 f. fordert dementsprechend die Umwandlung des § 202a StGB in ein relatives Antragsdelikt.

[455] Bär, in: Wabnitz/Janovsky, Hdb. Wirtschafts- und Steuerstrafrecht, Kap. 18 Rn 81.

[456] Scholz, Der strafrechtliche Schutz veröffentlichter elektronischer Datenbanken, S. 142 f.; Bär, in: Wabnitz/Janovsky, Hdb. Wirtschafts- und Steuerstrafrecht, Kap. 18 Rn 81.

[457] Scholz, Der strafrechtliche Schutz veröffentlichter elektronischer Datenbanken, S. 143.

7 Strafbarkeit der verschiedenen Erscheinungsformen des unberechtigten Zugangs zu Computerdaten und -systemen

7.1 Hacking

Entgegen den Plänen des Bundesjustizministeriums wollte der Rechtsausschuss des Bundestages davon absehen, bereits den unberechtigten Zugang zu den gesicherten Daten sowie den Versuch einer Straftat nach § 202a Abs. 1 StGB unter Strafe zu stellen.[458] Hierdurch sollte einer Überkriminalisierung vorgebeugt werden. Es wurde in diesem Zusammenhang darauf hingewiesen, dass das Strafrecht erst dann eingreifen sollte, wenn ein Schaden oder wenigstens eine Rechtsgutsbeeinträchtigung, wie z. B. eine Verletzung des Verfügungsrechts über Daten bei einer Tat nach § 202a Abs. 1 StGB, eingetreten sei.[459]

In den Gesetzesmaterialien findet sich der Hinweis, dass insbesondere Hacker, „die sich mit dem bloßen Eindringen in ein Computersystem begnügen, also sich keine Daten unbefugt verschaffen", nicht nach § 202a Abs. 1 StGB bestraft werden sollten.[460] Diese Ausführungen zum Hacking stimmen jedoch mit der Praxis nicht überein, da sich ein Hacker regelmäßig nicht mit dem bloßen Eindringen in das Computersystem begnügt, sondern darüber hinaus in dem System gespeicherte Daten abruft, um festzustellen, ob es ihm tatsächlich gelungen ist, in das System einzudringen.[461] Ein Hacker lässt sich daher in der Regel Daten (z. B. Systemdaten oder das Inhaltsverzeichnis) mit Hilfe des Bildschirms anzeigen und nimmt demzufolge Kenntnis vom Dateninhalt, womit das Tatbestandsmerkmal des „Sich-Verschaffens" von Daten i. S. des § 202a Abs. 1 StGB zu bejahen ist. Des Weiteren ist die Tathandlung des § 202a Abs. 1 StGB beim Hacking häufig bereits dadurch gegeben, dass der Täter das zum Eindringen in das System benötigte Passwort in Erfahrung bringt.[462] Problematisch ist dabei allerdings, ob die Passwortdaten selbst durch § 202a Abs. 1 StGB geschützt werden. Hierzu müssten sie gegen unberechtigten Zugang besonders gesichert sein. Als besondere Zugangssicherung kommt die Geheimhaltung der Passwortdaten in Betracht. Die Geheimhaltung dient zwar auch dem Schutz der in dem System enthaltenen Daten, jedoch wird hierdurch gleichzeitig das Passwort selbst gegen

---

458 BT-Drucks. 10/5058, S. 28.

459 BT-Drucks. 10/5058, S. 28.

460 BT-Drucks. 10/5058, S. 28.

461 Hauptmann, JurPC 1989, 215; Schulze-Heiming, Strafrechtlicher Schutz der Computerdaten, S. 81; Schmitz, JA 1995, 478, 483; Preuße, Informationsdelikte im Internet, S. 87; Schmid, Computerhacken und materielles Strafrecht, S. 121; vgl. hierzu die Ausführungen im 2. Kapitel unter 1.1.

462 Lenckner, in: Schönke/Schröder, StGB, § 202a, Rn 10.

Kenntnisnahme mitgeschützt. Ob sich die Geheimhaltung des Passwortes als besondere Zugangssicherung eignet oder ob weitergehende Schutzvorkehrungen erforderlich sind, muss im Einzelfall unter Rückgriff auf die im Rahmen der Eignung einer Zugangssicherung herausgearbeiteten Kriterien[463] festgestellt werden. Da diese Sicherungsfunktion als solche für jeden erkennbar ist, kann das Passwort selbst – vorausgesetzt die Geheimhaltung ist im konkreten Fall als besondere Sicherung gegen unberechtigten Zugang geeignet – durch § 202a Abs. 1 StGB geschützt sein.[464]

Aus dem zuvor Gesagten ergibt sich, dass ein Hacker in der Praxis regelmäßig den Inhalt von geschützten Daten zur Kenntnis nimmt und damit den Tatbestand des § 202a Abs. 1 StGB erfüllt.

Dies steht in Widerspruch zu dem den Gesetzesmaterialien zu entnehmenden Willen des Gesetzgebers,[465] der sich für eine Straflosigkeit von Hackern ausgesprochen hat, und zahlreichen Stimmen in der Literatur, die sich dieser Forderung angeschlossen haben.[466] Weitgehend einig ist man sich in der Literatur, dass durch Hacking die Tatbestandsmerkmale des § 202a Abs. 1 StGB erfüllt werden, da der Hacker regelmäßig gegen unberechtigten Zugang gesicherte Daten zur Kenntnis nimmt und sich dadurch die Daten verschafft. Um dem Willen des Gesetzgebers bezüglich der Straflosigkeit des Hackings Rechnung zu tragen, wird in der Literatur vielfach eine teleologische Reduktion der Tathandlung vorgeschlagen.[467] Unter einer teleologischen Reduktion wird dabei eine sinngemäß einengende Auslegung eines Begriffs verstanden, durch die in Fällen, in denen die Formulierung eines Straftatbestandes weiter als der vom Gesetzgeber beabsichtigte Anwendungsbereich reicht, dem „Willen des Gesetzes" Geltung verschafft wird.[468] Hinsichtlich der Frage, wie eine teleologische Reduktion in die-

---

463 Vgl. hierzu die Ausführungen in diesem Kapitel unter 2.4.2.1.

464 A. A. Binder, Strafbarkeit intelligenten Ausspähens von programmrelevanten DV-Informationen, S. 46 ff., der die Geheimhaltung von Passwörtern als besondere Zugangssicherung generell für nicht ausreichend erachtet und zusätzliche Schutzvorkehrungen verlangt.

465 BT-Drucks. 10/5058, S. 28.

466 Hauptmann, JurPC 1989, 215, 217; Lenckner, in: Schönke/Schröder, StGB, § 202a Rn 10; Tröndle/Fischer, StGB, § 202a Rn 9; Schmitz, JA 1995, 478, 483; Preuße, Informationsdelikte im Internet, S. 92; Lackner/Kühl, StGB, § 202a Rn 5; Binder, Strafbarkeit intelligenten Ausspähens von programmrelevanten DV-Informationen, S. 42 ff.; Haß, in: Lehmann, Rechtsschutz und Verwertung von Computerprogrammen, Kap. XII Rn 26.

467 Hauptmann, JurPC, 1989, 215, 217; Hilgendorf, JuS 1996, 702, 704; Lenckner, in: Schönke/Schröder, StGB, § 202a Rn 10; Schmitz, JA 1995, 478, 483.

468 Jescheck/Weigend, Lehrbuch des Strafrechts, § 17 IV 5.

sem Zusammenhang im Einzelnen aussehen sollte, werden verschiedene Auffassungen vertreten.

Eine Möglichkeit, den Tatbestand teleologisch zu reduzieren, besteht darin, ein „Verschaffen“ i. S. des § 202a Abs. 1 StGB erst dann zu bejahen, wenn der Täter – abgesehen von Fällen, in denen er den Datenträger wegnimmt – den Datenbestand auf einen anderen Datenträger überträgt.[469] Diejenigen, die eine derart einschränkende Auslegung der Tathandlung befürworten, begründen dies damit, dass erst mit der Übertragung der Daten auf einen Datenträger eine Verletzung des Verfügungsrechts hinsichtlich der Daten gegeben sei, die über eine bloße Gefährdung des Integritätsinteresses hinausgehe.[470] Problematisch erscheint an dieser Auffassung, dass die sofortige Nutzung der Daten zu kriminellen Zwecken, ohne dass die Daten zuvor auf einen Datenträger übertragen worden sind, nicht strafbar wäre.[471] Außerdem liegt eine über die bloße Gefährdung von Integritätsinteressen hinausgehende Verletzung des Verfügungsrechts über Daten zweifellos auch dann vor, wenn der Täter die Daten in anderer Weise als durch Übertragung auf einen anderen Datenträger fixiert, z. B. indem er sich den Dateninhalt handschriftlich notiert oder sich diesen einprägt, sodass er ihn später reproduzieren kann. Aus den zuvor genannten Gründen ist eine einschränkende Auslegung der Tathandlung dergestalt, dass eine Übertragung der Daten auf einen Datenträger stattfinden muss, abzulehnen.

Nach einer anderen Meinung soll das Ansehen von Daten straflos sein, wenn es in unmittelbarem Zusammenhang mit dem Zugriff auf das System steht, während das Ansehen von solchen Daten, die in dem System gespeichert sind, strafbar sein soll.[472] Diese Auffassung vermag bereits unter technischen Gesichtspunkten nicht zu überzeugen, da die Daten, die der Täter während des Zugriffs auf das System wahrnimmt, immer zugleich solche Daten sind, die in dem Computersystem gespeichert sind.[473] Außerdem erscheint es im Hinblick auf das von § 202a Abs. 1 StGB geschützte Rechtsgut nicht sinnvoll, bestimmte Daten aus dem strafrechtlichen Schutz auszuklammern, obwohl der Verfügungsberechtigte hinsichtlich dieser Daten ein Geheimhaltungsinteresse hat, das er nach außen durch die Anbringung einer besonderen Zugangssicherung dokumentiert.

---

469 Hauptmann, JurPC 1989, 215, 217; Haft, NStZ 1987, 6, 10; Frommel, JuS 1987, 667, 668.

470 Frommel, JuS 1987, 667, 668.

471 Mühle, Hacker und Computer-Viren im Internet, S. 77.

472 Tröndle/Fischer, StGB, § 202a Rn 9; Schmid, Computerhacken und materielles Strafrecht, S. 129 f.

473 Mühle, Hacker und Computer-Viren im Internet, S. 76; Hilgendorf, JuS 1996, 702, 704.

Des Weiteren wird eine einschränkende Auslegung des Tatbestandes dergestalt vorgeschlagen, dass ein „Verschaffen" von Daten nur dann gegeben ist, wenn der Täter in der Lage ist, den wesentlichen Dateninhalt zu reproduzieren.[474] Diese Voraussetzung ist erfüllt, wenn der Täter die Daten auf einem eigenen Datenträger gespeichert hat, den Dateninhalt schriftlich fixiert hat oder zumindest den wesentlichen Inhalt im Gedächtnis behält.[475]

Die zuletzt dargestellte Auffassung vermag zwar solche Täter aus dem Strafbarkeitsbereich auszuklammern, die lediglich „aus sportlichem Ehrgeiz" oder um Sicherheitslücken ausfindig und den Systembetreiber auf diese aufmerksam zu machen, in ein fremdes Computersystem eindringen. Allerdings erscheint diese Ansicht im Hinblick auf den Tatnachweis problematisch. Es wird nämlich in der Praxis mit erheblichen Schwierigkeiten verbunden sein, festzustellen, ob der Täter die fremden Daten lediglich am Bildschirm abgerufen hat oder ob er den Dateninhalt zusätzlich auch noch schriftlich fixiert oder sich diesen eingeprägt hat.

Lediglich vereinzelt wird in der Literatur die Auffassung vertreten, dass das Hacking trotz entgegenstehender Äußerungen während des Gesetzgebungsverfahrens strafbar sei.[476] Jessen lehnt eine teleologische Reduktion des Tatbestandes, wie sie von zahlreichen Autoren vertreten wird, im Rahmen des § 202a StGB mit der Begründung ab, dass der subjektiv-historische Wille des Gesetzgebers bei der Auslegung eines Gesetzes nur insoweit Berücksichtigung finde, „als er in dem Gesetz selbst einen hinreichend bestimmten Ausdruck gefunden habe."[477] Da jedoch der Wortlaut des § 202a StGB eindeutig das Hacking erfasse, könne die Berücksichtigung des gesetzgeberischen Willens alleine nicht zu einem anderen Ergebnis führen. Nach der Auffassung Jessens könnten daher allenfalls andere teleologische Gründe eine Einschränkung der Tathandlung des § 202a StGB stützen. Das Vorhandensein solcher teleologischer Aspekte, die zu einer Straflosigkeit des Hackings führen würden, verneint er jedoch im Ergebnis. Er ist der Auffassung, dass bereits durch das bloße Anzeigen einer Information am Bildschirm, unabhängig davon, ob diese geheimhaltungswürdig ist oder nicht, das Rechtsgut des § 202a StGB verletzt und nicht etwa erst gefährdet wird.

---

474 Hilgendorf, JuS 1996, 702, 705; Mühle, Hacker und Computer-Viren im Internet, S. 77, allerdings mit der Einschränkung, dass es auf die Reproduzierbarkeit der Zugangsdaten nicht ankommen könne, da es ansonsten keinen Hacker gäbe, der straffrei bliebe, weil sich jeder Hacker in der Regel das Zugangspasswort bzw. die Schritte zur Überwindung der Zugangssicherung merke, speichere oder aufschreibe.

475 Hilgendorf, JuS 1996, 702, 705; Mühle, Hacker und Computer-Viren im Internet, S. 77.

476 So aber Schulze-Heiming, Strafrechtlicher Schutz der Computerdaten, S. 82 f.; Jessen, Zugangsberechtigung und besondere Sicherung, S. 182 ff.

477 Jessen, Zugangsberechtigung und besondere Sicherung, S. 182 unter Berufung auf BVerfGE 11, 126, 130.

Auch aus Gründen der Beweisführung ist es nach seiner Auffassung erforderlich, dass bereits das Hacking an sich strafbar ist, da so dem Täter lediglich nachgewiesen werden muss, dass er in ein Computersystem eingedrungen ist, was in der Praxis schon schwierig genug ist.[478] Auch Schulze-Heiming bejaht die Strafbarkeit des Hackings unter objektiv-teleologischen Gesichtspunkten. Sie vergleicht den Hacker mit einem Täter, der Haustüren öffnet, um den Bewohnern der Häuser die Einbruchsmöglichkeiten vor Augen zu führen und verdeutlicht anhand dieses Vergleichs das Strafbedürfnis.[479]

Ausgangspunkt für die Beantwortung der Frage, ob das Hacking durch den Straftatbestand des § 202a StGB erfasst wird, ist die Entscheidung darüber, inwieweit der gesetzgeberische Wille bei der Auslegung eines Gesetzes Berücksichtigung findet. Es muss daher zunächst die Problematik des Ziels der Gesetzesauslegung erörtert werden. Diesbezüglich wird in der juristischen Methodenlehre immer wieder der traditionelle Streit zwischen der subjektiven und der objektiven Auslegungstheorie aufgegriffen und teilweise versucht, im Wege der Synthese dieser beiden Theorien zu einer Auslegungszielbestimmung zu gelangen.[480] Nach der subjektiven Theorie muss das Ziel der Auslegung sein, dem historischen Willen des Gesetzgebers Rechnung zu tragen. Demgegenüber versteht die objektive Theorie das Auslegungsziel darin, den normativen Sinn eines Gesetzes zu ermitteln.[481]

Diejenigen, die im Zusammenhang mit dem Hacking die Tathandlung des § 202a StGB teleologisch reduzieren, um auf diesem Weg zu einer Straflosigkeit der entsprechenden Verhaltensweisen zu gelangen, vertreten überwiegend die subjektive Auslegungstheorie. Demgegenüber legt Schulze-Heiming den Tatbestand des § 202a StGB unter objektiv-teleologischen Aspekten aus und lässt hierbei den gesetzgeberischen Willen unberücksichtigt. Jessen, der ebenso wie Schulze-Heiming eine teleologische Reduktion der Tathandlung des § 202a StGB ablehnt, stützt seine Argumentation auf die von Jescheck als „Andeutungstheorie“ bezeichnete Synthese von objektiver und subjektiver Theorie, wonach der gesetzgeberische Wille neben objektiv-teleologischen Gesichtspunkten nur insoweit Berücksichtigung findet, als er dem Gesetz zumindest andeutungsweise zu entnehmen ist.[482]

---

478 Jessen, Zugangsberechtigung und besondere Sicherung, S. 183.

479 Schulze-Heiming, Strafrechtlicher Schutz der Computerdaten, S. 82.

480 Zu der Problematik der Auslegungszielbestimmung vgl. Bydlinski, Juristische Methodenlehre, S. 428 ff.

481 Deckert, Folgenorientierung in der Rechtsanwendung, S. 39.

482 Jescheck/Weigend, Lehrbuch des Strafrechts, § 17 IV. 2.

Sowohl für die subjektive als auch für die objektive Theorie lassen sich überzeugende Argumente finden. So wird z. B. für die Auslegungszielbestimmung im Sinne der subjektiven Theorie angeführt, dass der Gesetzgeber grundsätzlich bei Erlass der Norm den Norminhalt festlegt, was darauf hindeutet, dass auch bei der späteren Auslegung sein Wille von maßgeblicher Bedeutung sein muss.[483] Demgegenüber spricht für die objektive Theorie, dass sie – anders als die subjektive Theorie – berücksichtigt, dass dem Normadressaten in der Regel nur das Gesetz selbst, nicht jedoch sonstige Materialien, die den historischen Willen des Gesetzgebers erkennen lassen, zur Verfügung stehen.[484] Da für beide Ansätze gute Gründe sprechen, lässt sich eine überzeugende Lösung nur in einer Synthese von subjektiver und objektiver Theorie finden. Eine einseitige Betonung des Willens des Gesetzgebers zur Zeit der Entstehung eines Gesetzes würde dazu führen, dass eine Weiterentwicklung der Norm und insbesondere eine Anpassung an veränderte gesellschaftliche Verhältnisse durch Wissenschaft und Praxis verhindert würde.[485] Andererseits gibt der Wille des Gesetzgebers in vielen Fällen Aufschluss über den Sinn und Zweck einer Regelung bzw. legt diesen fest, sodass auch der gesetzgeberische Wille nicht außer Acht gelassen werden darf.

Eng verwandt mit der Problematik der Auslegungszielbestimmung ist die Frage nach der Rangfolge innerhalb der zur Erreichung des Auslegungsziels zur Verfügung stehenden Auslegungsmittel.[486] Zur Auslegung einer Vorschrift haben sich vier „klassische" Auslegungsmethoden herausgebildet, nämlich die grammatische, die systematische, die subjektiv-historische und die objektiv-teleologische Auslegungsmethode.[487]

Die grammatische Methode geht bei der Interpretation eines Tatbestandes bzw. einzelner Tatbestandsmerkmale vom Wortsinn der verwendeten Begriffe aus. Wendet man diese Auslegungsmethode im Rahmen des § 202a Abs. 1 StGB an, so kommt man zu dem Ergebnis, dass unter einem „Verschaffen" von Daten die Kenntnisnahme des Dateninhalts bzw. die Besitzerlangung des Datenträgers zu

483 Bydlinski, Juristische Methodenlehre und Rechtsbegriff, S. 430, der allerdings den Streit um einander ausschließende „Auslegungsziele" für verfehlt hält und sich auf die Frage des Rangverhältnisses mehrerer Auslegungskriterien konzentriert.

484 Zur Auseinandersetzung zwischen der subjektiven und der objektiven Theorie ausführlich: Bydlinski, Juristische Methodenlehre und Rechtsbegriff, S. 428 ff.

485 Eser, in: Schönke/Schröder, StGB, § 1 Rn 41.

486 Vgl. zur Rangfolgenproblematik Koch/Rüßmann, Juristische Begründungslehre, § 17 2. (S. 176 ff.).

487 Koch/Rüßmann, Juristische Begründungslehre, § 17 2. (S. 166 ff.); Zippelius, Juristische Methodenlehre, § 8 (S. 39 ff.); Bleckmann, JuS 2002, 942, 943 ff.

verstehen ist und demnach der Hacker in der Regel den Tatbestand erfüllt, soweit die entsprechenden Daten gegen unberechtigten Zugang besonders gesichert sind. Im Verhältnis der verschiedenen Auslegungsmethoden untereinander bildet der Wortlaut nach allgemeiner Auffassung die Grenze der Auslegung.[488]

Auch mit Hilfe der systematischen Auslegung, die nach dem Systemzusammenhang der Vorschrift und der einzelnen Tatbestandsmerkmale fragt, gelangt man nicht zu einem abweichenden Ergebnis. Diese Methode vermag hier insofern Anhaltspunkte für die Auslegung des Begriffs „Verschaffen" zu geben, als dieser Begriff – wie bereits dargelegt wurde[489] – auch in anderen Vorschriften des StGB, insbesondere im Zusammenhang mit Informationen in § 96 StGB, verwendet wird, sodass auf die für diese Vorschriften entwickelten Begriffserklärungen zurückgegriffen werden kann. Die systematische Methode führt demzufolge ebenfalls zu dem Ergebnis, dass die Kenntnisnahme des Inhalts der Daten für die Verwirklichung der Tathandlung des § 202a StGB ausreichend ist und sich daher ein Hacker in der Regel nach der zuvor genannten Vorschrift strafbar macht.

Die historische Auslegungsmethode steht in engem Zusammenhang mit der im Rahmen der Auslegungszielbestimmung vertretenen subjektiven Theorie. Bei dieser Auslegungsmethode wird danach gefragt, welche Regelungsabsichten der Gesetzgeber bei der Schaffung des Gesetzes verfolgt hat.[490] Aus den Gesetzgebungsmaterialien geht hervor, dass der Gesetzgeber bei Schaffung des Straftatbestandes des § 202a StGB eine Strafbarkeit von Hackern vermeiden wollte. Allerdings ging er dabei von einem Verständnis des Begriffs „Hacker" aus, das mit der Praxis – wie dargelegt wurde – nicht in Einklang steht.[491] Die Gesetzesmaterialien enthalten nämlich die Erklärung, dass Hacker sich mit dem bloßen Eindringen in ein Computersystem begnügen und sich keine Daten unbefugt verschaffen, was mit den tatsächlichen Gegebenheiten nicht übereinstimmt, da ein Hacker, allein um zu überprüfen, ob er erfolgreich in das Computersystem eingedrungen ist, Daten abruft und sich diese somit verschafft. Den Gesetzesmaterialien kann nicht entnommen werden, dass der Gesetzgeber ein einschränkendes Verständnis des Begriffs „Verschaffen" befürwortete, sondern lediglich, dass er hinsichtlich des Hackings ein den tatsächlichen Gegebenheiten nicht entsprechendes Begriffsverständnis vertreten hat.

---

488 BVerfGE 71, 115; Zippelius, Juristische Methodenlehre, § 9 II. (S. 43); Bleckmann, JuS 2002, 942, 943; Roxin, Strafrecht AT, § 5 Rn 28.

489 Vgl. hierzu in diesem Kapitel unter 3.1.

490 Koch/Rüßmann, Juristische Begründungslehre, § 17 2. (S. 166); Deckert, Folgenorientierung in der Rechtsanwendung, S. 44.

491 Hauptmann, JurPC 1989, 215, 217.

Geht man dennoch davon aus, dass der Gesetzgeber das Hacking – auch bei einem der Praxis entsprechenden Begriffsverständnis – generell nicht von § 202a StGB erfasst sehen wollte, so stellt sich die Frage, inwieweit diese Regelungsabsicht des Gesetzgebers bei der Auslegung des Tatbestandes, insbesondere des Tatbestandsmerkmals „Verschaffen“, zu berücksichtigen ist.

Zur Beantwortung dieser Frage muss zunächst untersucht werden, ob die objektiv-teleologische Auslegungsmethode, die nach dem normativen Sinn einer Vorschrift fragt und auf diese Weise auch gesellschaftliche Veränderungen und Weiterentwicklungen im Bereich der Technik zu berücksichtigen vermag,[492] zu einem abweichenden Ergebnis führt.

Durch § 202a Abs. 1 StGB wird ein Verhalten sanktioniert, das erst durch den Einsatz der Computertechnik ermöglicht wurde und mit fortschreitender Entwicklung der Technik immer häufiger in Erscheinung tritt. Zur Zeit der Einführung des § 202a Abs. 1 StGB stellte das Hacking, wenn überhaupt, eher ein untergeordnetes Problem dar. Wie bereits dargestellt wurde,[493] drangen Hacker vorwiegend aus sportlichem Ehrgeiz und Spaß an der Überwindung von Zugangssicherungen in fremde Computersysteme ein und machten auf diese Weise häufig Sicherheitslücken in den Systemen ausfindig, auf die sie in vielen Fällen die Systembetreiber sogar aufmerksam machten. Hierdurch konnten Hacker in einigen Fällen sogar zur Weiterentwicklung der Computersysteme und der Verbesserung von Sicherungsvorkehrungen beitragen. Spektakuläre Fälle von Hacking mit krimineller Zielrichtung waren zum Zeitpunkt der Einführung des § 202a Abs. 1 StGB noch nicht bekannt. So lässt sich auch erklären, dass in den Gesetzesmaterialien als Begründung für die Straflosigkeit des Hackings angeführt wird, dass das Verhalten eines Hackers lediglich eine Gefährdung für das Integritätsinteresse der Systembetreiber oder Benutzer darstelle, die für eine Strafbarkeit noch nicht ausreiche.[494] Auch der Hinweis in den Gesetzesmaterialien auf die Gefahr einer Überkriminalisierung lässt darauf schließen, dass der Gesetzgeber das Bild eines Hackers vor Augen hatte, der ohne kriminelle Zielrichtung Zugangssicherungen überwindet.

Erst nach der Einführung des § 202a StGB wurden mehrere spektakuläre Fälle des Hackings mit krimineller Zielrichtung bekannt. Das Hacking wurde zunehmend eingesetzt, um in einem nächsten Schritt weitere strafrechtlich relevante Handlungen, wie z. B. Datenspionage, Computersabotagehandlungen usw., vorzunehmen. Vor allem auf Grund der Möglichkeit, Programme zu erwerben oder

---

492 Eser, in: Schönke/Schröder, StGB, § 1 Rn 43.

493 Vgl. hierzu die Ausführungen im 2. Kapitel unter 1.1.

494 BT-Drucks. 10/5058, S. 28, 29.

über das Internet herunterzuladen, die das Hacking erleichtern (sog. Hacker-Tools), wie z. B. Programme zum Herausfinden von Passwörtern, ist der Täterkreis des Hackings nicht mehr nur auf computertechnisch besonders interessierte und geschulte Personen beschränkt. Es hat demzufolge eine erhebliche Ausweitung des Täterkreises stattgefunden. Durch die technische Entwicklung und v. a. durch die weite Verbreitung des Internets sind darüber hinaus die Möglichkeiten der Begehung von Straftaten im Bereich der Computerkriminalität vervielfacht worden. Infolge der dargestellten Entwicklungen hat sich nach der Einführung des Tatbestandes des § 202a StGB zunehmend ein kriminalpolitisches Bedürfnis für die Strafbarkeit des Hackings herausgestellt. Dieses ergibt sich v. a. auch aus der Tatsache, dass unsere Gesellschaft in eine immer stärkere Abhängigkeit von dem einwandfreien Funktionieren der Computertechnik gerät und daher Angriffe auf die Integrität der Computersysteme nicht hingenommen werden dürfen. Hinzu kommt, dass die zukünftige Entwicklung der Computertechnologien in großem Maße von der Akzeptanz und dem Vertrauen der Gesellschaft abhängig ist. Da die Computertechnologien in vielen Bereichen zu enormen Erleichterungen und Verbesserungen führen können, muss das Vertrauen der Bevölkerung in diese Technik gefördert werden. Daher sind Angriffe auf die Sicherheit und Integrität von Computersystemen als besonders schwerwiegend einzustufen.[495] Möglicherweise ließe sich einwenden, dass das Hacking noch keinen Angriff auf die Integrität der Computersysteme, sondern allenfalls eine Gefährdung derselben darstelle. Die Feststellung des Gesetzgebers, dass das durch § 202a StGB geschützte Rechtsgut nicht bereits vor Gefährdungen geschützt werden muss, sondern das Strafrecht hier erst im Falle einer tatsächlichen Rechtsgutsbeeinträchtigung eingreifen soll,[496] ist grundsätzlich zutreffend. Im Hinblick darauf, dass § 202a StGB das formelle Geheimhaltungsinteresse in Bezug auf Daten schützt, kann jedoch im Falle des Hackings nicht lediglich von einer Gefährdung gesprochen werden. Durch diese Verhaltensweisen wird nämlich die Integrität von Daten verletzt, bezüglich derer der Verfügungsberechtigte ein Geheimhaltungsinteresse hat, das er nach außen durch die Anbringung einer Zugangssicherung zum Ausdruck bringt.[497] Unabhängig davon, ob der Täter die geschützten Daten auf einem eigenen Datenträger abspeichert, sich den Dateninhalt notiert oder nur von dem Inhalt der Daten Kenntnis nimmt, ist das formelle Geheimhaltungsinteresse des Verfügungsberechtigten verletzt.

---

[495] Schulze-Heiming, Strafrechtlicher Schutz der Computerdaten, S. 82.

[496] BT-Drucks. 10/5058, S. 28.

[497] Jessen, Zugangsberechtigung und besondere Sicherung, S. 183; vgl. insoweit auch Lenckner/Winkelbauer, CR 1986, 483, 488.

Auch in der Öffentlichkeit hat sich das Bild des Hackers im Laufe der Zeit gewandelt.[498] Durch das Bekanntwerden von Hacking-Fällen mit kriminellem Hintergrund und die damit verbundene Verunsicherung der Bevölkerung im Hinblick auf die Sicherheit der Computersysteme haben die Hacker ihr Ansehen und die Unterstützung in der Bevölkerung verloren.

Die dargestellte Entwicklung macht deutlich, dass das Hacking sich im Laufe der Zeit zu einem ernsthaften Problem entwickelt hat, dem mit strafrechtlichen Mitteln begegnet werden muss. Unter Berücksichtigung der Tatsache, dass unsere Gesellschaft immer stärker von dem einwandfreien Funktionieren von Computersystemen abhängig ist und Beeinträchtigungen der Sicherheit dieser Systeme besonders schwerwiegend sind, erscheint es unter objektiv-teleologischen Gesichtspunkten nicht überzeugend, Hacker von der Strafbarkeit nach § 202a StGB entgegen dem Wortlaut auszuschließen. Demzufolge muss eine Auslegung, die sich an dem Sinn und Zweck der Vorschrift orientiert, zu dem Ergebnis führen, dass durch das Hacking der Tatbestand des § 202a Abs. 1 StGB erfüllt ist, soweit die zur Kenntnis genommenen bzw. auf einen eigenen Datenträger abgespeicherten Daten gegen unberechtigten Zugang besonders gesichert sind.

Wie erläutert wurde, darf bei der Auslegung eines Tatbestandes nicht einseitig auf den Willen des Gesetzgebers abgestellt werden, sondern es müssen auch gesellschaftliche und technische Veränderungen berücksichtigt werden. Da durch das Hacking das durch § 202a Abs. 1 StGB geschützte Rechtsgut, nämlich das formelle Geheimhaltungsinteresse, beeinträchtigt wird und mit der fortschreitenden technischen Weiterentwicklung ein Bedürfnis nach der Strafbarkeit des Hackings entstanden ist, sollte nicht versucht werden, durch eine teleologische Reduktion dem Willen des Gesetzgebers einseitig Rechnung zu tragen. Gerade auf dem Gebiet der Computertechnologien ist es dem Gesetzgeber auf Grund der ständigen Fortentwicklung nicht möglich, jegliche technische Veränderungen und die damit in Zusammenhang stehenden gesellschaftlichen Anpassungen vorherzusehen. Der Gesetzgeber ist bei der Schaffung des § 202a StGB hinsichtlich des Hackings von der Prämisse ausgegangen, dass durch die entsprechenden Verhaltensweisen keine bzw. zumindest keine bedeutsamen Schäden entstehen und eine Verletzung des durch § 202a StGB geschützten Rechtsguts nicht eintritt. Da sich dies jedoch im Laufe der Zeit als unzutreffend erwiesen hat, vermag der auf der zuvor genannten Annahme aufbauende historische Wille des Gesetzgebers insoweit nicht das objektiv-teleologische Auslegungskriterium zu verdrängen. Aus diesem Grund ist eine teleologische Reduktion der Tathandlung

---

498 Vgl. hierzu die Darstellung im 2. Kapitel unter 1.1.

des § 202a StGB abzulehnen, sodass das Hacking nach dieser Vorschrift strafbar ist.

Die zuvor dargelegte Auslegung steht auch nicht in Widerspruch zu Entscheidungen des Bundesverfassungsgerichts,[499] in denen ausgeführt wurde, dass grundsätzlich bei der Auslegung zeitlich neuerer Regelungen den anhand des Gesetzgebungsverfahrens deutlich werdenden Regelungsabsichten des Gesetzgebers erhebliches Gewicht zukomme.[500] Gerade auf dem Gebiet der Computertechnologien treten nämlich in kürzester Zeit immer wieder grundlegende Veränderungen auf, sodass ein Gesetz aus dem Jahre 1986, das diesen Bereich betrifft, nicht mehr als „neu" angesehen werden kann.

7.2 Datenspionage

Im Zusammenhang mit der Datenspionage wurden im zweiten Kapitel der Arbeit verschiedene Vorgehensweisen dargestellt, die jetzt daraufhin untersucht werden, ob durch sie der Straftatbestand des § 202a StGB erfüllt wird.

Im Unterschied zum Hacking legt der Täter bei der Datenspionage gerade Wert darauf, den Dateninhalt entweder für sich selbst oder für einen Dritten zu erlangen. Um dieses Ziel zu verwirklichen, lässt sich der Täter den Dateninhalt entweder am Bildschirm anzeigen und prägt sich diesen ein, notiert sich diesen bzw. druckt ihn aus oder er speichert die Daten, indem er sie auf eine Diskette kopiert bzw. per E-Mail auf einen anderen Rechner überträgt. Der Täter verwirklicht hierdurch die Tathandlung des § 202a StGB. Ein Verschaffen i. S. des § 202a StGB ist nämlich gegeben, wenn der Täter durch optische oder akustische Wahrnehmung Kenntnis von dem Dateninhalt nimmt oder wenn er den Datenträger in seine Verfügungsgewalt bringt bzw. die Daten auf einem in seinem Besitz stehenden Datenträger fixiert. Diese Voraussetzungen sind in den zuvor aufgezählten Fällen erfüllt. Auch diejenigen, die im Zusammenhang mit dem Hacking eine teleologische Reduktion der Tathandlung des § 202a StGB befürworten, gelangen im Zusammenhang mit der Datenspionage zu keinem abweichenden Ergebnis.

Der Straftatbestand des § 202a StGB ist demzufolge erfüllt, wenn der Täter in ein fremdes Computersystem eindringt und sich Daten verschafft, die gegen unberechtigten Zugang besonders gesichert sind. Ebenfalls von § 202a StGB erfasst sind die Fälle, in denen der Täter sich Daten mit Hilfe eines Trojanischen

---

499 BVerfGE 54, 297 ff.; BVerfG 34, 288 ff.

500 So aber Schmid, Computerhacken und materielles Strafrecht, S. 127, hinsichtlich der von Jessen vorgenommenen Auslegung.

Pferdes, das er zuvor in einem fremden Computersystem implementiert hat, verschafft, soweit die auf diese Weise erlangten Daten gegen unberechtigten Zugang besonders gesichert sind.

Der Straftatbestand des § 202a StGB scheidet in solchen Fällen der Datenspionage aus, in denen sich der Täter Daten verschafft, die nicht gegen unberechtigten Zugang besonders gesichert sind. Problematisch ist das Merkmal der besonderen Zugangssicherung v. a. in den Fällen, in denen der Täter Daten im Übermittlungsstadium z. B. mit Hilfe sog. „Packet Sniffer" abfängt, da die Möglichkeiten zum Schutz solcher Daten gegen unberechtigten Zugang sehr eingeschränkt sind und derzeit eigentlich nur kryptographische Maßnahmen in Betracht kommen. Werden demnach Daten unverschlüsselt übermittelt, so macht sich der Täter, der diese Daten abfängt, nicht nach § 202a StGB strafbar.

Ebenfalls im Hinblick auf das Merkmal der besonderen Zugangssicherung problematisch sind die Fälle, in denen der Täter die elektromagnetische Abstrahlung eines Gerätes mit Hilfe von Antennen, Verstärkern und sonstigen Zusatzgeräten empfängt und diese auswertet. Eine Strafbarkeit nach § 202a StGB erfordert nicht, dass der Täter sich die Daten unter Überwindung einer vorhandenen Zugangssicherung verschafft, sondern es ist für die Tatbestandserfüllung auch ausreichend, dass eine besondere Zugangssicherung vorhanden ist, die von dem Täter in dem konkreten Fall umgangen wird. Daher muss sich die Zugangssicherung in den Fällen des Auffangens elektromagnetischer Abstrahlung nicht unmittelbar auf die Abschirmung der Geräte beziehen, sondern es reicht aus, dass eine Schutzvorrichtung in Bezug auf die Daten vorhanden ist, die grundsätzlich die Voraussetzungen einer besonderen Zugangssicherung erfüllt.

7.3 „Crasher"

Ein „Crasher" dringt ebenso wie ein Hacker in ein Computersystem ein. Um zu überprüfen, ob er erfolgreich in das Computersystem eingedrungen ist, wird er Daten abrufen, so dass er nach der hier vertretenen Auffassung die Tathandlung des § 202a StGB verwirklicht. Soweit die abgerufenen Daten gegen unberechtigten Zugang besonders gesichert sind, verwirklicht auch ein Crasher demnach den Straftatbestand des § 202a StGB.

7.4 Softwarepiraterie

In den Fällen der Softwarepiraterie wird der Straftatbestand des § 202a StGB in der Regel nicht erfüllt. Zwar sind die Programmdaten der Software auch für den Erwerber der Software nicht bestimmt, soweit der Verfügungsberechtigte nicht ausnahmsweise will, dass der Erwerber auf die Programmdaten zugreifen und insbesondere von diesen Kenntnis nehmen kann. Allerdings sind die Programmdaten der Software regelmäßig nicht gegen unberechtigten Zugang gesichert, da die gängigen Kopierschutzmaßnahmen sowohl auf der Software- als auch auf der Hardwareebene keine Sicherungen gegen unberechtigten Zugang darstellen.

7.5 Sonstige Fallgruppen

Auch in den Fällen des Leerspielens von Geldspielautomaten wird regelmäßig der Tatbestand des § 202a StGB verwirklicht, und zwar in dem Stadium, in dem sich der spätere „Spieler“ oder ein Dritter die für die Erstellung des Computerprogramms benötigten Daten beschafft. Bei den auf dem EPROM-Chip des Spielautomaten gespeicherten Programmdaten handelt es sich um Daten, die auch für einen Erwerber des Automaten nicht bestimmt sind. Diese Daten sind durch ein Blechgehäuse und entsprechende Verplombungen gegen unberechtigten Zugang gesichert. Dadurch dass der Täter den Inhalt des EPROM-Chips auf einen Computer überspielt, um die Daten zu analysieren, verschafft er sich diese.

In den Fällen des unberechtigten Zugangs zu einem kostenpflichtigen Internetdienst oder einer kostenpflichtigen elektronischen Datenbank wird der Straftatbestand des § 202a StGB in der Regel dadurch verwirklicht, dass der Täter die Identifikationsdaten eines Dritten erlangt.

Durch das missbräuchliche Implementieren eines Dialer-Programms wird der Tatbestand des § 202a StGB nicht verwirklicht, da derjenige, der das entsprechende Programm verbreitet hat, weder fremde Daten zur Kenntnis nimmt noch diese auf einem Datenträger abspeichert. Daher ist in diesen Fällen die Tathandlung des § 202a StGB zu verneinen.

4. Kapitel

Sonstige Straftatbestände im Zusammenhang mit dem unberechtigten Zugang zu Computerdaten und -systemen

Im Zusammenhang mit den in Kapitel 2 dargestellten Erscheinungsformen des unberechtigten Zugangs zu Computerdaten und -systemen können neben dem Straftatbestand des § 202a Abs. 1 StGB auch noch weitere Straftatbestände des StGB (insbesondere §§ 303a, 303b, 263a StGB) und einige nebenstrafrechtliche Vorschriften (insbesondere § 17 UWG, § 106 UrhG und § 44 BDSG) von Bedeutung sein. Inwieweit die verschiedenen Erscheinungsformen von den zuvor genannten Tatbeständen erfasst werden, ist Gegenstand dieses Kapitels. Hierzu ist es erforderlich, zunächst die jeweilige Strafvorschrift näher zu untersuchen, um dann ihre Anwendbarkeit in den relevanten Fällen des unberechtigten Zugangs zu Computerdaten und -systemen prüfen zu können.

1 Datenveränderung (§ 303a StGB)

Der Straftatbestand des § 303a StGB kann sowohl durch Hacker als auch durch Crasher erfüllt werden, wobei hinsichtlich der zuletzt genannten Tätergruppe in diesem Kontext insbesondere das Einbringen von Computerviren und Logischen Bomben in ein Computersystem von Bedeutung ist. Darüber hinaus kommt eine Verwirklichung dieses Straftatbestandes in den Fällen der Implementierung eines Dialer-Programms auf einem fremden Rechner in Betracht.

Nach § 303a StGB macht sich derjenige strafbar, der rechtswidrig Daten i. S. des § 202a Abs. 2 StGB löscht, unterdrückt, unbrauchbar macht oder verändert.

§ 303a StGB wurde in das StGB eingefügt, um Strafbarkeitslücken im Bereich des § 303 StGB zu schließen, die sich daraus ergaben, dass es sich nach vielfach vertretener Auffassung[501] bei Daten nicht um Sachen i. S. des § 303 StGB handelt. Zwar wird in den hier interessierenden Fällen auch häufig eine Sachbeschädigung nach § 303 StGB in Bezug auf den Datenträger gegeben sein, jedoch scheidet eine solche jedenfalls bei Daten im Übermittlungsstadium regelmäßig aus.[502] Darüber hinaus wird mit der Tathandlung des Unterdrückens von Daten in § 303a StGB eine Verhalten unter Strafe gestellt, das im Rahmen des § 303

[501] Lampe, GA 1975, 1, 6; Hilgendorf, JuS 1996, 890.

[502] Haß, in: Lehmann, Rechtsschutz und Verwertung von Computerprogrammen, Kap. XII Rn 49; Tolksdorf, in: LK, § 303a Rn 1.

StGB straflos wäre, da das Entziehen von Sachen hier nicht tatbestandsmäßig ist.[503]

1.1 Geschütztes Rechtsgut

Ebenso wie im Rahmen des § 202a StGB wird auch hier teilweise die Auffassung vertreten, § 303a StGB schütze das Vermögen in seiner spezialisierten Ausprägung in Form von Daten.[504] Dieser Auffassung ist entgegenzuhalten, dass mit einer Datenveränderung nicht immer zwangsläufig eine Vermögenseinbuße verbunden ist.[505] Es sind auch Fälle denkbar, in denen der Berechtigte ein Interesse an der Unversehrtheit seiner Daten hat, obwohl diese keinen wirtschaftlichen Wert besitzen. Es ist nicht einzusehen, warum der Berechtigte hier schutzlos gestellt werden sollte. Außerdem lassen sich dem Wortlaut des § 303a StGB keine Hinweise darauf entnehmen, dass das durch diese Vorschrift geschützte Rechtsgut das Vermögen ist, und auch die systematische Stellung der Vorschrift im Rahmen der Sachbeschädigungsdelikte, die das Eigentum und insbesondere das Sacherhaltungsinteresse des Eigentümers - unabhängig von einem wirtschaftlichen Wert der Sache - schützen sollen, spricht gegen eine solche Interpretation. Überzeugender ist daher die überwiegend vertretene Auffassung, nach der § 303a StGB das Interesse des Verfügungsberechtigten an der unbeeinträchtigten Verwendbarkeit der Daten schützt.[506]

1.2 Tatobjekt

Tatobjekt des § 303a StGB sind Daten i. S. des § 202a Abs. 2 StGB, sodass an dieser Stelle auf die zu dieser Vorschrift gemachten Ausführungen[507] verwiesen werden kann.

Darüber hinaus beinhaltet der Wortlaut der Vorschrift unmittelbar keine weiteren Einschränkungskriterien in Bezug auf das Tatobjekt. Wenn keine über den Wortlaut der Vorschrift hinausreichenden Einschränkungen vorgenommen würden, hätte dies zur Folge, dass jeder, der Daten i. S. des § 202a Abs. 2 StGB löscht, unterdrückt, unbrauchbar macht oder verändert, den objektiven Tatbe-

---

503 Welp, iur 1989, 434, 438.

504 Haft, NStZ 1987, 6, 10; zustimmend: Tolksdorf, in: LK, § 303a Rn 2.

505 Scholz, Der strafrechtliche Schutz veröffentlichter elektronischer Datenbanken, S. 168.

506 Hilgendorf, JuS 1996, 890; Stree, in: Schönke/Schröder, StGB, § 303a Rn 1; Tröndle/Fischer, StGB, § 303a Rn 1; Bühler, MDR 1987, 448, 455; Lackner/Kühl, StGB, § 303a Rn 1.

507 3. Kapitel unter 2.

stand des § 303a StGB erfüllen würde. Da das Löschen und Verändern von Daten ein ganz alltäglicher Vorgang ist, würden z. B. die Personen, die beruflich mit der Datenverarbeitung befasst sind, häufig den Tatbestand des § 303a StGB erfüllen.[508] Erst auf der Ebene der Rechtswidrigkeit wäre eine Strafbarkeit nach § 303a StGB zu verneinen. Dies würde jedoch dem üblichen Aufbau einer Strafvorschrift widersprechen, da eine solche regelmäßig so konstruiert ist, dass bereits der Tatbestand ein strafrechtlich relevantes Unrecht beschreibt, das nur ausnahmsweise im Falle des Vorliegens eines Rechtfertigungsgrundes entfällt.[509] Hieraus ist zu folgern, dass im Rahmen des § 303a StGB ein einschränkendes Kriterium zu entwickeln ist, das dazu führt, dass bereits auf der Tatbestandsebene ein Verhalten beschrieben wird, durch das strafrechtstypisches Unrecht verwirklicht wird. Im Ergebnis ohne Bedeutung ist dabei,[510] ob man dieses einschränkende Kriterium als ungeschriebenes Tatbestandsmerkmal ansieht[511] oder ob man zur Herleitung eines einschränkenden Kriteriums an den in § 303a StGB verwendeten Rechtswidrigkeitsbegriff anknüpft, der nach dieser Auffassung als Tatbestandsmerkmal anzusehen ist.[512]

Zur Festlegung eines einschränkenden Kriteriums im Rahmen des § 303a StGB kann die systematische Stellung des § 303a StGB im Zusammenhang mit § 303 StGB herangezogen werden.[513] § 303 StGB setzt als Tatobjekt eine fremde Sache voraus, wobei zur Klärung des Begriffs der „Fremdheit" der Sache auf den zivilrechtlichen Eigentumsbegriff zurückgegriffen wird. Da die Daten selbst keine Sachen i. S. des § 90 BGB sind und an ihnen demnach kein Eigentum besteht, eignet sich das Merkmal der „Fremdheit" nicht unmittelbar zur Eingrenzung des Tatobjekts. Allerdings kann in Anlehnung an dieses Merkmal eine Einschränkung dergestalt vorgenommen werden, dass nur solche Daten von § 303a StGB erfasst werden, die nicht der Verfügungsbefugnis des Täters unterlie-

---

508 Splitt, Der Rechtswidrigkeitsbegriff im Rahmen des § 303a StGB, S. 11 f.; Gerhards, Computerkriminalität und Sachbeschädigung, S. 35.

509 Splitt, Der Rechtswidrigkeitsbegriff im Rahmen des § 303a StGB, S. 11.

510 Ebenso Tolksdorf, in: LK, § 303a Rn 5; Scholz, Der strafrechtliche Schutz veröffentlichter elektronischer Datenbanken, S. 169.

511 So Haß, in: Lehmann, Rechtsschutz und Verwertung von Computerprogrammen, Kap. XII Rn 50, 55; Stree, in: Schönke/Schröder, StGB, § 303a Rn 3, 6; Welp, iur 1988, 443, 447.

512 So Tröndle/Fischer, StGB, § 303a Rn 9; Splitt, Der Rechtswidrigkeitsbegriff im Rahmen des § 303a StGB, S. 13 ff.; Hilgendorf, JuS 1996, 890, 892.

513 Die fehlende Präzisierung des einschränkenden Kriteriums im Gesetzestext des § 303a StGB hat dazu geführt, dass gegenüber der Norm teilweise verfassungsrechtliche Bedenken geäußert worden sind (so Tolksdorf, in: LK, § 303a Rn 7).

gen.[514] In diesem Kontext stellt sich dann vergleichbar der Problematik im Rahmen des § 202a StGB die Frage, wer als Verfügungsberechtigter im Hinblick auf Daten anzusehen ist und welche Kriterien hierfür herangezogen werden können. Hinsichtlich der Datenzuordnung kann auf die im Zusammenhang mit § 202a StGB getroffenen Feststellungen zurückgegriffen werden,[515] sodass grundsätzlich derjenige hinsichtlich der Daten verfügungsberechtigt ist, der für die Speicherung oder die Übermittlung der Daten verantwortlich ist.

1.3 Tathandlungen

Als Tathandlungen werden in § 303a StGB das Löschen, das Unterdrücken, das Unbrauchbarmachen und das Verändern von Daten genannt. Diese Tathandlungen weisen Überschneidungen auf und es ist mit erheblichen Schwierigkeiten verbunden, sie deutlich voneinander abzugrenzen, was zu Lasten der Klarheit und Nachvollziehbarkeit des Tatbestandes geht.[516] Eine derart umfangreiche Auflistung von Tathandlungen hat den Zweck, Strafbarkeitslücken von vornherein auszuschließen und einen umfassenden Schutz zu gewährleisten.[517]

1.3.1 Löschen von Daten

Ein Löschen von Daten ist gegeben, wenn diese unwiederbringlich unkenntlich gemacht werden.[518] Im Unterschied zu der Legaldefinition des § 2 Abs. 2 Nr. 4 BDSG a. F.,[519] auf die in der Gesetzesbegründung[520] zu § 303a StGB verwiesen wird, ist ein Löschen von Daten gemäß § 303a StGB nicht dadurch ausgeschlossen, dass die Information auch noch in Form anderweitig gespeicherter Daten zu reproduzieren ist, sondern es kommt allein darauf an, dass die konkrete Daten-

514 Tolksdorf, in: LK, § 303a Rn 5.

515 Vgl. hierzu die Ausführungen im 3. Kapitel unter 2.3.1.

516 Hilgendorf, JuS 1996, 890, 891; Scholz, Der strafrechtliche Schutz veröffentlichter elektronischer Datenbanken, S. 169; Schulze-Heiming, Strafrechtlicher Schutz der Computerdaten, S. 184.

517 Tolksdorf, in: LK, § 303a Rn 19; Stree, in: Schönke/Schröder, StGB, § 303a Rn 4.

518 Stree, in: Schönke/Schröder, StGB, § 303a Rn 4; Hilgendorf, JuS 1996, 890, 891; von Gravenreuth, NStZ 1989, 201, 206.

519 Diese Vorschrift entspricht dem heutigen § 3 Abs. 4 Nr. 5 BDSG.

520 BT-Drucks. 10/5058, S. 34.

speicherung unwiederbringlich unkenntlich gemacht wird.[521] Dieser Unterschied zur Festlegung des Begriffs des Löschens im BDSG erklärt sich aus dem Charakter des § 303a StGB als ein der Sachbeschädigung ähnliches Delikt.[522]

Bei dem Löschen von Daten auf einem Datenspeicher unterscheidet man zwischen logischem und physikalischem Löschen, wobei im Falle der zuerst genannten Form auf die Information lediglich nicht mehr zugegriffen werden kann, weil z. B. der Dateiname entfernt wurde. Die noch vorhandenen Daten werden hierbei mit einer Markierung versehen und dadurch zum Überschreiben freigegeben. Erst wenn die zu löschenden Daten durch neue Daten überschrieben wurden, sind die Informationen auch physikalisch gelöscht.[523] Im alltäglichen Sprachgebrauch versteht man unter dem „Löschen“ von Daten bereits den Vorgang, bei dem eine Markierung der entsprechenden Daten vorgenommen wird und diese hierdurch zum Überschreiben freigegeben werden, also das logische Löschen.[524] Da sich die auf diese Weise „gelöschten“ Daten jedoch mit speziellen Hilfsprogrammen zumeist ohne Schwierigkeiten wiederherstellen lassen, kann in diesem Fall noch nicht von einem „Löschen“ i. S. des § 303a StGB gesprochen werden, da hier die unwiederbringliche Unkenntlichmachung der konkreten Daten vorausgesetzt wird.[525] Erst das physikalische Löschen von Daten erfüllt diese Voraussetzung. Die Tathandlung des Löschens von Daten wird z. B. dadurch erfüllt, dass der Täter den Speicherplatz der ursprünglichen Daten durch neue Daten überschreibt bzw. diesen durch eine Formatierungsstruktur ersetzt oder dass er den Datenträger selbst zerstört.

1.3.2 Unterdrücken von Daten

Ein Unterdrücken von Daten liegt vor, wenn die Daten dem Zugriff des Berechtigten entzogen werden, wobei unter Umständen bereits die zeitweise Entziehung als ausreichend angesehen werden muss, da durch diese bereits ein erheb-

---

521 Sondermann, Computerkriminalität, S. 45 ff., 47; Haß, in: Lehmann, Rechtsschutz und Verwertung von Computerprogrammen, Kap. XII Rn 51; Scholz, Der strafrechtliche Schutz veröffentlichter elektronischer Datenbanken, S. 170; Stree, in: Schönke/Schröder, StGB, § 303a Rn 4.

522 Sondermann, Computerkriminalität, S. 46.

523 Gabler Kompaktlexikon EDV und Informatik, Stichwort „Löschen“.

524 Hilgendorf, JuS 1996, 890, 891.

525 Hilgendorf, JuS 1996, 890, 891.

licher Schaden verursacht werden kann.[526] Hinsichtlich der Frage, wie lange die Entziehung andauern muss, damit ein Unterdrücken i. S. des § 303a StGB zu bejahen ist, kann keine generelle Aussage gemacht werden, sondern es kommt diesbezüglich darauf an, ob eine Beeinträchtigung seitens des Verfügungsberechtigten gegeben ist.[527] Der Unterschied zwischen dem Löschen und dem Unterdrücken von Daten besteht darin, dass bei letzterem die physische Integrität der Daten nicht verletzt wird.[528]

Die Tathandlung des Unterdrückens von Daten wird z. B. durch das zuvor beschriebene logische Löschen von Daten, durch Entwendung des Datenträgers, durch Änderung eines vorhandenen Passwortes, das die Daten sichert, bzw. durch das Vorschalten eines neuen Passwortes oder durch Umbenennung einer Datei verwirklicht.[529]

1.3.3 Unbrauchbarmachen von Daten

Daten werden unbrauchbar gemacht, wenn sie in ihrer Gebrauchsfähigkeit so beeinträchtigt werden, dass sie nicht mehr ordnungsgemäß verwendet werden können und daher ihre Eignung zur Erfüllung eines bestimmten Zwecks verlieren.[530] Diese Tathandlung kann dadurch verwirklicht werden, dass Teile der Daten physikalisch gelöscht werden, oder dadurch, dass Daten hinzugefügt oder die ursprünglichen Daten inhaltlich umgestaltet werden.[531]

1.3.4 Verändern von Daten

Ein Verändern von Daten liegt zunächst vor, wenn diese hinsichtlich ihres Informationsgehaltes modifiziert werden und dies eine Beeinträchtigung ihres ursprünglichen Verwendungszwecks zur Folge hat.[532] Darüber hinaus liegt ein Verändern i. S. des § 303a StGB auch dann vor, wenn Daten hinzugefügt werden mit der Folge, dass der Datensatz im Kontext einen anderen Informations-

---

526 Stree, in: Schönke/Schröder, StGB, § 303a Rn 4; Haß, in: Lehmann, Rechtsschutz und Verwertung von Computerprogrammen, Kap. XII Rn 52; Tolksdorf, in: LK, § 303a Rn 27; Hilgendorf, JuS 1996, 890, 891.

527 Stree, in: Schönke/Schröder, StGB, § 303a Rn 4.

528 Scholz, Der strafrechtliche Schutz veröffentlichter elektronischer Datenbanken, S. 171; Tolksdorf, in: LK, § 303a Rn 26.

529 Hilgendorf, JuS 1996, 890, 891.

530 BT-Drucks. 10/5058, S. 35; Tolksdorf, in: LK, § 303a Rn 28.

531 Stree, in: Schönke/Schröder, StGB, § 303a Rn 4.

532 BT-Drucks. 10/5058, S. 35; Tolksdorf, in: LK, § 303a Rn 29.

gehalt erhält.[533] Im Hinblick darauf, dass der Gesetzgeber einen möglichst lückenlosen Schutz gegen Datenmanipulationen gewährleisten wollte, sind nicht nur Veränderungen in Bezug auf die Semantik tatbestandsmäßig, sondern auch solche Veränderungen, die sich auf die Syntax beziehen, so z. B. die Übersetzung von Daten in den Code einer anderen Programmiersprache ohne inhaltliche Änderung.[534]

Das Verändern von Daten ist eine Tathandlung, die sehr weitreichend ist und bei der zahlreiche Überschneidungen mit den übrigen Handlungsalternativen des § 303a StGB auftreten. So können z. B. durch Teillöschungen, inhaltliches Umgestalten oder Hinzufügen von Daten gleichzeitig ein Verändern und ein Unbrauchbarmachen von Daten verwirklicht werden.[535] Um solche Überschneidungen zu verhindern, erscheint es sinnvoll, die Handlungsalternative des Veränderns von Daten nur dann zur Anwendung kommen zu lassen, wenn nicht bereits ein Löschen, ein Unterdrücken oder ein Unbrauchbarmachen von Daten gegeben ist. Wie Hilgendorf zutreffend festgestellt hat, ist daher die im Tatbestand zuletzt genannte Tathandlung wie folgt zu lesen: „ ... oder (Daten) *sonstwie* verändert“.[536]

1.4 Subjektiver Tatbestand

Der subjektive Tatbestand erfordert Vorsatz hinsichtlich der Merkmale des objektiven Tatbestandes, wobei bedingter Vorsatz genügt. Unabhängig davon, ob man die Einschränkung des Tatbestandes im Hinblick darauf, dass die beeinträchtigten Daten der Verfügungsberechtigung eines anderen unterstehen müssen, im Wege der Auslegung des Merkmals „rechtswidrig“ als Tatbestandsmerkmal vornimmt oder diese Einschränkung als ungeschriebenes Tatbestandsmerkmal betrachtet, muss sich der Vorsatz des Täters hierauf beziehen. Daher liegt ein den Vorsatz ausschließender Tatbestandsirrtum vor, wenn der Täter irrig annimmt, dass er selbst hinsichtlich der Daten verfügungsberechtigt ist.[537]

---

[533] Haß, in: Lehmann, Rechtsschutz und Verwertung von Computerprogrammen, Kap. XII Rn 54; Hilgendorf, JuS 1996, 890, 891.

[534] Hilgendorf, JuS 1996, 890, 891.

[535] Stree, in: Schönke/Schröder, StGB, § 303a Rn 4.

[536] Hilgendorf, JuS 1996, 890, 891.

[537] Tolksdorf, in: LK, § 303a Rn 36.

1.5 Rechtswidrigkeit

Auch wenn man das im Tatbestand des § 303a StGB genannte Merkmal „rechtswidrig“ als Anknüpfungspunkt für eine Tatbestandseinschränkung interpretiert, muss man auf dieser Ebene das allgemeine Deliktsmerkmal der Rechtswidrigkeit prüfen.[538] Als Rechtfertigungsgrund hat hier in der Regel nur die Einwilligung praktische Bedeutung.

1.6 Verwirklichung des Straftatbestandes im Zusammenhang mit dem unberechtigten Zugang zu Computerdaten und -systemen

1.6.1 Verwirklichung des Tatbestandes durch Hacker bzw. Crasher

Der Tatbestand des § 303a StGB kann neben dem Tatbestand des § 202a StGB durch Hacker bzw. Crasher verwirklicht werden. Hierbei sind zwei Zeitpunkte zu unterscheiden. Zum einen ist zu prüfen, ob bereits bei der Überwindung der Zugangssicherung Daten gelöscht, unterdrückt, unbrauchbar gemacht oder in sonstiger Weise verändert werden, und zum anderen kommt eine Erfüllung des Tatbestandes des § 303a StGB in Betracht, wenn der Hacker sich Zugang zu einem fremden Computersystem verschafft hat und hinsichtlich der dort vorgefundenen Daten Veränderungen i. S. des § 303a StGB vornimmt und damit zu einem „Crasher“ wird.

1.6.1.1 Datenveränderung im Stadium der Überwindung einer Zugangssicherung

Wenn der Hacker bzw. Crasher, um eine Zugangssicherung zu überwinden, vorsätzlich Daten löscht, unterdrückt, unbrauchbar macht oder in sonstiger Weise verändert, macht er sich nach § 303a StGB strafbar.

In vielen Fällen sind Daten durch Passwörter gegen unberechtigten Zugang gesichert. Um eine solche Zugangssicherung zu überwinden, setzen Hacker häufig sog. Trojanische Pferde ein. Wie bereits an anderer Stelle dargestellt wurde,[539] handelt es sich bei einem Trojanischen Pferd um ein Programm, das über die erkennbaren Funktionen hinaus bzw. statt derer noch weitere, für den Anwender nicht sichtbare Operationen ausführt. Das Programm kann z. B. in der Lage sein, im Hintergrund Daten, u. a. auch Passwörter, zu sammeln und diese dann über eine Netzwerkverbindung an den Hacker zu versenden, der dann mit Hilfe eines

538 Hilgendorf, JuS 1996, 890, 894.

539 Vgl. hierzu die Darstellung im 2. Kapitel unter 2.1.

auf diese Weise erlangten Passwortes in das fremde Computersystem eindringen kann. Es stellt sich die Frage, ob durch den Einsatz eines solchen Trojanischen Pferdes bei der Überwindung einer Zugangssicherung der Tatbestand des § 303a StGB verwirklicht wird. Ein Trojanisches Pferd gelangt in der Regel in der Weise auf den Rechner, dass der Computernutzer eigenhändig das Programm, das z. B. als Spielprogramm getarnt ist und häufig über das Internet zum Download angeboten wird, installiert, wobei er über die im Hintergrund ablaufenden Funktionen des Programms nicht informiert ist. Soweit die zunächst für den Anwender nicht sichtbare Funktion des Programms darin besteht, Daten zu löschen, zu unterdrücken, unbrauchbar zu machen oder in sonstiger Weise zu verändern, kommt eine Datenveränderung in mittelbarer Täterschaft in Betracht, da sich derjenige, der das Trojanische Pferd konstruiert und verbreitet hat, des Computernutzers als vorsatzloses Werkzeug für seine Tat bedient. In den hier interessierenden Fällen des Hackings ist eine solche Konstellation gegeben, wenn das Programm neben dem Ausspionieren von Passwörtern eine der zuvor beschriebenen Funktionen ausführt. Anders verhält es sich jedoch, wenn es sich um ein Programm handelt, dessen einzige Funktion im Hintergrund darin besteht, Passwörter oder sonstige Daten zu sammeln. Durch die Ausführung dieser Funktion wird – auch wenn der Anwender diese nicht wünscht – der Tatbestand des § 303a StGB nicht erfüllt, da die Daten, deren Informationsinhalte ausspioniert werden, hinsichtlich ihrer physischen Integrität nicht beeinträchtigt werden. Allein in dem Kopieren dieser Daten, das zu dem Zweck erfolgt, diese anschließend an den Hacker zu versenden, kann noch keine Datenveränderung gesehen werden. Eine Datenveränderung gemäß § 303a StGB könnte allenfalls durch die Installation des Programms gegeben sein. Die Tathandlungen des Löschens, Unterdrückens oder Unbrauchbarmachens scheiden dabei von vornherein aus. In Betracht kommt die Handlungsalternative des sonstigen Veränderns von Daten, die grundsätzlich auch durch das Hinzufügen von Daten verwirklicht werden kann. Hinsichtlich des Programms selbst ist zu berücksichtigen, dass der Computernutzer dieses in der Regel eigenhändig und freiwillig auf der Festplatte seines Computers installiert bzw. in den Arbeitsspeicher lädt. Daher kann das Bereithalten des Programms zur Installation an sich nicht zu einer Strafbarkeit nach § 303a StGB führen. Allerdings könnte durch die gleichzeitige Installation der versteckten Programmfunktionen der Tatbestand der Datenveränderung erfüllt sein. Ein Hinzufügen von Daten stellt jedoch nur dann eine Datenveränderung dar, wenn dadurch der Informationsgehalt der vorhandenen Daten im Kontext verändert wird. Dies ist bei der Installation eines Trojanischen Pferdes nicht der Fall, da die Implementierung der versteckten Programmfunktionen keine Auswirkung auf den Informationsinhalt der vorhandenen Daten hat.[540] Im Ergebnis ist somit festzustellen, dass durch die Installation eines Trojanischen Pferdes,

[540] Mühle, Hacker und Computer-Viren im Internet, S. 103.

das lediglich dem Ausfindigmachen von Passwörtern dient, der Tatbestand des § 303a StGB nicht erfüllt wird. Etwas anderes gilt allerdings dann, wenn das Trojanische Pferd darüber hinaus weitere Funktionen ausführt, die dazu führen, dass Daten gelöscht, unterdrückt, unbrauchbar gemacht oder in sonstiger Weise verändert werden.[541]

1.6.1.2 Datenveränderung nach Überwindung der Zugangssicherung

Nach Überwindung der Zugangssicherung hat der Täter Zugriff auf die geschützten Daten. Nimmt der Täter, der dann auch als Crasher bezeichnet wird, in Bezug auf die Daten Veränderungen vor, indem er diese löscht, unterdrückt, unbrauchbar macht oder in sonstiger Weise verändert, ist der Tatbestand des § 303a StGB erfüllt.

1.6.1.2.1 Computerviren

Eine erhebliche Bedrohung stellen dabei die Computerviren dar, die auf unterschiedliche Weise auf einen Rechner gelangen können, so z. B. durch das Herunterladen von mit Computerviren infizierten Programmen aus dem Internet, durch die Verwendung von Software, die Computerviren enthält, aber auch dadurch, dass ein Crasher in ein fremdes Computersystem eindringt und einen Computervirus einschleust.

Unter einem Computervirus versteht man ein Programm, das zwei spezifische Merkmale aufweist. Zum einen kopiert es seinen eigenen Programmcode in ein anderes Programm („Wirtsprogramm“) und ist auf diese Weise in der Lage, sich selbst zu reproduzieren (Vermehrung durch „Infektion“), und zum anderen kann es eine bestimmte Funktion ausführen.[542] Um zu untersuchen, ob die Installation eines Computervirus vom Tatbestand des § 303a StGB erfasst wird, bietet es sich an, zwischen diesen beiden Eigenschaften des Programms zu differenzieren.

Ob bei einem Computervirus bereits durch den Vorgang der Infektion der Tatbestand des § 303a StGB verwirklicht wird, hängt davon ab, ob es sich um einen Virus handelt, der bei seiner Reproduktion Teile des Wirtsprogramms überschreibt (überschreibender Virus), oder um einen solchen, der sich lediglich an das Programm anhängt (nicht-überschreibender Virus).[543] Bei der zuerst genann-

---

541 Schulze-Heiming, Strafrechtlicher Schutz der Computerdaten, S. 192.

542 Dierstein, NJW-CoR 1990, 8, 10; Dierstein, RDV 1989, 101, 102; Welp, iur 1989, 434, 437.

543 Mühle, Hacker und Computer-Viren im Internet, S. 98.

ten Art von Computerviren werden Daten überschrieben und damit gelöscht i. S. des § 303a StGB. Außerdem kann auch ein Unbrauchbarmachen von Daten gegeben sein, wenn das Wirtsprogramm nach der Infektion nicht mehr ablauffähig ist.[544] Bei einem nicht-überschreibenden Virus kommt allenfalls die Tathandlung des Veränderns von Daten in Betracht, die grundsätzlich auch durch das Hinzufügen von Daten verwirklicht werden kann. Allerdings müsste hierfür der Informationsgehalt der Daten im Kontext geändert werden, was bei dem bloßen Anhängen von Daten an ein anderes Programm – so wie es bei einem nicht-überschreibenden Computervirus erfolgt – nicht gegeben ist.

Die Funktion eines Virusprogramms ist in einer Vielzahl der Fälle auf die Zerstörung von Daten ausgerichtet, womit die Tathandlung des Löschens bzw. des Unbrauchbarmachens von Daten vorliegt.[545] Die Funktion eines solchen Programms kann allerdings auch in einer Datenmanipulation bestehen, die unter die Handlungsalternative des sonstigen Veränderns von Daten zu subsumieren ist.

Besteht die Funktion des Virus lediglich in einer Belästigung des Computernutzers, z. B. durch die Darstellung von Bildern oder Texten auf dem Bildschirm oder durch die an den Computernutzer gerichtete Aufforderung zur Eingabe von Wörtern oder Sätzen, so kommt eine Verwirklichung des Tatbestandes des § 303a StGB in der Handlungsalternative des Unterdrückens von Daten nur dann in Betracht, wenn dem Computernutzer durch den Virus der Zugriff auf seine Daten für einen gewissen Zeitraum nicht möglich ist und dadurch eine nicht nur unerhebliche Beeinträchtigung gegeben ist.[546]

1.6.1.2.2 Logische Bomben

Logische Bomben, also Programme oder Programmteile, die nach Eintreten eines bestimmten Ereignisses als Auslöser eine zerstörerische Wirkung entfalten, besitzen im Gegensatz zu den Computerviren nicht die Fähigkeit, sich durch Infektion zu vermehren. Daher ist hier für die Frage einer Strafbarkeit nach § 303a StGB allein auf die von dem Programm ausgeführte Funktion abzustellen.[547] Diese besteht häufig im Zerstören von Daten, sodass der Tatbestand des § 303a StGB in der Handlungsalternative des Löschens bzw. des Unbrauchbarmachens von Daten zu bejahen ist.

---

544 Mühle, Hacker und Computer-Viren im Internet, S. 98.

545 Welp, iur 1989, 434, 437.

546 Schulze-Heiming, Strafrechtlicher Schutz der Computerdaten, S. 189.

547 Mühle, Hacker und Computer-Viren im Internet, S. 103.

1.6.2 Verwirklichung des Tatbestandes in Fällen des missbräuchlichen Einsatzes von Dialer-Programmen

Zu prüfen ist, ob durch die automatische Installation eines Dialer-Programms, etwa bei Aufruf einer Web-Seite, der Tatbestand des § 303a StGB verwirklicht wird. Soweit das Programm bei der Installation die Daten der ursprünglichen DFÜ-Verbindung überschreibt, werden diese unwiederbringlich unkenntlich gemacht, da auf diese Daten nicht mehr zugegriffen werden kann. Daher ist hier die Tathandlung des Löschens gegeben. Wird durch das Dialer-Programm eine zusätzliche DFÜ-Verbindung ohne einen entsprechenden Willen des Nutzers erstellt, die als Standardverbindung definiert wird, ist eine inhaltliche Umgestaltung der auf dem Rechner gespeicherten Daten gegeben, und zwar der Daten, die die Standardverbindung festlegen. Es liegt in diesem Fall folglich eine Veränderung von Daten vor. Durch das Bereithalten eines Dialer-Programms, das sich z. B. beim Aufruf einer Web-Seite automatisch und vom Nutzer unbemerkt auf dessen Rechner installiert, wird der Tatbestand des § 303a StGB in mittelbarer Täterschaft erfüllt.

2 Computersabotage (§ 303b StGB)

In den soeben untersuchten Fällen des unberechtigten Zugangs zu Computerdaten und -systemen kann über § 303a StGB hinaus auch der Straftatbestand des § 303b StGB verwirklicht sein.

Nach § 303b StGB macht sich strafbar, wer eine Datenverarbeitung, die für einen fremden Betrieb, ein fremdes Unternehmen oder eine Behörde von wesentlicher Bedeutung ist, dadurch stört, dass er eine Tat nach § 303a Abs. 1 begeht oder eine Datenverarbeitungsanlage oder einen Datenträger zerstört, beschädigt, unbrauchbar macht, beseitigt oder verändert.

Der Tatbestand der Computersabotage (§ 303b StGB) wurde in das Gesetzgebungsverfahren zu dem 2. WiKG aufgenommen, nachdem in der öffentlichen Anhörung deutlich wurde, dass mit den bisher existierenden Vorschriften den Auswirkungen einer Computersabotage für Unternehmen und Behörden nicht hinreichend Rechnung getragen werden konnte.[548] Die Notwendigkeit für einen solchen Straftatbestand wurde damit begründet, dass es sich bei der Computersabotage auf Grund der zunehmenden Bedeutung eines störungsfreien Ablaufs der Datenverarbeitung für Wirtschaft und Verwaltung und der hohen Schäden, die durch Störungen einer Datenverarbeitung entstehen können, um eine beson-

[548] BT-Drucks. 10/5058, S. 35; Tolksdorf, in: LK, § 303b Rn 1.

ders gefährliche Form der Wirtschaftssabotage handelt. Zur Verdeutlichung der Schadensdimensionen in diesem Bereich braucht man sich nur die Auswirkungen vorzustellen, die ein Sabotageangriff z. B. auf die Buchführung oder auf die Lohnabrechnung eines Rechenzentrums hat. Ein solcher Angriff bedeutet unter Umständen nicht nur den wirtschaftlichen Ruin des Betreibers des Rechenzentrums, sondern kann auch gleichzeitig für die angeschlossenen Unternehmen schwerwiegende wirtschaftliche Konsequenzen haben.[549] § 303 StGB bietet in Fällen der Computersabotage keinen ausreichenden Schutz, da zum einen dieser Tatbestand nicht eingreift, wenn die Datenverarbeitungsanlage im Eigentum des Täters steht und der Geschädigte an ihr ein Besitz- oder Nutzungsrecht hat, und zum anderen das in dieser Vorschrift vorgesehene Strafmaß, das dem des § 303a StGB entspricht, nicht die großen Schäden, die durch Computersabotagehandlungen hervorgerufen werden können, hinreichend berücksichtigt.[550]

2.1 Geschütztes Rechtsgut

Die Frage, welches Rechtsgut der Straftatbestand des § 303b StGB schützt, wird nicht einheitlich beantwortet. Ebenso wie im Zusammenhang mit § 303a StGB findet sich in der Literatur die Auffassung, dass das Vermögen als das durch § 303b StGB geschützte Rechtsgut anzusehen ist.[551] Diese Ansicht vermag bereits im Hinblick auf die systematische Einordnung der Vorschrift im Bereich der Sachbeschädigungsdelikte nicht zu überzeugen.[552] Nach anderer Auffassung schützt § 303b StGB das störungsfreie Funktionieren von Datenverarbeitungsanlagen als überindividuelles Rechtsgut.[553] Hiergegen spricht, dass § 303b StGB keinen generellen Schutz vor Störungen hinsichtlich datenverarbeitender Systeme gewährleisten soll, sondern lediglich dem Schutz vor Fremdeingriffen in Datenverarbeitungen, die für einen Betrieb, ein Unternehmen oder eine Behörde von wesentlicher Bedeutung sind, dient.[554] Daher ist, der h. M. im Schrifttum folgend, das Interesse von Betrieben, Unternehmen und Behörden an dem stö-

549 BT-Drucks. 10/5058, S. 35.

550 Sondermann, Computerkriminalität, S. 84.

551 Haft, NStZ 1987, 6, 10.

552 Mühle, Hacker und Computer-Viren im Internet, S. 121.

553 Achenbach, NJW 1986, 1835, 1838.

554 Schlüchter, 2. WiKG, S. 71; Schulze-Heiming, Strafrechtlicher Schutz der Computerdaten, S. 196; Mühle, Hacker und Computer-Viren im Internet, S. 122; Hilgendorf, JuS 1996, 1082.

rungsfreien Ablauf ihrer Datenverarbeitung als das durch § 303b StGB geschützte Rechtsgut anzusehen.[555]

2.2 Tatobjekt

Tatobjekt des § 303b StGB ist eine Datenverarbeitung, die für einen fremden Betrieb, ein fremdes Unternehmen oder eine Behörde von wesentlicher Bedeutung ist. Der in § 303b StGB verwendete Begriff der Datenverarbeitung erstreckt sich auf den gesamten Arbeitsbereich, der sich auf die Eingabe, Speicherung, Verarbeitung und Übermittlung von Daten mit Hilfe der Datenverarbeitung bezieht.[556] Die Störung eines einzelnen Datenverarbeitungsvorgangs wird von § 303b StGB nur erfasst, wenn dadurch die jeweilige Datenverarbeitung insgesamt beeinträchtigt wird.[557] Dies ergibt sich daraus, dass der Gesetzgeber zwischen den Begriffen Datenverarbeitung und Datenverarbeitungsvorgang unterscheidet und in § 303b StGB – anders als in § 263 StGB, wo ausdrücklich auf einen einzelnen Datenverarbeitungsvorgang Bezug genommen wird – allgemein von Datenverarbeitung die Rede ist.[558]

Der Tatbestand des § 303b StGB erfasst nicht jede Datenverarbeitung, sondern ist beschränkt auf Datenverarbeitungen, die für einen fremden Betrieb, ein fremdes Unternehmen oder eine Behörde von wesentlicher Bedeutung sind. Hinsichtlich des Begriffs des Betriebes finden die Grundsätze Anwendung, die sich im Zusammenhang mit § 14 StGB herausgebildet haben, sodass entscheidend ist, ob eine räumliche oder organisatorische Zusammenfassung von Personen und Sachmitteln zur Erreichung eines bestimmten Zwecks, der nicht zwangsläufig

---

555 Tolksdorf, in: LK, § 303b Rn 2; Stree, in: Schönke/Schröder, StGB, § 303b Rn 1; Tröndle/Fischer, StGB, § 303b Rn 2; Bär, in: Wabnitz/Janovsky, Hdb. Wirtschafts- und Steuerstrafrecht, Kap. 18 Rn 96; Möhrenschlager, wistra 1986, 128, 142; Lenckner/Winkelbauer, CR 1986, 824, 830; Haß, in: Lehmann, Rechtsschutz und Verwertung von Computerprogrammen, Kap. XII Rn 56; Volesky/Scholten, iur 1987, 280; Schulze-Heiming, Strafrechtlicher Schutz der Computerdaten, S. 195 f.; Mühle, Hacker und Computer-Viren im Internet, S. 122; Sondermann, Computerkriminalität, S. 86.

556 Hilgendorf, JuS 1996, 1082; Bär, in: Wabnitz/Janovsky, Hdb. Wirtschafts- und Steuerstrafrecht, Kap. 18 Rn 97.

557 Tolksdorf, in: LK, § 303b Rn 15; Hilgendorf, JuS 1996, 1082 f.; Lackner/Kühl, StGB, § 303b Rn 2; Bär, in: Wabnitz/Janovsky, Hdb. Wirtschafts- und Steuerstrafrecht, Kap. 18 Rn 99; a. A. Tröndle/Fischer, StGB, § 303b Rn 3; Stree, in: Schönke/Schröder, StGB, § 303b Rn 3; Lenckner/Winkelbauer, CR 1986, 824, 830; Haß, in: Lehmann, Rechtsschutz und Verwertung von Computerprogrammen, Kap. XII Rn 56.

558 Mühle, Hacker und Computer-Viren im Internet, S. 124.

wirtschaftlich ausgerichtet sein muss, vorliegt.[559] Der Begriff des Betriebes weist Überschneidungen mit dem des Unternehmens auf, der eine organisatorische Einheit bezeichnet, die auf der Verbindung personeller und sachlicher Mittel beruht.[560] Zu einer genauen Differenzierung zwischen den beiden Begriffen besteht in dem hier interessierenden Zusammenhang keine Notwendigkeit, was zum einen darin begründet liegt, dass das Unternehmen in § 14 Abs. 2 S. 2 StGB dem Betrieb gleichgestellt ist, und zum anderen darin, dass sich § 303b StGB ausdrücklich sowohl auf Betriebe als auch auf Unternehmen bezieht.[561]

Fremd ist der Betrieb oder das Unternehmen für den Täter, wenn ihm das Betriebs- bzw. Unternehmensvermögen nicht ausschließlich zuzuordnen ist. Entgegen der überwiegend vertretenen Auffassung im Rahmen des § 303b StGB[562] muss hinsichtlich der Vermögenszuordnung – ebenso wie z. B. bei der Untreue nach § 266 StGB[563] – das Zivilrecht zugrunde gelegt werden. Dies hat zur Folge, dass z. B. im Falle eines Unternehmens, das in der Rechtsform der GmbH betrieben wird, auch die GmbH-Gesellschafter (sogar der Alleingesellschafter) den Tatbestand des § 303b StGB verwirklichen können, da das GmbH-Vermögen von dem Gesellschaftervermögen zu trennen ist.[564]

Eine Behörde ist gemäß § 1 Abs. 4 VwVfG jede Stelle, die Aufgaben der öffentlichen Verwaltung wahrnimmt. In § 11 Abs. 1 Nr. 7 StGB ist festgelegt, dass der Begriff der Behörde auch ein Gericht erfasst.

Des Weiteren muss die beeinträchtigte Datenverarbeitung für den fremden Betrieb, das fremde Unternehmen bzw. die Behörde von wesentlicher Bedeutung sein. Hierbei kommt es darauf an, ob die Datenverarbeitung die für die Funktionsfähigkeit des Betriebes, des Unternehmens bzw. der Behörde zentrale Informationen enthält und ein Ausfall der Datenverarbeitung dazu führt, dass die be-

---

559 Tolksdorf, in: LK, § 303b Rn 9; Bär, in: Wabnitz/Janovsky, Hdb. Wirtschafts- und Steuerstrafrecht, Kap. 18 Rn 97.

560 Bär, in: Wabnitz/Janovsky, Hdb. Wirtschafts- und Steuerstrafrecht, Kap. 18 Rn 97.

561 Vgl. Mühle, Hacker und Computer-Viren im Internet, S. 124; Schulze-Heiming, Strafrechtlicher Schutz der Computerdaten, S. 201.

562 Stree, in: Schönke/Schröder, StGB, § 303b Rn 6; Tolksdorf, in: LK, § 303b Rn 10; Lackner/Kühl, StGB, § 303b Rn 2; Hilgendorf, JuS 1996, 1082, 1083.

563 Zur Vermögenszuordnung im Rahmen der Untreue: Radtke, GmbHR 1998, 311, 316; 361, 362; BGH, NJW 1988, 1397, 1398.

564 So auch Schulze-Heiming, Strafrechtlicher Schutz der Computerdaten, S. 203 f.; a. A. Bär, in: Wabnitz/Janovsky, Hdb. Wirtschafts- und Steuerstrafrecht, Kap. 18 Rn 97; Stree, in: Schönke/Schröder, StGB, § 303b Rn 6. Teilweise wird die Auffassung vertreten, dass der Betrieb oder das Unternehmen auch für denjenigen nicht fremd sei, der als vertretungsberechtigter Repräsentant des Inhabers anzusehen sei (so z. B. Lackner/Kühl, StGB, § 303b Rn 2; Hilgendorf, JuS 1996, 1082, 1083).

troffene Einrichtung ihre Aufgaben nicht mehr oder nur noch mit erheblichem Mehraufwand bzw. einer beträchtlichen zeitlichen Verzögerung erfüllen kann.[565] Durch die Formulierung im Gesetzestext werden Beeinträchtigungen der Funktionsfähigkeit von z. B. elektronischen Schreibmaschinen oder Taschenrechnern von vornherein aus dem Tatbestand ausgeklammert.[566] Zum Teil wird die Auffassung vertreten, dass es allein entscheidend sei, ob die Datenverarbeitung für die von der Sabotagehandlung unmittelbar betroffene Einrichtung von wesentlicher Bedeutung ist, d. h. z. B. der Betrieb, der durch die Sabotagehandlung beeinträchtigt ist, müsse danach mit dem Betrieb, dessen Datenverarbeitung betroffen ist, identisch sein.[567] Dies wird damit begründet, dass ansonsten das Interesse an der Erfüllung schuldrechtlicher Verpflichtungen in den Schutzbereich des § 303b StGB einbezogen würde, was mit der systematischen Stellung der Vorschrift im Bereich der Sachbeschädigungsdelikte nicht zu vereinbaren sei.[568] Dieser Auffassung kann jedoch nicht gefolgt werden. Eine derartige Beschränkung des strafrechtlichen Schutzes steht im Widerspruch zu dem Wortlaut des § 303b StGB, wonach lediglich die Störung einer Datenverarbeitung, die für einen fremden Betrieb, ein fremdes Unternehmen oder eine Behörde von wesentlicher Bedeutung ist, vorausgesetzt wird.[569] Darüber hinaus liegt eine Verletzung schuldrechtlicher Verpflichtungen nur in solchen Fällen vor, in denen bei Bestehen eines Auftragsverhältnisses der Inhaber des auftragnehmenden Betriebes selbst die Störung verursacht. Hat ein Außenstehender dagegen die Störung der Datenverarbeitung hervorgerufen, die mittelbar Auswirkungen auf einen anderen Betrieb hat, ist keine schuldhafte Verletzung schuldrechtlicher Verpflichtungen gegeben, sodass zumindest in solchen Fällen die Begründung der Gegenansicht nicht überzeugt.[570]

2.3 Taterfolg

Der objektive Tatbestand des § 303b StGB setzt als Taterfolg voraus, dass eine Störung der Datenverarbeitung eingetreten ist. Eine Störung der Datenverarbeitung ist gegeben, wenn der reibungslose Ablauf der Datenverarbeitung nicht nur

---

[565] Hilgendorf, JuS 1996, 1082, 1083; Stree, in: Schönke/Schröder, StGB, § 303b Rn 7.

[566] BT-Drucks. 10/5058, S. 35; a. A. von Gravenreuth, NStZ 1989, 201, 206.

[567] Stree, in: Schönke/Schröder, StGB, § 303b Rn 8.

[568] Stree, in: Schönke/Schröder, StGB, § 303b Rn 8.

[569] Hilgendorf, JuS 1996, 1082, 1083; Tolksdorf, in: LK, § 303b Rn 8.

[570] Hilgendorf, JuS 1996, 1082, 1083.

unerheblich beeinträchtigt wird.[571] Nicht erforderlich hierfür ist eine Störung des Betriebes, des Unternehmens bzw. der Behörde insgesamt.[572]

Der tatbestandliche Erfolg ist unproblematisch zu bejahen, wenn jede Datenverarbeitung unmöglich gemacht wird, z. B. durch die Zerstörung oder gravierende Beschädigung der Datenverarbeitungsanlage oder das Löschen aller vorhandenen Programme und Dateien.[573] Eine nicht unerhebliche Beeinträchtigung der Datenverarbeitung kommt darüber hinaus in Betracht, wenn zwar die Funktionen des Rechners selbst unberührt bleiben, jedoch die Kommunikation zwischen Eingabegerät und Rechner bzw. zwischen Rechner und Ausgabegerät verhindert bzw. wesentlich erschwert wird.[574] Werden Veränderungen an Programmen vorgenommen mit der Folge, dass sich die Sabotagehandlung auf alle von dem Programm zu bearbeitenden Daten und Datensätze auswirkt, ist ebenfalls eine Störung der Datenverarbeitung zu bejahen.[575] Entsprechendes gilt für das Verändern von Daten, soweit dadurch eine gesamte Datei, die für den Betrieb, das Unternehmen bzw. die Behörde zentrale Informationen enthält (z. B. die Stammdaten aller Angestellten in der Lohnbuchhaltung), dem Zugriff des Berechtigten entzogen oder unbrauchbar gemacht wird.[576]

Durch das Tatbestandsmerkmal der Störung wird der Erfolgseintritt auf den Zeitpunkt verlagert, zu dem sich die Vornahme der in § 303b Abs. 1 Nr. 1 und 2 StGB beschriebenen Handlungen auf die Datenverarbeitung auswirkt, d. h. der Erfolg tritt erst ein, wenn der Berechtigte versucht, die Datenverarbeitung in Gang zu setzen.[577] Eine bloße Gefährdung der Datenverarbeitung reicht demnach im Rahmen des § 303b StGB noch nicht aus.[578]

---

571 Stree, in: Schönke/Schröder, StGB, § 303b Rn 10; Tolksdorf, in: LK, § 303b Rn 11; Tröndle/Fischer, StGB, § 303b Rn 5; Lackner/Kühl, StGB, § 303b Rn 6; Haß, in: Lehmann, Rechtsschutz und Verwertung von Computerprogrammen, Kap. XII Rn 60.

572 BT-Drucks. 10/5058, S. 35.

573 Sondermann, Computerkriminalität S. 99; Tolksdorf, in: LK, § 303b Rn 12.

574 Tolksdorf, in: LK, § 303b Rn 13.

575 Schulze-Heiming, Strafrechtlicher Schutz der Computerdaten, S. 211; Mühle, Hacker und Computer-Viren im Internet, S. 131 f.; Tolksdorf, in: LK, § 303b Rn 17.

576 Tolksdorf, in: LK, § 303b Rn 18.

577 Mühle, Hacker und Computer-Viren im Internet, S. 130; Tolksdorf in: LK, § 303b Rn 20; a. A. Hoyer, in: SK StGB, § 303b Rn 10.

578 BT-Drucks. 10/5058, S. 35; Tolksdorf, in: LK, § 303b Rn 20; Stree, in: Schönke/Schröder, StGB, § 303b Rn 10; Tröndle/Fischer, StGB, § 303b Rn 5; Lackner/Kühl, StGB, § 303b Rn 6.

2.4 Tathandlung

Als Tathandlung sieht § 303b StGB zwei verschiedene Möglichkeiten vor, nämlich eine auf die Software gerichtete Tat nach § 303b Abs. 1 Nr. 1 StGB und einen Angriff auf die Hardware nach § 303b Abs. 1 Nr. 2 StGB.

Nach § 303b Abs. 1 Nr. 1 StGB kann eine Computersabotage durch eine Handlung nach § 303a Abs. 1 StGB begangen werden, d. h. durch Löschen, Unterdrücken, Unbrauchbarmachen oder Verändern von Daten. Bei § 303b Abs. 1 Nr. 1 StGB handelt es sich folglich im Verhältnis zu § 303a Abs. 1 StGB um einen Qualifikationstatbestand.[579]

Demgegenüber handelt es sich bei § 303b Abs. 1 Nr. 2 StGB um einen selbstständigen Tatbestand und nicht etwa um eine Qualifikation zu dem Tatbestand der Sachbeschädigung, da es im Rahmen des Tatbestandes der Computersabotage nicht auf die Fremdheit der Datenverarbeitungsanlage bzw. des Datenträgers ankommt.[580] Die von diesem Tatbestand erfassten Sabotagehandlungen bestehen in dem Zerstören, Beschädigen, Unbrauchbarmachen, Beseitigen und Verändern einer Datenverarbeitungsanlage oder eines Datenträgers.

Unter einer Datenverarbeitungsanlage versteht man eine Funktionseinheit bestehend aus technischen Geräten (z. B. Zentraleinheit, Ein- und Ausgabegeräte und sonstige Peripheriegeräte), die die Verarbeitung elektronisch, magnetisch oder sonst nicht unmittelbar wahrnehmbar gespeicherter Daten ermöglicht.[581] Der Begriff des Datenträgers erfasst insbesondere Magnetbänder, Festplatten und Disketten.[582]

Eine Datenverarbeitungsanlage ist beschädigt, wenn eine Substanzverletzung vorliegt. Ist die bestimmungsgemäße Verwendbarkeit der Datenverarbeitungsanlage bzw. des Datenträgers infolge der Beschädigung ausgeschlossen, so ist die Tathandlung der Zerstörung zu bejahen.[583]

579 Stree, in: Schönke/Schröder, StGB, § 303b Rn 11; Tröndle/Fischer, StGB, § 303b Rn 6; Bühler, MDR 1987, 448, 456; Hilgendorf, JuS 1996, 1082.

580 Hilgendorf, JuS 1996, 1082; Stree, in: Schönke/Schröder, StGB, § 303b Rn 12; Lenckner/Winkelbauer, CR 1986, 824, 831; differenzierend Volesky/Scholten, iur 1987, 280, 282 und Mühle, Hacker und Computer-Viren im Internet, S. 134: Richtet sich die Tat nach § 303b Abs. 1 Nr. 2 StGB gegen eine fremde Datenverarbeitung, so liegt eine Qualifikation zu § 303 StGB vor, während es sich um ein eigenständiges Delikt handelt, wenn die eigene Datenverarbeitung angegriffen wird.

581 Stree, in: Schönke/Schröder, StGB, § 303b Rn 13.

582 Tolksdorf, in: LK, § 303b Rn 24; Tröndle/Fischer, StGB, § 303b Rn 7.

583 Hilgendorf, JuS 1996, 1082.

Ein Unbrauchbarmachen von Datenverarbeitungsanlagen oder Datenträgern liegt vor, wenn deren Gebrauchsfähigkeit aufgehoben oder zumindest erheblich eingeschränkt wird.[584]

Datenverarbeitungsanlagen oder Datenträger werden beseitigt, wenn sie aus dem Verfügungs- oder Gebrauchsbereich des Berechtigten entfernt werden.[585] Hierfür ist keine örtliche Veränderung der Datenverarbeitungsanlage bzw. des Datenträgers erforderlich, sondern es reicht z. B. auch das Versperren von Räumen aus, in denen sich die Datenverarbeitungsanlage bzw. der Datenträger befinden, sodass der Berechtigte nicht mehr auf diese zugreifen kann.[586] Dies ergibt sich daraus, dass der Gesetzgeber offensichtlich durch die Tathandlung des Beseitigens all diejenigen Fallgestaltungen erfassen wollte, in denen die Datenverarbeitungsanlage bzw. der Datenträger zwar weiterhin funktions- und gebrauchsfähig sind, dem Zugriff des Berechtigten jedoch entzogen werden.[587] Es würde jedoch zu weit führen, reine Blockademaßnahmen, wie z. B. eine Unterbrechung der Stromzufuhr oder das Einfügen oder Verändern von Passwörtern unter die Tathandlung des „Beseitigens" einer Datenverarbeitungsanlage oder eines Datenträgers zu subsumieren, da der Berechtigte in diesen Fällen weiterhin auf die Sache zugreifen kann und sie lediglich nicht mehr zu dem vorgesehenen Zweck nutzen kann.[588] Die als Beispiele angeführten Angriffsmethoden werden jedoch bereits von der Tatmodalität des „Unbrauchbarmachens" erfasst, sodass hier keine Strafbarkeitslücken entstehen.

Datenverarbeitungsanlagen oder Datenträger werden verändert i. S. des § 303b Abs. 1 Nr. 2 StGB, wenn ihr Zustand in irgendeiner Weise modifiziert wird.[589] Auch eine Modifikation, die zu einer Verbesserung der Funktionsfähigkeit der Datenverarbeitungsanlage bzw. des Datenträgers führt, wird von dieser Hand-

---

584 BT-Drucks. 10/5058, S. 36; Haß, in: Lehmann, Rechtsschutz und Verwertung von Computerprogrammen, Kap. XII Rn 64; Tröndle/Fischer, StGB, § 303b Rn 7.

585 BT-Drucks. 10/5058, S. 36; Bühler, MDR 1987, 448, 456.

586 Sondermann, Computerkriminalität, S. 112; Schulze-Heiming, Strafrechtlicher Schutz der Computerdaten, S. 220; Mühle, Hacker und Computer-Viren im Internet, S. 137; a. A. Hilgendorf, JuS 1996, 1082; Tröndle/Fischer, StGB, § 303b Rn 7; Möhrenschlager, wistra 1986, 128, 142.

587 Schulze-Heiming, Strafrechtlicher Schutz der Computerdaten, S. 220.

588 Im Ergebnis ebenso Schulze-Heiming, Strafrechtlicher Schutz der Computerdaten, S. 221; a. A. Sondermann, Computerkriminalität, S. 116; Mühle, Hacker und Computer-Viren im Internet, S. 137.

589 BT-Drucks. 10/5058 , S. 36.

lungsalternative erfasst.[590] Allerdings wird eine solche positive Zustandsveränderung regelmäßig nicht den Taterfolg der Störung einer Datenverarbeitung herbeiführen, sodass in diesen Fällen die Verwirklichung des Tatbestandes letztlich zu verneinen ist. Um Überschneidungen mit den übrigen Handlungsmodalitäten des § 303b Abs. 1 Nr. 2 zu vermeiden, ist das Tatbestandsmerkmal „Verändern“ – ebenso wie im Rahmen des § 303a StGB – im Sinne von „in sonstiger Weise Verändern“ auszulegen.[591]

2.5 Subjektiver Tatbestand

§ 303b StGB setzt im subjektiven Tatbestand voraus, dass der Täter vorsätzlich bezüglich der objektiven Tatbestandsmerkmale gehandelt hat, wobei bedingter Vorsatz ausreichend ist. Insbesondere muss der Täter erkannt haben, dass die Sabotagehandlung zur Störung einer Datenverarbeitung führt, die für einen fremden Betrieb, ein fremdes Unternehmen oder eine Behörde von wesentlicher Bedeutung ist, wobei es genügt, wenn er die tatsächlichen Umstände kennt, aus denen sich die Bedeutung der Datenverarbeitung ergibt.[592]

2.6 Verwirklichung des Tatbestandes im Zusammenhang mit dem unberechtigten Zugang zu Computerdaten und -systemen

Im Zusammenhang mit dem unberechtigten Zugang zu Computerdaten und -systemen kann auch der Tatbestand des § 303b StGB relevant sein. Ebenso wie im Rahmen des § 303a StGB ist hier zwischen dem Zeitpunkt, in dem der Hacker bzw. Crasher die Zugangssicherung überwindet, und dem Zeitpunkt, in dem der Täter nach Überwindung der Zugangssicherung auf die Daten zugreifen kann, zu unterscheiden. Begeht der Täter, um eine Zugangssicherung zu überwinden, eine Tat nach § 303a StGB und führt dies zur Störung einer Datenverarbeitung, die für einen fremden Betrieb, ein fremdes Unternehmen oder eine Behörde von wesentlicher Bedeutung ist, so ist der objektive Tatbestand des § 303b Abs. 1 Nr. 1 StGB verwirklicht. Wie bereits an früherer Stelle dargelegt wurde,[593] wird durch die Installation eines Trojanischen Pferdes, das lediglich die Funktion hat, Passwörter ausfindig zu machen, der Tatbestand des § 303a

---

[590] Hilgendorf, JuS 1996, 1082; a. A. Schlüchter, 2. WiKG, S. 83; Mühle, Hacker und Computer-Viren im Internet, S. 137; Schulze-Heiming, Strafrechtlicher Schutz der Computerdaten, S. 221.

[591] Hilgendorf, JuS 1996, 1082.

[592] Tolksdorf, in: LK, § 303b Rn 29.

[593] Vgl. hierzu in diesem Kapitel unter 1.6.1.1.

StGB nicht erfüllt, sodass auch eine Strafbarkeit nach § 303b Abs. 1 Nr. 1 in diesem Fall zu verneinen ist.

Zu prüfen ist weiter, ob der Hacker bzw. Crasher im Stadium der Überwindung einer Zugangssicherung auch den Tatbestand des § 303b Abs. 1 Nr. 2 erfüllen kann. Dies setzt zunächst voraus, dass er eine Datenverarbeitungsanlage oder einen Datenträger zerstört, beschädigt, unbrauchbar macht, beseitigt oder in sonstiger Weise verändert. Denkbar wäre es, dass der Täter eine der zuvor genannten Sabotagehandlungen im Hinblick auf die Zugangssicherung selbst vornimmt, um sie auf diese Weise zu überwinden. Die einzige Art von Zugangssicherungen, die auf diese Art überwunden werden können, sind die physischen Sicherungen, wie z. B. das Einschließen des Computers bzw. eines Datenträgers in einen Behälter oder Schrank oder das Anbringen von Schließvorrichtungen am Computer selbst.[594] Diese Sicherungsvorrichtungen sind jedoch nicht Bestandteil der Datenverarbeitungsanlage i. S. des § 303b StGB, da unter diesen Begriff nur die zu einer Funktionseinheit zusammengefassten technischen Geräte fallen, die die Verarbeitung von Daten ermöglichen. Die zuvor genannten Sicherungen dienen jedoch nicht der Datenverarbeitung und sind somit nicht als unmittelbarer Bestandteil einer Datenverarbeitungsanlage anzusehen.

Wenn der Täter die Zugangssicherung, die ein Computersystem schützt, überwunden hat und auf die in dem Computersystem gespeicherten Daten zugreifen kann, verwirklicht er den Tatbestand des § 303b Abs. 1 Nr. 1 StGB, soweit er in Bezug auf den Datenbestand Veränderungen i. S. des § 303a StGB vornimmt, indem er Daten löscht, unterdrückt, unbrauchbar macht oder in sonstiger Weise verändert, und durch diese Verhaltensweise eine Störung der Datenverarbeitung, die für einen fremden Betrieb, ein fremdes Unternehmen oder eine Behörde von wesentlicher Bedeutung ist, herbeiführt. Die Tathandlung des § 303a StGB kann dabei – wie zuvor bereits dargestellt wurde[595] – z. B. durch die Installation eines Virenprogramms oder einer Logischen Bombe verwirklicht werden. Als Beispiel der Verwirklichung des Tatbestandes des § 303b Abs. 1 Nr. 1 StGB durch die Implementierung einer Logischen Bombe ist der Fall zu nennen, in dem ein Angestellter ein Programm auf dem Rechner des ihn beschäftigenden Betriebes installiert, das genau ein Jahr nach seiner Entlassung dazu führt, dass alle auf dem Rechner gespeicherten Daten gelöscht werden. Auch durch die Installation

---

594 Hinsichtlich der Sicherungen auf Hardwareebene, wie z. B. Stimmerkennungsgeräte oder Geräte zur Identifikation des Fingerabdrucks, dürfte es ausgeschlossen sein, dass diese durch Vornahme einer Sabotagehandlung (z. B. Zerstörung oder Beschädigung der jeweiligen Geräte) überwunden werden, da der Zugang zu den hierdurch geschützten Daten erst auf Grund eines Authentifizierungsprozesses ermöglicht wird, der im Falle der Sabotage nicht mehr durchgeführt werden kann.

595 Vgl. hierzu in diesem Kapitel unter 1.6.1.2.

eines Trojanischen Pferdes kann der Täter eine Tat nach § 303a StGB begehen und, soweit hierdurch eine Störung der Datenverarbeitung eintritt, die für ein fremden Betrieb, ein fremdes Unternehmen oder eine Behörde von wesentlicher Bedeutung ist, den Tatbestand des § 303b Abs. 1 Nr. 1 StGB erfüllen. Allerdings kommen in diesem Zusammenhang nur solche Trojanische Pferde in Betracht, die nicht nur dem Ausspionieren von Daten dienen, sondern eine zerstörerische Wirkung hinsichtlich der in dem Computersystem gespeicherten Daten entfalten.[596]

Im Rahmen des § 303b Abs. 1 Nr. 1 StGB sind darüber hinaus auch die sog. Wurm-Programme relevant.[597] § 303b Abs. 1 Nr. 1 StGB setzt zunächst voraus, dass eine Tat nach § 303a StGB begangen worden ist. Soweit in ein Computersystem ein Wurm-Programm eingebracht wird, das zur Überlastung und zum Absturz des Systems führt, ist die Tathandlung des Unterdrückens von Daten gegeben, da in solchen Fällen regelmäßig eine nicht unerhebliche Beeinträchtigung des Berechtigten zu bejahen sein wird. Wenn durch diese Sabotagehandlung eine Datenverarbeitung gestört wird, die für einen fremden Betrieb, ein fremdes Unternehmen oder eine Behörde von wesentlicher Bedeutung ist, wird der Tatbestand des § 303b Abs. 1 Nr. 1 StGB verwirklicht.

3 Computerbetrug (§ 263a StGB)

Im Kontext des Themas der vorliegenden Arbeit ist der Tatbestand des § 263a StGB insbesondere im Zusammenhang mit dem missbräuchlichen Bereithalten von Dialer-Programmen zum unbemerkten Download und der Nutzung kostenpflichtiger Internetdienste bzw. Datenbanken unter der unberechtigten Verwendung fremder Identifikationsdaten von Bedeutung.[598]

Nach § 263a StGB macht sich derjenige strafbar, der in der Absicht, sich oder einem Dritten einen rechtswidrigen Vermögensvorteil zu verschaffen, das Ver-

---

596 Schulze-Heiming, Strafrechtlicher Schutz der Computerdaten, S. 225.

597 Vgl. die Darstellung in Kapitel 2 unter 2.3.

598 Im Rahmen der Fälle des systematischen Leerspielens von Geldspielautomaten ist der Tatbestand des § 263a StGB erst im Stadium des Spielvorgangs und nicht bereits im Stadium des Verschaffens der Programmdaten zur Erstellung eines Auswertungsprogramms relevant. Da zum einen zwischen dem Zugriff auf die Programmdaten und dem Spielvorgang in der Regel eine örtliche und zeitliche Zäsur besteht und zum anderen in den beiden Stadien oftmals verschiedene Täter agieren, muss eine getrennte Untersuchung der Vorgänge stattfinden. Da sich die vorliegende Thematik nur auf das dem Spielvorgang vorangehende Stadium des Beschaffens der Programmdaten bezieht, wird hier der Spielvorgang selbst nicht strafrechtlich geprüft.

mögen eines anderen dadurch schädigt, dass er das Ergebnis eines Datenverarbeitungsvorgangs durch unrichtige Gestaltung des Programms, durch Verwendung unrichtiger oder unvollständiger Daten, durch unbefugte Verwendung von Daten oder sonst durch unbefugte Einwirkung auf den Ablauf beeinflusst.

Dieser Tatbestand wurde ebenso wie die bereits untersuchten §§ 202a, 303a, 303b StGB durch das 2. WiKG in das Strafgesetzbuch eingefügt. Es sollten hierdurch Lücken geschlossen werden, die sich daraus ergaben, dass der Betrugstatbestand in Fällen vermögensschädigender Computermanipulationen zu verneinen ist, da es hier bereits an dem Tatbestandsmerkmal des „Irrtums" fehlt.[599] Dieses Tatbestandsmerkmal setzt nämlich einen gedanklichen Entscheidungsprozess und damit einen Vorgang der Willensbildung voraus, der bei einem durch Computer gesteuerten Datenverarbeitungsvorgang nicht gegeben ist.[600] Die Notwendigkeit der Schaffung des § 263a StGB wurde insbesondere daraus hergeleitet, dass die Fälle vermögensschädigender Computermanipulationen mit den Fällen des Betruges vergleichbar und daher ebenfalls strafrechtlich zu erfassen sind.[601]

3.1 Geschütztes Rechtsgut

Das durch die Vorschrift des § 263a StGB geschützte Rechtsgut ist ebenso wie bei § 263 StGB ausschließlich das Vermögen.[602] Ein wirtschaftliches Allgemeininteresse am Funktionieren und an der Sicherheit der in der Wirtschaft und in der Verwaltung genutzten Datenverarbeitungssysteme wird dabei lediglich in Form eines Schutzreflexes erfasst, hat jedoch keine eigenständige Bedeutung neben dem Vermögensschutz.[603]

---

599 Möhrenschlager, wistra 1986, 128, 131; Winkelbauer, CR 1985, 40, 42.

600 Auch konnten in diesen Fällen sonstige Tatbestände, wie z. B. der Diebstahl (§ 242 StGB), die Unterschlagung (§ 246 StGB), die Untreue (§ 266 StGB), die Fälschung technischer Aufzeichnungen (§ 268 StGB) und die Erschleichung von Leistungen (§ 265a StGB), nicht problemlos angenommen werden.

601 Bär, in: Wabnitz/Janovsky, Hdb. Wirtschafts- und Steuerstrafrecht, Kap. 18 Rn 37; Winkelbauer, CR 1985, 40, 43; Bühler, MDR 1987, 448, 449.

602 Ganz h. M.: BGHSt 40, 331, 334; Tiedemann, in: LK, § 263a Rn 13; Frommel, JuS 1987, 667; Haß, in: Lehmann, Rechtsschutz und Verwertung von Computerprogrammen, Kap. XII Rn 6; Gogger, Die Erfassung des Scheck-, Kredit- und Codekartenmissbrauchs, S. 49; Günther, in: SK StGB, § 263a Rn 4; Lackner/Kühl, StGB, § 263a Rn 1; Schlüchter, 2. WiKG, S. 85; Hilgendorf, JuS 1996, 130; Tröndle/Fischer, StGB, § 263a Rn 2.

603 Haß, in: Lehmann, Rechtsschutz und Verwertung von Computerprogrammen, Kap. XII Rn 6; Tiedemann, in: LK, § 263a Rn 13.

3.2 Tatgegenstand

Gegenstand einer Tat nach § 263a StGB ist das Ergebnis eines Datenverarbeitungsvorgangs. Unter der Datenverarbeitung versteht man alle technischen Vorgänge, bei denen durch die Aufnahme von Daten und die programmgesteuerte Verknüpfung von Daten Arbeitsergebnisse erzielt werden.[604] Der Gesetzeszweck und auch die verwendete Überschrift der Vorschrift legen es nahe, den Begriff der Datenverarbeitung in § 263a StGB auf die automatische Datenverarbeitung zu beschränken, womit in der Praxis v. a. die elektronische Datenverarbeitung erfasst wird.[605] Nicht erfasst von dem Begriff der Datenverarbeitung i. S. des § 263a StGB werden demgegenüber rein mechanisch wirkende Geräte sowie die Verarbeitung von Daten durch eine Person ohne Zuhilfenahme der automatischen Datenverarbeitung.[606]

3.3 Tathandlungen

Der Tatbestand des Computerbetruges sieht vier Varianten für die Tatbegehung vor, nämlich die unrichtige Gestaltung eines Programms, die Verwendung unrichtiger oder unvollständiger Daten, die unbefugte Verwendung von Daten und die unbefugte Einwirkung auf den Ablauf. Bei der vierten Variante handelt es sich um einen Auffangtatbestand für die Fälle, die von den übrigen Varianten nicht erfasst werden.[607]

3.3.1 Unrichtige Gestaltung eines Programms

Unter einem Programm versteht man Daten, die durch einen Algorithmus derart verbunden sind, dass sie nach Übersetzung in eine Programmiersprache für den Computer zu einer ausführbaren Arbeitsanweisung werden.[608] Da sich ein Programm folglich aus Daten zusammensetzt und demnach die unter die erste Handlungsvariante fallenden Fälle zugleich auch unter die allgemeinere zweite Handlungsvariante subsumiert werden können, stellt die erste Variante einen

---

604 Hilgendorf, JuS 1996, 130, 131; Haß, in: Lehmann, Rechtsschutz und Verwertung von Computerprogrammen, Kap. XII Rn 17.

605 Tiedemann, in: LK, § 263a Rn 22; Haß, in: Lehmann, Rechtsschutz und Verwertung von Computerprogrammen, Kap. XII Rn 17; Lenckner/Winkelbauer, CR 1986, 654, 658; Scholz, Der strafrechtliche Schutz veröffentlichter elektronischer Datenbanken, S. 147.

606 Tiedemann, in: LK, § 263a Rn 22.

607 Bär, in Wabnitz/Janovsky, Hdb. Wirtschafts- und Steuerstrafrecht, Kap. 18 Rn 51; Haß, in: Lehmann, Rechtsschutz und Verwertung von Computerprogrammen, Kap. XII Rn 16; Tiedemann, in: LK, § 263a Rn 24.

608 Scheffler, Das 2. WiKG, S. 162 f.; vgl. auch die Ausführungen im 3. Kapitel unter 2.1.4.

Spezialfall der zweiten Variante dar.[609] Der Gesetzgeber hat diese Variante in das Gesetz eingefügt, um den besonderen Gefahren, die mit solchen Programmmanipulationen auf Grund ihrer Dauer- bzw. Wiederholungswirkung verbunden sind, hinreichend Rechnung zu tragen.[610]

Es ist umstritten, unter welchen Voraussetzungen eine unrichtige Programmgestaltung gegeben ist. Teilweise wird die Auffassung vertreten, dass ein Programm unrichtig gestaltet ist, wenn die Programmgestaltung der Verwendungsabsicht des Verfügungsberechtigten widerspricht.[611] Der Betrugsähnlichkeit des Delikts wird die Gegenauffassung eher gerecht, die eine unrichtige Programmgestaltung in den Fällen bejaht, in denen das Programm bewirkt, dass ein dem Zweck bzw. der Aufgabenstellung der jeweiligen Datenverarbeitung nicht entsprechendes, objektiv unzutreffendes Ergebnis erzielt wird.[612]

Der Begriff der Gestaltung des Programms ist weit auszulegen. Er erfasst unterschiedliche Vorgehensweisen, z. B. das Neuschreiben des gesamten Programms, das Verändern, Hinzufügen oder Löschen einzelner Programmteile, wodurch eine Veränderung des Programmablaufs eintritt, sowie die Herstellung von Verzweigungen, die dazu dienen, Systemkontrollen zu umgehen.[613] Als Beispiel für diese Tatbestandsalternative ist z. B. der Fall zu nennen, in dem der Täter ein Buchungsprogramm derart manipuliert, dass bei jedem Buchungsvorgang die Abrundungssumme dem Konto des Täters gutgeschrieben wird.[614]

Im Zusammenhang mit dem unberechtigten Zugang zu Computerdaten und -systemen wird der Tatbestand des Computerbetruges in dieser Handlungsvariante nur in solchen Fällen relevant, in denen der Täter in ein fremdes Computersystem eindringt, um dort anschließend entsprechende Programmmanipulationen vorzunehmen.

Auch in den Fällen des missbräuchlichen Bereithaltens von Dialer-Programmen, die sich z. B. bei Aufruf einer Web-Seite – vom Nutzer unbemerkt – automatisch auf dem Rechner installieren, könnte die Handlungsvariante der unrichti-

---

609 Hilgendorf, JuS 1997, 130, 131; Bär, in: Wabnitz/Janovsky, Hdb. Wirtschafts- und Steuerstrafrecht, Kap. 18 Rn 41; Tiedemann, in: LK, § 263a Rn 27.

610 Tiedemann, in: LK, § 263a Rn 27.

611 Cramer, in: Schönke/Schröder, StGB, § 263a Rn 5; Lenckner/Winkelbauer, CR 1986, 654, 656.

612 Tröndle/Fischer, StGB, § 263a Rn 6; Haft, NStZ 1987, 6, 7; Lackner/Kühl, StGB, § 263a Rn 10; Haß: in Lehmann, Rechtsschutz und Verwertung von Computerprogrammen, Kap. XII Rn 12; Tiedemann, in: LK, § 263a Rn 30, 31; Scheffler, Das 2. WiKG, S. 163 f.

613 Tiedemann, in: LK, § 263a Rn 28.

614 Ulrich, JurPC Web-Dok. 189/1999, Abs. 22.

gen Programmgestaltung zu bejahen sein. Bei der Installation des Dialer-Programms wird dabei das Programm, das für den Verbindungsaufbau zum Internet verantwortlich ist, dergestalt modifiziert, dass künftig alle Verbindungen mittels des Dialer-Programms über die Zugangsnummer des jeweiligen Anbieters hergestellt werden. Demnach wird hier ein von der ursprünglichen Aufgabenstellung der Datenverarbeitung abweichendes Arbeitsergebnis erzielt, sodass die Handlungsvariante der unrichtigen Programmgestaltung gegeben ist.

3.3.2 Verwendung unrichtiger oder unvollständiger Daten

Durch diese Tatbestandsvariante werden die Fälle der sog. Inputmanipulationen erfasst.[615] Der in § 263a StGB verwendete Datenbegriff weicht insofern von dem Datenbegriff des § 202a StGB ab, als die in § 202a Abs. 2 StGB vorgenommene Einschränkung auf Daten, die elektronisch, magnetisch oder sonst nicht unmittelbar wahrnehmbar gespeichert sind oder übermittelt werden, im Zusammenhang mit § 263a StGB mangels Verweisung in dieser Vorschrift nicht gilt. Somit erfasst der in § 263a StGB verwendete Datenbegriff jegliche durch Zeichen dargestellte Information, soweit für die Zeichen Interpretationsregeln existieren. Ein Verwenden von Daten setzt voraus, dass diese in einen Datenverarbeitungsvorgang, der beginnt oder bereits abläuft, eingebracht werden.[616]

Der Begriff der Unrichtigkeit der Daten bezieht sich auf die semantische Ebene der Daten, also auf die Information. Daten sind demnach unrichtig, wenn die in ihnen enthaltene Information mit der Wirklichkeit nicht übereinstimmt.[617] Unvollständig sind die Daten, wenn die zugrunde liegende Information den Lebenssachverhalt nicht hinreichend erkennen lässt bzw. dieser durch das Weglassen erheblicher Umstände in einer der Wirklichkeit nicht entsprechenden Art und Weise dargestellt wird.[618]

Im Zusammenhang mit dem unberechtigten Zugang zu Computerdaten und -systemen könnte diese Handlungsvariante in den Fällen von Bedeutung sein, in denen der Täter mit Hilfe eines auf widerrechtliche Art und Weise erlangten Passwortes in ein Computersystem eindringt und dort ohne Erbringung eines

---

615 Tröndle/Fischer, StGB, § 263a Rn 7; Hilgendorf, JuS 1997, 130, 131; Lenckner/ Winkelbauer, CR 1986, 654, 656.

616 Tiedemann, in: LK, § 263a Rn 32; Hilgendorf, JuS 1997, 130, 131; Scholz, Der strafrechtliche Schutz veröffentlichter elektronischer Datenbanken, S. 149.

617 Tiedemann, in: LK, § 263a Rn 33; Lackner/Kühl, StGB, § 263a Rn 10; Cramer, in: Schönke/Schröder, StGB, § 263a Rn 7.

618 Bär, in: Wabnitz/Janovsky, Hdb. Wirtschafts- und Steuerstrafrecht, Kap. 18 Rn 42; Lackner/Kühl, StGB, § 263a Rn 10.

entsprechenden Entgelts kostenpflichtige Leistungen abruft. Hierbei ist der Missbrauch von kostenpflichtigen Internetdiensten oder elektronischen Datenbanken von Interesse.[619] In der Regel setzt der Zugang zu einem kostenpflichtigen Internetdienst oder einer kostenpflichtigen elektronischen Datenbank voraus, dass der Nutzer bestimmte Daten, die ihn als Berechtigten ausweisen, in eine Eingabemaske eingibt.[620] Dabei wird in den meisten Fällen ein Passwort verwendet. Nachdem die entsprechenden Identifikationsdaten eingegeben wurden und ein Vergleich mit den in dem System gespeicherten Daten stattgefunden hat, wird bei Übereinstimmung der Zugang zu dem Internetdienst oder der Datenbank freigegeben. Stimmen die eingegebenen Daten hingegen mit den im System gespeicherten Daten nicht überein, so wird der Zugriff auf den Internetdienst oder die Datenbank verweigert.

Bereits die Prüfung der Zugangsberechtigung stellt einen Datenverarbeitungsvorgang dar, weil es sich hierbei um einen Arbeitsprozess handelt, bei dem zunächst Daten aufgenommen werden und durch deren programmgesteuerte Verknüpfung in Form des Vergleichs der eingegebenen mit den gespeicherten Daten ein Ergebnis erzielt wird, das darin besteht, dass der Zugriff auf den Internetdienst oder das Datenbanksystem eröffnet bzw. verweigert wird.

Es stellt sich die Frage, ob ein Täter, der sich auf widerrechtliche Art und Weise das Passwort eines zur Nutzung des Internetdienstes oder der Datenbank Berechtigten verschafft, durch Eingabe dieses Passwortes und Nutzung des Dienstes, ohne selbst ein Entgelt zu entrichten, den Tatbestand des Computerbetruges in der Handlungsvariante des „Verwendens unrichtiger oder unvollständiger Daten“ verwirklicht. Eine Verwendung von Daten liegt durch das Eingeben der Passwort- bzw. sonstigen Identifikationsdaten vor, da in diesen Fällen Daten in einen beginnenden Datenverarbeitungsvorgang eingebracht werden. Probleme bereitet hier jedoch das Tatbestandsmerkmal der „Unrichtigkeit“ der Daten, da die Passwort- bzw. Identifikationsdaten insofern korrekt sind, als sie bei Eingabe den Zugang zu dem System eröffnen. Das Merkmal der Unrichtigkeit der Daten könnte daher allenfalls dann bejaht werden, wenn man hier seitens des Täters das Vorhandensein einer Befugnis zur Nutzung des Internetdienstes oder der Datenbank als konkludent miterklärt ansieht. Eine solche Annahme steht jedoch in Widerspruch zu der Tatsache, dass bereits im Gesetzgebungsverfahren Zweifel daran aufkamen, ob insbesondere die Verwendung der ec-Karte an Geldautomaten durch nichtberechtigte Dritte, z. B. den Dieb oder den Finder einer Kar-

---

619 Zu der Problematik bei elektronischen Datenbanken Scholz, Der strafrechtliche Schutz veröffentlichter elektronischer Datenbanken, S. 146 ff.; Eiding, Strafrechtlicher Schutz elektronischer Datenbanken, S. 149 ff.

620 Scholz, Der strafrechtliche Schutz veröffentlichter elektronischer Datenbanken, S. 148.

te, und Fälle der unbefugten Benutzung eines fremden Anschlusses an das Btx-System durch die zweite Handlungsvariante des § 263a StGB erfasst werden, was letztlich zu der Aufnahme der dritten Handlungsvariante in den Tatbestand geführt hat.[621] Daraus ergibt sich, dass sich das Tatbestandsmerkmal der „Unrichtigkeit" der Daten nicht auf die Berechtigung bezieht und es damit im Falle der Eingabe von Passwortdaten durch einen Nichtberechtigten nur darauf ankommt, ob durch die Dateneingabe der Zugang zu dem System eröffnet wird. Demzufolge können die hier interessierenden Fälle des Missbrauchs von entgeltpflichtigen Internetdiensten und elektronischen Datenbanksystemen nicht unter die zweite Handlungsvariante des § 263a StGB subsumiert werden.

Allerdings sind Fälle denkbar, in denen der Täter in ein fremdes Computersystem eindringt, um dann in einem weiteren Schritt das Ergebnis eines Datenverarbeitungsvorgangs durch Verwendung unrichtiger oder unvollständiger Daten zu beeinflussen. In diesen Fällen ist dann der Tatbestand des § 263a Abs. 1 in der zweiten Variante unproblematisch gegeben.

3.3.3 Unbefugte Verwendung von Daten

Diese dritte Handlungsvariante wurde in den § 263a StGB aufgenommen, um die Fälle zu erfassen, in denen im Unterschied zu der zweiten Handlungsvariante „richtige" Daten verwendet werden, also auch Daten, durch deren Eingabe der Zugang zu dem Computersystem eröffnet wird, die jedoch von einem zur Nutzung nicht Berechtigten verwendet werden.

Der Begriff der Verwendung in der dritten Handlungsvariante ist ebenso wie in der zweiten Handlungsvariante als das Einbringen von Daten in einen beginnenden oder bereits ablaufenden Datenverarbeitungsvorgang zu definieren.[622]

Nicht einheitlich beurteilt wird die Frage, wie das Merkmal „unbefugt" auszulegen ist. Hierzu werden im Wesentlichen drei unterschiedliche Auffassungen vertreten. Teilweise wird eine subjektivierende Auslegung befürwortet, wonach in unterschiedlicher Ausprägung auf den ausdrücklichen oder mutmaßlichen Wil-

---

621 BT-Drucks. 10/5058, S. 30; Tiedemann, in: LK, § 263a Rn 35; Scholz, Der strafrechtliche Schutz veröffentlichter elektronischer Datenbanken, S. 149 f.

622 Tröndle/Fischer, StGB, § 263a Rn 7; Lackner/Kühl, StGB, § 263a Rn 9; Scholz, Der strafrechtliche Schutz veröffentlichter elektronischer Datenbanken, S. 150; abweichend Hilgendorf, JuS 1997, 130, 131, der eine Datenverwendung nicht nur bei Eingabe von Daten in einen Datenverarbeitungsvorgang annimmt, sondern auch dann, wenn die fragliche Tätigkeit in Kenntnis und nach Maßgabe der Daten erfolgt; ähnlich Lampe, JR 1990, 347, 348.

len des Verfügungsberechtigten abgestellt wird.[623] Nach dieser Auffassung führt die Eingabe der richtigen Identifikations- bzw. Passwortdaten durch einen zur Eingabe nicht berechtigten Täter dazu, dass eine unbefugte Datenverwendung zu bejahen ist, da die Daten hier gegen den Willen des Verfügungsberechtigten verwendet werden.

Nach anderer Auffassung ist entscheidend für die Beurteilung der Unbefugtheit der Datenverwendung, ob sich der entgegenstehende Wille des Verfügungsberechtigten in dem Computerprogramm niedergeschlagen hat.[624] Eine Verwendung von Daten kann nach dieser Auffassung nur dann unbefugt sein, wenn diese Daten computerspezifische Vorgänge betreffen. Dies bedeutet, dass in Fällen, in denen der Computer lediglich die formelle Berechtigung prüft, die sich aus der Richtigkeit der Passwort- bzw. Identifikationsdaten ergibt, und nicht die materielle Berechtigung, also die tatsächliche Befugnis zur Nutzung eines Computersystems, das Vorliegen des Tatbestandsmerkmals der unbefugten Datenverwendung zu verneinen ist, wenn der Täter unter widerrechtlicher Verwendung der Identifikationsdaten eines Berechtigten kostenpflichtige Internetdienste oder Datenbanken nutzt. Da hierbei regelmäßig lediglich die formelle Berechtigung durch Abfrage des Passwortes bzw. sonstiger Identifikationsdaten geprüft wird, nicht jedoch die tatsächliche Berechtigung zur Nutzung der Datenbank, ist der Tatbestand des Computerbetruges nach dieser Auffassung zu verneinen.

Eine dritte Ansicht legt das Merkmal „unbefugt" auf der Grundlage der Parallelität von § 263a StGB zu § 263 StGB täuschungsäquivalent aus, d. h. es wird danach gefragt, ob ein vergleichbares Verhalten gegenüber einem Menschen als Täuschung i. S. des § 263 StGB zu werten wäre.[625] Gibt der Täter die Identifikations- bzw. Passwortdaten in ein entgeltpflichtiges Computersystem (z. B. eine Datenbank) ein, so bringt er hierdurch konkludent seine Zahlungsfähigkeit und -willigkeit zum Ausdruck. Beabsichtigt er jedoch von vornherein, die auf Grund der Nutzung des Computersystems anfallende Gegenleistung nicht zu erbringen, läge, soweit die Datenverwendung gegenüber einem Menschen statt einem Computer erfolgen würde, eine Täuschung vor. Demzufolge ist nach dieser Ansicht hier das Merkmal der unbefugten Verwendung von Daten zu bejahen.[626]

---

623 Otto, Strafrecht BT, § 52 Rn 40; Maurach/Schroeder/Maiwald, Strafrecht BT 1, § 41 Rn 233; Ranft, JuS 1997, 19, 22; für das Merkmal „unbefugt" in der 4. Variante auch BGHSt 40, 331, 334 f.

624 OLG Celle, 1989, 1003 mit Anm. Neumann, JuS 1990, 535, 537; Achenbach, JR 1994, 293, 295.

625 OLG Köln, NJW 1992, 125, 126; OLG Zweibrücken, CR 1994, 241; Günther, in: SK StGB, § 263a Rn 18; Schlüchter, NStZ 1988, 53, 59; Altenhain, JZ 1997, 752, 757.

626 Scholz, Der strafrechtliche Schutz veröffentlichter elektronischer Datenbanken, S. 152.

Der zuletzt dargestellten (betrugsspezifischen) Auslegung des Tatbestandsmerkmals „unbefugt“ ist der Vorzug zu geben, da sie gegenüber der subjektivierenden Auslegung den Vorteil der größeren Bestimmtheit aufweist und gegenüber der computerspezifischen Auslegung den Vorteil bietet, dass der Anwendungsbereich dieser Tatbestandsvariante nicht übermäßig verengt wird.[627] Darüber hinaus trägt diese Auslegung am ehesten der vom Gesetzgeber intendierten Struktur- und Wertegleichheit des § 263a StGB im Verhältnis zu § 263 StGB Rechnung.[628]

3.3.4 Unbefugte Einwirkung auf den Ablauf

Die vierte Handlungsvariante soll die Manipulationen erfassen, die nicht bereits unter eine der vorangehenden Varianten zu subsumieren sind. Diese Variante bezieht sich demnach v. a. auf Konsolmanipulationen und Hardwaremanipulationen.[629] In den hier interessierenden Fällen des unberechtigten Zugangs zu Computerdaten und -systemen ist diese Handlungsvariante daher nicht von Bedeutung.

3.4 Beeinflussung des Ergebnisses eines Datenverarbeitungsvorgangs

Das Tatbestandsmerkmal der Beeinflussung des Ergebnisses eines Datenverarbeitungsvorgangs wurde in den Tatbestand des Computerbetruges in Entsprechung zu den Tatbestandsmerkmalen des Irrtums und der Vermögensverfügung beim Betrug aufgenommen.[630] Demnach ist vorauszusetzen, dass der Datenverarbeitungsvorgang vermögenserheblich ist und unmittelbar vermögensmindernde Wirkung entfaltet.[631] Hieran fehlt es regelmäßig in Fällen der Computersabotage, da hier zwar letztlich eine vermögensschädigende Wirkung festzustellen ist, diese aber nicht unmittelbar durch einen vermögenserheblichen Datenverarbeitungsvorgang hervorgerufen wird.[632]

---

627 Tiedemann, in: LK, § 263a Rn 44-45.

628 BGH, JurPC Web-Dok. 55/2002, Abs. 10.

629 BT-Drucks. 10/5058, S. 30; Tiedemann, in: LK, § 263a Rn 62; Haß, in Lehmann, Rechtsschutz und Verwertung von Computerprogrammen, Kap. XII Rn 16.

630 Lenckner/Winkelbauer, CR 1986, 654, 658; Bär, in: Wabnitz/Janovsky, Hdb. Wirtschafts- und Steuerstrafrecht, Kap. 18 Rn 52.

631 Tiedemann, in: LK, § 263a Rn 65; Cramer, in: Schönke/Schröder, StGB, § 263a Rn 23; Bär, in: Wabnitz/Janovsky, Hdb. Wirtschafts- und Steuerstrafrecht, Kap. 18 Rn 52.

632 Tiedemann, in: LK, § 263a Rn 66.

In Fällen, in denen sich der Täter mit Hilfe der Identifikationsdaten eines Dritten unbefugt Zugang zu einem kostenpflichtigen Internetdienst oder einer kostenpflichtigen Datenbank verschafft, kommt eine durch einen Datenverarbeitungsvorgang herbeigeführte unmittelbare Vermögensminderung auf Seiten dieses Dritten in Betracht. Ihm werden nämlich die von dem Betreiber des Computersystems erbrachten Leistungen in Rechnung gestellt. Es ist festzustellen, dass in diesen Fällen eine dem Dreiecksbetrug vergleichbare Konstellation vorliegt, da derjenige, der die Vermögensdisposition trifft (der Betreiber des kostenpflichtigen Systems) nicht mit dem Geschädigten (dem Kunden des Betreibers) identisch ist.[633] Da ein Näheverhältnis zwischen dem Betreiber des Systems und seinem Kunden besteht und der Betreiber auch im „Lager" des Kunden steht, liegen hier die im Rahmen des Dreiecksbetruges entwickelten Kriterien vor. Die unmittelbare Vermögensminderung besteht darin, dass der Systembetreiber dem Täter eine Leistung zur Verfügung stellt, die bereits eine schadensgleiche Vermögensgefährdung für den Kunden beinhaltet, da der Zugang zu dem Computersystem zwingend eine entsprechende Entgeltpflicht zur Folge hat.[634]

Auch in den Fällen des missbräuchlichen Bereitstellens eines Dialer-Programms zum unbemerkten Download ist der Datenverarbeitungsvorgang, der im Aufbau der Internetverbindung besteht, vermögenserheblich und entfaltet unmittelbar vermögensmindernde Wirkung, da hierdurch Gebühren anfallen, die später durch den Netzbetreiber über die Telefonrechnung eingezogen werden.

Hinsichtlich der Frage, wann eine Beeinflussung des Ergebnisses eines Datenverarbeitungsvorgangs zu bejahen ist, wird teilweise die Auffassung vertreten, dass in diesem Zusammenhang eine „programmwidrige" Einflussnahme vorliegen müsse, d. h. die Tathandlung müsse hiernach zu einem Arbeitsergebnis führen, das bei einem programmgemäßen Ablauf nicht erzielt worden wäre.[635] Dies würde in Fällen, in denen sich der Täter Zugang zu einem kostenpflichtigen Internetdienst oder einer kostenpflichtigen Datenbank verschafft, indem er unbefugt die Identifikationsdaten eines Dritten eingibt, bedeuten, dass eine Beeinflussung eines Datenverarbeitungsergebnisses nicht gegeben wäre, da bei der Eingabe der korrekten Identifikationsdaten „programmgemäß" der Zugang zu dem System eröffnet wird. Insoweit findet hier demnach keine programmwidri-

633 Nach ganz überwiegend vertretener Auffassung finden die im Rahmen des § 263 StGB entwickelten Grundsätze hinsichtlich des Dreiecksbetruges auch im Zusammenhang mit § 263a StGB Anwendung (Tiedemann, in: LK, § 263a Rn 71; Lackner/Kühl, StGB, § 263a Rn 21; Cramer, in: Schönke/Schröder, § 263a Rn 25).

634 Scholz, Der strafrechtliche Schutz veröffentlichter elektronischer Datenbanken, S. 161.

635 Cramer, in: Schönke/Schröder, StGB, § 263a Rn 22; Lenckner/Winkelbauer, CR 1986, 654, 656.

ge Einflussnahme statt. Bedenken an einer derartigen einschränkenden Interpretation des Tatbestandsmerkmals der „Beeinflussung des Ergebnisses eines Datenverarbeitungsvorgangs“ ergeben sich v. a. daraus, dass diese im Zusammenhang mit der dritten Variante des § 263a StGB dazu führen würde, dass für diese Handlungsvariante kein Anwendungsbereich verbliebe, denn die Eingabe von richtigen Daten stellt regelmäßig keine programmwidrige Einflussnahme dar.[636] Daher ist das Kriterium der programmwidrigen Einflussnahme in diesen Fällen abzulehnen. Unter einer „Beeinflussung“ ist hier – entsprechend der Bedeutung des Begriffs in der Alltagssprache – vielmehr jede Einwirkung zu verstehen, durch die das Ergebnis der Datenverarbeitung modifiziert wird.[637] Entgegen einer teilweise vertretenen Auffassung muss sich die Einwirkung nicht zwingend auf einen bereits in Gang gesetzten Datenverarbeitungsvorgang beziehen,[638] sondern die Einwirkung kann auch mit dem Ingangsetzen der Datenverarbeitung zusammenfallen.[639] Gibt der Täter die Identifikationsdaten eines Dritten bei der Zugangsberechtigungsprüfung zu einem kostenpflichtigen System ein, so nimmt er durch seine Eingabe Einfluss auf das Ergebnis der Zugangsberechtigungsprüfung, die einen Datenverarbeitungsvorgang darstellt.

Der sog. Zeitdiebstahl[640], der z. B. in der Schweiz strafrechtlich ausdrücklich erfasst ist, wird in Deutschland im Zusammenhang mit dem Tatbestand des Computerbetruges diskutiert. Allerdings besteht weitgehend Einigkeit dahingehend, dass hierbei § 263a StGB nicht einschlägig ist, da der Vermögensschaden in diesem Zusammenhang durch die unbefugt in Anspruch genommenen Rechnerzeiten entsteht und nicht durch einen Datenverarbeitungsvorgang i. S. einer Vermögensdisposition unmittelbar herbeigeführt wird.[641] Darüber hinaus findet in den Fällen des Zeitdiebstahls auch keine Beeinflussung des Ergebnisses eines Datenverarbeitungsvorgangs statt.[642]

---

636 Scholz, Der strafrechtliche Schutz veröffentlichter elektronischer Datenbanken, S. 155.

637 Hilgendorf, JuS 1997, 130, 131; Scholz, Der strafrechtliche Schutz veröffentlichter elektronischer Datenbanken, S. 155; vgl. auch Tiedemann, in: LK, § 263a Rn 26; Lackner/Kühl, StGB, § 263a Rn 22.

638 So jedoch Kleb-Braun, JA 1986, 249, 259; Ranft, wistra 1987, 79, 83.

639 BayObLG, CR 1990, 725, 728; Scholz, Der strafrechtliche Schutz veröffentlichter elektronischer Datenbanken, S. 155 f.

640 Unter diesem Begriff versteht man die unbefugte Benutzung einer EDV-Anlage während eines gewissen Zeitraums, z. B. die unbefugte Nutzung eines firmeneigenen Rechners durch Angestellte zu privaten Zwecken (Schulze-Heiming, Strafrechtlicher Schutz der Computerdaten, S. 254 f.; Sieber, Computerkriminalität, S. 125).

641 Schulze-Heiming, Strafrechtlicher Schutz der Computerdaten, S. 262.

642 Tiedemann, in: LK, § 263a Rn 66.

3.5 Vermögensschaden

Das Tatbestandsmerkmal des Vermögensschadens entspricht hinsichtlich der Bedeutung dem in § 263 StGB verwendeten gleich lautenden Begriff.[643] Ein Vermögensschaden ist demnach zu bejahen, wenn das manipulierte Arbeitsergebnis des Computers zu einer Einbuße des Vermögens führt, die nicht durch ein unmittelbar infolge der Vermögensminderung zufließendes Äquivalent wirtschaftlich voll ausgeglichen wird. Nicht als Vermögensschaden i. S. des § 263a StGB einzuordnen ist der Aufwand, der erforderlich ist, um Schäden zu beheben, die durch die Manipulation an Hardware oder Software entstanden sind.[644]

Nutzt der Täter einen kostenpflichtigen Dienst unter der Verwendung der Berechtigungsdaten eines Dritten, so entsteht diesem Dritten ein Schaden, da ihm die von dem Anbieter des Dienstes an den Täter erbrachten Leistungen in Rechnung gestellt werden, ohne dass ihm ein Äquivalent in Form einer Gegenleistung zufließt.

In den Fällen des missbräuchlichen Bereithaltens eines Dialer-Programms zum unbemerkten Download wird durch dieses Programm bewirkt, dass der Zugang zum Internet über die Servicenummer eines bestimmten Anbieters hergestellt wird, wobei die anfallenden Gebühren später durch den Netzbetreiber über die Telefonrechnung eingezogen werden. Installiert sich das Dialer-Programm bei Aufruf einer Web-Seite automatisch auf dem Rechner des Nutzers, ohne dass dieser Vorgang überhaupt wahrgenommen wird, so kommt mangels Abgabe einer entsprechenden Willenserklärung des Nutzers kein Vertragsschluss mit dem Anbieter des Dienstes zustande. Es stellt sich die Frage, wie sich diese Tatsache im Rahmen des Tatbestandsmerkmals des Vermögensschadens auswirkt. Für den Nutzer wird es, v. a. auch durch die Einbindung des Netzbetreibers in die Abrechnung, mit erheblichen Schwierigkeiten verbunden sein, den Nachweis des fehlenden Vertragsschlusses zu erbringen, da der Anschein für eine wissentlich und willentlich zustande gekommene Verbindung spricht. Der Nutzer läuft daneben auch Gefahr, dass eine Anschlusssperrung durch den Netzbetreiber erfolgt, wenn er seine überhöhte Telefonrechnung nicht zahlt, was ihn in der Regel dazu bewegen wird, die entsprechende Gebührenleistung zu erbringen, um dann später möglicherweise Rückgewähransprüche geltend zu machen, wobei er das Risiko der Durchsetzung trägt. Im Zeitpunkt des gebührenpflichtigen Verbindungsaufbaus ist aus den zuvor dargelegten Gründen bereits eine schadensgleiche Vermögensgefährdung gegeben.

---

643 Lackner/Kühl, StGB, § 263a Rn 23; Tiedemann, in: LK, § 263a Rn 70; Cramer, in: Schönke/Schröder, StGB, § 263a Rn 27; Günther, in: SK StGB, § 263a Rn 27.

644 Tröndle/Fischer, StGB, § 263a Rn 11; Möhrenschlager, wistra 1986, 128, 133; Lenckner/Winkelbauer, CR 1986, 654, 660.

3.6 Subjektiver Tatbestand

In subjektiver Hinsicht setzt der Tatbestand des Computerbetruges voraus, dass der Täter vorsätzlich handelt, wobei bedingter Vorsatz ausreichend ist. Der Vorsatz muss sich auf alle objektiven Tatbestandsmerkmale, insbesondere auch auf die Unbefugtheit der Datenverwendung beziehen. Legt man das Merkmal „unbefugt" betrugsspezifisch aus, so sind die tatsächlichen Voraussetzungen, die den Mangel der Befugnis begründen, dem Tatbestand zuzuordnen.[645] Dies hat zur Konsequenz, dass ein Irrtum im Hinblick auf diese Voraussetzungen einen Tatbestandsirrtum darstellt.[646]

Darüber hinaus ist erforderlich, dass der Täter mit der Absicht handelt, sich oder einem Dritten einen rechtswidrigen Vermögensvorteil zu verschaffen. Auch diesbezüglich kann auf die im Rahmen des § 263 StGB entwickelten Grundsätze zurückgegriffen werden. In diesem Zusammenhang ist insbesondere erforderlich, dass Stoffgleichheit zwischen dem objektiv eingetretenen Vermögensschaden und dem subjektiv erstrebten Vorteil besteht.[647]

4 Verrat von Betriebs- und Geschäftsgeheimnissen (§ 17 UWG)

Computerdaten werden unter bestimmten Voraussetzungen auch durch wettbewerbsrechtliche Vorschriften geschützt. Im Kontext der Thematik der vorliegenden Arbeit ist dabei insbesondere an den Straftatbestand des § 17 UWG zu denken, der im Rahmen des 2. WiKG neu gefasst und in seinem Anwendungsbereich wesentlich erweitert wurde, um einen umfassenden Schutz gegen die Betriebsspionage, v. a. auch im Hinblick auf die neuen Formen der Daten- und Softwarespionage, zu gewährleisten.[648] Eine Verwirklichung dieses Straftatbestandes kommt neben den Fällen der Datenspionage auch in den Fällen der Softwarepiraterie und des Leerspielens von Geldspielautomaten in Betracht.

§ 17 Abs. 1 UWG erfasst die Fälle der unbefugten Weitergabe von Geschäfts- und Betriebsgeheimnissen durch Beschäftigte des betreffenden Unternehmens, während § 17 Abs. 2 UWG auf jeden anwendbar ist, der Betriebsspionage unter Einsatz bestimmter Methoden betreibt (Nr. 1) oder ein auf bestimmte Weise er-

645 Tiedemann, in: LK, § 263a Rn 72; Lackner/Kühl, StGB, § 263a Rn 24; Scholz, Der strafrechtliche Schutz veröffentlichter elektronischer Datenbanken, S. 162.

646 Tröndle/Fischer, StGB, § 263a Rn 12; Lackner/Kühl, StGB, § 263a Rn 24.

647 Lackner/Kühl, StGB, § 263a Rn 25; Cramer, in: Schönke/Schröder, StGB, § 263a Rn 36.

648 Schulze-Heiming, Strafrechtlicher Schutz der Computerdaten, S. 87 f.

langtes Geschäftsgeheimnis unbefugt verwertet bzw. einem anderen mitteilt (Nr. 2).

Geschütztes Rechtsgut des § 17 UWG ist der Schutz des Geheimbereichs eines Unternehmens vor einem unredlichen Eingriff.[649] Darüber hinaus wird auch das Interesse der Allgemeinheit an der Funktionsfähigkeit des Wettbewerbs mitgeschützt.[650]

4.1 Betriebs- und Geschäftsgeheimnis

Der Begriff des Betriebs- und Geschäftsgeheimnisses ist im Gesetz nicht definiert. Mittlerweile überholt ist die Auseinandersetzung zwischen der sog. Willenstheorie, die zur Beantwortung der Frage, ob ein Geheimnis vorliegt, allein auf den Willen des Betriebsinhabers abstellt, und der sog. Interessentheorie, die zur Feststellung eines Geheimnisses ausschließlich ein berechtigtes wirtschaftliches Interesse an der Geheimhaltung verlangt.[651] Nach h. M. sind vielmehr bei der Frage, ob ein Betriebs- und Geschäftsgeheimnis vorliegt, sowohl der nach außen in Erscheinung getretene Wille des Betriebsinhabers als auch das berechtigte Interesse an der Geheimhaltung zu berücksichtigen.[652] Daneben sind weitere Kriterien zur Begriffsbestimmung heranzuziehen, und zwar muss die geheim zu haltende Tatsache einen Bezug zu einem bestimmten Geschäftsbetrieb aufweisen und sie darf nur einem eng begrenzten Personenkreis bekannt sein, d. h. sie darf nicht offenkundig sein.[653]

Zu untersuchen ist im Folgenden, unter welchen Voraussetzungen Computerdaten die zuvor genannten Kriterien erfüllen. Soweit der Computer dazu genutzt wird, für das Unternehmen wichtige Informationen zu speichern, hinsichtlich derer der Betriebsinhaber einen Willen zur Geheimhaltung und auch ein berechtigtes Geheimhaltungsinteresse hat, wie es z. B. bei Kundenlisten, Lieferanten-

---

649 Haß, in: Lehmann, Rechtsschutz und Verwertung von Computerprogrammen, Kap. XII Rn 27; Bär, in: Wabnitz/Janovsky, Hdb. Wirtschafts- und Steuerstrafrecht, Kap. 18 Rn 139.

650 Baumbach/Hefermehl, Wettbewerbsrecht, Vor §§ 17-20a UWG Rn 1; Eiding, Strafrechtlicher Schutz elektronischer Datenbanken, S. 81 f.

651 Haß, in: Lehmann, Rechtsschutz und Verwertung von Computerprogrammen, Kap. XII Rn 28.

652 Baumbach/Hefermehl, Wettbewerbsrecht, § 17 Rn 2; Bär, in: Wabnitz/Janovsky, Hdb. Wirtschafts- und Steuerstrafrecht, Kap. 18 Rn 142.

653 BGH GRUR 1961, 40, 43; Harte-Bavendamm, GRUR 1990, 657, 660; Reimann, GRUR 1998, 298; Baumbach/Hefermehl, Wettbewerbsrecht, § 17 Rn 2 ff.; Haß, in: Lehmann, Rechtsschutz und Verwertung von Computerprogrammen, Kap. XII Rn 28.

listen, Konstruktions- und Kalkulationsdaten regelmäßig der Fall sein wird, ist das Vorliegen von Betriebs- und Geschäftsgeheimnissen zu bejahen.[654]

Problematischer ist demgegenüber die Feststellung, wann Software – und zwar insbesondere die in der Software verkörperte Programmstruktur – als Betriebs- und Geschäftsgeheimnis einzustufen ist.[655] Bedenken ergeben sich in diesem Zusammenhang v. a. im Hinblick auf das Kriterium der fehlenden Offenkundigkeit. Um diese Frage zu untersuchen, ist es zweckmäßig, zwischen Individualsoftware und Standardsoftware zu unterscheiden.

Individualsoftware ist Software, die für einen bestimmten Betrieb entwickelt wird und infolgedessen speziell auf die besonderen Bedürfnisse dieses Betriebes zugeschnitten ist.[656] Wurde die Software durch Beschäftigte des Unternehmens hergestellt, so ist das Kriterium der fehlenden Offenkundigkeit zu bejahen, da der Kreis der Anwender auf das Unternehmen beschränkt und damit geschlossen und überschaubar ist.[657] Auch hinsichtlich des Geheimhaltungsinteresses und des dem Arbeitsvertrag zu entnehmenden Geheimhaltungswillens des Betriebsinhabers ergeben sich in diesen Fällen regelmäßig keine Bedenken. Handelt es sich um Individualsoftware, die nicht durch den Betrieb selbst erstellt worden ist, sondern durch ein beauftragtes Unternehmen, so stellt sich die Frage, ob die Software für das beauftragte Unternehmen ein Betriebs- und Geschäftsgeheimnis darstellt. Dies könnte zu verneinen sein, da das Programm mit der Auslieferung an den Betrieb einem von dem Softwarehersteller nicht mehr überschaubaren Personenkreis zugänglich gemacht wird. Allerdings muss berücksichtigt werden, dass Software meistens nicht in dem Quellcode ausgehändigt wird, der Rückschlüsse bezüglich aller Einzelheiten eines Programms zulässt, sondern lediglich in dem grundsätzlich für den Anwender unverständlichen Objektcode. Hierdurch wird bewirkt, dass die für die Programmierung der Software notwendigen Details dem Anwender des Programms nicht bekannt werden. Demzufolge ist der Quellcode der Software nicht offenkundig.[658] Etwas anderes kann allenfalls dann gelten, wenn der Softwarehersteller dem jeweiligen Betrieb den Quellcode aushändigt, damit die Software an die Erfordernisse des Betriebes angepasst oder weiterentwickelt werden kann. Allerdings muss hierdurch nicht

---

[654] Schulze-Heiming, Strafrechtlicher Schutz der Computerdaten, S. 90 f.

[655] Diese Frage ist insbesondere im Zusammenhang mit der Strafbarkeit des Reverse Engineering von Bedeutung.

[656] Schulze-Heiming, Strafrechtlicher Schutz der Computerdaten, S. 92; Heinrich, Die Strafbarkeit der unbefugten Vervielfältigung und Verbreitung von Standardsoftware, S. 56.

[657] Schulze-Heiming, Strafrechtlicher Schutz der Computerdaten, S. 93.

[658] Binder, Strafbarkeit intelligenten Ausspähens von programmrelevanten DV-Informationen, S. 125; Schulze-Heiming, Strafrechtlicher Schutz der Computerdaten, S. 93.

unbedingt eine Offenkundigkeit des Quellcodes eintreten. Der Softwarehersteller kann nämlich den Quellcode der Software für bestimmte Fälle hinterlegen oder ihn einer bestimmten Person unter der Auflage übergeben, dass auf den Quellcode nur zu bestimmten Zwecken durch bestimmte Personen zugegriffen werden darf.[659] Soweit neben der fehlenden Offenkundigkeit auch die Voraussetzungen eines Geheimhaltungsinteresses und eines Geheimhaltungswillens vorliegen, ist der Quellcode der Individualsoftware ein Betriebs- und Geschäftsgeheimnis des Softwareherstellers.

Anders stellt sich die Problematik bei der Standardsoftware dar.[660] Im Gegensatz zu der nur für ein bestimmtes Unternehmen hergestellten Individualsoftware ist die Standardsoftware zum massenhaften Vertrieb an eine Vielzahl von Computernutzern bestimmt. Diese unüberschaubare Verbreitung der Software könnte zu einer Offenkundigkeit des Programms führen, womit das Vorliegen eines Betriebs- und Geschäftsgeheimnisses zu verneinen wäre. Allerdings wird auch die Standardsoftware regelmäßig nicht im Quellcode, sondern im Objektcode ausgeliefert, sodass die Einzelheiten der Programmgestaltung grundsätzlich verborgen sind. Jedoch ist es durch Rückübersetzung des Objektcodes in die Programmiersprache möglich, den Quellcode in Erfahrung zu bringen. Dies erfordert je nach Umfang und Komplexität des Programms einen unterschiedlichen Aufwand. Soweit ein Programm nur mit ganz erheblichem Aufwand in den Quellcode rückübersetzt werden kann, ist eine Offenkundigkeit bezüglich des Quellcodes abzulehnen, denn ansonsten wäre hinsichtlich fast aller Produkte, die zum Vertrieb bestimmt sind, die Offenkundigkeit zu bejahen, da entsprechende Fachleute durch aufwendige Untersuchungen und Beobachtungen die Konstruktion, Funktionsweise, Zusammensetzung usw. nahezu jeden Produkts ermitteln können. Existieren demgegenüber auf dem Markt frei erhältliche Hilfsprogramme, die auch einem Programmierer mit durchschnittlichen Fähigkeiten die Rückübersetzung in den Quellcode ohne größere Probleme ermöglichen, so ist die genaue Programmgestaltung der Software einem größeren, nicht mehr überschaubaren Personenkreis zugänglich.[661] Dies führt dann dazu, dass die Standardsoftware offenkundig ist und damit kein Betriebs- und Geschäftsgeheimnis vorliegt. Das zuvor Gesagte gilt auch dann, wenn etwa der Hersteller selbst den Quellcode einem größeren Personenkreis zugänglich macht oder einem Fachbuch bzw. einer Fachzeitschrift entsprechende Informationen zu entnehmen sind. Standardsoftware ist demnach nur dann als Geschäfts- und Betriebsge-

---

[659] Taeger, CR 1991, 449, 454; Schneider, Handbuch des EDV-Rechts, Kap. C Rn 460.

[660] Ebenso Heinrich, Die Strafbarkeit der unbefugten Vervielfältigung und Verbreitung von Standardsoftware, S. 296; Schulze-Heiming, Strafrechtlicher Schutz der Computerdaten, S. 94 ff.

[661] Schulze-Heiming, Strafrechtlicher Schutz der Computerdaten, S. 95.

heimnis einzustufen, wenn es sich hierbei um ein komplexes und umfangreiches Programm handelt, das nur mit erheblichem Aufwand in den Quellcode rückübersetzt werden kann.[662]

Auch bei dem auf dem EPROM-Chip eines Geldspielautomaten gespeicherten Computerprogramm handelt es sich um ein Betriebs- und Geschäftsgeheimnis, da der Hersteller diesbezüglich den – durch Aufbewahrung des Chips in einem Blechgehäuse und Verplombung – nach außen erkennbaren Willen und ein berechtigtes Interesse an der Geheimhaltung hat, das geheim zu haltende Programm einen Bezug zu dem Geschäftsbetrieb des Herstellers aufweist und nicht offenkundig ist.[663]

4.2 Der Tatbestand des § 17 Abs. 1 UWG

Der Tatbestand des § 17 Abs. 1 UWG erfasst den Geheimnisverrat durch einen Mitarbeiter des Unternehmens. Als mögliche Täter werden in dem Gesetz Angestellte, Arbeiter oder Lehrlinge eines Geschäftsbetriebs genannt. Diese Aufzählung ist nur beispielhaft, da der Kreis der in Betracht kommenden Täter weit gezogen werden muss, um einen umfassenden Schutz zu gewährleisten.[664] Daher kann der Tatbestand durch jeden Beschäftigten des Unternehmens verwirklicht werden.

Weitere Voraussetzung der Verwirklichung des Tatbestandes ist, dass das Geheimnis dem Beschäftigten vermöge des Dienstverhältnisses anvertraut oder sonst zugänglich wurde. Zwischen dem Anvertrauen bzw. Zugänglichwerden und dem Dienstverhältnis muss eine Beziehung i. S. von Kausalität bestehen.[665] An einer solchen Beziehung fehlt es z. B., wenn der Beschäftigte das Geheimnis außerhalb seines Dienstes zufällig erfahren hat. Der Beschäftigte kann das Geheimnis in dem Betrieb auch selbst begründen mit der Folge, dass dieses dem Betriebsinhaber zuzurechnen ist.[666] Dies ist z. B. hinsichtlich einer von dem Beschäftigten für den Betrieb entwickelten Individualsoftware der Fall.

---

[662] Harte-Bavendamm, CR 1986, 615, 619; Harte-Bavendamm, GRUR 1990, 657, 662; Schulze-Heiming, Strafrechtlicher Schutz der Computerdaten, S. 95 f.

[663] LG Memmingen, CR 1988, 1026; OLG Celle, NStZ 1989, 367, 368; Etter, CR 1988, 1021, 1024; Arloth, Jura 1996, 354, 359; Westphahl, CR 1987, 515, 517.

[664] Baumbach/Hefermehl, Wettbewerbsrecht, § 17 UWG Rn 10.

[665] Haß, in: Lehmann, Rechtsschutz und Verwertung von Computerprogrammen, Kap. XII Rn 32. Baumbach/Hefermehl, Wettbewerbsrecht, § 17 UWG Rn 11; Schulze-Heiming, Strafrechtlicher Schutz der Computerdaten, S. 99.

[666] Baumbach/Hefermehl, Wettbewerbsrecht, § 17 UWG Rn 12.

Als Tathandlung setzt § 17 Abs. 1 UWG voraus, dass der Beschäftigte das Geheimnis während der Geltungsdauer des Dienstverhältnisses unbefugt jemandem mitteilt, wobei es auf die rechtliche und nicht die tatsächliche Dauer des Dienstverhältnisses ankommt.[667] § 17 UWG verbietet es folglich nicht, die auf redliche Art und Weise gewonnenen Erkenntnisse und Erfahrungen nach Beendigung des Dienstverhältnisses in einem anderen Unternehmen einzubringen.[668] Im Falle der Datenspionage ist die zeitliche Begrenzung auf das Bestehen eines Dienstverhältnisses insofern nicht von Bedeutung, als in der Regel zugleich der Tatbestand des § 17 Abs. 2 Nr. 1 UWG erfüllt sein wird, da der Täter sich die Daten regelmäßig in einer der dort beschriebenen Art und Weise verschaffen oder sichern wird.[669] Das Geheimnis muss jemandem mitgeteilt werden, wobei der Begriff der Mitteilung jede beliebige Form der Bekanntgabe erfasst, durch die die Ausnutzung des Geheimnisses ermöglicht wird.[670] Unter „jemandem" i. S. der Vorschrift ist jede beliebige dritte Person zu verstehen. Nicht ausreichend ist es allerdings, wenn der Beschäftigte das Geheimnis rein privat für sich selbst verwertet.

Der subjektive Tatbestand setzt voraus, dass der Täter zu Zwecken des Wettbewerbs, aus Eigennutz, zugunsten eines Dritten oder in der Absicht, den Geschäftsinhaber zu schädigen, handelt. Zu Zwecken des Wettbewerbs handelt der Täter, wenn er auf fremde oder eigene Wettbewerbspositionen Einfluss nimmt. Eigennutz ist gegeben, wenn der Täter die Erzielung eines Vorteils erstrebt. Durch das subjektive Merkmal „zugunsten eines Dritten" sollen die Fälle erfasst werden, in denen der Täter weder zu Wettbewerbszwecken noch aus Eigennutz noch in Schädigungsabsicht handelt, wobei als Beispiel ein ideologisch motivierter Täter zu nennen ist, der einen Geheimnisverrat im Interesse eines anderen Staates begeht.[671]

Die Mitteilung muss „unbefugt" erfolgen, wobei die Unbefugtheit hier kein Tatbestandsmerkmal ist, sondern es sich bei diesem Begriff um das allgemeine Deliktsmerkmal der Rechtswidrigkeit handelt.[672]

---

[667] Haß, in: Lehmann, Rechtsschutz und Verwertung von Computerprogrammen, Kap. XII Rn 32; Baumbach/Hefermehl, Wettbewerbsrecht, § 17 UWG Rn 13.

[668] Baumbach/Hefermehl, Wettbewerbsrecht, § 17 UWG Rn 13.

[669] Schulze-Heiming, Strafrechtlicher Schutz der Computerdaten, S. 100.

[670] Haß, in: Lehmann, Rechtsschutz und Verwertung von Computerprogrammen, Kap. XII Rn 32; Baumbach/Hefermehl, Wettbewerbsrecht, § 17 UWG Rn 16.

[671] Baumbach/Hefermehl, Wettbewerbsrecht, § 17 UWG Rn 21.

[672] Haß, in: Lehmann, Rechtsschutz und Verwertung von Computerprogrammen, Kap. XII Rn 38; Schulze-Heiming, Strafrechtlicher Schutz der Computerdaten, S. 102.

4.3 Der Tatbestand des § 17 Abs. 2 Nr. 1 UWG

Im Gegensatz zu § 17 Abs. 1 UWG besteht hinsichtlich des Täterkreises des § 17 Abs. 2 UWG keine Beschränkung. Tathandlung des § 17 Abs. 2 Nr. 1 UWG ist das unbefugte Verschaffen oder Sichern eines Geschäfts- oder Betriebsgeheimnisses im Wege bestimmter typischer Handlungsformen. Die Tathandlung des Verschaffens beschreibt – in Parallelität zu § 202a StGB – das Erlangen der Verfügungsgewalt über den das Geheimnis verkörpernden Gegenstand bzw. die Kenntnisnahme des Geheimnisses durch optische oder akustische Wahrnehmung.[673] Darüber hinaus nennt § 17 Abs. 2 Nr. 1 UWG auch das Sichern des Geheimnisses als Tathandlung. Hierdurch wird der Fall erfasst, dass der Täter das Geheimnis zwar schon kennt, sich jedoch detailliertere und bleibende Kenntnis, z. B. durch das Anfertigen einer verkörperten Wiedergabe des Geheimnisses, verschafft.[674]

Das Gesetz nennt drei für ein Ausspähen von Geheimnissen typische Handlungsformen und schließt auf diesem Weg aus, dass bereits die bloße Kenntnisnahme eines Geschäfts- oder Betriebsgeheimnisses strafbar ist. Zunächst wird das Ausspähen von Geschäfts- und Betriebsgeheimnissen unter Anwendung technischer Mittel unter Strafe gestellt. Unter Anwendung technischer Mittel i. S. der Vorschrift versteht man jeglichen Einsatz technischer Vorrichtungen, die dem Verschaffen oder der Sicherung von Geheimnissen dienen können, wie z. B. das Abrufen von Daten mittels einer EDV-Anlage, das Anzapfen von Datenfernleitungen oder die Anzeige von Daten auf dem Bildschirm.[675] Diese Handlungsmodalität spielt v. a. im Bereich der Daten- und Softwarespionage eine wichtige Rolle, da die Tatbegehung hier fast zwangsläufig eine Anwendung technischer Mittel voraussetzt. Die zweite Handlungsform, die § 17 Abs. 2 Nr. 1 UWG benennt, ist die Herstellung einer verkörperten Wiedergabe des Geheimnisses. Diese Handlungsmodalität ist gegeben, wenn der Täter das Geheimnis, z. B. durch Ablichtung, Fotografien, Tonbandaufnahmen oder Speicherung auf Diskette, körperlich fixiert, sodass er die Möglichkeit hat, das Geheimnis ganz

[673] Eiding, Strafrechtlicher Schutz elektronischer Datenbanken, S. 84; Schulze-Heiming, Strafrechtlicher Schutz der Computerdaten, S. 103.

[674] Baumbach/Hefermehl, Wettbewerbsrecht, § 17 UWG Rn 25; Schlüchter, 2. WiKG, S. 131.

[675] Harte-Bavendamm, GRUR 1990, 657, 662; Baumbach/Hefermehl, Wettbewerbsrecht, § 17 UWG Rn 26; Schulze-Heiming, Strafrechtlicher Schutz der Computerdaten, S. 104; Eiding, Strafrechtlicher Schutz elektronischer Datenbanken, S. 84 f.

oder teilweise einem anderen zu offenbaren.[676] Soweit unter Anwendung technischer Mittel eine verkörperte Wiedergabe des Geheimnisses hergestellt wird, z. B. die Speicherung von bestimmten Daten auf Diskette, ist die 2. Handlungsmodalität des § 17 Abs. 2 Nr. 1 UWG (Herstellung einer verkörperten Wiedergabe des Geheimnisses) einschlägig. Darüber hinaus ist auch das Verschaffen bzw. Sichern von Geschäfts- und Betriebsgeheimnissen im Wege der Wegnahme einer das Geheimnis verkörpernden Sache strafbar. Hierdurch werden alle Maßnahmen des Täters erfasst, durch die er gegen den Willen des bisherigen Gewahrsamsinhabers die Verfügungsgewalt über einen das Geheimnis verkörpernden Gegenstand, wie z. B. eine Diskette oder einen sonstigen Datenträger, erlangt.[677] Es ist dabei nicht erforderlich, dass der Täter den Inhalt des Geheimnisses zur Kenntnis nimmt.[678]

Unbefugtes Handeln i. S. des § 17 Abs. 2 Nr. 1 UWG setzt voraus, dass der Täter gegen den ausdrücklich erklärten oder mutmaßlichen Willen des Betriebsinhabers handelt.

Ebenso wie § 17 Abs. 1 UWG setzt auch § 17 Abs. 2 Nr. 1 UWG in subjektiver Hinsicht voraus, dass der Täter vorsätzlich sowie zu Zwecken des Wettbewerbs, aus Eigennutz, zugunsten eines Dritten oder in Schädigungsabsicht handelt.

4.4 Der Tatbestand des § 17 Abs. 2 Nr. 2 UWG

§ 17 Abs. 2 Nr. 2 UWG sanktioniert das Verwerten oder Mitteilen von Geschäfts- und Betriebsgeheimnissen, die der Täter durch eine nach § 17 Abs. 1 UWG unbefugte Mitteilung eines Beschäftigten, durch eine eigene oder fremde Handlung nach § 17 Abs. 2 Nr. 1 UWG oder dadurch erlangt hat, dass er sich das Geheimnis sonst unbefugt verschafft oder gesichert hat. Dieser Tatbestand wird auch häufig als „Geheimnishehlerei" bezeichnet.[679] Während die beiden ersten im Gesetz genannten Möglichkeiten der Geheimniserlangung vom Wortlaut her eindeutig bestimmt sind, ergibt sich im Hinblick auf die dritte Alternati-

676 Schlüchter, 2. WiKG, S. 132; Haß, in: Lehmann, Rechtsschutz und Verwertung von Computerprogrammen, Kap. XII Rn 35; Bär, in: Wabnitz/Janovsky, Hdb. Wirtschafts- und Steuerstrafrecht, Kap. 18 Rn 148; Baumbach/Hefermehl, Wettbewerbsrecht, § 17 UWG Rn 27.

677 Baumbach/Hefermehl, Wettbewerbsrecht, § 17 UWG Rn 28.

678 Eiding, Strafrechtlicher Schutz elektronischer Datenbanken, S. 85.

679 Haß, in: Lehmann, Rechtsschutz und Verwertung von Computerprogrammen, Kap. XII Rn 37; Bär, in: Wabnitz/Janovsky, Hdb. Wirtschafts- und Steuerstrafrecht, Kap. 18 Rn 149.

ve das Problem, dass der Anwendungsbereich der Vorschrift sehr stark ausgedehnt wird. Da in dieser Alternative der Täterkreis nicht eingeschränkt ist, besteht die Gefahr, dass hier ein gegenüber § 17 Abs. 1 UWG minder sozialinadäquates Verhalten gleich hoch sanktioniert wird.[680] Aus den zuvor genannten Gründen bestehen gegenüber der 3. Alternative des § 17 Abs. 2 Nr. 2 UWG verfassungsrechtliche Bedenken unter dem Gesichtspunkt eines Verstoßes gegen das Bestimmtheitserfordernis des Art. 103 Abs. 2 GG.[681] Diese Bedenken müssen dazu führen, dass diese Alternative restriktiv auszulegen ist, wobei der Anknüpfungspunkt die „Unbefugtheit" des Handelns ist. Der Täter verschafft sich bzw. sichert das Geheimnis nur dann „sonst unbefugt", wenn sein Verhalten mindestens ebenso strafwürdig ist wie das Verhalten des Täters in § 17 Abs. 1 UWG, was anhand der Gesamtumstände des Falles nach objektiven Maßstäben zu beurteilen ist.[682] Unbefugtes Handeln ist z. B. anzunehmen, wenn der Täter sich planmäßig durch Ausforschen früherer Angestellter eines anderen Unternehmens, mit dem er in Wettbewerb steht, Kenntnisse über dessen Geschäfts- und Betriebsgeheimnisse verschafft, um sie zum Schaden des anderen Unternehmens für sich zu nutzen.[683]

Tathandlung des § 17 Abs. 2 Nr. 2 UWG ist die unbefugte Verwertung des Geheimnisses oder die Mitteilung des Geheimnisses an jemanden. Unter Verwertung ist dabei das wirtschaftliche Ausnutzen eines Geheimnisses zu verstehen.[684] Unbefugt ist die Verwertung oder Mitteilung des Geheimnisses, wenn sie im Widerspruch zu dem ausdrücklich erklärten bzw. mutmaßlichen Willen und dem Geheimhaltungsinteresse des Geheimnisinhabers steht.[685]

Auch § 17 Abs. 2 Nr. 2 UWG setzt voraus, dass der Täter vorsätzlich sowie zu Zwecken des Wettbewerbs, aus Eigennutz, zugunsten eines Dritten oder in Schädigungsabsicht handelt.

---

680 Schulze-Heiming, Strafrechtlicher Schutz der Computerdaten, S. 107.

681 Schlüchter, 2. WiKG, S. 133; Haß, in: Lehmann, Rechtsschutz und Verwertung von Computerprogrammen, Kap. XII Rn 37; Schulze-Heiming, Strafrechtlicher Schutz der Computerdaten, S. 107.

682 Baumbach/Hefermehl, Wettbewerbsrecht, § 17 UWG Rn 33.

683 Baumbach/Hefermehl, Wettbewerbsrecht, § 17 UWG Rn 33.

684 Haß, in: Lehmann, Rechtsschutz und Verwertung von Computerprogrammen, Kap. XII Rn 37.

685 Baumbach/Hefermehl, Wettbewerbsrecht, § 17 UWG Rn 38.

4.5 Verwirklichung des § 17 UWG in Fällen des unberechtigten Zugangs zu Computerdaten und -systemen

In den Fällen der Datenspionage ist der objektive Tatbestand des § 17 Abs. 2 Nr. 1 UWG verwirklicht, soweit es sich bei den ausspionierten Daten um Betriebs- oder Geschäftsgeheimnisse handelt und der Täter sich die entsprechenden Daten durch die Anwendung technischer Mittel, durch Fixierung auf einem Speichermedium oder durch Wegnahme des Datenträgers verschafft oder sichert. Auf subjektiver Ebene setzt dieser Straftatbestand voraus, dass der Täter zu Zwecken des Wettbewerbs, aus Eigennutz, zugunsten eines Dritten oder in der Absicht, dem Inhaber des Geschäftsbetriebs Schaden zuzufügen, handelt. Durch die weitere Verwertung der Daten oder die Weitergabe an einen Dritten kann darüber hinaus der Tatbestand des § 17 Abs. 2 Nr. 2 UWG erfüllt sein, der dann § 17 Abs. 2 Nr. 1 UWG aus Gründen der Gesetzeskonkurrenz (Subsidiarität) verdrängt.[686]

Auch in den Fällen der Softwarepiraterie kann der Straftatbestand des § 17 Abs. 2 Nr. 1 und Nr. 2 UWG eingreifen, soweit es sich bei der raubkopierten Software um ein Betriebs- oder Geschäftsgeheimnis handelt.

In den Fällen des Leerspielens von Geldspielautomaten erfüllt derjenige, der einen Geldspielautomaten erwirbt und auf den EPROM-Chip dieses Automaten zugreift, um ein Computerprogramm zu erstellen, das dem Leerspielen eines entsprechenden Geldspielautomaten dient, den Straftatbestand des § 17 Abs. 2 Nr. 1 UWG. Wenn der Täter dieses Computerprogramm weiterveräußert, macht er sich regelmäßig nach § 17 Abs. 2 Nr. 2 UWG strafbar. Soweit ein bei dem Automatenhersteller Beschäftigter die entsprechenden Daten zur Erstellung eines Computerprogramms weitergibt, kann dieser sich nach § 17 Abs. 1 UWG strafbar machen.

5 Strafrechtliche Vorschriften im Urheberrechtsgesetz

Eine Verletzung von urheberrechtlichen Strafvorschriften, die in §§ 106 ff. UrhG enthalten sind, kommt in den Fällen der Anfertigung sog. Raubkopien von Computerprogrammen[687] und in Fällen des Reverse Engineering in Betracht.

---

686 Baumbach/Hefermehl, Wettbewerbsrecht, § 17 UWG Rn 45.

687 Häufig wird der Begriff des Computerprogramms mit dem Begriff der Software gleichgesetzt. Der zuletzt genannte Begriff ist jedoch weitreichender, da er über das Programm hinaus auch noch das üblicherweise mitgelieferte Begleitmaterial, wie z. B. Handbuch, Dokumentation, Hilfetexte usw., erfasst (Haurand, Kriminalistik 1995, 271, 273).

Der zentrale Straftatbestand in diesem Zusammenhang ist § 106 UrhG. Nach dieser Vorschrift macht sich derjenige strafbar, der in anderen als den gesetzlich zugelassenen Fällen ohne Einwilligung des Berechtigten ein Werk bzw. eine Bearbeitung oder Umgestaltung eines Werkes vervielfältigt, verbreitet oder öffentlich wiedergibt. Das durch § 106 UrhG geschützte Rechtsgut ist nicht das Werk als solches, sondern das Verwertungsrecht des Urhebers.[688]

5.1 Urheberrechtlicher Schutz von Computerprogrammen

Der urheberrechtliche Schutz von Computerprogrammen ist in Umsetzung der EG-Richtlinie zum Softwareschutz[689] vom 14. Mai 1991 durch das zweite Gesetz zur Änderung des Urheberrechtsgesetzes vom 9. Juni 1993 verbessert worden. Bis zu dieser Novellierung des Urheberrechts war der urheberrechtliche Schutz von Computerprogrammen nur unzureichend gewährleistet. Obwohl Computerprogramme bereits seit einer Gesetzesänderung im Jahre 1985 grundsätzlich zu den geschützten Werken i. S. des § 2 Abs. 1 Nr. 1 UrhG gehörten, hat der BGH in der Inkassoentscheidung[690] im Hinblick auf Computerprogramme sehr hohe Anforderungen an die von § 2 Abs. 2 UrhG für den Urheberschutz erforderliche Werksqualität gestellt. Das Gericht bejahte die urheberrechtliche Schutzfähigkeit eines Computerprogramms nur dann, wenn die zu seiner Erstellung notwendige geistige Leistung deutlich das allgemeine Durchschnittskönnen übersteigt und das Programm folglich besondere Eigentümlichkeiten aufweist.[691] Die strengen Anforderungen des BGH an die Gestaltungshöhe eines Computerprogramms führten letztlich dazu, dass für die meisten Programme ein Schutz durch das Urheberrecht nicht in Betracht kam und die Urheber von Computerprogrammen faktisch schutzlos gestellt waren.[692] Im Rahmen der Umsetzung der EG-Richtlinie zum Schutz von Computersoftware wurden die §§ 69a bis 69g in das Urheberrechtsgesetz aufgenommen, wobei in § 69a Abs. 3 UrhG die Anforderungen an die Gestaltungshöhe eines Computerprogramms deutlich gesenkt wurden. Der urheberrechtliche Schutz eines Computerprogramms setzt nunmehr nicht mehr voraus, dass dieses eine besondere Eigentümlichkeit aufweist, sondern es ist lediglich erforderlich, dass es sich bei dem Programm um ein indivi-

---

688 Haß, in: Schricker, Urheberrecht, § 69a Rn 1; Lührs, BuW 1999, 462, 468; Heinrich, Die Strafbarkeit der unbefugten Vervielfältigung und Verbreitung von Standardsoftware, S. 175.

689 ABl. EG vom 17.05.1991 Nr. L 122, S. 42 ff.; veröffentlicht auch in CR 1991, 382 ff.

690 BGH NJW 1986, 192.

691 BGH NJW 1986, 192; ebenso BGH NJW 1991, 1231.

692 Schulze-Heiming, Strafrechtlicher Schutz der Computerdaten, S. 119; Haurand, Kriminalistik 1995, 271, 272.

duelles Werk in dem Sinne handelt, dass es das Ergebnis der eigenen geistigen Schöpfung des Urhebers ist.

Unter den urheberrechtlichen Schutz fallen nicht die technischen Lehren und Regeln, die einer Vielzahl von Computerprogrammen zugrunde liegen, wie z. B. der Algorithmus oder die allgemein gebräuchlichen Programmiersprachen, da diese als Bestandteile der wissenschaftlichen Lehre frei sind und nicht als geistige Schöpfung eines Programmierers geschützt werden.[693] Urheberrechtlich geschützt werden vielmehr nur die individuellen Komponenten eines Programms, wobei sich diese Individualität z. B. aus der Art und Weise der Verknüpfung von Befehlssequenzen, die den Programmablauf steuern, oder der Anordnung und Sammlung des Materials ergeben kann.

Eine Besonderheit im Hinblick auf den urheberrechtlichen Schutz stellen die sog. Public-Domain-Programme dar, hinsichtlich derer der Hersteller auf einen urheberrechtlichen Schutz verzichtet und die er zum kostenlosen Kopieren und zur Weitergabe anbietet.[694] Soweit ein Computerprogramm unter Zugrundelegung eines solchen Public-Domain-Programms entwickelt wird und diese neue Version überhaupt keine Eigenheiten aufweist, ist ein urheberrechtlicher Schutz diesbezüglich zu verneinen.

Für Computerspiele kommt neben dem urheberrechtlichen Schutz als Computerprogramm auch noch der Schutz eines Filmwerkes nach § 2 Abs. 1 Nr. 6 UrhG in Betracht, der sich jedoch nur auf den Filmteil des Programms und nicht auf das Programm selbst bezieht.[695] Soweit die von § 2 Abs. 2 UrhG an ein schutzwürdiges Werk gestellten Voraussetzungen bei einem Computerspiel nicht erfüllt werden, kann nach h. M. der Laufbildschutz des § 95 UrhG eingreifen.[696]

5.2 Schutz von Datenbanken im UrhG

Der Schutz von Datenbanken im Urheberrechtsgesetz ergibt sich aus den §§ 4, 87a ff. UrhG. Während § 4 UrhG die Grundlage für einen urheberrechtlichen Datenbankschutz darstellt, der gemäß § 2 Abs. 2 UrhG an die ausreichende Schöpfungshöhe der Datenbank anknüpft, enthalten die §§ 87a ff. UrhG ein Schutzrecht sui generis, das nicht eine schöpferische Gestaltung, sondern eine

---

693 Lührs, BuW 1999, 462, 464; Haurand, Kriminalistik 1995, 271, 273.

694 Haurand, Kriminalistik 1995, 271, 273.

695 Haurand, Kriminalistik 1995, 271, 273.

696 Hoeren, in: Möhring/Nicolini, Urheberrechtsgesetz, § 69a Rn 8; Schulze-Heiming, Strafrechtlicher Schutz der Computerdaten, S. 124; Haurand, Kriminalistik 1995, 271, 274.

wesentliche Investition bei der Beschaffung, der Überprüfung oder der Darstellung des Inhalts der Datenbank voraussetzt.[697] Die §§ 87a ff. sind im Rahmen der Gesamtregelung der multimedialen Informationsdienste durch das Gesetz zur Regelung der Rahmenbedingungen für Informations- und Kommunikationsdienste (IuKDG) in das Urheberrechtsgesetz aufgenommen worden und setzen mit ihrem Inkrafttreten am 1.1.1998 die Richtlinie der EU über den rechtlichen Schutz von Datenbanken vom 11.3.1996[698] in deutsches Recht um.[699] Der Schutz einer Datenbank auf der Basis von § 4 Abs. 2 UrhG und §§ 87a ff. UrhG bezieht sich inhaltlich auf das Datenbankmaterial, das Abfragesystem, den Thesaurus und den Index.[700] Nicht diesem Schutz, sondern dem Schutz nach §§ 69a ff. UrhG unterliegen die Computerprogramme, die zu der Schaffung der Datenbank oder dem Zugang zu dem Datenbanksystem benötigt werden.[701]

Datenbanken, die geschützte Werke enthalten bzw. in ihrer Gesamtheit auf Grund ihrer schöpferischen Gestaltung von § 4 Abs. 2 UrhG erfasst werden, können Tatobjekt des § 106 Abs. 1 UrhG sein, während Datenbanken, die die zuvor genannten Voraussetzungen nicht erfüllen, jedoch den Erfordernissen des § 87a UrhG gerecht werden, durch § 108 Abs. 1 Nr. 8 UrhG urheberstrafrechtlich geschützt werden.

5.3 Tathandlungen des § 106 UrhG

Als Tathandlung benennt § 106 UrhG die Vervielfältigung, Verbreitung oder öffentliche Wiedergabe eines urheberrechtlich geschützten Werkes. Diese Verwertungshandlungen stehen nach § 15 UrhG ausschließlich dem Urheber zu. Das Vervielfältigungsrecht des Urhebers hat dabei die größte Bedeutung, da die Vervielfältigung des Werkes in der Regel die Vorstufe für eine weitere kommerzielle Nutzung darstellt.[702] Aus dem zuvor genannten Grund wird die Vervielfältigung auch die am häufigsten vorkommende Tatmodalität des § 106 UrhG darstellen.[703]

---

697 Schack, Urheber- und Urhebervertragsrecht, Rn 665; Vogel, in: Schricker, Urheberrecht, Vor §§ 87a ff. Rn 16; Scholz, Der strafrechtliche Schutz veröffentlichter elektronischer Datenbanken, S. 58; Vogel, in: Schricker, Urheberrecht, Vor §§ 87a ff. Rn 16.

698 ABl. vom 27.03.1996 Nr. L 77/28, S. 20.

699 Vogel, in: Schricker, Urheberrecht, Vor §§ 87a ff. Rn 6.

700 Vogel, in: Schricker, Urheberrecht, Vor §§ 87a ff. Rn 27.

701 Lührs, BuW 1999, 462, 465; Vogel, in: Schricker, Urheberrecht, Vor §§ 87a ff. Rn 35.

702 Scholz, Der strafrechtliche Schutz veröffentlichter elektronischer Datenbanken, S. 40.

703 Schmitz, Computerkriminalität, S. 67.

5.3.1 Vervielfältigung

Die Tathandlung der Vervielfältigung ist in den Fällen der Softwarepiraterie von erheblicher Bedeutung.

§ 69c Nr. 1 UrhG bestimmt, dass das Recht, ein Computerprogramm mit jedem Mittel und in jeder Form, ganz oder teilweise, dauerhaft oder vorübergehend zu vervielfältigen, grundsätzlich ausschließlich dem Urheber zusteht und demzufolge das Laden, Anzeigen, Ablaufen, Übertragen oder Speichern des Computerprogramms seiner Zustimmung bedürfen, soweit diese Handlungen eine Vervielfältigung erfordern. Allerdings bereitet die Feststellung, ob bzw. unter welchen Voraussetzungen eine Vervielfältigung eines Computerprogramms i. S. des Urheberrechts gegeben ist, in bestimmten Fällen Schwierigkeiten.

Unproblematisch liegt eine Vervielfältigung vor, wenn eine Kopie des Computerprogramms auf einem Speichermedium, z. B. einer Diskette, einer Festplatte oder einem Magnetband, permanent gespeichert wird, da dieser Vorgang zu einer körperlichen Festlegung des Computerprogramms auf dem entsprechenden Datenträger führt, dessen Inhalt unter Zuhilfenahme technischer Mittel wahrnehmbar gemacht werden kann.[704] Auch der Ausdruck der einzelnen Befehlsfolgen eines Computerprogramms mit Hilfe eines Druckers stellt eine Vervielfältigung dar, da hierdurch eine körperliche Festlegung des Werkes erfolgt, durch die es unmittelbar wahrnehmbar gemacht wird.[705] Keine Vervielfältigung, sondern lediglich eine Sichtbarmachung liegt demgegenüber vor, wenn die Programmdaten nur auf dem Bildschirm aufgelistet werden.[706]

5.3.1.1 Laden des Programms in den Arbeitsspeicher

Umstritten ist, ob das Laden eines Programms in den Arbeitsspeicher und der Ablauf eines Programms auf dem Rechner Vervielfältigungen i. S. des Urheberrechts darstellen. Diese Frage ist insofern im Rahmen des Straftatbestandes des § 106 UrhG von Bedeutung, als bei Bejahung z. B. allein die Benutzung der Raubkopie eines Computerprogramms, die Benutzung eines vom Erwerber unerlaubt weitergegebenen Programms oder die mehrfache Einspeicherung eines Programms von der Originaldiskette in die Arbeitsspeicher verschiedener Com-

---

[704] Lührs, BuW 1999, 462, 465 f.; Schulze-Heiming, Strafrechtlicher Schutz der Computerdaten, S. 129; Heinrich, Die Strafbarkeit der unbefugten Vervielfältigung und Verbreitung von Standardsoftware, S. 188.

[705] Heinrich, Die Strafbarkeit der unbefugten Vervielfältigung und Verbreitung von Standardsoftware, S. 190.

[706] BGH, CR 1991, 86.

puter ohne eine entsprechende Lizenz strafrechtliche Sanktionen auslösen könnten. Bei jedem Datenverarbeitungsvorgang werden die durch die Zentraleinheit zur Ausführung benötigten Daten, Programme oder Programmteile zunächst von einem externen Speicher (z. B. Diskette oder CD-ROM) in den Arbeitsspeicher eingelesen. Erst hierdurch wird die Benutzung des Computerprogramms ermöglicht. Bei dem Arbeitsspeicher handelt es sich um einen Random Access Memory (RAM), d. h. einen beliebig oft les- und beschreibbaren Speicher mit relativ großer Kapazität, der jedoch bei Unterbrechung der Energieversorgung seinen Inhalt verliert und daher auch als „flüchtiger" Speicher bezeichnet wird. Wird also ein Programm zur Ausführung auf dem Computer aufgerufen, so wird im Arbeitsspeicher eine Kopie des Programms oder zumindest eines für die Ausführung benötigten Programmteils erzeugt. Bei Unterbrechung der Stromzufuhr, z. B. durch Ausschalten des Computers, geht diese Kopie wieder verloren, es sei denn, sie wird zuvor in einem ROM-Speicher[707] abgelegt, dessen Inhalt unabhängig von der Stromzufuhr erhalten bleibt. Sobald eine Programmkopie erzeugt wird, die in einem Speicher in „haltbarer" Form gespeichert ist, liegt unproblematisch eine Vervielfältigung sowohl im technischen als auch im urheberrechtlichen Sinne vor. Demgegenüber wird die Frage, ob das nur vorübergehende Laden einer Programmkopie in den Arbeitsspeicher eine Vervielfältigung darstellt, kontrovers diskutiert. Teilweise wird die Auffassung vertreten, dass dieser Vorgang keine urheberrechtlich relevante Vervielfältigung des Computerprogramms sei.[708] Als Begründung für diese Ansicht wird angeführt, dass die Einspeicherung des Computerprogramms in den Arbeitsspeicher eine notwendige Voraussetzung für die bestimmungsgemäße Nutzung des Programms sei und als solche keine Verletzung des Urheberrechts darstellen könne. Das Laden des Programms in den Arbeitsspeicher wird mit dem Aufschlagen und Lesen eines Buches oder dem Anhören einer Schallplatte verglichen, was zweifelsohne lediglich eine Nutzung und keine urheberrechtlich relevante Vervielfältigungshandlung sei.[709] Des Weiteren sei bei der bloßen Einspeicherung des Computerprogramms in den Arbeitsspeicher keine körperliche Festlegung des Werkes gegeben, da dieser Begriff eine stabile Fixierung von bestimmter Dauer voraussetze und das nur vorübergehende Laden des Programms in einen „flüchtigen" Speicher in diesem Zusammenhang nicht ausreiche. Darüber hinaus wird vorge-

---

[707] Die Abkürzung ROM steht für Read Only Memory. Diese Art von Speicherbausteinen können nur einmal beschrieben und danach nur noch gelesen werden. Die Speicherung erfolgt hierbei dauerhaft, sodass der Speicherinhalt nicht durch eine Unterbrechung der Energieversorgung verloren geht.

[708] Haß, in: Lehmann, Rechtsschutz und Verwertung von Computerprogrammen, Kap. XII Rn 68; Brandi-Dohrn, GRUR 1985, 179, 184 f.; Bartsch, CR 1987, 8, 10; Braun, BB 1971, 1343, 1346; Etter, CR 1989, 115, 117.

[709] BGH, CR 1994, 276.

bracht, dass das Speichern eines Programms im Arbeitsspeicher nicht geeignet sei, das Programm den menschlichen Sinnen in irgendeiner Weise, wenn auch nur mittelbar, wahrnehmbar zu machen. Als weiteres Argument wird angeführt, dass kein Bedürfnis bestehe, das Laden eines Computerprogramms in den Arbeitsspeicher als urheberrechtlich relevante Vervielfältigungshandlung anzusehen, da der Urheber bereits ausreichend dadurch geschützt sei, dass die unerlaubte Herstellung einer Kopie des Programms z. B. auf einer Diskette, einer Festplatte, einem Magnetband oder bestimmten optischen Speichermedien eine Verletzung des Vervielfältigungsrechts des Urhebers darstelle.[710]

Die zuvor dargestellte Auffassung vermag aus mehreren Gründen nicht zu überzeugen. Zunächst ist festzustellen, dass durch die Speicherung des Computerprogramms von einem Datenträger in den Arbeitsspeicher des Computers eine Reproduktion des gesamten Programms bzw. eines für den Programmablauf erforderlichen Programmteils entsteht. Diese Programmkopie unterscheidet sich, solange sie im Arbeitsspeicher erhalten bleibt, hinsichtlich ihrer Qualität grundsätzlich nicht von der Datenfixierung auf anderen Speichermedien.[711] Der einzige Unterschied besteht darin, dass die Programmkopie aus dem Arbeitsspeicher durch Aufnahme anderer Programme oder durch Unterbrechung der Stromzufuhr gelöscht wird. Dies steht jedoch einer körperlichen Festlegung des Computerprogramms nicht entgegen, da es hierfür auf die Bestandsdauer der Kopie nicht ankommen kann.[712] Dies ergibt sich bereits aus der Tatsache, dass auch aus vergänglichen Materialien hergestellte Reproduktionen Vervielfältigungen im urheberrechtlichen Sinne darstellen können, obwohl diese nicht auf Dauer erhalten bleiben.[713] Darüber hinaus wird eine urheberrechtlich relevante Vervielfältigung auch in den Fällen angenommen, in denen eine Kopie unmittelbar nach ihrer Herstellung vernichtet oder weggeworfen wird.[714] Daher muss auch eine vorübergehende bzw. flüchtige Speicherung im Arbeitsspeicher ausreichen, um

---

[710] Etter, CR 1989, 115, 117 vertritt die Ansicht, dass der strafrechtliche Vervielfältigungsbegriff in § 106 UrhG losgelöst von dem zivilrechtlichen Begriff zu beurteilen sei. Strafwürdig seien nur solche Handlungen, die geeignet seien, den Schaden des Verwertungsberechtigten tatsächlich zu vertiefen, wozu die Einspeicherung des Programms in den Arbeitsspeicher des Computers nicht gehöre.

[711] Heinrich, Die Strafbarkeit der unbefugten Vervielfältigung und Verbreitung von Standardsoftware, S. 207; Schneider, CR 1990, 503, 506.

[712] Lührs, BuW 1999, 462, 466; Heinrich, Die Strafbarkeit der unbefugten Vervielfältigung und Verbreitung von Standardsoftware, S. 207.

[713] Heinrich, Die Strafbarkeit der unbefugten Vervielfältigung und Verbreitung von Standardsoftware, S. 208.

[714] Binder, Strafbarkeit intelligenten Ausspähens von programmrelevanten DV-Informationen, S. 100; Haberstumpf, CR 1987, 409, 411.

eine körperliche Festlegung des Computerprogramms bejahen zu können. Außerdem ist in diesem Zusammenhang auch zu berücksichtigen, dass v. a. in Unternehmen Computer über Wochen und Monate eingeschaltet bleiben, sodass die in dem Arbeitsspeicher gespeicherten Computerprogramme unter Umständen über einen großen Zeitraum zur Verfügung stehen.[715] Hinzu kommt, dass auch in § 69c Nr. 1 UrhG ausdrücklich von dem Recht zur dauerhaften und vorübergehenden Vervielfältigung die Rede ist.[716] Aus technischer Sicht unzutreffend ist das Argument der Gegenauffassung, dass das in den Arbeitsspeicher geladene Programm nicht – und zwar noch nicht einmal mittelbar – auf irgendeine Art und Weise wahrnehmbar gemacht werden könne. Mit Hilfe entsprechender Geräte und Verfahren kann der Programmablauf auf dem Bildschirm angezeigt oder mit Hilfe des Druckers ausgedruckt werden, sodass das Programm damit wahrnehmbar wird.[717] Nicht von Bedeutung ist, dass der Zweck der Festlegung im Arbeitsspeicher nicht die Wahrnehmung durch den Menschen ist, da das Vervielfältigungsrecht des Urhebers nicht an irgendeinen bestimmten Zweck gebunden ist.[718] Auch liegt es im Interesse des Urhebers oder Nutzungsberechtigten, die Speicherung im Arbeitsspeicher als Vervielfältigung anzusehen, da er nur auf diese Weise umfassend gegen die unbefugte Nutzung seines Computerprogramms geschützt werden kann.[719] Andernfalls wäre der Urheber bzw. Nutzungsberechtigte schutzlos, wenn ein Nichtberechtigter eine Raubkopie, die er von einem Dritten auf einem Datenträger erhalten hat, an seinem Computer einsetzt. Aus den zuvor genannten Gründen ist der überwiegend vertretenen Auffassung zu folgen, wonach das Laden eines Programms in den Arbeitsspeicher

[715] Heinrich, Die Strafbarkeit der unbefugten Vervielfältigung und Verbreitung von Standardsoftware, S. 208.

[716] Teilweise wird sogar die Auffassung vertreten, dass die Frage, ob das Laden eines Computerprogramms in den Arbeitsspeicher eine urheberrechtlich relevante Vervielfältigung darstelle, durch die Einfügung des § 69c Nr. 1 UrhG seitens des Gesetzgebers positiv beantwortet worden sei (so Scholz, Der strafrechtliche Schutz veröffentlichter elektronischer Datenbanken, S. 44). Dies ist jedoch insofern unzutreffend, als inbesondere aus § 69c Nr. 1 S. 2 UrhG hervorgeht, dass die Frage offen gelassen wurde, da hiernach eine Zustimmung des Urhebers zum Laden, Anzeigen, Ablaufen usw. eines Computerprogramms nur dann erforderlich ist, wenn diese Vorgänge eine Vervielfältigung voraussetzen (Möhring/Nicolini, Urheberrechtsgesetz, § 69c Rn 5; Heinrich, Die Strafbarkeit der unbefugten Vervielfältigung und Verbreitung von Standardsoftware, S. 191).

[717] Von Gravenreuth, GRUR 1986, 720, 722; Schulze-Heiming, Strafrechtlicher Schutz der Computerdaten, S. 133.

[718] Heinrich, Die Strafbarkeit der unbefugten Vervielfältigung und Verbreitung von Standardsoftware, S. 199; Schulze-Heiming, Strafrechtlicher Schutz der Computerdaten, S. 132.

[719] Schulze-Heiming, Strafrechtlicher Schutz der Computerdaten, S. 134 f.; Binder, Strafbarkeit intelligenten Ausspähens von programmrelevanten DV-Informationen, S. 100 f.

des Computers eine Vervielfältigung im urheberrechtlichen Sinne darstellt.[720] Teilweise wird im Rahmen dieser Problematik einschränkend vorgebracht, dass nur dann eine Vervielfältigung anzunehmen sei, wenn das Computerprogramm, wie bei der mittlerweile veralteten Stapelverarbeitungsmethode[721] üblich, zusammenhängend in den Arbeitsspeicher geladen wird. Demgegenüber sei in den Fällen des Multiprogramming und des Time-Sharing[722] eine Vervielfältigung allein durch das Laden in den Arbeitsspeicher abzulehnen, da hier immer nur einzelne Teile des Programms in den Arbeitsspeicher des Computers eingelesen, bearbeitet und nach Bruchteilen von Sekunden wieder gelöscht würden, was zur Folge habe, dass das Programm als Ganzes nicht wahrnehmbar gemacht werden könne.[723] Hiergegen ist einzuwenden, dass die Annahme einer Vervielfältigung im urheberrechtlichen Sinne nicht daran scheitern kann, dass ein Computerprogramm nicht in einem Vorgang vollständig, sondern in mehreren Vorgängen jeweils nur teilweise in den Arbeitsspeicher geladen wird, da ansonsten die Annahme einer urheberrechtlich relevanten Vervielfältigung von technischen Zufälligkeiten abhinge.[724] Selbst wenn man hier nicht von einer sukzessiven Vervielfältigung des vollständigen Programms ausgeht, so liegen jedoch zumindest Vervielfältigungen einzelner urheberrechtlich geschützter Programmteile vor, die zumindest mittelbar wahrnehmbar gemacht werden können. Daher stellt das Laden eines Computerprogramms in den Arbeitsspeicher, unabhängig von der zur Anwendung kommenden Verarbeitungsmethode, eine urheberrechtlich relevante Vervielfältigung dar.

---

720 Schneider, CR 1990, 503, 505 ff.; Dreier, CR 1991, 577, 579 f.; Schneider, Handbuch des EDV-Rechts, Kap. C Rn 174; Schulze-Heiming, Strafrechtlicher Schutz der Computerdaten, S. 129 ff.; Ernestus, CR 1989, 784, 789; Meurer, in: FS für Kitagawa, S. 971, 982; Binder, Strafbarkeit intelligenten Ausspähens von programmrelevanten DV-Informationen, S. 99 ff.; Haurand, Kriminalistik 1995, 271, 275; LG München, ZUM 1993, 146, 148; AG Freising, CR 1990, 55; AG Amberg, CR 1990, 658.

721 Bei der Stapelverarbeitungsmethode können die jeweiligen Programme nur nacheinander abgearbeitet werden. Daher wird auch nur das gerade eingesetzte Programm in den Arbeitsspeicher geladen.

722 Multiprogramming und Time-Sharing sind Verarbeitungsmethoden, bei denen das gleichzeitige Abarbeiten mehrerer Programme ermöglicht wird. Bei diesen Methoden werden nur die gerade benötigten Programmteile in den Arbeitsspeicher geladen.

723 Heinrich, Die Strafbarkeit der unbefugten Vervielfältigung und Verbreitung von Standardsoftware, S. 210.

724 Schulze-Heiming, Strafrechtlicher Schutz der Computerdaten, S. 134.

5.3.1.2 Programmablauf

Innerhalb der zuvor dargestellten h. M. ist umstritten, ob auch der Programmablauf im Mikroprozessor des Computers an sich als Vervielfältigung des Computerprogramms im urheberrechtlichen Sinne anzusehen ist. Zum Teil wird in diesem Zusammenhang eine körperliche Festlegung des Werkes mit der Begründung abgelehnt, dass bei der Weiterleitung der einzelnen Programmteile über das Steuerwerk in das Rechenwerk die für eine urheberrechtlich relevante Festlegung erforderliche Bestandsdauer unterschritten werde.[725] Dies vermag insofern nicht zu überzeugen, als es auf die Bestandsdauer der Reproduktion nicht ankommt. Auch wenn eine Kopie des Computerprogramms sofort nach ihrer Herstellung wieder gelöscht wird, lag zumindest für einen Bruchteil von Sekunden eine Vervielfältigung vor. Problematisch erscheint jedoch, ob diese Festlegung geeignet ist, das Computerprogramm oder geschützte Programmteile unmittelbar oder wenigstens mittelbar wahrnehmbar zu machen. Bei dem Abarbeiten eines Computerprogramms im Mikroprozessor werden nur einzelne – für sich genommen nicht urheberschutzfähige – Programmbefehle in den Registern abgelegt.[726] Würde man diese mittels technischer Verfahren sichtbar machen, so würde dies nicht zu einer Wahrnehmbarkeit des Computerprogramms oder eines schutzfähigen Programmteils führen.[727] Jedenfalls besteht keine Notwendigkeit unter dem Gesichtspunkt eines umfassenden Schutzes des Urhebers bzw. des Nutzungsberechtigten, den Programmablauf selbst als Vervielfältigung im urheberrechtlichen Sinne anzusehen, da dem Programmablauf regelmäßig ein Speicherungsvorgang im Arbeitsspeicher des Computers vorausgeht, der nach der hier vertretenen Auffassung eine urheberrechtlich relevante Vervielfältigung darstellt.

5.3.1.3 Reverse Engineering

Zu prüfen ist weiter, ob auch beim Reverse Engineering eine urheberrechtlich relevante Vervielfältigung stattfindet. Der Rückübersetzungsvorgang beim Reverse Engineering setzt voraus, dass das Programm zunächst in den Arbeitsspeicher des Computers geladen wird, sodass bereits im Vorstadium des Reverse Engineering eine urheberrechtlich relevante Vervielfältigung zu bejahen ist. Daneben könnte auch der Dekompilierungsvorgang selbst zu einer Vervielfältigung des Computerprogramms führen. Dies wäre der Fall, wenn das aus der De-

---

[725] Schulze-Heiming, Strafrechtlicher Schutz der Computerdaten, S. 131.

[726] Schulze-Heiming, Strafrechtlicher Schutz der Computerdaten, S. 131.

[727] Heinrich, Die Strafbarkeit der unbefugten Vervielfältigung und Verbreitung von Standardsoftware, S. 214; Schulze-Heiming, Strafrechtlicher Schutz der Computerdaten, S. 130.

kompilierung hervorgehende Programm im Quellcode eine Reproduktion des ursprünglichen Programms darstellt, wobei zum Zwecke des Vergleichs der Quellcode des ursprünglichen Programms heranzuziehen ist. Das ideale Resultat einer Dekompilierung wird erreicht, wenn der durch Übersetzung des Objektcodes eines Programms gewonnene Quellcode mit demjenigen Quellcode übereinstimmt, der zu Beginn der Entwicklung des Programms erstellt wurde. Dieses Ergebnis lässt sich bei den problemorientierten Programmiersprachen aus technischer Sicht nicht ohne weiteres realisieren, da teilweise verschiedene Operationen durch gleich lautende Konstruktionen umgesetzt werden, wodurch bei der Rückübersetzung Fehler entstehen, die dazu führen, dass der durch die Dekompilierung erzielte Quellcode nicht mit dem Quellcode des ursprünglichen Programms identisch ist.[728] In diesen Fällen scheidet folglich eine urheberrechtlich relevante Vervielfältigung aus. Anders verhält es sich bei der Rückübersetzung eines Objektcodes, der in einer maschinenorientierten Sprache dargestellt ist. Hier ist eine Rückübersetzung des Objektcodes in einen Quellcode möglich, der mit dem Quellcode des ursprünglichen Programms identisch ist.[729] Demnach führt eine Dekompilierung in diesen Fällen zu einer urheberrechtlich relevanten Vervielfältigung.

5.3.1.4 Gesetzlich zugelassene Fälle

Eine Strafbarkeit der Vervielfältigung, Verbreitung oder öffentlichen Wiedergabe eines Werkes kommt nach § 106 Abs. 1 UrhG nur in anderen als den gesetzlich zugelassenen Fällen in Betracht. Grundsätzlich sind die Fälle, in denen eine der zuvor genannten Verwertungshandlungen auch ohne Einwilligung des Berechtigten gesetzlich zugelassen ist, im sechsten Abschnitt des UrhG geregelt, wobei insbesondere die Vervielfältigung zum privaten Gebrauch (§ 53 UrhG) von Bedeutung ist. Diese Vorschriften sind gemäß § 69a Abs. 4 UrhG auf Computerprogramme jedoch nur anwendbar, wenn in dem achten Abschnitt des Urheberrechtsgesetzes („Besondere Bestimmungen für Computerprogramme“) keine Sonderregelungen enthalten sind. Für Computerprogramme wurden in den §§ 69c und 69d UrhG spezielle Regelungen getroffen, die abschließend sind und somit eine Anwendung der im sechsten Abschnitt des UrhG enthaltenen Regelungen bezüglich der zugelassenen Fälle ausschließen.[730] Demzufolge dürfen Computerprogramme auch nicht zum privaten Gebrauch vervielfältigt wer-

[728] Binder, Strafbarkeit intelligenten Ausspähens von programmrelevanten DV-Informationen, S. 105.

[729] Binder, Strafbarkeit intelligenten Ausspähens von programmrelevanten DV-Informationen, S. 105.

[730] Haß, in: Schricker, Urheberrecht, § 106 UrhG Rn 7; Heinrich, Die Strafbarkeit der unbefugten Vervielfältigung und Verbreitung von Standardsoftware, S. 250.

den.[731] Nach § 69c UrhG hat der Rechtsinhaber das ausschließliche Recht zu dauerhaften oder vorübergehenden Vervielfältigungen eines Werkes, wobei die Schranken in § 69d und § 69e UrhG festgelegt sind. Nach § 69d Abs. 1 UrhG ist die Vervielfältigung des Computerprogramms durch jeden zur Verwendung des Programms Berechtigten ohne Einwilligung des Rechtsinhabers zulässig, wenn sie für die bestimmungsgemäße Benutzung des Computerprogramms einschließlich der Fehlerberichtigung erforderlich ist. Dies gilt jedoch nur, soweit keine anders lautenden vertraglichen Regelungen vereinbart wurden, wobei allerdings zu berücksichtigen ist, dass nach § 69d Abs. 2 UrhG die Erstellung einer Sicherungskopie, die für die Sicherung künftiger Nutzung erforderlich ist, nicht vertraglich untersagt werden darf. Hinsichtlich einer Vervielfältigung im Rahmen der Dekompilierung sieht § 69e UrhG vor, dass diese nicht der Zustimmung des Rechtsinhabers bedarf, wenn sie unerlässlich ist, um die erforderlichen Informationen zu erhalten, die zur Herstellung der Interoperabilität mit anderen Programmen benötigt werden. Allerdings müssen hierfür bestimmte Voraussetzungen, die in § 69e Abs. 1 Nr. 1 bis 3 aufgezählt sind, erfüllt sein. Hiernach muss die Vervielfältigung von dem Lizenznehmer oder von einer anderen zur Verwendung eines Vervielfältigungsstücks des Programms berechtigten Person bzw. in deren Namen von einer hierzu ermächtigten Person vorgenommen werden. Die für die Herstellung der Interoperabilität benötigten Informationen dürfen für den zuvor genannten Personenkreis nicht bereits ohne weiteres zugänglich sein und die Handlung muss sich auf die Teile des ursprünglichen Programms beschränken, die zur Herstellung der Interoperabilität notwendig sind. Die Vervielfältigung im Rahmen des Reverse Engineering ist demnach auch durch den Lizenznehmer nicht zulässig, wenn der Softwarehersteller zu dem entsprechenden Computerprogramm die für die Herstellung der Interoperabilität benötigten Schnittstelleninformationen veröffentlicht hat.

5.3.2 Verbreiten und öffentliche Wiedergabe

Da die Vervielfältigung eines Computerprogramms häufig zu dem Zweck erfolgt, das Vervielfältigungsstück zu veräußern, ist auch auf die Tathandlungen des Verbreitens und der öffentlichen Wiedergabe im Rahmen der vorliegenden Arbeit einzugehen.

Gemäß § 69c Nr. 3 UrhG ist jede Form der Verbreitung des Originals eines Computerprogramms oder von Vervielfältigungsstücken einschließlich der Vermietung als ausschließliches Recht dem Urheberrechtsinhaber vorbehalten. Das Verbreitungsrecht wird in § 17 Abs. 1 UrhG definiert als das Recht, das

[731] Haß, in: Lehmann, Rechtsschutz und Verwertung von Computerprogrammen, Kap. XII Rn 71.

Original oder Vervielfältigungsstücke des Werkes der Öffentlichkeit anzubieten oder in den Verkehr zu bringen. Ein Angebot an die Öffentlichkeit liegt vor, wenn für ein Werk zum Zwecke des Verkaufs oder der Besitzüberlassung (im Rahmen eines Verleihs oder der Vermietung) z. B. durch Zurschaustellen auf Messen oder in Ladengeschäften, durch Inserate, Prospekte oder Kataloge geworben wird.[732] Das Angebot muss sich an die Öffentlichkeit richten, wobei es ausreicht, wenn ein Einzelangebot an eine der Öffentlichkeit angehörende Person, zu der keine persönlichen Beziehungen bestehen, gegeben ist.[733] Ein Inverkehrbringen des Werkes setzt voraus, dass der Täter das Werk bzw. das Vervielfältigungsstück aus seinem Herrschaftsbereich entlässt und ein Dritter die tatsächliche Verfügungsgewalt darüber erlangt.[734] Umstritten ist, ob auch das Bereithalten von Software zum Download unter das Verbreitungsrecht fällt. Dies wird nach verbreiteter Auffassung abgelehnt mit der Begründung, dass nur körperliche Vervielfältigungsstücke verbreitet werden könnten und das Bereithalten von Software zum Download auf Grund seiner unkörperlichen Natur vom Verbreitungsrecht ausgeschlossen sei.[735] Dem ist entgegenzuhalten, dass mittlerweile viele Softwarehersteller das Internet zum Vertrieb nutzen und diese Vertriebsform parallel zur Weitergabe von Software auf Datenträgern einsetzen. Es besteht diesbezüglich weder aus der Sicht des Herstellers noch aus der des Anwenders ein relevanter Unterschied, insbesondere verfügt der Anwender nach dem Download über eine körperliche Kopie des Computerprogramms.[736] Aus diesem Grund besteht keine Veranlassung, die Fälle des Bereithaltens von Software zum Download nicht dem in § 69c Nr. 3 UrhG geregelten Verbreitungsrecht zuzuordnen.

Eine Einschränkung des Verbreitungsrechts stellt der Erschöpfungsgrundsatz dar, der in § 69c Nr. 3 S. 2 gesetzlich normiert ist. Dort ist festgelegt, dass die Verbreitung von Vervielfältigungsstücken von Computerprogrammen im Gebiet der EU und des EWR grundsätzlich zulässig ist, wenn diese mit Zustimmung des Berechtigten im Wege der Veräußerung in Verkehr gebracht worden sind.

Über die in § 69c UrhG genannten Verwertungsrechte hinaus ergibt sich aus § 69a Abs. 4 UrhG, dass auch noch weitere Verwertungsrechte in Bezug auf Computerprogramme geschützt werden. Im Rahmen einer Untersuchung des Straftatbestandes des § 106 UrhG ist außer dem Vervielfältigungsrecht und dem

---

732 Haß, in: Schricker, Urheberrecht, § 106 Rn 4.

733 Haß, in: Schricker, Urheberrecht, § 106 Rn 4.

734 Heinrich, Die Strafbarkeit der unbefugten Vervielfältigung und Verbreitung von Standardsoftware, S. 229.

735 Loewenheim, in: Schricker, Urheberrecht, § 69c Rn 25; Rehbinder, ZUM 1996, 349, 354.

736 Möhring/Nicolini, Urheberrechtsgesetz, § 69c Rn 12, 16.

Verbreitungsrecht das Recht der öffentlichen Wiedergabe gemäß § 15 Abs. 2 UrhG von Bedeutung.[737] Dieses könnte im Zusammenhang mit Computerprogrammen in den Fällen relevant werden, in denen diese z. B. über FTP zum Download bereitgehalten werden. In diesen Fällen ist jedoch eine öffentliche Wiedergabe i. S. des § 15 Abs. 2 UrhG abzulehnen.[738] Eine Wiedergabe ist nämlich nur dann öffentlich, wenn sie gegenüber einer Mehrheit von Personen gleichzeitig erfolgt.[739] In den Fällen des Downloads eines Computerprogramms fehlt es jedoch an der Simultanität der Wiedergabe, da die Nutzer das jeweilige Programm zu unterschiedlichen Zeiten abrufen.[740] Ein gleichzeitiger Abruf ist hingegen reiner Zufall und daher für eine Verletzung des Rechts aus § 15 Abs. 2 UrhG unerheblich. Außerdem stellt nach der hier vertretenen Auffassung das Bereithalten eines Computerprogramms zum Download bereits eine Verbreitung i. S. des § 69c Nr. 3 UrhG dar, sodass insoweit keine Lücken bestehen.[741]

5.4 Subjektiver Tatbestand

In subjektiver Hinsicht ist im Rahmen des § 106 UrhG erforderlich, dass der Täter vorsätzlich handelt. Dies ergibt sich aus § 15 StGB, wonach grundsätzlich lediglich vorsätzliches Handeln strafbar ist, es sei denn, das Gesetz ordnet aus-

---

737 Das Urheberrechtsgesetz ist durch das am 13.09.2003 in Kraft getretene Gesetz zur Regelung des Urheberrechts in der Informationsgesellschaft (BGBl. 2003 I, 1174 ff.), durch das die Informationsrichtlinie (Richtlinie 2001/29/EG des Europäischen Parlaments und des Rates vom 22.05.2001 zur Harmonisierung bestimmter Aspekte des Urheberrechts und der verwandten Schutzrechte in der Informationsgesellschaft, ABl. EG 2001 Nr. L 167, S. 10 ff.) umgesetzt worden ist, geändert worden. Im Rahmen dieser Gesetzesänderung wurde in § 69c UrhG unter Nr. 4 ein weiteres Verwertungsrecht aufgenommen. Es handelt sich hierbei um die drahtgebundene oder drahtlose öffentliche Wiedergabe eines Computerprogramms einschließlich der öffentlichen Zugänglichmachung in der Weise, dass es Mitgliedern der Öffentlichkeit von Orten und zu Zeiten ihrer Wahl zugänglich ist. Somit ist künftig im Zusammenhang mit Computerprogrammen gemäß § 69a Abs. 4 UrhG wegen des Vorliegens einer speziellen Regelung nicht mehr auf § 15 Abs. 2 UrhG zurückzugreifen.

738 Vgl. hierzu Möhring/Nicolini, Urheberrechtsgesetz, § 69c Rn 22.

739 Von Ungern-Sternberg, in: Schricker, Urheberrecht, § 15 Rn 30; Heinrich, Die Strafbarkeit der unbefugten Vervielfältigung und Verbreitung von Standardsoftware, S. 247 f.; Schulze-Heiming, Strafrechtlicher Schutz der Computerdaten, S. 151.

740 Möhring/Nicolini, Urheberrechtsgesetz, § 69c Rn 22; Schulze-Heiming, Strafrechtlicher Schutz der Computerdaten, S. 152 in Bezug auf Datenbanken.

741 Das Bereithalten von Computerprogrammen zum Download stellt nach der Neuregelung in § 69c Nr. 4 UrhG eine öffentliche Zugänglichmachung dar, sodass sich die zuvor beschriebene Problematik durch die in Fn 737 dargestellte Änderung des Urheberrechtsgesetzes erledigt hat.

drücklich die Strafbarkeit fahrlässigen Handelns an. Der Nachweis des Vorsatzes ist im Zusammenhang mit dem Urheberstrafrecht insofern häufig problematisch, als hinsichtlich der einzelnen Tatbestandsmerkmale eine enge Verknüpfung zu zivilrechtlichen Normen besteht und die Auslegung dieser Vorschriften durch das Auftreten zahlreicher Rechtsprobleme erschwert wird.[742] Daher ist die Möglichkeit des Vorliegens eines Irrtums auf Seiten des Täters zu erwägen, wobei zwischen dem vorsatzausschließenden Tatbestandsirrtum und dem Verbotsirrtum, der lediglich im Falle der Unvermeidbarkeit die Schuld entfallen lässt, zu unterscheiden ist. Ein Tatbestandsirrtum liegt z. B. vor, wenn der Täter die tatsächlichen Umstände nicht kennt, die dazu führen, dass das Computerprogramm urheberrechtlich geschützt wird oder dass er eine Vervielfältigungshandlung hinsichtlich des Computerprogramms vornimmt. Nimmt er demgegenüber lediglich eine falsche rechtliche Bewertung vor, so liegt ein Verbotsirrtum vor.

5.5 Rechtswidrigkeit

Die Einwilligung des Berechtigten ist trotz der ausdrücklichen Erwähnung in § 106 Abs. 1 UrhG kein Tatbestandsmerkmal, sondern stellt bei Vorliegen einen Rechtfertigungsgrund dar, der die Rechtswidrigkeit entfallen lässt.[743] Sonstige Rechtfertigungsgründe sind im Zusammenhang mit dem Urheberstrafrecht nicht von Bedeutung.

6 Strafvorschriften des Bundesdatenschutzgesetzes

Im Rahmen der Problematik des unberechtigten Zugangs zu Computerdaten und -systemen sind auch zwei Straftatbestände des Bundesdatenschutzgesetzes von Bedeutung. Es handelt sich hierbei um die Straftatbestände der § 44 Abs. 1 i. V. m. § 43 Abs. 2 Nr. 3 BDSG und § 44 Abs. 1 i. V. m. § 43 Abs. 2 Nr. 4 BDSG, die in den Fällen der Datenspionage verwirklicht sein können.

Durch die am 23.05.2001 in Kraft getretene Novellierung des BDSG hat der Gesetzgeber das Datenschutzrecht den Vorgaben der EG-Datenschutzrichtlinie 95/46/EG vom 24.10.1995[744] entsprechend angepasst. Im Gesetzgebungsverfahren wurden auf Anregung des Bundesrates die Straf- und Bußgeldvorschriften des BDSG überarbeitet, wobei unter dem Aspekt der Entkriminalisierung die

---

742 Scholz, Der strafrechtliche Schutz veröffentlichter elektronischer Datenbanken, S. 70.

743 Haß, in: Schricker, Urheberrecht, § 106 Rn 11.

744 ABl. EG vom 23.11.1995, Nr. L 281/31.

Straftatbestände auf vorsätzliche Handlungen gegen Entgelt oder in der Absicht, sich bzw. einen anderen zu bereichern oder zu schädigen, beschränkt wurden.[745]

Nach § 1 Abs. 1 BDSG schützt das BDSG und damit auch die Strafvorschrift des § 44 BDSG den Einzelnen vor Beeinträchtigungen seines Persönlichkeitsrechts bei dem Umgang mit seinen persönlichen Daten. Als Täter kommt im Rahmen der Tatbestände des § 44 i. V. m. § 43 BDSG jedermann in Betracht, allerdings nicht der Betroffene selbst.[746] Tatobjekt sind personenbezogene Daten, die nicht allgemein zugänglich sind. Durch die Beschränkung auf personenbezogene Daten wird der Schutzrichtung des BDSG Rechnung getragen. Der Begriff der personenbezogenen Daten wird in § 3 Abs. 1 BDSG als Einzelangaben über persönliche oder sachliche Verhältnisse einer bestimmten oder bestimmbaren natürlichen Person definiert. Unter Einzelangaben versteht man dabei Informationen, die sich auf eine bestimmte oder bestimmbare natürliche Person beziehen bzw. mit Hilfe derer sich ein Bezug zu der Person herstellen lässt.[747] Diese können sich sowohl auf den Betroffenen selbst, seine Identifizierung und Charakterisierung („persönliche Verhältnisse“) als auch auf einen mit dem Betroffenen in Bezug stehenden Sachverhalt („sachliche Verhältnisse“) erstrecken.[748]

Während der Straftatbestand des § 43 BDSG a. F. das Tatobjekt auf solche personenbezogenen Daten beschränkte, die nicht offenkundig waren, spricht § 44 BDSG n. F. jetzt in diesem Zusammenhang von personenbezogenen Daten, die nicht allgemein zugänglich sind. Durch die Wahl der neuen Formulierung soll sichergestellt werden, dass eine Strafbarkeit bei dem Vorliegen der sonstigen Tatbestandsvoraussetzungen nur ausgeschlossen wird, wenn es sich um Daten handelt, die von jedermann ohne Beschränkung des Zugangs aus Gründen des Persönlichkeitsschutzes generell zur Kenntnis genommen werden können. Offenkundigkeit war nach der bisherigen Regelung demgegenüber bereits dann zu bejahen, wenn die Daten bei Vorliegen bestimmter Voraussetzungen grundsätzlich an jeden übermittelt werden konnten. Dies hatte zur Folge, dass das unbefugte Abrufen von personenbezogenen Daten aus dem zentralen Informations-

---

745 Gola/Klug, NJW 2001, 3747, 3748.

746 Gola/Schomerus, BDSG, § 44 Rn 3; Simitis/Dammann, BDSG, § 43 BGSG a. F. Rn 9, 15; Schaffland/Wiltfang, BDSG, § 43 BDSG a. F. Rn 3.

747 Gola/Schomerus, BDSG, § 3 Rn 3.

748 Gola/Schomerus, BDSG, § 3 Rn 5, 6.

system des Kraftfahrtbundesamtes durch öffentliche Bedienstete, die die Daten an private Stellen weitergaben, nicht strafbar war.[749]

Die Straftatbestände des § 44 Abs. 1 i. V. m. § 43 BDSG müssen sich an dem in § 1 BDSG, insbesondere in Abs. 2 dieser Vorschrift festgelegten Anwendungsbereich des BDSG orientieren.[750] Dies hat zur Folge, dass eine Strafbarkeit nach § 44 i. V. m. § 43 BDSG ausscheidet, wenn es sich bei dem Tatobjekt um personenbezogene Daten handelt, die von einer nicht-öffentlichen Stelle ausschließlich für persönliche oder familiäre Tätigkeiten erhoben werden (§ 1 Abs. 2 Nr. 3 BDSG). Darüber hinaus gelten in Bezug auf die öffentlichen Stellen der Länder grundsätzlich vorrangig die landesrechtlichen Datenschutzregelungen (§ 1 Abs. 2 Nr. 2 BDSG), sodass die von diesen Stellen erhobenen, verarbeiteten und genutzten Daten in der Regel durch die entsprechenden Strafvorschriften in den Landesdatenschutzgesetzen geschützt werden.

Nach § 44 Abs. 1 i. V. m. § 43 Abs. 2 Nr. 3 macht sich strafbar, wer vorsätzlich gegen Entgelt oder in der Absicht, sich oder einen anderen zu bereichern oder zu schädigen, unbefugt personenbezogene Daten, die nicht allgemein zugänglich sind, abruft oder sich oder einem anderen aus automatisierten Verarbeitungen oder nicht automatisierten Dateien verschafft. Abgesehen von dem Erfordernis einer Handlung gegen Entgelt oder in der Absicht, sich oder einen anderen zu bereichern oder zu schädigen, stimmt dieser Straftatbestand weitgehend mit § 43 Abs. 1 Nr. 3 BDSG a. F. überein. Ein Abruf von Daten setzt voraus, dass der Täter diese durch Eingabe oder Aktivierung von Programmbefehlen wahrnehmbar macht und zur Kenntnis nimmt oder sie beispielsweise durch Herstellen einer Kopie auf einem Datenträger in seine Verfügungsgewalt bringt, sodass er sie später zur Kenntnis nehmen kann.[751] Die Verwendung des Begriffs „Abruf“ lässt erkennen, dass es sich um Daten handeln muss, die in einer automatischen Datenverarbeitungsanlage gespeichert sind.[752] Außerdem setzt dieser Begriff voraus, dass der Datenzugriff gezielt unter Einsatz von Programmbefehlen erfolgen muss,[753] sodass es nicht ausreicht, wenn der Täter lediglich einen Datenträger entwendet, der die Daten enthält, oder wenn er Kenntnis von Daten erlangt, indem er eine Datenübertragungsleitung anzapft oder die elektromagnetische Abstrahlung eines Gerätes abfängt.

---

749 Stellungnahme des Bundesrates vom 29.09.2000 zu dem Entwurf eines Gesetzes zur Änderung des Bundesdatenschutzgesetzes und anderer Gesetze, im Internet abrufbar unter http://www.datenschutz-berlin.de/recht/de/ggebung/bdsg_neu/bdsgstell.htm#h14.

750 Schaffland/Wiltfang, BDSG, § 43 BDSG a. F. Rn 4.

751 Simitis/Dammann, BDSG, § 43 BDSG a. F. Rn 23.

752 Gola/Schomerus, BDSG, § 43 Rn 22.

753 Simitis/Dammann, BDSG, § 43 BDSG a. F. Rn 25.

Der Begriff des Verschaffens weist große Ähnlichkeit mit der zuvor erläuterten Tathandlung des Abrufs auf. Ein Unterscheidungskriterium ergibt sich dahingehend, dass das Verschaffen keinen Zugriff auf die Daten unter Verwendung von Programmbefehlen voraussetzt. Dementsprechend kann es sich in diesem Zusammenhang sowohl um Daten aus automatisierten Verarbeitungen als auch aus nicht automatisierten Dateien handeln, wobei diese beiden Begriffe in § 3 Abs. 2 BDSG definiert sind.

Nach § 44 Abs. 1 i. V. m. § 43 Abs. 2 Nr. 4 BDSG macht sich strafbar, wer vorsätzlich gegen Entgelt in der Absicht, sich oder einen anderen zu bereichern oder einen anderen zu schädigen, die Übermittlung von personenbezogenen Daten, die nicht allgemein zugänglich sind, durch unrichtige Angaben erschleicht. Der Straftatbestand in der alten Fassung wurde in das BDSG insbesondere zur Bekämpfung des Datenzugriffs durch „Hacker" aufgenommen.[754] Um den Tatbestand zu erfüllen, muss der Täter durch unrichtige Angaben bewirken, dass die personenbezogenen Daten zugänglich werden, wobei es sich bei dem Erschleichen um einen Sonderfall des Verschaffens handelt.[755] Verschafft der Täter sich mit Hilfe des Passwortes eines Dritten, zu dessen Nutzung er nicht berechtigt ist, personenbezogene Daten, so stellt das Passwort an sich keine unrichtige Angabe dar. Da der Begriff der Angabe jedoch weit zu verstehen ist und auch Berechtigungsmerkmale unter diesen Begriff fallen,[756] ist eine unrichtige Angabe darin zu sehen, dass der Täter mit der Eingabe des Passwortes zugleich erklärt, berechtigter Inhaber des Passwortes zu sein.[757]

In subjektiver Hinsicht setzt § 44 Abs. 1 BDSG voraus, dass der Täter vorsätzlich und gegen Entgelt, worunter man gemäß § 11 Abs. 1 Nr. 9 jede in einem Vermögensvorteil bestehende Gegenleistung versteht, oder mit Bereicherungs- bzw. Schädigungsabsicht handelt.

Die Straftatbestände der § 44 Abs. 1 i. V. m. § 43 Abs. 2 Nr. 3 und § 44 Abs. 1 i. V. m. § 43 Abs. 2 Nr. 4 können in den Fällen der Datenspionage verwirklicht sein. Die Anwendbarkeit der zuvor genannten Strafvorschriften setzt voraus, dass es sich bei dem Tatobjekt um personenbezogene Daten handelt, die nicht allgemein zugänglich sind und deren Erhebung, Verarbeitung und Nutzung von dem Anwendungsbereich des BDSG umfasst wird, dass der Täter die entspre-

---

754 Schmid, Computerhacken und Strafrecht, S. 154; Schaffland/Wiltfang, BDSG, § 43 BDSG a. F. Rn 12.

755 Simitis/Dammann, BDSG, § 43 BDSG a. F. Rn 31-32.

756 Anders als im Zusammenhang mit dem Merkmal der „Verwendung unrichtiger Daten" im Rahmen des § 263a StGB.

757 Simitis/Dammann, BDSG, § 43 BDSG a. F. Rn 35-36.

chenden Tathandlungen vornimmt (Abruf bzw. Verschaffen der Daten oder Erschleichen der Übermittlung der Daten durch unrichtige Angaben) und dass der Täter vorsätzlich gegen Entgelt oder in der Absicht handelt, sich bzw. einen anderen zu bereichern oder einen anderen zu schädigen.

5. Kapitel
Rechtsvergleich mit anderen europäischen Ländern

Im Folgenden soll anhand der Beispiele Großbritannien, Frankreich, Österreich und Schweiz ein Einblick in die gesetzlichen Regelungen[758] gegeben werden, die in anderen europäischen Ländern zur Bekämpfung der Computerkriminalität und insbesondere des unberechtigten Zugangs zu Computerdaten und -systemen getroffen wurden. Dabei sollen die Unterschiede zu den jeweiligen Vorschriften im deutschen Strafrecht herausgearbeitet werden, wobei eine Beschränkung auf die Regelungen des Kernstrafrechts erfolgt. Diese rechtsvergleichende Untersuchung kann als Grundlage für die Bewertung der im deutschen Strafrecht hinsichtlich des unberechtigten Zugangs zu Computerdaten und -systemen getroffenen Regelungen herangezogen werden.

1 Überblick über das Computerstrafrecht in Großbritannien, Frankreich, Österreich und der Schweiz

1.1 Großbritannien

Das englische Common Law wird auch als Fallrechtssystem bezeichnet. Dieser Begriff trägt der Tatsache Rechnung, dass im Gegensatz zu dem kontinentaleuropäischen Recht Kodifikationen weitgehend fehlen und die Entwicklung der Rechtssätze hauptsächlich auf der Spruchpraxis der Gerichte beruht. Das englische Strafrecht ist nicht in einer Gesamtkodifikation niedergelegt, wie z. B. das deutsche Strafrecht, jedoch existieren gerade auf diesem Gebiet zahlreiche Einzelgesetze.

Vor dem Hintergrund der zunehmenden Bedeutung der Computertechnologien und des damit verbundenen Zuwachses von Missbräuchen dieser Technologien hat die englische Law Commission 1988 ein Arbeitspapier veröffentlicht, in dem die Strafbarkeitslücken, die v. a. im Zusammenhang mit dem unbefugten Zugang zu einem Computersystem bestanden, aufgezeigt wurden.[759] In diesem Arbeitspapier wurde die Schaffung eines neuen Straftatbestandes, der diese Lücken schließen sollte, vorgeschlagen. In Gesprächen mit Computerexperten zeigte sich, dass die Schaffung eines derartigen Straftatbestandes weitgehend

---

[758] Die jeweiligen gesetzlichen Regelungen sind im Anhang abgedruckt.

[759] Smith/Hogan, Criminal Law, S. 706; Volesky, CR 1991, 553, 555.

befürwortet wurde. Darüber hinaus wurde in diesen Gesprächen deutlich, dass die Notwendigkeit bestand, weitere Straftatbestände zu schaffen, die über den Grundtatbestand des unbefugten Zugangs zu einem Computersystem hinaus Fälle unter Strafe stellten, in denen der Täter zusätzlich mit der Absicht handelt, die Begehung weiterer Delikte zu ermöglichen oder zu erleichtern bzw. in denen der Täter Veränderungen in Bezug auf Programme oder Daten vornimmt.[760] Diese beiden weiteren Delikte wurden in den Bericht der Law Commission aufgenommen, sodass der an das Parlament gerichtete Abschlussbericht ("Report on Computer Misuse") die Empfehlung enthielt, drei Straftatbestände zur Bekämpfung der Computerkriminalität zu schaffen.[761] Der daraufhin erlassene Computer Misuse Act trat am 29. August 1990 in Großbritannien in Kraft.[762]

Der Computer Misuse Act enthält drei Tatbestände, nämlich den unberechtigten Zugang zu einem Computersystem,[763] den unberechtigten Zugang mit der darüber hinausgehenden Absicht, weitere Straftaten zu begehen oder zu erleichtern,[764] und die unberechtigte Veränderung von Programmen oder Daten[765].

Die ersten beiden Tatbestände stehen im Verhältnis von Grundtatbestand und Qualifikation, wobei der Grundtatbestand (section 1) das Hacking erfasst und durch den Qualifikationstatbestand (section 2) solche Hacker erfasst werden, die weitere Ziele verfolgen, nämlich die Begehung oder Erleichterung bestimmter weiterer Delikte.

Bei dem dritten Straftatbestand (section 3) handelt es sich um einen selbstständigen Tatbestand, der die Veränderung des Inhalts eines Computers erfasst. Der Täter macht sich hiernach strafbar, wenn er Handlungen vornimmt, die dazu führen, dass Programme oder Daten verändert werden. Dabei muss der Täter mit der Absicht handeln, die Funktion eines Computers zu beeinträchtigen, den Zugang zu einem Programm oder zu Daten, die in einem Computer gespeichert sind, zu verhindern bzw. zu erschweren oder das Funktionieren eines Programms oder die Zuverlässigkeit von Daten zu beeinträchtigen. Dieser Tatbestand ist mit der deutschen Regelung hinsichtlich der Datenveränderung in § 303a StGB vergleichbar. Der objektive Tatbestand der beiden Vorschriften stimmt weitgehend überein. Unterschiede bestehen insoweit, als die englische Regelung als Tathandlung lediglich die Veränderung des Inhalts eines Compu-

---

760 Smith/Hogan, Criminal Law , S. 707.

761 Volesky, CR 1991, 553, 555.

762 Wasik, in Sieber: Computer Crime and other Crimes against Information Technology, S. 627.

763 Section 1: unauthorised access to computer material.

764 Section 2: unauthorised access with intent to commit or facilitate further offences.

765 Section 3: unauthorised modification of computer material.

ters nennt, während in der Vorschrift des § 303a StGB neben der Veränderung von Daten noch weitere Tathandlungen genannt werden, nämlich das Löschen, Unterdrücken und Unbrauchbarmachen von Daten. Letztlich stellen jedoch diese verschiedenen Tathandlungen nur Unterformen der Tathandlung des Veränderns von Daten dar, sodass diesbezüglich nicht von einer tatsächlichen Divergenz zwischen der deutschen und der englischen Regelung gesprochen werden kann. Deutlich erkennbare Unterschiede bestehen jedoch in subjektiver Hinsicht. Während im subjektiven Tatbestand der deutschen Regelung des § 303a StGB lediglich vorausgesetzt wird, dass der Täter vorsätzlich handelt, wird in der englischen Regelung verlangt, dass der Täter mit der von ihm vorgenommenen Handlung eine bestimmte Absicht verfolgt, nämlich die Beeinträchtigung der Funktion eines Computers, die Verhinderung bzw. Erschwerung des Zugangs zu Programmen oder Daten oder die Beeinträchtigung des Funktionierens bzw. der Zuverlässigkeit von Daten.

1.2 Frankreich

In Frankreich wurden durch das Gesetz vom 5. Januar 1988 neue Straftatbestände zur Bekämpfung der Computerkriminalität[766] geschaffen. Dieses Gesetz wurde später aufgehoben und sein Inhalt weitgehend in den am 1. März 1994 in Kraft getretenen Code Pénal (Art. 323-1 bis Art. 323-7) übernommen.[767] Bis 1988 waren Angriffe gegen Computersysteme auf der Grundlage der traditionellen Straftatbestände verfolgt worden, wobei jedoch Strafbarkeitslücken aufgetreten waren, die durch die in dem neuen Gesetz enthaltenen Vorschriften geschlossen werden sollten. Abgesehen von einzelnen Regelungen, die im Rahmen der traditionellen Tatbestände eingefügt wurden, wie z. B. Fälschung von elektronisch verarbeiteten Dokumenten, Gebrauch gefälschter Datenverarbeitungsergebnisse und Datenunterschlagung, hat der französische Gesetzgeber nicht den Weg gewählt, die bereits bestehenden Tatbestände umzuformen bzw. die neu geschaffenen Tatbestände weitgehend an die traditionellen anzulehnen, sondern er hat neue Tatbestände geschaffen, die von den bereits bestehenden Straftatbeständen losgelöst sind. Diese Vorgehensweise wird auch daran deutlich, dass die neu geschaffenen Tatbestände nicht systematisch in Zusammenhang mit bereits existierenden Strafnormen eingeordnet sind, sondern ein eigenes Kapitel in den Code Pénal eingefügt wurde, dessen Vorschriften sich mit Angriffen auf Computersysteme befassen.[768]

---

766 Loi no. 88-19 du 5 Jan. 1988 relative à la fraude informatique (Loi Godfrain).

767 Jeandidier, Droit pénal des affaires, Rn 392.

768 Kapitel III des Code Pénal: „Des atteintes aux système de traitement automatisé de données".

Dieses Kapitel enthält drei Straftatbestände, die verschiedene Verhaltensweisen unter Strafe stellen. Artikel 323-1 Satz 1 Code Pénal erfasst den unbefugten Zugang zu einem Computersystem bzw. den unbefugten Aufenthalt in einem solchen System. In Satz 2 dieser Vorschrift ist eine Verschärfung vorgesehen für die Fälle, in denen der Täter fahrlässig eine Veränderung der in dem Computersystem enthaltenen Daten oder eine Beeinträchtigung des Funktionierens des Computersystems bewirkt. Artikel 323-2 Code Pénal stellt solche Verhaltensweisen unter Strafe, durch die ein Computersystem vorsätzlich beeinträchtigt wird. Dies kann sowohl durch Einwirkung auf die Hardware als auch auf die Software erfolgen. Der in Artikel 323-3 Code Pénal enthaltene Straftatbestand betrifft das unbefugte Implementieren von Daten in einem Computersystem und das unbefugte Löschen und Verändern von Daten. Dieser Straftatbestand ergänzt den vorangegangenen insofern, als nicht nur das zum Funktionieren des Systems notwendige Material gegen Angriffe geschützt wird, sondern auch die Daten selbst. Dadurch, dass auch das unbefugte Implementieren von Daten in einem Computersystem unter Strafe gestellt ist, findet im Verhältnis zu der deutschen Regelung des § 303a StGB eine erhebliche Erweiterung des Schutzbereichs statt, da nach der französischen Regelung keine Veränderung der in dem System enthaltenen Daten stattzufinden braucht.[769] Allein das unbefugte und vorsätzliche Implementieren von Daten in ein Computersystem reicht hier bereits aus, um eine Strafbarkeit zu begründen.

1.3 Österreich

In Österreich existierten bis Oktober 2002 lediglich zwei spezielle Straftatbestände zur Erfassung der Computerkriminalität. Durch das am 25.11.1987 beschlossene und am 01.03.1988 in Kraft getretene Strafrechtsänderungsgesetz (1987) wurden die Straftatbestände der Datenbeschädigung (§ 126a StGB) und des Betrügerischen Datenverarbeitungsmissbrauchs (§ 148a StGB) in das österreichische Strafgesetzbuch eingefügt. Die beiden Straftatbestände wurden aufgenommen, weil es dem Gesetzgeber in Anbetracht der zunehmenden Bedeutung der Datenverarbeitungsanlagen wichtig erschien, für Missbräuche in diesem Bereich ausdrücklich eine Strafandrohung vorzusehen und auf diese Weise mögliche Strafbarkeitslücken auszuschließen.[770] Der österreichische Gesetzgeber ist dabei ebenso wie der deutsche methodisch in der Weise vorgegangen, dass er die neuen Tatbestände systematisch jeweils in dem Zusammenhang eingefügt hat, in dem Strafbarkeitslücken geschlossen werden sollten. § 126a StGB wurde im Zusammenhang mit den Sachbeschädigungsdelikten und § 148a StGB im Rahmen der Betrugsdelikte eingeordnet. Der Tatbestand der Datenbeschädi-

---

769 Vgl. Proske, EDV&Recht 1990, 102, 108.

770 Foregger/Fabrizy, Strafgesetzbuch, § 126a Rn 1.

gung (§ 126a StGB) weist große Ähnlichkeit mit dem deutschen Straftatbestand des § 303a StGB auf, während § 148a StGB (Betrügerischer Datenverarbeitungsmissbrauch) mit der deutschen Regelung des Computerbetruges in § 263a StGB vergleichbar ist. Weitergehende Regelungen, die etwa dem deutschen § 202a StGB vergleichbar sind bzw. Parallelen zu dieser Vorschrift aufweisen, gab es bislang im österreichischen StGB nicht.

Durch das Strafrechtsänderungsgesetz 2002,[771] das am 01.10.2002 in Kraft getreten ist, sind in Umsetzung der Cybercrime-Konvention mehrere neue Straftatbestände zur Bekämpfung der Computerkriminalität geschaffen worden, um die das österreichische Strafgesetzbuch erweitert worden ist. Hierbei handelt es sich um die Straftatbestände des widerrechtlichen Zugriffs auf ein Computersystem (§ 118a StGB), der Verletzung des Telekommunikationsgeheimnisses (§ 119 StGB), des missbräuchlichen Abfangens von Daten (§ 119a StGB), der Störung der Funktionsfähigkeit eines Computersystems (§ 126b StGB) und des Missbrauchs von Computerprogrammen oder Zugangsdaten (§ 126c StGB).

Im österreichischen Strafrecht werden physische Angriffe auf Computeranlagen (sog. Computersabotage) weder von § 126a StGB erfasst noch existiert – anders als im deutschen Strafrecht in § 303b Abs. 1 Nr. 2 – eine spezielle Strafvorschrift, die sich ausdrücklich auf solche Verhaltensweisen bezieht. In diesen Fällen kommt daher lediglich eine Sachbeschädigung nach § 125 StGB in Betracht.

Das österreichische Strafrecht enthält auf Grund der Novellierung sehr detaillierte Regelungen im Bereich der Computerkriminalität. Die Regelungen in den §§ 118a, 119 und 119a StGB beziehen sich auf den unberechtigten Zugang zu Computerdaten und -systemen. Nach § 126b StGB, der gegenüber § 126a StGB subsidiär ist, macht sich derjenige strafbar, der die Funktionsfähigkeit eines fremden Computersystems dadurch schwer stört, dass er Daten eingibt oder übermittelt. Dieser Straftatbestand hat auf Grund seiner Subsidiarität gegenüber § 126a StGB nur in wenigen Fällen eigenständige Bedeutung, da insbesondere in den Fällen der Implementierung von Computerviren, Logischen Bomben und Wurmprogrammen, in denen die Tatbestandsmerkmale des § 126b StGB meistens erfüllt sind, in der Regel bereits der Straftatbestand des § 126a StGB einschlägig ist.

In § 126c StGB wird Art. 6 Abs. 1 der Cybercrime-Konvention in österreichisches Recht umgesetzt. Diese Vorschrift sieht die Strafbarkeit des Herstellens, Einführens, Vertreibens, Veräußerns oder sonstigen Zugänglichmachens sog. „Hackertools“ vor. Hierunter fallen nach § 126c Abs. 1 Nr. 1 und 2 StGB Computerprogramme, die nach ihrer besonderen Beschaffenheit ersichtlich zur Be-

---

[771] Österreichisches BGBl. I 134/2002.

gehung von Straftaten nach §§ 118a, 119, 119a, 126a und 126b StGB geschaffen oder adaptiert worden sind, oder vergleichbare Vorrichtungen sowie Computerpasswörter, Zugangscodes oder vergleichbare Daten, die den Zugriff auf ein Computersystem oder einen Teil davon ermöglichen. § 126c Abs. 2 StGB sieht Ausnahmen von der Strafbarkeit vor, insbesondere für den Fall, dass der Täter freiwillig verhindert, dass das Computerprogramm bzw. die vergleichbare Vorrichtung oder das Passwort, der Zugangscode oder die damit vergleichbaren Daten in der in den §§ 118a, 119, 119a, 126a und 126b StGB bezeichneten Weise gebraucht werden.

1.4 Schweiz

In der Schweiz wurde sehr früh, nämlich bereits im Jahre 1978, mit den Gesetzgebungsarbeiten hinsichtlich der Schaffung strafrechtlicher Regelungen zur Bekämpfung der Computerkriminalität begonnen. Dennoch sind die entsprechenden gesetzlichen Regelungen in diesem Bereich erst am 1. Januar 1995 in Kraft getreten, nachdem die Bundesversammlung am 17. Juni 1994 ein Bundesgesetz über die Änderung des Schweizerischen Strafgesetzbuches und des Militärstrafrechts verabschiedet hatte, das eine Revision des Vermögens- und Urkundenstrafrechts beinhaltete.[772] Durch dieses Gesetz wurde kein eigenständiges Computerstrafrecht geschaffen, sondern es wurden Lücken innerhalb der strafrechtlichen Regelungen geschlossen, die durch den zunehmenden Einsatz der modernen Informationstechnologien und damit verbundene neue Erscheinungsformen der Delinquenz entstanden waren. Hierzu wurden teilweise besondere Computerstraftatbestände geschaffen, teilweise wurden jedoch auch bereits bestehende Tatbestände in der Weise ergänzt, dass sie nun auch auf Begehungsweisen unter Verwendung der Datenverarbeitung ausgedehnt wurden.[773]

Die Tatbestände, die zum Computerstrafrecht gehören, sind folgende: StGB Art. 110 Ziff. 5 Abs. 1 (Erweiterung der Urkundendefinition um Aufzeichnungen auf Bild- und Datenträgern)[774], Art. 143 (Datendiebstahl), Art. 143bis (Hacking), Art. 144bis (Datenbeschädigung), Art. 147 (betrügerischer Missbrauch einer Datenverarbeitung), Art. 150 (Erschleichen einer Leistung / sog. Zeitdiebstahl) und Art. 150bis (Systeme zur Decodierung).

---

772 Schmid, CR 1996, 163.

773 Schmid, Computer- sowie Check- und Kreditkarten-Kriminalität, § 1 Rn 15.

774 Es wurde in diesem Zusammenhang ein anderer Lösungsansatz als im deutschen StGB gewählt, wo die Ergänzungen bei den einzelnen Urkundsdelikten vorgenommen worden sind. Dieser Weg bot sich für den Gesetzgeber in der Schweiz an, da das schweizerische StGB – anders als das deutsche StGB – eine Legaldefinition des Begriffs der Urkunde enthält (vgl. hierzu Schmid, CR 1996, 163, 165).

Die meisten der zuvor aufgezählten Tatbestände weisen das Merkmal auf, dass sie im Verhältnis zu den „klassischen" Straftatbeständen, in deren Bereich sie Lücken schließen sollen, symmetrisch aufgebaut sind.[775] Aus der vorliegenden Kongruenz der Tatbestände ergibt sich, dass die neu geschaffenen Tatbestände im Vergleich zu den traditionellen Tatbeständen grundsätzlich keine neuen Rechtsgüter schützen sollen.[776] Darüber hinaus ist diese Symmetrie bei der Auslegung der neuen Tatbestände von Bedeutung. Außerdem haben die neu geschaffenen Tatbestände im Verhältnis zu den „klassischen" Straftatbeständen subsidiären Charakter, d. h. sie kommen nur dann zur Anwendung, wenn die entsprechenden traditionellen Regelungen nicht eingreifen.[777] Das zuvor Gesagte gilt allerdings nicht, wenn der Gesetzgeber mit der Schaffung von Straftatbeständen Neuland betreten hat, wie bei dem sog. Hackertatbestand und dem sog. Virentatbestand.[778]

Die Gesetzgebungsarbeiten in der Schweiz wurden dadurch beeinflusst, dass in den Nachbarländern Deutschland, Frankreich, Italien und Österreich bereits Straftatbestände hinsichtlich der Computerkriminalität geschaffen worden waren. Dennoch weisen die in der Schweiz im Bereich der Computerkriminalität getroffenen Regelungen erhebliche Unterschiede zu denen der Nachbarländer auf. Besonders bemerkenswert ist in diesem Zusammenhang, dass in der Schweiz Tatbestände geschaffen wurden, die bestimmte Verhaltensweisen erfassen, die in den Nachbarländern bisher nicht explizit von einem Tatbestand erfasst worden sind, so z. B. der sog. Hackertatbestand (StGB Art. 143bis) und der sog. Virentatbestand (StGB Art. 144bis Ziff. 2).[779]

Im Vergleich zu den deutschen Regelungen weisen die Tatbestände, die in der Schweiz zur Bekämpfung der Computerkriminalität eingeführt wurden, sowohl Gemeinsamkeiten als auch Unterschiede auf. Zunächst ist eine Übereinstimmung dahingehend festzustellen, dass sowohl in Deutschland als auch in der Schweiz kein eigenständiges Computerstrafrecht existiert, sondern in beiden Ländern eine Aktualisierung des StGB stattgefunden hat, teilweise durch die Ergänzung bereits bestehender Tatbestände und teilweise durch die Einfügung besonderer Computerstraftatbestände im jeweiligen Deliktszusammenhang. Auch hinsichtlich einzelner Tatbestände sind Gemeinsamkeiten festzustellen. So stimmt z. B. der Tatbestand des betrügerischen Missbrauchs einer Datenverarbeitungsanlage im schweizerischen Recht (StGB Art. 147) mit der deutschen

[775] Schmid, Computer- sowie Check- und Kreditkarten-Kriminalität, § 1 Rn 18.

[776] Schmid, CR 1996, 163, 164.

[777] Schmid, Computer- sowie Check- und Kreditkarten-Kriminalität, § 1 Rn 17.

[778] Schmid, CR 1996, 163, 164.

[779] Schmid, CR 1996, 163 f.

Regelung des Computerbetruges (§ 263a StGB) weitgehend überein. Auch die Datenbeschädigung in Art. 144bis Ziff. 1 des schweizerischen StGB weist sehr große Ähnlichkeit mit dem Tatbestand der Datenveränderung in § 303a des deutschen StGB auf. Allerdings werden physische Angriffe auf Computeranlagen (sog. Computersabotage), die in Deutschland nach § 303b StGB strafbar sind, weder von der Regelung des Art. 144bis Ziff. 1 erfasst noch existiert in der Schweiz ein spezieller Tatbestand der Computersabotage. Diese Sachverhalte werden demnach in der Schweiz allein von dem Tatbestand der Sachbeschädigung (StGB Art. 144) erfasst.[780] Im Gegensatz zum deutschen StGB existiert im schweizerischen StGB ein eigener Tatbestand, der – als abstrakter Gefährdungstatbestand ausgestaltet – das Herstellen von datenschädigenden Programmen (z. B. Virenprogrammen, Logischen Bomben usw.) erfasst. Erhebliche Unterschiede im Verhältnis zu den entsprechenden deutschen Regelungen weist das schweizerische Strafrecht im Bereich der Datenspionage und des Hackings auf.

2 Unberechtigter Zugang zu Computerdaten und -systemen in anderen europäischen Ländern

2.1 Großbritannien

Der Computer Misuse Act enthält in section 1 und 2 Straftatbestände, die unmittelbar im Zusammenhang mit dem unberechtigten Zugang zu Computerdaten und -systemen relevant sind.

2.1.1 Section 1 des Computer Misuse Act

Section 1 des Computer Misuse Act stellt im Verhältnis zu section 2 einen Grundtatbestand dar, durch den der von dem Hacking ausgehenden Bedrohung begegnet werden soll und durch den jede Form des bewussten unbefugten Eindringens in ein Computersystem erfasst wird.[781] Als Tathandlung wird in section 1 vorausgesetzt, dass der Täter die Durchführung einer Funktion durch den Computer auslöst („causes a computer to perform any function"). In diesem Zusammenhang reicht es aus, dass der Täter z. B. einen Sicherheitsmechanismus, der das Computersystem vor unbefugtem Zugang schützen soll, in Gang bringt, selbst wenn dieser dem Täter letztlich den Zugang zu dem System verweigert.[782]

---

780 Schmid, CR 1996, 163, 168.

781 Volesky, CR 1991, 553, 555 f.

782 Wasik, Crime and the Computer, S. 78.

Sogar das bloße Einschalten des Computers entspricht bereits den Erfordernissen der Tathandlung.[783] Auf Grund der sehr weit formulierten Tathandlung setzt die Strafbarkeit bereits in einem sehr frühen Stadium an. Dies erklärt sich daraus, dass die Law Commission die Auffassung vertrat, dass nur durch eine derart weit gefasste Formulierung die Grundlage für eine klare und durchsetzbare Regelung geschaffen werden könne.[784]

In subjektiver Hinsicht setzt der Straftatbestand zum einen voraus, dass der Täter mit der Absicht handelt, den Zugang zu einem Computersystem zu erlangen oder sich Informationen über ein Programm oder Daten, die in dem Computer gespeichert sind, zu verschaffen, und zum anderen, dass er weiß, dass der von ihm erstrebte Zugang unberechtigt erfolgt. Die Motive des Täters spielen in diesem Zusammenhang keine Rolle, sodass von dem Straftatbestand auch derjenige erfasst wird, der eigentlich keine verwerflichen Ziele verfolgt, sondern z. B. aus Neugier oder sportlichem Ehrgeiz in ein fremdes Computersystem eindringt.[785]

Anders als etwa in der deutschen Regelung des § 202a StGB werden in den Straftatbeständen des Computer Misuse Act keine besonderen Zugangssicherungen von Seiten des Opfers verlangt. Als Begründung hierfür wird angeführt, dass eine solche Einschränkung zu einer Diskriminierung der Opfer führe, die keine Sicherheitsvorrichtungen angebracht hätten, und darüber hinaus die Aufmerksamkeit eher auf die Sorglosigkeit des Opfers als auf die Absichten des Täters gelenkt würde.[786]

2.1.2 Section 2 des Computer Misuse Act

Section 2 enthält eine Qualifizierung zu dem zuvor beschriebenen Grundtatbestand. Dieser Straftatbestand erfasst die Täter, die den in section 1 enthaltenen Straftatbestand verwirklichen und dabei mit der Absicht handeln, ein weiteres Delikt, das in section 2 (2) näher umschrieben wird, zu begehen oder zu erleichtern.

Der objektive Tatbestand dieses Delikts stimmt mit dem in section 1 enthaltenen Delikt überein, d. h. vorausgesetzt wird auch hier, dass der Täter die Durchführung einer Funktion des Computers auslöst. In subjektiver Hinsicht erfordert die in section 2 enthaltene Strafvorschrift, dass der Täter die Absicht verfolgt, eine

---

[783] Allerdings dürfte es in diesem Stadium mit erheblichen Schwierigkeiten verbunden sein, den Vorsatz nachzuweisen (Smith/Hogan, Criminal Law, S. 708).

[784] Volesky, CR 1991, 553, 556.

[785] Smith/Hogan, Criminal Law, S. 708.

[786] Wasik, Crime and the Computer, S. 80.

weitere Straftat zu begehen oder eine weitere eigene Straftat bzw. eine fremde Straftat zu erleichtern. Bei dieser weiteren Tat muss es sich um ein Delikt handeln, für das die Strafe durch Gesetz bestimmt ist oder für das eine mindestens 21jährige und nicht bereits vorbestrafte Person zu einer Freiheitsstrafe von wenigstens 5 Jahren verurteilt werden könnte. Es muss sich also um eine Straftat von gewisser Erheblichkeit handeln.[787]

Es spielt keine Rolle, ob das beabsichtigte weitere Delikt zur gleichen Zeit wie der unberechtigte Zugang verwirklicht werden soll oder ob die Ausführung dieses Delikts erst zu einem späteren Zeitpunkt vorgesehen ist.[788] Darüber hinaus muss die Straftat nicht tatsächlich begangen werden. Section 2 ist vielmehr sogar auch dann anwendbar, wenn die Verwirklichung des weiteren Delikts von vornherein unmöglich ist.[789]

Als Beispiele für die Anwendbarkeit des in section 2 enthaltenen Straftatbestandes benennt die Law Commission zwei Fälle, nämlich zum einen den Fall, dass der Täter sich unberechtigten Zugang zu einem Bankcomputer verschafft mit dem Ziel, von dort eine Geldsumme auf ein anderes Konto zu überweisen, und zum anderen den Fall, dass der Täter in ein fremdes Computersystem eindringt, um dort Informationen für eine spätere Erpressung zu erhalten.

2.1.3 Zusammenfassung

Der unberechtigte Zugang zu Computerdaten und -systemen spielt in dem Computer Misuse Act von 1990 eine zentrale Rolle. Dies wird v. a. daran deutlich, dass von drei Straftatbeständen, die dieses Gesetz beinhaltet, sich alleine zwei mit der Problematik des Hackings befassen. Die Gründe, die für eine Kriminalisierung des Hackings in Großbritannien herangezogen worden sind, sind vielfältig. Man hatte die enormen Kosten vor Augen, die verursacht werden, wenn die Betreiber eines Computersystems dazu gezwungen sind, aufwendige Maßnahmen zu ergreifen, um die Sicherheit ihres Systems aufrechtzuerhalten bzw. wiederherzustellen.[790] Angesichts der zunehmenden Bedeutung der Computer in der modernen Gesellschaft sah man es als eine im öffentlichen Interesse liegende Notwendigkeit an, dass diejenigen, die von dem einwandfreien Funktionieren dieser Technologien abhängig sind, nicht durch die Besorgnis in ihrer Arbeit beeinträchtigt werden, dass sich andere unberechtigten Zugang zu den in dem

---

787 Volesky, CR 1991, 553, 556.

788 Smith/Hogan, Criminal Law, S. 710.

789 Smith/Hogan, Criminal Law, S. 710.

790 Volesky, CR 1991, 553, 555.

Computersystem gespeicherten Daten verschaffen.[791] Außerdem bedeutet ein Hackerangriff häufig einen vollständigen Verlust der Systemsicherheit, da sich der Hacker jederzeit erneut Zugang zu dem System verschaffen kann. Durch wiederholte Hackerangriffe wird das Vertrauen der Systembetreiber und der Nutzer in die Sicherheit des Computersystems zerstört, was dazu führt, dass der Nutzen dieser Technologien verringert wird.[792] Ein weiterer Anlass für den Vorschlag zur Schaffung eines Straftatbestandes, wie er in section 2 des Computer Misuse Act enthalten ist, war die Erkenntnis, dass der unberechtigte Zugang zu einem Computersystem vielfach nur die Vorstufe zur Begehung weiterer Delikte darstellt.[793]

Im Vergleich zu der deutschen Regelung des § 202a StGB enthält der Computer Misuse Act sehr viel detailliertere Regelungen bezüglich des Hackings, die die Strafbarkeit in ein sehr frühes Stadium vorverlegen. Der Täter braucht hier nicht einmal Daten abzurufen und zur Kenntnis zu nehmen, sondern es reicht bereits das Einschalten des Computers aus, soweit dieses mit der Absicht erfolgt, sich unberechtigten Zugang zu einem Programm oder zu Daten zu verschaffen, die in dem Computersystem gespeichert sind. Bei dem in section 1 des Computer Misuse Act enthaltenen Delikt braucht eine tatsächliche Beeinträchtigung der Systemsicherheit nicht einzutreten. Es genügt z. B., wenn der Täter Sicherheitsmechanismen, die das Computersystem gegen unberechtigten Zugang schützen, in Gang setzt, diese ihm jedoch den Zugang zu dem System verweigern. Es handelt sich bei diesem Delikt folglich um ein Gefährdungsdelikt. Ob in diesem Bereich bereits eine bloße Gefährdung für die Begründung der Strafbarkeit ausreichen sollte, erscheint höchst zweifelhaft. Allerdings wird es in einem derart frühen Stadium, in dem erst eine bloße Gefährdung vorliegt, ohnehin schwierig sein, den entsprechenden Vorsatz nachzuweisen. Hinzu kommt, dass der ausgedehnte Strafbarkeitsbereich durch ein relativ mildes Strafmaß wieder ausgeglichen wird.[794]

Bezüglich der Regelungen des Computer Misuse Act ist zu begrüßen, dass das Hacking vor dem Hintergrund der mit diesen Verhaltensweisen verbundenen Gefahren ausdrücklich unter Strafe gestellt worden ist.

---

791 Wasik, Crime and the Computer, S. 75.

792 Volesky, CR 1991, 553, 555.

793 Volesky, CR 1991, 553, 555.

794 Volesky, CR 1991, 553, 556.

2.2 Frankreich

Im Zusammenhang mit den Erscheinungsformen des unberechtigten Zugangs zu Computerdaten und -systemen ist v. a. der in Artikel 323-1 Code Pénal enthaltene Straftatbestand interessant. Nach dieser Vorschrift macht sich derjenige strafbar, der sich ohne Berechtigung[795] Zugang zu einem Computersystem oder zu einem Teil des Computersystems verschafft bzw. ohne Berechtigung hierin verweilt. Für die Tatbestandserfüllung ist es allein ausreichend, dass der Täter Zugang zu dem System erlangt hat. Es bedarf folglich nicht der Feststellung, dass der Täter sich Daten verschafft hat. Es ist nach dieser Regelung auch gleichgültig, aus welchen Motiven der Täter in das System eingedrungen ist. Im Gegensatz zu der deutschen Regelung in § 202a StGB braucht das Computersystem nicht gegen unberechtigten Zugang besonders gesichert zu sein. Dies wird damit begründet, dass der französische Gesetzgeber keine Verpflichtung zu Sicherungsvorkehrungen – auch nicht indirekt – schaffen wollte.[796]

Der Täter muss vorsätzlich handeln, wobei sich der Vorsatz insbesondere darauf erstrecken muss, dass der Zugang unbefugt erfolgt. Der Versuch des Delikts ist gemäß Artikel 323-7 Code Pénal strafbar.

Eine Strafschärfung ist nach Artikel 323-1 Satz 2 für die Fälle vorgesehen, in denen der Täter sich vorsätzlich unbefugten Zugang zu dem Computersystem verschafft und darüber hinaus fahrlässig Daten gelöscht oder verändert hat. Dabei ist der Schutz jedoch auf Daten beschränkt, die in dem von dem unbefugten Zugang betroffenen System gespeichert sind.

Auch der französische Gesetzgeber hat dem Hacking eine derart wichtige Bedeutung beigemessen, dass er eine Vorschrift geschaffen hat, die die in diesem Zusammenhang relevanten Verhaltensweisen ausdrücklich unter Strafe stellt. Anders als in der deutschen Regelung des § 202a StGB knüpft die Strafbarkeit in Art. 323-1 Code Pénal bereits daran an, dass der Täter sich unbefugt Zugang zu dem System verschafft, und nicht etwa erst daran, dass er in dem System gespeicherte Daten zur Kenntnis nimmt. Darüber hinaus ist im Code Pénal bereits der Versuch des in Artikel 323-1 enthaltenen Delikts mit Strafe bedroht, wodurch im Vergleich zu der deutschen Regelung in § 202a StGB eine Vorverlagerung der Strafbarkeit eintritt. Eine Erweiterung des strafrechtlichen Schutzes in Frankreich im Verhältnis zu der deutschen Regelung des § 202a StGB tritt auch dadurch ein, dass in der französischen Regelung ein viktimdogmatisches Ele-

[795] Der in der Vorschrift verwendete Begriff „frauduleux" (wörtlich übersetzt: „betrügerisch") bedeutet in diesem Zusammenhang „gegen den Willen des Inhabers des Computersystems" (Martin, La criminalité informatique, S. 98).

[796] Martin, La criminalité informatique, S. 98.

ment in der Form, dass der strafrechtliche Schutz auf Computersysteme beschränkt ist, die gegen unberechtigten Zugang besonders gesichert sind, fehlt.

Im Verhältnis zu der deutschen Regelung des § 202a StGB bietet die französische Regelung des Artikel 323-1 Code Pénal den Vorteil, dass die Strafbarkeit bereits an das Verschaffen unbefugten Zugangs zu einem Computersystem anknüpft und nicht erst an ein Verschaffen von Daten. Auch wenn das Verschaffen des Zugangs regelmäßig mit dem Verschaffen von Daten zusammenfällt, erscheint im Interesse der Klarstellung eine Regelung, wie sie im Code Pénal enthalten ist, überzeugender. Demgegenüber ist im Hinblick auf das Fehlen des Merkmals der besonderen Zugangssicherung in der französischen Regelung anzumerken, dass im Bereich des Hackings ein solches viktimdogmatisches Element zu befürworten ist, da das Strafrecht erst einsetzen sollte, wenn andere Maßnahmen, z. B. auf technischer Ebene, keinen Erfolg haben. Gerade im Bereich der Computertechnologien sind oftmals Sicherungen auf technischer Ebene weit erfolgversprechender, um potentielle Hacker von einer Deliktsbegehung abzuhalten, als die Androhung strafrechtlicher Sanktionen.

Ein weiterer Unterschied zwischen der französischen Regelung und dem deutschen Straftatbestand des § 202a StGB besteht darin, dass der Code Pénal eine Strafschärfung für Fälle vorsieht, in denen der Täter über den unbefugten Zugang hinaus fahrlässig Daten in dem Computersystem löscht oder verändert. Durch diese Regelung wird die Möglichkeit geschaffen, die Strafe entsprechend der Höhe des entstandenen Schadens festzusetzen. Andererseits liegt der Schwerpunkt des Unrechts der Tat eines Hackers darin, dass dieser vorsätzlich unbefugt in ein fremdes Computersystem eindringt. Bereits durch das Verschaffen unbefugten Zugangs werden in der Regel enorme Schäden sowohl materieller als auch immaterieller Art hervorgerufen, die den Anknüpfungspunkt für strafrechtliche Sanktionen bilden sollten. Es ist in diesem Zusammenhang nicht erforderlich, eine Strafschärfung für die fahrlässige Verursachung weiterer Schäden vorzusehen.

2.3 Österreich

Das österreichische Strafgesetzbuch enthielt bis Oktober 2002 keine Vorschrift, die ein Ausspähen von Daten – wie z. B. im deutschen § 202a StGB – oder ein unbefugtes Eindringen in ein fremdes Computersystem – wie z. B. im StGB der Schweiz in Art. 143bis – unter Strafe stellte. Es existiert zwar im österreichischen Datenschutzgesetz 2000[797] in § 52 Abs. 1 Nr. 1 eine Verwaltungsstrafbestimmung, wonach derjenige eine Verwaltungsübertretung begeht, der sich vorsätzlich widerrechtlichen Zugang zu einer Datenanwendung verschafft oder einen

[797] Österreichisches BGBl. I 165/1999.

erkennbar widerrechtlichen Zugang vorsätzlich aufrechterhält. Diese Vorschrift findet allerdings nur Anwendung, soweit es um den Schutz personenbezogener Daten geht.

Der österreichische Gesetzgeber hat durch das Strafrechtsänderungsgesetz 2002 drei neue Straftatbestände in das StGB aufgenommen, die den Bereich des unberechtigten Zugangs zu Computerdaten und -systemen betreffen. In § 118a StGB wird der widerrechtliche Zugriff auf ein Computersystem unter bestimmten Voraussetzungen unter Strafe gestellt. Der objektive Tatbestand dieser Vorschrift setzt voraus, dass sich der Täter Zugang zu einem Computersystem, über das er nicht oder nicht allein verfügen darf, oder einem Teil eines solchen Computersystems verschafft, indem er spezifische Sicherheitsvorkehrungen im Computersystem verletzt. In subjektiver Hinsicht wird in dem Straftatbestand gefordert, dass der Täter mit der Absicht handelt, sich oder einem anderen Unbefugten von in einem Computersystem gespeicherten und nicht für ihn bestimmten Daten Kenntnis zu verschaffen. Darüber hinaus muss der Täter mit der Absicht handeln, sich oder einem anderen, dadurch dass er die Daten nutzt, sie einem Dritten zugänglich macht oder sie veröffentlicht, einen Vermögensvorteil zu verschaffen oder einem anderen einen Nachteil zuzufügen. Auf Grund der Einschränkungen auf der subjektiven Ebene werden durch § 118a StGB Hacker, die lediglich aus Spaß an der Überwindung von Zugangssicherungen handeln, ausdrücklich nicht erfasst. Der Straftatbestand bezieht sich vielmehr nur auf Datenspione, die unter Verletzung spezifischer Sicherheitsvorkehrungen in ein fremdes Computersystem eindringen, um sich Daten zu verschaffen und sich zu bereichern bzw. einem anderen einen Nachteil zuzufügen. Problematisch erscheint an dieser Regelung, dass der Schwerpunkt im subjektiven Bereich liegt, woraus erhebliche Schwierigkeiten bei der Beweisführung resultieren können. Es reicht nicht aus, einem Täter nachzuweisen, dass er in ein fremdes Computersystem eingedrungen ist, sondern es muss darüber hinaus auch noch der Nachweis geführt werden, dass er sich bzw. einem Dritten Kenntnis von den Daten verschaffen wollte und mit Bereicherungs- bzw. Nachteilszufügungsabsicht gehandelt hat. Dieser Nachweis dürfte in der Praxis nur sehr schwer zu führen sein, v. a., wenn der Täter keine Kopie der Daten angefertigt hat, sondern sich den Dateninhalt lediglich eingeprägt hat.

Eine weitere neue Strafvorschrift im österreichischen StGB, die in Zusammenhang mit dem unberechtigten Zugang zu Computerdaten und -systemen steht, ist § 119 StGB. Nach § 119 StGB macht sich u. a. strafbar, wer in der Absicht, sich oder einem anderen Unbefugten vom Inhalt einer im Wege eines Computersystems übermittelten und nicht für ihn bestimmten Nachricht Kenntnis zu verschaffen, eine Vorrichtung, die an dem Computersystem angebracht oder sonst empfangsbereit gemacht wurde, benutzt. § 119a StGB stellt ebenfalls die Benutzung einer Vorrichtung, die an dem Computersystem angebracht oder sonst empfangsbereit gemacht wurde, unter Strafe. In subjektiver Hinsicht wird hier verlangt, dass der Täter in der Absicht handelt, sich oder einem anderen Unbefugten von im Wege eines Computersystems übermittelten und nicht für ihn bestimmten Daten Kenntnis zu verschaffen. Darüber hinaus verlangt dieser Tatbestand auf subjektiver Ebene, dass der Täter mit Bereicherungsabsicht oder Nachteilszufügungsabsicht handelt. Durch § 119a StGB wird daneben auch das Auffangen der elektromagnetischen Abstrahlung eines Computersystems unter Strafe gestellt, wobei in subjektiver Hinsicht ebenfalls die zuvor dargestellten Anforderungen gelten.

Insgesamt fällt an den durch das Strafrechtsänderungsgesetz 2002 in das österreichische Strafgesetzbuch eingefügten Vorschriften zur Erfassung des unberechtigten Zugangs zu Computerdaten und -systemen auf, dass der Schwerpunkt auf dem subjektiven Tatbestand liegt, wobei auf die Problematik der hiermit verbundenen Beweisschwierigkeiten bereits hingewiesen wurde.

2.4 Schweiz

Regelungen, die im Zusammenhang mit dem unberechtigten Zugang zu Computerdaten und -systemen relevant sind, enthält das schweizerische Strafrecht in StGB Art. 143 und StGB Art. 143bis.

2.4.1 Unbefugte Datenbeschaffung (StGB Art. 143)

StGB Art. 143 stellt die unbefugte Datenbeschaffung unter Strafe. Nach StGB Art. 143 macht sich strafbar, wer in der Absicht, sich oder einen anderen unrechtmäßig zu bereichern, sich oder einem anderen elektronisch oder in vergleichbarer Weise gespeicherte oder übermittelte Daten beschafft, die nicht für ihn bestimmt und gegen seinen Zugriff besonders gesichert sind. Art. 143 wurde in das schweizerische StGB eingefügt, um Gesetzeslücken zu schließen, die sich daraus ergaben, dass Daten, obwohl diese oftmals wirtschaftlich einen beträchtlichen Wert darstellen, grundsätzlich auf Grund ihrer fehlenden Sacheigenschaft nicht durch die klassischen Eigentumsdelikte geschützt werden. Demzufolge wurde die Norm in den Bereich der Vermögensdelikte eingeordnet und nicht wie § 202a StGB, an dem sich die Vorschrift im Übrigen orientiert, in den Bereich des Schutzes des persönlichen Lebens- und Geheimnisbereichs.

Im Unterschied zu der deutschen Regelung in § 202a StGB ist das durch StGB Art. 143 in erster Linie geschützte Rechtsgut das Vermögen des hinsichtlich der

Daten Berechtigten.[798] Das formelle Geheimhaltungsinteresse des Berechtigten steht demzufolge hier zwar nicht - wie bei § 202a StGB - im Vordergrund, es wird jedoch durch die Vorschrift mitgeschützt, da auch nach StGB Art. 143 der hinsichtlich der Daten Verfügungsberechtigte durch Anbringung einer besonderen Sicherung bestimmt, welche Daten vor dem Zugriff Dritter geschützt sind.[799]

Tatobjekt des StGB Art. 143 sind Daten, die elektronisch oder in vergleichbarer Weise gespeichert sind oder übermittelt werden. Ebenso wie im deutschen Strafrecht existiert im schweizerischen StGB keine Legaldefinition des Datenbegriffs. In der deutschen Regelung des § 202a StGB wird der Datenbegriff auf solche Daten beschränkt, die elektronisch, magnetisch oder sonst nicht unmittelbar wahrnehmbar gespeichert sind oder übermittelt werden. In StGB Art. 143 wird das Kriterium der fehlenden unmittelbaren Wahrnehmbarkeit nicht ausdrücklich genannt. Allerdings kann dieses Kriterium hier daraus hergeleitet werden, dass nur solche Daten durch die Vorschrift erfasst werden, die im Zusammenhang mit der elektronischen Datenverarbeitung und insbesondere einer Datenverarbeitungsanlage stehen, und es in diesem Bereich gerade typisch ist, dass die Daten nicht direkt, d. h. z. B. nicht visuell, erkennbar sind.[800] Auch das Erfordernis, dass es sich um Daten handeln muss, die elektronisch oder in vergleichbarer Weise gespeichert sind oder übermittelt werden, lässt darauf schließen, dass von der Vorschrift nur Daten erfasst werden, die nicht unmittelbar wahrnehmbar sind.

In der Literatur zu StGB Art. 143 wird als ungeschriebenes Merkmal in den Tatbestand hineingelesen, dass die Daten für den Täter „fremd" sein müssen, wobei hinsichtlich dieses Kriteriums auf die Verfügungsberechtigung über die Daten abgestellt wird.[801] Das Erfordernis dieses ungeschriebenen Tatbestandsmerkmals wird damit begründet, dass es sich bei StGB Art. 143 um einen Vermögensstraftatbestand handelt, der die Aufgabe hat, fremde Vermögenswerte zu schützen. Das Kriterium der fehlenden Berechtigung hinsichtlich der Daten wird auch in der deutschen Regelung des § 202a StGB vorausgesetzt. Allerdings ergibt sich dieses hier bereits aus dem Tatbestandsmerkmal der fehlenden Bestimmung der Daten für den Täter, da dieses Merkmal zu bejahen ist, wenn die Daten dem Täter nach dem Willen des hinsichtlich der Daten Berechtigten im Zeitpunkt der Tathandlung nicht zur Verfügung stehen sollen. Demnach ist der Tatbestand von

---

798 Schwarzenegger, Computer crimes in Cyberspace, Rn 71; Schmid, Computer- sowie Check- und Kreditkarten-Kriminalität, § 4 Rn 14 ff.

799 Schmid, Computer- sowie Check- und Kreditkarten-Kriminalität, § 4 Rn 16.

800 Schmid, Computer- sowie Check- und Kreditkarten-Kriminalität, § 2 Rn 9 ff.

801 Schmid, Computer- sowie Check- und Kreditkarten-Kriminalität, § 4 Rn 21; Schmid, CR 1996, 163, 166.

vornherein zu verneinen, wenn der Täter als der hinsichtlich der Daten Berechtigte anzusehen ist. Auch der Tatbestand des StGB Art. 143 setzt voraus, dass es sich um Daten handelt, die für den Täter nicht bestimmt sind, d. h. die dem Täter nach dem Willen des Berechtigten zum Tatzeitpunkt nicht, noch nicht bzw. nicht mehr zur Verfügung stehen sollen.[802] Daher ergibt sich auch hier das Kriterium der fehlenden Berechtigung bereits unmittelbar aus dem Tatbestand, sodass die Berufung auf ein ungeschriebenes Merkmal grundsätzlich nicht erforderlich ist. Die Heranziehung des ungeschriebenen Tatbestandsmerkmals der „Fremdheit" der Daten dient demnach lediglich dazu, hervorzuheben, dass es sich bei StGB Art. 143 um einen Vermögensstraftatbestand handelt, der fremde Vermögenswerte schützt.

In der Literatur zu StGB Art. 143 wird allerdings die Auffassung vertreten, dass als nicht „fremd" in diesem Sinne z. B. Daten bzw. Programme anzusehen sind, die der Täter erworben hat oder die ihm, gestützt auf eine sonstige vertragliche Vereinbarung, überlassen wurden, die er jedoch auf Grund urheberrechtlicher, vertraglicher oder sonstiger Regelungen nur beschränkt nutzen darf.[803] Diese Ansicht weicht von der in der vorliegenden Arbeit hinsichtlich der deutschen Regelung des § 202a StGB vertretenen Auffassung ab.[804]

In Anlehnung an die deutsche Regelung in § 202a StGB wurde auch in der Schweiz im Rahmen des StGB Art. 143 die Einschränkung dahingehend übernommen, dass nur gegen unbefugten Zugriff besonders gesicherte Daten geschützt werden. Im Unterschied zu § 202a StGB wird in StGB Art. 143 vorausgesetzt, dass die besondere Sicherung gegen den Zugriff des jeweiligen Täters sichert („gegen seinen unbefugten Zugriff besonders gesichert"). Dadurch dass die Maßnahme gerade gegen den Zugriff des jeweiligen Täters sichern muss, wird in der schweizerischen Regelung eindeutig klargestellt, dass im Einzelfall auch z. B. Closed-Shop-Sicherungen ausreichen, die zwar nicht jeden unbefugten Zugang zu den Daten verhindern, wie z. B. den unbefugten Zugriff seitens der Beschäftigten des Betriebes, jedoch vor dem unbefugten Zugriff betriebsfremder Personen schützen.[805] Demzufolge treten in diesem Zusammenhang im Unterschied zu der deutschen Regelung des § 202a StGB keine Meinungsverschiedenheiten auf.

---

[802] Schmid, Computer- sowie Check- und Kreditkarten-Kriminalität, § 4 Rn 25.

[803] Schmid, Computer- sowie Check- und Kreditkarten-Kriminalität, § 4 Rn 23.

[804] Vgl. hierzu die Ausführungen im 3. Kapitel unter 2.4.2.3.8.

[805] Gegenüber einer betriebsfremden Person ist damit in solchen Fällen eine besondere Zugangssicherung zu bejahen. Etwas anderes gilt hinsichtlich der Angehörigen des Betriebes, die ungehinderten Zugang zu den Daten haben (vgl. Schmid, Computer- sowie Check- und Kreditkarten-Kriminalität § 4 Rn 31).

Als Tathandlung setzt StGB Art. 143 voraus, dass der Täter die Daten sich oder einem anderen beschafft. Die hier verwendete Terminologie weist auf den Zusammenhang des Straftatbestandes mit den klassischen Eigentumsdelikten, v. a. dem Diebstahlstatbestand (StGB Art. 139) hin. „Beschaffen“ bedeutet, dass der Täter sich oder einem anderen unmittelbar die Verfügungsmacht über die Daten einräumt, wobei die Kenntnisnahme vom Inhalt der Daten nicht erforderlich ist.[806] Trotz der Symmetrie zu den klassischen Eigentumsdelikten setzt der Tatbestand des StGB Art. 143 nicht voraus, dass die Daten, die sich der Täter beschafft, dem Berechtigten nicht mehr zur Verfügung stehen, sondern es reicht vielmehr aus, wenn der Täter die Daten lediglich kopiert.[807] Aus den bisherigen Ausführungen zur Tathandlung des StGB Art. 143 lassen sich Gemeinsamkeiten mit der Tathandlung des „Verschaffens“ in der deutschen Regelung des § 202a StGB entnehmen. Unterschiede bezüglich der Tathandlung ergeben sich jedoch daraus, dass bei der Auslegung des StGB Art. 143 die Kongruenz zum Diebstahlstatbestand gewahrt werden muss. Dies hat zur Folge, dass – anders als bei der deutschen Strafvorschrift des § 202a StGB – die bloße Kenntnisnahme der in den Daten enthaltenen Information ohne die Möglichkeit der umfassenden und dauernden Verfügung über die Daten selbst nicht ausreichend ist.[808] Auch das Abschreiben oder Fotografieren des über den Bildschirm angezeigten Dateninhalts genügt nicht, um die Tathandlung des StGB Art. 143 bejahen zu können.[809] Erforderlich ist hier vielmehr, dass der Täter die Verfügungsgewalt über die Daten in der ihnen typischen Form, d. h. als codierte und elektronisch bzw. in vergleichbarer Weise gespeicherte Information, erlangt.[810]

Der subjektive Tatbestand des StGB Art. 143 erfordert Vorsatz hinsichtlich der objektiven Tatbestandsmerkmale und in Anlehnung an den Diebstahlstatbestand die Absicht unrechtmäßiger Bereicherung. Soweit die Daten einen Marktwert besitzen, kann eine direkte Bereicherung beabsichtigt sein, während eine mittelbare Bereicherung in Betracht kommt, wenn die Daten unmittelbar keinen Substanzwert besitzen, der Täter jedoch einen indirekten Vorteil, z. B. in Form einer Belohnung seitens eines Dritten, anstrebt.[811]

Der Versuch des StGB Art. 143 ist – anders als in der deutschen Regelung des § 202a StGB – strafbar.

---

[806] Schmid, CR 1996, 163, 166.

[807] Schmid, Computer- sowie Check- und Kreditkarten-Kriminalität, § 4 Rn 45.

[808] Schmid, CR 1996, 163, 166 f.

[809] Schmid, Computer- sowie Check- und Kreditkarten-Kriminalität, § 4 Rn 54.

[810] Schmid, Computer- sowie Check- und Kreditkarten-Kriminalität, § 4 Rn 53.

[811] Schmid, Computer- sowie Check- und Kreditkarten-Kriminalität, § 4 Rn 69.

2.4.2 Unbefugtes Eindringen in ein Datenverarbeitungssystem (StGB Art. 143bis)

Nach StGB Art. 143bis macht sich strafbar, wer ohne Bereicherungsabsicht auf dem Wege von Datenübertragungseinrichtungen unbefugterweise in ein fremdes, gegen seinen Zugriff besonders gesichertes Datenverarbeitungssystem eindringt.

Dieser als abstraktes Gefährdungsdelikt konzipierte Straftatbestand, der das Hacking unter Strafe stellt, wurde in das schweizerische StGB eingefügt, um die immer stärker an Bedeutung gewinnende Datenverarbeitung über reine Vermögensinteressen hinaus generell gegen unbefugte Eingriffe zu schützen und damit den Erkenntnissen hinsichtlich der großen Gefahren, die durch das unbefugte Eindringen in fremde Datenverarbeitungsanlagen verursacht werden, Rechnung zu tragen.[812]

StGB Art. 143bis schützt das Interesse des Betreibers eines Datenverarbeitungssystems am störungsfreien Ablauf der Datenverarbeitungsvorgänge und der Datenübermittlung, unbehelligt durch unberechtigte Eindringlinge. Der Tatbestand ist als Vorfeldtatbestand ausgestaltet, durch den u. a. auch Vorbereitungshandlungen zu der Verwirklichung anderer Straftatbestände, wie z. B. der Unbefugten Datenbeschaffung (StGB Art. 143), der Datenbeschädigung (StGB Art. 144bis) oder des Betrügerischen Missbrauchs einer Datenverarbeitungsanlage (StGB Art. 147), erfasst werden können, soweit das unberechtigte Eindringen nicht bereits als Versuch dieser Delikte anzusehen ist.[813]

Tatobjekt des StGB Art. 143bis ist ein fremdes Datenverarbeitungssystem.[814] Im Unterschied zu der deutschen Strafvorschrift des § 202a StGB werden hier folglich nur Daten geschützt, die in einem Datenverarbeitungssystem gespeichert sind, und nicht solche Daten, die sich auf externen Datenträgern, wie z. B. Disketten, befinden.[815] Das Datenverarbeitungssystem muss analog zu StGB Art. 143 gegen den Zugriff des Täters besonders gesichert sein. Darüber hinaus kommt als Tatobjekt nur ein Datenverarbeitungssystem in Betracht, das über Datenübertragungseinrichtungen, d. h. im Wege der drahtgebundenen oder der

---

812 Schmid, CR 1996, 163, 167.

813 Schmid, Computer- sowie Check- und Kreditkarten-Kriminalität, § 5 Rn 13.

814 Dieser Begriff wird im schweizerischen StGB weitgehend als Synonym für die Begriffe der Datenverarbeitung und der Datenverarbeitungsanlage verwendet (Schmid, Computer- sowie Check- und Kreditkarten-Kriminalität, § 5 Rn 16; Schmid, CR 1996, 163, 167).

815 Schwarzenegger, Computer crimes in Cyberspace, Rn 77.

drahtlosen Datenfernübertragung, mit anderen Datenverarbeitungssystemen in Verbindung steht.[816]

Als Tathandlung setzt StGB Art. 143bis ein unbefugtes Eindringen des Täters in ein Datenverarbeitungssystem auf dem Wege von Datenübertragungseinrichtungen voraus. Diese Tathandlung ist zu bejahen, sobald der Täter die erste Zugangssicherung zu dem Datenverarbeitungssystem überwunden hat und auf die dort gespeicherten Daten zugreifen kann. Kein Eindringen i. S. des StGB Art. 143bis ist z. B. das physische Betreten gesicherter Computerräume.[817]

Der subjektive Tatbestand des StGB Art. 143bis erfordert Vorsatz im Hinblick auf die objektiven Tatbestandsmerkmale. Außerdem wird im subjektiven Tatbestand vorausgesetzt, dass der Täter ohne Bereicherungsabsicht handelt. Diese Einschränkung ist in der Literatur auf Kritik gestoßen, da sie zu der Entstehung von Strafbarkeitslücken führt.[818] Es ist beispielsweise denkbar, dass ein Hacker zwar mit Bereicherungsabsicht handelt, jedoch die Tathandlung des „Beschaffens" von Daten (StGB Art. 143) nicht verwirklicht, z. B. weil er den Dateninhalt lediglich über den Bildschirm abruft und sich diesen merkt oder notiert. In einem solchen Fall könnte der Täter weder nach StGB Art. 143 noch nach StGB Art. 143bis bestraft werden.

2.4.3 Zusammenfassung

Das schweizerische StGB enthält im Hinblick auf die Erscheinungsformen des Hackings und der Datenspionage zwei Regelungen, nämlich StGB Art. 143 (Unbefugte Datenbeschaffung) und StGB Art. 143bis (Unbefugtes Eindringen in ein Datenverarbeitungssystem), wobei der zuerst genannte Straftatbestand große Ähnlichkeit mit der deutschen Strafvorschrift des § 202a StGB aufweist. Tatobjekt sowohl des schweizerischen als auch des deutschen Tatbestandes sind Daten, die nicht unmittelbar wahrnehmbar gespeichert sind bzw. übermittelt werden und die gegen unbefugten Zugang besonders gesichert sind. Auch die Tathandlungen der beiden Straftatbestände weisen Gemeinsamkeiten auf. Allerdings ist bei der Auslegung der Tathandlung des StGB Art. 143 die Symmetrie zu dem Diebstahlstatbestand zu beachten, die zur Folge hat, dass die bloße Kenntnisnahme des Dateninhalts – anders als in der deutschen Regelung des § 202a StGB – nicht ausreicht. Ein wesentlicher Unterschied zwischen der schweizerischen und der deutschen Regelung ergibt sich daraus, dass StGB

816 Schmid, Computer- sowie Check- und Kreditkarten-Kriminalität, § 5 Rn 18.

817 Schmid, Computer- sowie Check- und Kreditkarten-Kriminalität, § 5 Rn 23.

818 Schmid, CR 1996, 163, 167; Schmid, Computer- sowie Check- und Kreditkarten-Kriminalität, § 5 Rn 28; Schwarzenegger, Computer crimes in Cyberspace, Rn 81.

Art. 143 als Vermögensstraftatbestand ausgestaltet ist und als solcher – anders als die entsprechende deutsche Regelung, die dem Schutz des formellen Geheimhaltungsinteresses des Verfügungsberechtigten dient – im subjektiven Tatbestand die Absicht unrechtmäßiger Bereicherung voraussetzt.

Eine mit StGB Art. 143bis vergleichbare Regelung existiert im deutschen Recht nicht. Dieser Tatbestand stellt bereits das unbefugte Eindringen in ein Datenverarbeitungssystem und damit das typische Verhalten eines Hackers unter Strafe. Dies stellt im Verhältnis zum deutschen Strafrecht eine Vorverlagerung der Strafbarkeit dar, da sich nach der deutschen Vorschrift des § 202a StGB nur derjenige strafbar macht, der sich oder einem Dritten Daten verschafft. Zwar wurde dargelegt, dass das unberechtigte Eindringen in ein fremdes Computersystem in der Regel von § 202a StGB erfasst wird, da der Täter hierbei normalerweise Daten zur Kenntnis nimmt, was für die Tathandlung des „Verschaffens" im Rahmen des § 202a StGB ausreichend ist. Allerdings muss dem Täter nachgewiesen werden, dass er Daten zur Kenntnis genommen hat, was mit erheblichen Schwierigkeiten verbunden ist. Ein Regelungsansatz, wie er in der Schweiz gewählt wurde, ist in diesem Bereich insofern sinnvoll, als unsere Gesellschaft in eine zunehmende Abhängigkeit von einem einwandfreien Funktionieren der Datenverarbeitung gerät und daher Angriffe in diesem Bereich besonders schwerwiegend sind. Dadurch, dass bereits das Eindringen in ein Datenverarbeitungssystem in der Schweiz strafbar ist, werden Beweisschwierigkeiten vermieden, die sich im deutschen Recht aus der Notwendigkeit ergeben, einem Hacker nachzuweisen, dass er sich Daten, z. B. durch Kenntnisnahme des Dateninhalts, verschafft hat. Problematisch ist im Zusammenhang mit StGB Art. 143bis, dass im subjektiven Tatbestand vorausgesetzt wird, dass der Täter ohne Bereicherungsabsicht gehandelt hat, da hierdurch Strafbarkeitslücken entstehen.

Kapitel 6
Abschließende Bewertung

Um eine Bewertung der in Deutschland bestehenden Regelungen hinsichtlich des Problemfeldes des unberechtigten Zugangs zu Computerdaten und -systemen vorzunehmen, sind die Ergebnisse der strafrechtlichen Untersuchung in Bezug auf die hierbei relevanten Erscheinungsformen zusammenfassend darzustellen. In einem weiteren Schritt ist dann zu prüfen, ob der Problematik des unberechtigten Zugangs zu Computerdaten und -systemen durch das Strafrecht derzeit in hinreichendem Maße begegnet wird oder ob weitergehende Regelungen, v. a. auch im Hinblick auf die Vorgaben der Cybercrime-Konvention des Europarates, notwendig sind.

Die zentrale Strafvorschrift im Rahmen der Thematik der vorliegenden Arbeit ist § 202a StGB. Daneben sind in bestimmten Fällen auch die Straftatbestände der §§ 263a, 303a, 303b StGB, § 17 UWG, § 106 UrhG und § 44 BDSG von Bedeutung.

Im Bereich des Computerhackings kommt grundsätzlich, soweit der Täter über das bloße Eindringen in das Computersystem hinaus keine weiteren Manipulationen vornimmt, lediglich der Straftatbestand des § 202a StGB in Betracht. Problematisch ist in diesem Zusammenhang die Frage, ob der Täter die in § 202a StGB vorausgesetzte Tathandlung des Verschaffens von Daten verwirklicht. Es wurde festgestellt, dass ein Hacker regelmäßig, bereits allein um festzustellen, ob er erfolgreich in das Computersystem eingedrungen ist, in dem System gespeicherte Daten zur Kenntnis nimmt und diese sich damit verschafft. Da eine teleologische Reduktion des Tatbestandes, wie sie in der Literatur überwiegend vorgeschlagen wird, nach der hier vertretenen Auffassung abzulehnen ist, kann das Vorliegen des Tatbestandes des § 202a StGB in den Fällen des Computerhackings in der Regel bejaht werden, soweit die zur Kenntnis genommenen Daten gegen unberechtigten Zugang besonders gesichert sind. Mit erheblichen Schwierigkeiten verbunden ist in solchen Fällen allerdings der Tatnachweis. Regelmäßig wird es bereits problematisch sein, dem Täter nachzuweisen, dass er in ein fremdes Computersystem eingedrungen ist, jedoch ist es noch wesentlich schwieriger, verbindlich festzustellen, dass dieser in dem System gespeicherte Daten tatsächlich zur Kenntnis genommen hat.

In den Fällen der Datenspionage sind insbesondere die Straftatbestände des § 202a StGB und des § 17 Abs. 2 Nr. 1 UWG von Bedeutung. Daneben kann in diesen Fällen auch § 44 Abs. 1 i. V. m. § 43 Abs. 2 Nr. 3 und 4 BDSG einschlägig sein. Die Feststellung der Tathandlung des § 202a StGB bereitet in diesen

Fällen regelmäßig keine Probleme, da es dem Täter hier gerade darum geht, sich fremde Computerdaten zu verschaffen. Probleme können sich allerdings bei der Beantwortung der Frage ergeben, ob die Daten gegen unbefugten Zugang besonders gesichert sind, was jeweils im Einzelfall zu untersuchen ist. Als Kriterien wurden in diesem Zusammenhang herausgearbeitet, dass die getroffene Vorkehrung als Sicherung gegen unberechtigten Zugang geeignet und zu diesem Zweck bestimmt sein muss. Im Rahmen der Eignung ist dabei zu fordern, dass die Sicherungsmaßnahme als solche erkennbar ist (Dokumentationsfunktion) und eine gewisse Sorgfalt bei der Auswahl der Sicherungsvorkehrung beachtet wurde (viktimdogmatischer Aspekt). Um dabei hinsichtlich der Sorgfaltsanforderungen eine Konkretisierung vorzunehmen, muss eine Beurteilung im jeweiligen Einzelfall erfolgen. Der Straftatbestand des § 17 Abs. 2 Nr. 1 UWG ist in den Fällen der Datenspionage einschlägig, soweit es sich bei dem Tatobjekt um Computerdaten handelt, die ein Betriebs- oder Geschäftsgeheimnis darstellen. Im Gegensatz zu § 202a StGB muss der Täter sich hier die ein Betriebs- oder Geschäftsgeheimnis darstellenden Daten durch die Anwendung technischer Mittel, durch Herstellung einer verkörperten Wiedergabe des Geheimnisses oder durch Wegnahme einer Sache, die das Geheimnis verkörpert, verschaffen oder sichern. § 44 Abs. 1 i. V. m. § 43 Abs. 2 Nr. 3 BDSG kann in Fällen der Datenspionage ebenfalls zur Anwendung kommen, wenn es sich bei dem Tatobjekt um personenbezogene Daten handelt. Allerdings muss der Täter hier gegen Entgelt oder in der Absicht handeln, sich oder einen anderen zu bereichern oder einen anderen zu schädigen. Soweit in den Fällen der Datenspionage neben dem Tatbestand des § 202a StGB auch der Tatbestand des § 17 UWG oder des § 44 BDSG erfüllt ist, steht § 202a StGB zu diesen Tatbeständen jeweils im Verhältnis der Tateinheit.[819]

Darüber hinaus wurden die Fälle behandelt, in denen ein Hacker, der dann als „Crasher" bezeichnet wird, in ein fremdes Computersystem eindringt, um dort Schäden an dem System oder den gespeicherten Daten hervorzurufen. In diesen Fällen kommt neben einem Vorliegen des Tatbestandes des § 202a StGB eine Erfüllung der Tatbestände der §§ 303a und 303b StGB in Betracht. Insbesondere können die Tatbestände der §§ 303a und 303b StGB durch ein Implementieren von Computerviren, Logischen Bomben oder Wurm-Programmen in ein Computersystem verwirklicht werden. Soweit dem Täter in diesen Fällen nachgewiesen werden kann, dass er bei dem Eindringen in das System Daten, die in dem System gespeichert und gegen unberechtigten Zugang besonders gesichert sind, zumindest zur Kenntnis genommen hat, ist der Tatbestand des § 202a StGB

819 Tröndle/Fischer, StGB, § 202a Rn 11; zum Verhältnis zwischen § 202a StGB und § 17 UWG in diesen Fällen Meier, JZ 1992, 663.

verwirklicht, der zu den §§ 303a und 303b StGB dann im Verhältnis der Tateinheit steht.

In den Fällen der Softwarepiraterie ist § 202a StGB nicht einschlägig, da die gängigen Kopierschutzmaßnahmen sowohl auf der Softwareebene als auch auf der Hardwareebene regelmäßig keine besonderen Sicherungen gegen unberechtigten Zugang darstellen. In diesen Fällen kann jedoch eine Strafbarkeit nach § 17 UWG sowie § 106 UrhG gegeben sein. Im Rahmen des § 17 UWG stellt sich dabei insbesondere die Frage, ob es sich bei einem Computerprogramm um ein Betriebs- oder Geschäftsgeheimnis handelt, was bei der Individualsoftware grundsätzlich zu bejahen ist, während diese Voraussetzung bei der Standardsoftware auf Grund des Erfordernisses fehlender Offenkundigkeit nur erfüllt wird, wenn ein komplexes und umfangreiches Programm vorliegt, das nur mit ganz erheblichem Aufwand in den Quellcode rückübersetzt werden kann. Der urheberrechtliche Schutz von Computerprogrammen wurde durch die Aufnahme der §§ 69a bis 69g in das Urheberrechtsgesetz im Jahre 1993 wesentlich erweitert. Soweit ein Computerprogramm urheberrechtlich geschützt wird, ist seine Vervielfältigung ohne Einwilligung des Berechtigten gemäß § 106 UrhG strafbar. Eine Vervielfältigung i. S. der Vorschrift liegt dabei bei dem Anfertigen einer Raubkopie, aber auch bereits bei dem Laden des Programms in den Arbeitsspeicher des Computers und bei dem sog. Reengineering vor. Werden im Falle der Softwarepiraterie sowohl der Tatbestand des § 17 UWG als auch der Tatbestand des § 106 UrhG erfüllt, so stehen diese beiden Straftatbestände im Verhältnis der Tateinheit zueinander.

Auch die Fälle des Leerspielens von Geldspielautomaten stehen insoweit in Zusammenhang mit der Thematik der vorliegenden Arbeit, als der Täter sich Zugang zu den auf dem EPROM-Chip des Automaten gespeicherten Programmdaten verschafft und mit Hilfe dieser Daten ein Computerprogramm erstellt, das sich zum Leerspielen entsprechender Automaten eignet. Der Täter verschafft sich hierbei Daten, die nicht für ihn bestimmt und gegen unberechtigten Zugang mittels Verplombung und Blechgehäuse besonders gesichert sind, und verwirklicht demnach den Tatbestand des § 202a StGB. Gleichzeitig erfüllt er hierdurch den Tatbestand des § 17 UWG, der zu § 202a StGB im Verhältnis der Tateinheit steht.

In den Fällen, in denen der Täter mit Hilfe der auf widerrechtliche Art und Weise erlangten Identifikationsdaten eines Dritten einen kostenpflichtigen Internetdienst oder eine kostenpflichtige Datenbank nutzt, verwirklicht er den Tatbestand des § 263a StGB. Darüber hinaus kann je nach Fallgestaltung auch der Tatbestand des § 202a StGB durch das Verschaffen der Identifikationsdaten verwirklicht sein.

Der Tatbestand des § 263a StGB ist auch in den Fällen verwirklicht, in denen der Täter ein Dialer-Programm zum Download im Internet bereithält, das sich z. B. bei Aufruf einer Web-Seite automatisch und von dem jeweiligen Nutzer unbemerkt auf dessen Rechner installiert und künftig Internetverbindungen über eine bestimmte Service-Nummer herstellt. Darüber hinaus ist in diesen Fällen auch der Tatbestand des § 303a StGB verwirklicht, wenn Veränderungen an den ursprünglichen Daten vorgenommen werden, die die Einzelheiten der Verbindung festlegen.

Die hier dargestellte Zusammenfassung der strafrechtlichen Untersuchung zeigt, dass die wesentlichen derzeit auftretenden Erscheinungsformen des unberechtigten Zugangs zu Computerdaten und -systemen durch die Vorschriften des Strafgesetzbuchs und des Nebenstrafrechts grundsätzlich in hinreichendem Umfang erfasst werden. Problematisch erscheint lediglich die strafrechtliche Erfassung des Computerhackings, da hier eine Strafbarkeit des Täters nach § 202a StGB insbesondere davon abhängig ist, dass dieser bei dem Eindringen in ein fremdes Computersystem zumindest Daten zur Kenntnis genommen hat. Diese Voraussetzung wird zwar in der Praxis regelmäßig vorliegen, allerdings ist der Nachweis diesbezüglich oftmals mit erheblichen Schwierigkeiten verbunden. Darüber hinaus besteht in der Literatur Unklarheit darüber, ob das Computerhacking von dem Straftatbestand des § 202a StGB erfasst wird. In Anbetracht der Tatsache, dass durch die Fälle des Computerhackings das Vertrauen der Nutzer in Computersysteme erschüttert wird und dadurch die Fortentwicklung der Computertechnologie, die in hohem Maße von der Akzeptanz der Nutzer abhängt, behindert wird, erscheint gerade auf diesem Gebiet eine klare und einfach handhabbare Regelung wünschenswert. Die Integrität von Computerdaten und -systemen wird nicht erst dadurch verletzt, dass der Täter Daten zur Kenntnis nimmt, sondern bereits dadurch, dass er Sicherheitsvorkehrungen, die das System bzw. die Daten vor unberechtigtem Zugang schützen sollen, überwindet und unberechtigt in ein fremdes Computersystem eindringt. Dementsprechend wird auch in der Cybercrime-Konvention (Art. 2) gefordert, dass die Unterzeichnerstaaten einen Straftatbestand schaffen, der bereits allein den vorsätzlichen unberechtigten Zugang zu einem Computersystem bzw. einem Teil des Computersystems erfasst. Es ist den Staaten dabei freigestellt, die Strafbarkeit von dem Vorliegen bestimmter einschränkender Voraussetzungen abhängig zu machen, nämlich der Verletzung von Sicherheitsvorkehrungen, der Absicht des Täters, sich Daten zu verschaffen, bzw. sonstiger verwerflicher Absichten des Täters, die eine strafrechtliche Verantwortlichkeit rechtfertigen, oder dem Erfordernis, dass das angegriffene Computersystem Teil eines Netzwerkes ist.

Auch in anderen europäischen Ländern, wie z. B. in Großbritannien, Frankreich und der Schweiz, ist grundsätzlich bereits der unbefugte Zugang zu einem Computersystem strafbar, unabhängig davon, ob der Täter sich Daten verschafft.

Ein solcher Ansatz wäre auch in Deutschland wünschenswert, da nur auf diese Weise den erheblichen Beweisschwierigkeiten im Rahmen des Computerhackings und den Unklarheiten hinsichtlich der Strafbarkeit entsprechender Verhaltensweisen begegnet werden kann, die daraus resultieren, dass § 202a StGB ein Verschaffen von Daten durch den Täter voraussetzt. In Anbetracht der großen Schäden, die durch Hacking-Angriffe verursacht werden können, besteht aus rechtspolitischer Sicht ein Bedürfnis, dass auf diesem Gebiet Klarheit durch eine entsprechende Regelung im StGB geschaffen wird.

Zur Erarbeitung eines Gesetzesvorschlags in diesem Bereich erscheint es zweckmäßig, sich an den jeweiligen Regelungen in den europäischen Ländern zu orientieren, die den unbefugten Zugang zu einem Computersystem ausdrücklich unter Strafe gestellt haben. Hierzu zählt z. B. Großbritannien, wo die Strafbarkeit des unberechtigten Zugangs zu Computerdaten und -systemen in einem sehr frühen Stadium ansetzt. Hier entspricht bereits das bloße Einschalten des Computers den Erfordernissen der in Section 1 des Computer Misuse Act beschriebenen Tathandlung. Eine derart weitreichende Regelung ist im deutschen Strafrecht abzulehnen, da hierdurch die Strafbarkeit in einen Bereich vorverlagert würde, in dem noch keine Rechtsgutsverletzung eingetreten ist und sogar daran gezweifelt werden muss, ob eine Rechtsgutsgefährdung überhaupt schon vorliegt.

Die französische Regelung in Artikel 323-1 Code Pénal, wonach derjenige sich strafbar macht, der sich ohne Berechtigung Zugang zu einem Computersystem oder einem Teil des Computersystems verschafft bzw. ohne Berechtigung hierin verweilt, erscheint hinsichtlich der Beschreibung der Tathandlung überzeugend. Diese Regelung stellt zum einen klar, dass bereits der unberechtigte Zugang zu dem Computersystem und damit das Hacking strafbar ist und zum anderen erleichtert sie die Beweisführung, da dem Täter hier nur nachgewiesen werden muss, dass er in das System eingedrungen ist und nicht, dass er den Inhalt von in dem System gespeicherten Daten zur Kenntnis genommen hat. Dass die Strafbarkeit in der französischen Regelung nicht von bestimmten Motiven und Absichten – wie in den entsprechenden österreichischen Vorschriften – abhängig gemacht wird, ist ebenfalls zu begrüßen, da dies dem Erfordernis einer klaren und auch aus der Sicht der Ermittlungsbehörden einfach zu handhabenden Regelung Rechnung trägt.

Auch das schweizerische StGB (Art. 143bis) enthält einen Straftatbestand, der bereits das unbefugte Eindringen in ein gegen Zugriff besonders gesichertes Datenverarbeitungssystem über Datenübertragungseinrichtungen unter Strafe stellt, soweit dieses ohne Bereicherungsabsicht erfolgt. Das Erfordernis der fehlenden Bereicherungsabsicht erklärt sich hier daraus, dass im schweizerischen StGB ein dem Diebstahlstatbestand angelehnter Straftatbestand der unbefugten Datenbeschaffung (StGB Art. 143) existiert, der auf subjektiver Ebene eine Bereicherungsabsicht des Täters voraussetzt.

Um der Tatsache Rechnung zu tragen, dass Schutzvorkehrungen auf technischer Ebene unentbehrlich sind, um einen effektiven Schutz gegen unberechtigten Zugang zu gewährleisten, sollte im Zusammenhang mit der Strafbarkeit des unberechtigten Zugangs zu einem Computersystem das viktimdogmatische Element des § 202a StGB übernommen werden, wonach vorausgesetzt wird, dass das System durch eine besondere Zugangssicherung geschützt ist.

Eine Anpassung des § 202a StGB entsprechend den zuvor dargelegten Anforderungen könnte zu folgendem Ergebnis führen:

(1) Wer sich unbefugt Zugang zu einem Computersystem, das gegen unberechtigten Zugang besonders gesichert ist, bzw. einem Teil eines solchen Computersystems verschafft, wird mit Freiheitsstrafe bis zu drei Jahren oder mit Geldstrafe bestraft.

(2) Ebenso wird bestraft, wer unbefugt Daten, die nicht für ihn bestimmt und die gegen unberechtigten Zugang besonders gesichert sind, sich oder einem anderen verschafft.

(3) Daten im Sinne des Absatzes 2 sind nur solche, die elektronisch, magnetisch oder sonst nicht unmittelbar wahrnehmbar gespeichert sind oder übermittelt werden.

Anhang

Tatbestände des Computerstrafrechts in anderen europäischen Ländern

1 Auszüge aus dem Computer Misuse Act 1990 (Großbritannien)

Section 1

(1) A person is guilty of an offence if
 (a) he causes a computer to perform any function with intent to secure access to any program or data held in any computer;
 (b) the access he intends to secure is unauthorised; and
 (c) he knows at the time when he causes the computer to perform the function that that is the case.

(2) The intent a person has to have to commit an offence under this section need not be directed at
 (a) any particular program or data;
 (b) a program or data of any particular kind; or
 (c) a program or data held in any particular computer.

Section 2

(1) A person is guilty of an offence under this section if he commits an offence under section 1 above ("the unauthorised access offence") with intent
 (a) to commit an offence to which this section applies; or
 (b) to facilitate the commission of such an offence (whether by himself or by any other person);
 and the offence he intends to commit or facilitate is referred to below in this section as the further offence.

(2) This section applies to offences
 (a) for which the sentence is fixed by law or
 (b) for which a person of twenty one years of age or over (not previously convicted) may be sentenced to imprisonment for a term of five years (or in England and Wales might be so sentenced but for the restrictions imposed by section 33 of the Magistrates Courts Act 1980).

Section 3

(1) A person is guilty of an offence if
 (a) he does any act which causes an unauthorised modification of the contents of any computer; and
 (b) at the time when he does the act he has the requisite intent and the requisite knowledge.

(2) For the purposes of subsection (1) (b) above the requisite intent is an intent to cause a modification of the contents of any computer and by so doing
 (a) to impair the operation of any computer;
 (b) to prevent or hinder access to any program or data held in any computer; or
 (c) to impair the operation of any such program or the reliability of any such data.

(3) The intent need not be directed at
 (a) any particular computer;
 (b) any particular program or data or a program or data of any particular kind; or
 (c) any particular modification or a modification of any particular kind.

(4) For the purposes of subsection (1) (b) above the requisite knowledge is know-ledge that any modification he intends to cause is unauthorised.

(5) It is immaterial for the purposes of this section whether an unauthorised modification or any intended effect of it of a kind mentioned in subsection (2) above is, or is intended to be, permanent or merely temporary.

2 Auszüge aus dem Code Pénal

Art. 323-1

Le fait d'accéder ou de se maintenir, frauduleusement, dans tout ou partie d'un système de traitement automatisé de données est puni d'un an d'emprisonnement et de 15 000 euros d'amende.
Lorsqu'il en est résulté soit la suppression ou la modification de données contenues dans le système, soit une altération du fonctionnement de ce système, la peine est de deux ans d'emprisonnement et de 30 000 euros d'amende.

Art. 323-2

Le fait d'entraver ou de fausser le fonctionnement d'un système de traitement automatisé de données est puni de trois ans d'emprisonnement et de 45 000 euros d'amende.

Art. 323-3

Le fait d'introduire frauduleusement des données dans un système de traitement automatisé ou de supprimer ou de modifier frauduleusement les données qu'il contient est puni de trois ans d'emprisonnement et de 45 000 euros d'amende.

3 Auszüge aus dem österreichischen StGB

§ 118a StGB (Widerrechtlicher Zugriff auf ein Computersystem)

(1) Wer sich in der Absicht, sich oder einem anderen Unbefugten von in einem Computersystem gespeicherten und nicht für ihn bestimmten Daten Kenntnis zu verschaffen und dadurch, dass er die Daten selbst benützt, einem anderen, für den sie nicht bestimmt sind, zugänglich macht oder veröffentlicht, sich oder einem anderen einen Vermögensvorteil zuzuwenden oder einem anderen einen Nachteil zuzufügen, zu einem Computersystem, über das er nicht oder nicht allein verfügen darf, oder zu einem Teil eines solchen Zugang verschafft, indem er spezifische Sicherheitsvorkehrungen im Computersystem verletzt, ist mit Freiheitsstrafe bis zu sechs Monaten oder mit Geldstrafe bis zu 360 Tagessätzen zu bestrafen.

(2) Der Täter ist nur mit Ermächtigung des Verletzten zu verfolgen.

§ 119 StGB (Verletzung des Telekommunikationsgeheimnisses)

(1) Wer in der Absicht, sich oder einem anderen Unbefugten vom Inhalt einer im Wege einer Telekommunikation (§ 3 Z 13 TKG) oder eines Computersystems übermittelten und nicht für ihn bestimmten Nachricht Kenntnis zu verschaffen, eine Vorrichtung, die an der Telekommunikationsanlage oder an dem Computersystem angebracht oder sonst empfangsbereit gemacht wurde, benützt, ist mit Freiheitsstrafe bis zu sechs Monaten oder mit Geldstrafe bis zu 360 Tagessätzen zu bestrafen.

(2) Der Täter ist nur mit Ermächtigung des Verletzten zu verfolgen.

§ 119a StGB (Missbräuchliches Abfangen von Daten)

(1) Wer in der Absicht, sich oder einem anderen Unbefugten von im Wege eines Computersystems übermittelten und nicht für ihn bestimmten Daten Kenntnis zu verschaffen und dadurch, dass er die Daten selbst benützt, einem anderen, für den sie nicht bestimmt sind, zugänglich macht oder veröffentlicht, sich oder einem anderen einen Vermögensvorteil zuzuwenden oder einem anderen einen Nachteil zuzufügen, eine Vorrichtung, die an dem Computersystem angebracht

oder sonst empfangsbereit gemacht wurde, benützt oder die elektromagnetische Abstrahlung eines Computersystems auffängt, ist, wenn die Tat nicht nach § 119 mit Strafe bedroht ist, mit Freiheitsstrafe bis zu sechs Monaten oder mit Geldstrafe bis zu 360 Tagessätzen zu bestrafen.

(2) Der Täter ist nur mit Ermächtigung des Verletzten zu verfolgen.

§ 126a StGB (Datenbeschädigung)

(1) Wer einen anderen dadurch schädigt, dass er automationsunterstützt verarbeitete, übermittelte oder überlassene Daten, über die er nicht oder nicht allein verfügen darf, verändert, löscht oder sonst unbrauchbar macht oder unterdrückt, ist mit Freiheitsstrafe bis zu sechs Monaten oder mit Geldstrafe bis zu 360 Tagessätzen zu bestrafen.

(2) Unter Daten im Sinn des Abs. 1 sind sowohl personenbezogene und nicht personenbezogene Daten als auch Programme zu verstehen.

(3) Wer durch die Tat an den Daten einen 2 000 Euro übersteigenden Schaden herbeiführt, ist mit Freiheitsstrafe bis zu zwei Jahren oder mit Geldstrafe bis zu 360 Tagessätzen, wer einen 40 000 Euro übersteigenden Schaden herbeiführt, mit Freiheitsstrafe von sechs Monaten bis zu fünf Jahren zu bestrafen.

§ 126b StGB (Störung der Funktionsfähigkeit eines Computersystems)

Wer die Funktionsfähigkeit eines Computersystems, über das er nicht oder nicht allein verfügen darf, dadurch schwer stört, dass er Daten eingibt oder übermittelt, ist, wenn die Tat nicht nach § 126a mit Strafe bedroht ist, mit Freiheitsstrafe bis zu sechs Monaten oder mit Geldstrafe bis zu 360 Tagessätzen zu bestrafen.

§ 126c StGB (Missbrauch von Computerprogrammen oder Zugangsdaten)

(1) Wer

1. ein Computerprogramm, das nach seiner besonderen Beschaffenheit ersichtlich zur Begehung eines widerrechtlichen Zugriffs auf ein Computersystem (§ 118a), einer Verletzung des Telekommunikationsgeheimnisses (§ 119), eines missbräuchlichen Abfangens von Daten (§ 119a), einer Datenbeschädigung (§ 126a) oder einer Störung der Funktionsfähigkeit eines Computersystems (§ 126b) geschaffen oder adaptiert worden ist, oder eine vergleichbare solche Vorrichtung oder
2. ein Computerpasswort, einen Zugangscode oder vergleichbare Daten, die den Zugriff auf ein Computersystem oder einen Teil davon ermöglichen,

mit dem Vorsatz herstellt, einführt, vertreibt, veräußert oder sonst zugänglich macht, dass sie zur Begehung einer der in Z 1 genannten strafbaren Handlungen gebraucht werden, ist mit Freiheitsstrafe bis zu sechs Monaten oder mit Geldstrafe bis zu 360 Tagessätzen zu bestrafen.

(2) Nach Abs. 1 ist nicht zu bestrafen, wer freiwillig verhindert, dass das in Abs. 1 genannte Computerprogramm oder die damit vergleichbare Vorrichtung oder das Passwort, der Zugangscode oder die damit vergleichbaren Daten in der in den §§ 118a, 119, 119a, 126a oder 126b bezeichneten Weise gebraucht werden. Besteht die Gefahr eines solchen Gebrauches nicht oder ist sie ohne Zutun des Täters beseitigt worden, so ist er nicht zu bestrafen, wenn er sich in Unkenntnis dessen freiwillig und ernstlich bemüht, sie zu beseitigen.

§ 148a (Betrügerischer Datenverarbeitungsmissbrauch)

(1) Wer mit dem Vorsatz, sich oder einen Dritten unrechtmäßig zu bereichern, einen anderen dadurch am Vermögen schädigt, dass er das Ergebnis einer automationsunterstützten Datenverarbeitung durch Gestaltung des Programms, durch Eingabe, Veränderung, Löschung oder Unterdrückung von Daten (§ 126a Abs. 2) oder sonst durch Einwirkung auf den Ablauf des Verarbeitungsvorgangs beeinflusst, ist mit Freiheitsstrafe bis zu sechs Monaten oder mit Geldstrafe bis zu 360 Tagessätzen zu bestrafen.

(2) Wer die Tat gewerbsmäßig begeht oder durch die Tat einen 2 000 Euro übersteigenden Schaden herbeiführt, ist mit Freiheitsstrafe bis zu drei Jahren, wer durch die Tat einen 40 000 Euro übersteigenden Schaden herbeiführt, mit Freiheitsstrafe von einem bis zu zehn Jahren zu bestrafen.

4 Auszüge aus dem schweizerischen StGB

StGB Art. 110 Ziff. 5 Abs. 1

Urkunden sind Schriften, die bestimmt und geeignet sind, oder Zeichen, die bestimmt sind, eine Tatsache von rechtlicher Bedeutung zu beweisen. Die Aufzeichnung auf Bild- und Datenträgern steht der Schriftform gleich, sofern sie demselben Zweck dient.

StGB Art. 143 (Unbefugte Datenbeschaffung)

Wer in der Absicht, sich oder einen anderen unrechtmäßig zu bereichern, sich oder einem anderen elektronisch oder in vergleichbarer Weise gespeicherte oder übermittelte Daten beschafft, die nicht für ihn bestimmt und gegen seinen unbefugten Zugriff besonders gesichert sind, wird mit Zuchthaus bis zu fünf Jahren oder mit Gefängnis bestraft.

Die unbefugte Datenbeschaffung zum Nachteil eines Angehörigen oder Familiengenossen wird nur auf Antrag verfolgt.

StGB Art. 143bis (Unbefugtes Eindringen in ein Datenverarbeitungssystem)

Wer ohne Bereicherungsabsicht auf dem Weg von Datenübertragungseinrichtungen unbefugterweise in ein fremdes, gegen seinen Zugriff besonders gesichertes Datenverarbeitungssystem eindringt, wird, auf Antrag, mit Gefängnis oder mit Buße bestraft.

StGB Art. 144bis Ziff. 1 (Datenbeschädigung)

Wer unbefugt elektronisch oder in vergleichbarer Weise gespeicherte oder übermittelte Daten verändert, löscht oder unbrauchbar macht, wird, auf Antrag, mit Gefängnis oder mit Buße bestraft.
Hat der Täter einen großen Schaden verursacht, so kann auf Zuchthaus bis zu fünf Jahren erkannt werden.
Die Tat wird von Amts wegen verfolgt.

StGB Art. 144bis Ziff. 2 (Herstellen von datenschädigenden Programmen)

Wer Programme, von denen er weiß oder annehmen muss, dass sie zu den in Ziffer 1 genannten Zwecken verwendet werden sollen, herstellt, einführt, in Verkehr bringt, anpreist, anbietet oder sonst wie zugänglich macht oder zu ihrer Herstellung Anleitung gibt, wird mit Gefängnis oder mit Buße bestraft.
Handelt der Täter gewerbsmäßig, so kann auf Zuchthaus bis zu fünf Jahren erkannt werden.

StGB Art. 147 (Betrügerischer Missbrauch einer Datenverarbeitungsanlage)

Wer in der Absicht, sich oder einen anderen unrechtmäßig zu bereichern, durch unrichtige, unvollständige oder unbefugte Verwendung von Daten oder in vergleichbarer Weise auf einen elektronischen oder vergleichbaren Datenverarbeitungs- oder Datenübermittlungsvorgang einwirkt und dadurch eine Vermögensverschiebung zum Schaden eines anderen herbeiführt oder eine Vermögensverschiebung unmittelbar danach verdeckt, wird mit Zuchthaus bis zu fünf Jahren oder mit Gefängnis bestraft.
Handelt der Täter gewerbsmäßig, so wird er mit Zuchthaus bis zu zehn Jahren oder mit Gefängnis nicht unter drei Monaten bestraft.
Der betrügerische Missbrauch einer Datenverarbeitungsanlage zum Nachteil eines Angehörigen oder Familiengenossen wird nur auf Antrag verfolgt.

StGB Art. 150 (Erschleichen einer Leistung)

Wer, ohne zu zahlen, eine Leistung erschleicht, von der er weiß, dass sie nur gegen Entgelt erbracht wird, namentlich indem er ein öffentliches Verkehrsmittel benützt, eine Aufführung, Ausstellung oder ähnliche Veranstaltung besucht, eine Leistung, die eine Datenverarbeitung erbringt oder die ein Automat vermittelt, beansprucht, wird, auf Antrag, mit Gefängnis oder mit Buße bestraft.

Literaturverzeichnis

Achenbach, Hans	Das Zweite Gesetz zur Bekämpfung der Wirtschaftskriminalität, NJW 1986, 1835 ff.
Altenhain, Karsten	Der strafbare Mißbrauch kartengestützter elektronischer Zahlungssysteme, JZ 1997, 752 ff.
Arloth, Frank	Computerstrafrecht und Leerspielen von Geldspielautomaten – BGHSt 40, 331, Jura 1996, 354 ff.
Bär, Wolfgang	Durchsuchungen im EDV-Bereich, CR 1995, 227 ff.
Bär, Wolfgang	Der Zugriff auf Computerdaten im Strafverfahren, Köln / Berlin / Bonn / München 1992
Bartsch, Michael	Weitergabeverbote in AGB-Verträgen zur Überlassung von Standardsoftware, CR 1987, 8 ff.
Bauer, Günter	Moderne Informationsverarbeitung – strafrechtlicher Schutz bei Mißbrauch?, Frankfurt 1988
Baumbach, Adolf Hefermehl, Wolfgang	Wettbewerbsrecht, 22. Auflage, München 2001
Bell, Daniel	Die nachindustrielle Gesellschaft, aus dem Amerikanischen von Siglinde Summerer und Gerda Kurz, Frankfurt am Main / New York 1985
Beukelmann, Stephan	Prävention von Computerkriminalität, Frankfurt am Main 2001
Binder, Jörg	Strafbarkeit intelligenten Ausspähens von programmrelevanten DV-Informationen, Marburg 1994
Bleckmann, Albert	Zu den Methoden der Gesetzesauslegung in der Rechtsprechung des BVerfG, JuS 2002, 942 ff.
Brandi-Dohrn, Matthias	Zur Reichweite und Durchsetzung des urheberrechtlichen Softwareschutzes, GRUR 1985, 179 ff.

Braun, Bernd	Rechtsschutz für Rechenprogramme, BB 1971, 1343 ff.
Braun, Manfred Giese, Thomas Hüttermann, Ulrich Krattenmacher, Rolf Schweitzer, Gerhard	Gabler Kompaktlexikon EDV und Informatik, Wiesbaden 1993
Bremer, Karsten	Strafbare Internet-Inhalte in internationaler Hinsicht – Ist der Nationalstaat wirklich überholt?, Trier 2000
Buggisch, Walter	Dialer-Programme – Strafrechtliche Bewertung eines aktuellen Problems, NStZ 2002, 178 ff.
Bühler, Christoph	Ein Versuch, Computerkriminellen das Handwerk zu legen: Das Zweite Gesetz zur Bekämpfung der Wirtschaftskriminalität, MDR 1987, 448 ff.
Bydlinski, Franz	Juristische Methodenlehre und Rechtsbegriff, 2. Auflage, Wien / New York 1991
Claußß, Felix Krone, Karsten	Computerrecht I, Abschnitt 6, Strafbarkeit des Hackings, http://www.fu-berlin.de/jura/computerrecht/part4.pdf
Dammann, Marc-Oliver	Computerkriminalität aus Sicht von Ermittlungsbehörden, http://www.cert.dfn.de/dfn/berichte/db087/lka52.html
Dannecker, Gerhard	Neuere Entwicklungen im Bereich der Computerkriminalität – Aktuelle Erscheinungsformen und Anforderungen an eine effektive Bekämpfung, BB 1996, 1285 ff.
Deckert, Martina Renate	Folgenorientierung in der Rechtsanwendung, München 1995
Deiss, Richard	Statistik über die Informationsgesellschaft 2002, Eurostat, Statistik kurz gefasst, Thema 4-8/2002

Derksen, Roland	Strafrechtliche Verantwortung für in internationalen Computernetzen verbreitete Daten mit strafbarem Inhalt, NJW 1997, 1878 ff.
Dierstein, Rüdiger	Von Viren, Trojanischen Pferden und Logischen Bomben, Teil 1, NJW-CoR 1990, 8 ff.
Dierstein, Rüdiger	Programm-Manipulationen, RDV 1989, 101 ff.
Dornseif, Maximilian Schuman, Kay H. Klein, Christian	Tatsächliche und rechtliche Risiken drahtloser Computernetzwerke, DuD 2002, 226 ff.
Dreier, Thomas	Rechtsschutz von Computerprogrammen – Die Richtlinie des Rates der EG vom 14. Mai 1991, CR 1991, 577 ff.
Dworatschek, Sebastian	Grundlagen der Datenverarbeitung, 8. Auflage, Berlin / New York 1989
Dworatschek, Sebastian Büllesbach, Alfred Koch, Hans-Dietrich	Personal Computer und Datenschutz – Vernetzte PC, Risiken und Sicherheitskonzepte, 6. Auflage, Frechen-Königsdorf 2000
Eiding, Lutz	Strafrechtlicher Schutz elektronischer Datenbanken, Darmstadt 1997
Eisenberg, Ulrich	Kriminologie, 4. Auflage, Köln / Berlin / Bonn / München 1995
Ernestus, Justus	Nutzung und Vervielfältigung eines Computerprogramms, CR 1989, 784 ff.
Etter, Eberhard	Noch einmal: Systematisches Entleeren von Geldspielautomaten, CR 1988, 1021 ff.
Etter, Eberhard	Softwareschutz durch Strafanzeige?, CR 1989, 115 ff.
Fleissner, Peter Choc, Marcel (Hrsg.)	Datensicherheit und Datenschutz, Innsbruck 1996

Foregger, Egmont Fabriziy, Ernst Eugen	Strafgesetzbuch – Kurzkommentar, 7. Auflage, Wien 1999
Frey, Silvia	Computerkriminalität in eigentums- und vermögensstrafrechtlicher Sicht, München / Florenz 1987
Frommel, Monika	Das zweite Gesetz zur Bekämpfung der Wirtschaftskriminalität, JuS 1987, 667 f.
Geiger, Gebhard	„Information Warfare“ – Bedrohung und Schutz IT-abhängiger gesellschaftlicher Infrastrukturen, DuD 2000, 129 ff.
Gerhards, Thomas	Computerkriminalität und Sachbeschädigung, Mannheim 1993
Gogger, Martin	Die Erfassung des Scheck-, Kredit- und Codekartenmißbrauchs nach Einführung der §§ 263a, 266b StGB durch das Zweite Gesetz zur Bekämpfung der Wirtschaftskriminalität, Würzburg 1991
Gola, Peter Klug, Christoph	Die Entwicklung des Datenschutzrechts in den Jahren 2000/2001, NJW 2001, 3747 ff.
Gola, Peter Schomerus, Rudolf	Bundesdatenschutzgesetz, Kommentar, 7. Auflage, München 2002
Gravenreuth, Günter Freiherr von	Juristisch relevante technische Fragen zur Bewertung von Computer-Programmen, GRUR 1986, 720 ff.
Gravenreuth, Günther Freiherr von	Computerviren, Hacker, Datenspione, Crasher und Cracker, NStZ 1989, 201 ff.
Gravenreuth, Günther Freiherr von	Computerviren – Technische Grundlagen und rechtliche Gesamtdarstellung, 2. Auflage, Köln / Berlin / Bonn / München 1997
Grosch, Olaf Liebl, Karlheinz	Computerkriminalität und Betriebsspionage, CR 1988, 507 ff.
Gumm, Heinz-Peter Sommer, Manfred	Einführung in die Informatik, Bonn 1994

Günther, Hans-Ludwig	Das viktimodogmatische Prinzip aus anderer Perspektive: Opferschutz statt Entkriminalisierung, in: Festschrift für Theodor Lenckner, München 1998, S. 69 ff.
Haberstumpf, Helmut	Der Ablauf eines Computerprogramms im System der urheberrechtlichen Verwertungsrechte, CR 1987, 409 ff.
Haft, Fritjof	Das Zweite Gesetz zur Bekämpfung der Wirtschaftskriminalität (2. WiKG) – Teil 2: Computerdelikte, NStZ 1987, 6 ff.
Harte-Bavendamm, Henning	Wettbewerbsrechtliche Aspekte des Reverse-Engineering von Computerprogrammen, GRUR 1990, 657 ff.
Harte-Bavendamm, Henning	Wettbewerbsrechtlicher Schutz von Computerprogrammen, CR 1986, 615 ff.
Haß, Gerhard	Der strafrechtliche Schutz von Computerprogrammen, in: Lehmann, Michael (Hrsg.), Rechtsschutz und Verwertung von Computerprogrammen, 2. Auflage, Köln 1993, 467 ff.
Hauptmann, Peter-Helge	Zur Strafbarkeit des sog. Computerhackens – Die Problematik des Tatbestandsmerkmals „Verschaffen" in § 202a StGB, JurPC 1989, 215 ff.
Haurand, Günter	Der rechtliche Schutz von Computerprogrammen – Ein Überblick über die zivilrechtlichen und strafrechtlichen Schutzmechanismen, Kriminalistik 1995, 271 ff.
Haurand, Günter Vahle, Jürgen	Computerkriminalität, RDV 1990, 128 ff.
Heinrich, Bernd	Die Strafbarkeit der unbefugten Vervielfältigung und Verbreitung von Standardsoftware, Berlin 1993
Hey, Andreas	Unternehmen und Internet – Aktuelle Sicherheits- und Strafrechtsfragen zur Computerkriminalität, BuW 2001, 200 ff.

Hilgendorf, Eric	Grundfälle zum Computerstrafrecht, JuS 1996, 509 ff., 702 ff., 890 ff., 1082 ff., JuS 1997, 130 ff.
Hilgendorf, Eric	Zur Anwendbarkeit von § 5 TDG auf das Strafrecht, NStZ 2000, 518 ff.
Hilgendorf, Eric	Überlegungen zur strafrechtlichen Interpretation des Ubiquitätsprinzips im Zeitalter des Internets, NJW 1997, 1873 ff.
Hoeren, Thomas	Zur Einführung: Informationsrecht, JuS 2002, 947 ff.
Hoeren, Thomas Queck, Robert	Rechtsfragen der Informationsgesellschaft, Berlin 1999
Hofer, Thomas	Computer-Viren – Herkunft, Begriff, Eigenschaften, Deliktsformen, JurPC 1991, 1367 ff.
Ilzhöfer, Volker	Reverse-Engineering von Software und Urheberrecht – Eine Betrachtung aus technischer Sicht, CR 1990, 578 ff.
Jaburek, Walter Schmölzer, Gabriele	Computer-Kriminalität, Wien 1985
Jaeger, Stefan	Computerkriminalität, 2. Auflage, Augsburg 1998
Jaeger, Stefan	Computerkriminalität – Die Kriminalitätsform des 20. Jahrhunderts, Vortrag auf der CeBIT 1997, http://www.edv-rechtsberatung.de/vortrag.html
Jaeger, Stefan	Anbieten von „Hacker-Tools“ – Zur Strafbarkeit „neu-traler Handlungen“ als Beihilfe, RDV 1998, 252 ff.
Jeandidier, Wilfrid	Droit pénal des affaires, 4. Auflage, Paris 2000
Jescheck, Hans-Heinrich Weigend, Thomas	Lehrbuch des Strafrechts, 5. Auflage, Berlin 1996

Jessen, Ernst	Zugangsberechtigung und besondere Sicherung im Sinne von § 202a StGB, Frankfurt am Main 1994 (zitiert: Zugangsberechtigung und besondere Sicherung)
Kaiser, Günther	Kriminologie - Ein Lehrbuch, 3. Auflage, Heidelberg 1996
Keller, Christel	Der Begriff „Globale Informationsgesellschaft" Wissenschaftliche Theorie – Politisches Programm – Globalisierte Geschäftssphäre, Tübingen 1998
Kleb-Braun, Gabriele	Codekartenmissbrauch und Sparbuchfälle aus „volljuristischer Sicht", JA 1986, 249 ff.
Koch, Hans-Joachim Rüßmann, Helmut	Juristische Begründungslehre, München 1982
König, Michael	Zur Zulässigkeit der Umgehung von Software-Schutzmechanismen, NJW 1995, 3293 ff.
Kuhlmann, Jan	Kein Rechtsschutz für den Kopierschutz?, CR 1989, 177 ff.
Kuner, Christopher	Rechtliche Aspekte der Datenverschlüsselung im Internet, NJW-CoR 1995, 413 ff.
Lackner, Karl Kühl, Kristian	Strafgesetzbuch mit Erläuterungen, 24. Auflage, München 2001 (zitiert: StGB)
Lampe, Ernst-Joachim	Die strafrechtliche Behandlung der sog. Computer-Kriminalität, GA 1975, 1 ff.
Leicht, Armin	Computerspionage – Die „besondere Sicherung gegen unberechtigten Zugang" (§ 202a StGB), iur 1987, 45 ff.
Leipziger Kommentar	Strafgesetzbuch, 10. Auflage, Berlin / New York ab 1978; 11. Auflage, Berlin / New York ab 1992 (zitiert: LK)
Lenckner, Theodor	Computerkriminalität und Vermögensdelikte, Heidelberg / Karlsruhe 1981

Lenckner, Theodor Winkelbauer, Wolfgang	Computerkriminalität – Möglichkeiten und Grenzen des 2. WiKG (I), CR 1986, 128 ff.; 483 ff.; 824 ff.; 654 ff.
Lührs, Wolfgang	Urheberrechtsschutz und Produktpiraterie – Teil I: Rechtsgrundlagen und Straftatbestände, BuW 1999, 462 ff.
Martin, Daniel	La criminalité informatique – Cyber-crime: sabotage, piratage, etc. – évolution et répression, Paris 1997
Maurach, Reinhart Schroeder, Friedrich-Christian Maiwald, Manfred	Strafrecht Besonderer Teil, Teilband 1 – Straftaten gegen Persönlichkeits- und Vermögenswerte, 8. Auflage, Heidelberg 1995 (zitiert: Strafrecht BT 1)
Mayer-Schönberger, Viktor	Information und Recht – Vom Datenschutz bis zum Urheberrecht, Wien / New York 2001
Meier, Bernd-Dieter	Softwarepiraterie – eine Straftat?, JZ 1992, 657 ff.
Meurer, Dieter	Die Bekämpfung der Computerkriminalität in der Bundesrepublik Deutschland, in: Wege zum japanischen Recht, Festschrift für Zentaro Kitagawa, Berlin 1992, S. 971 ff.
Möhrenschlager, Manfred	Das neue Computerstrafrecht, wistra 1986, 128 ff.
Möhrenschlager, Manfred	Computerstraftaten und ihre Bekämpfung in der Bundesrepublik Deutschland, wistra 1991, 321 ff.
Mühle, Kerstin	Hacker und Computer-Viren im Internet – eine strafrechtliche Beurteilung, Passau 1998
Mühlen, Rainer A. H. von zur	Computer-Kriminalität: Gefahren und Abwehrmaßnahmen, Neuwied / Berlin, 1973
Müller-Gugenberger, Christian Bieneck, Klaus (Hrsg.)	Wirtschaftsstrafrecht, Handbuch des Wirtschaftsstraf- und -ordnungswidrigkeitenrechts, 3. Auflage, Münster / Köln 2000 (zitiert: Wirtschaftsstrafrecht)

Münker, Dirk	Der Computerbetrug im automatischen Mahnverfahren, Freiburg im Breisgau 2000
Nicolini, Käte Ahlberg, Hartwig (Hrsg.)	Möhring/Nicolini, Urheberrechtsgesetz, 2. Auflage, München 2000
Nomos-Kommentar zum Strafgesetzbuch	Hrsg. Ulfried Neumann, Wolfgang Schild, Baden-Baden, 1. Auflage 1995
Otto, Harro	Grundkurs Strafrecht – Die einzelnen Delikte, 5. Auflage, Berlin / New York 1998 (zitiert: Strafrecht BT)
Palandt	Bürgerliches Gesetzbuch, 61. Auflage, München 2002 (zitiert: Palandt/Bearbeiter)
Paul, Werner	Die Computerkriminalität als neue Form der Wirtschaftskriminalität, RDV 1989, 221 ff.
Paul, Werner	Die Computerkriminalität in der Statistik, NJW-CoR 1995, 42 ff.
Paul, Werner	Eine andere Betrachtungsweise der Computerkriminalität 1991, CR 1993, 233 ff.
Pommerening, Klaus	Datenschutz und Datensicherheit, Mainz 1991; http://www.uni-mainz.de/~pommeren/Artikel/ds.pdf
Preuße, Thomas	Informationsdelikte im Internet, Hamburg 2001
Proske, Gernot	Hacking im Strafrecht, EDV&Recht 1990, 102 ff.
Radtke, Henning	Einwilligung und Einverständnis der Gesellschafter bei der sog. GmbH-rechtlichen Untreue, GmbHR 1998, 311 ff.; 361 ff.
Radtke, Henning	Aktive Mitwirkungspflichten und die „freiwillige" aktive Mitwirkung des Betroffenen bei dem Zugriff auf elektronisch gespeicherte Daten im Strafprozess – Überlegungen am Beispiel der sog. Bankdurchsuchungen, in: Festschrift für Lutz Meyer-Goßner, München 2001, S. 321 ff.

Ranft, Otfried — „Leerspielen“ von Glücksspielautomaten – BGHSt 40, 331, JuS 1997, 19 ff.

Ranft, Otfried — Der Bankautomatenmissbrauch, wistra 1987, 79 ff.

Rasch, Jürgen; Daalmann, Angele — Informationsverarbeitung – Aktuelles Grundlagenwissen für die Aus- und Weiterbildung, Braunschweig / Wiesbaden 1998

Rehbinder, Manfred — Die urheberrechtlichen Verwertungsrechte nach der Einführung des Vermietrechts, ZUM 1996, 349 ff.

Reimann, Thomas — Einige Überlegungen zur Offenkundigkeit im Rahmen von §§ 17 ff. UWG und von § 3 PatG, GRUR 1998, 298 ff.

Richter, Hans — Missbräuchliche Benutzung von Geldautomaten, Verwendung duplizierter und manipulierter Euroscheckkarten, CR 1989, 303 ff.

Riklin, Franz — Information Highway und Strafrecht, in: Hilty, Reto (Hrsg.), Information Highway – Beiträge zu rechtlichen und tatsächlichen Fragen, S. 559 ff., Bern / München 1996

Roxin, Claus — Strafrecht Allgemeiner Teil, Band I, Grundlagen – Der Aufbau der Verbrechenslehre, 3. Auflage, München 1997 (zitiert: Strafrecht AT)

Rudolphi, Hans-Joachim; Horn, Eckhard; Samson, Erich; Günther, Hans-Ludwig; Hoyer, Andreas; Wolters, Gereon — Systematischer Kommentar zum Strafgesetzbuch, Band II Besonderer Teil, 5. bzw. 6. Auflage, Frankfurt am Main, Stand: März 2002 (zitiert: SK StGB)

Schaar, Peter — Datenschutz im Internet, München 2002

Schack, Haimo — Urheber- und Urhebervertragsrecht, 2. Auflage, Tübingen 2001

Schaffland, Hans-Jürgen Wiltfang, Noeme	Bundesdatenschutzgesetz (Loseblatt-Sammlung), Berlin, Stand: September 2002 (zitiert: BDSG)
Scheffler, Hauke	Das 2. Gesetz zur Bekämpfung der Wirtschaftskriminalität unter besonderer Berücksichtigung des Tatbestandes des Computerbetruges (§ 263a StGB) und des Tatbestandes des Missbrauchs von Scheck- und Kreditkarten (§ 266 b StGB), Kiel 1998 (zitiert: Das 2. WiKG)
Scheffler, Hauke Dressel, Christian	Die Insuffizienz des Computerstrafrechts, ZRP 2000, 514 ff.
Schlüchter, Ellen	Zweckentfremdung von Geldspielgeräten durch Computermanipulation, NStZ 1988, 53 ff.
Schlüchter, Ellen	Zweites Gesetz zur Bekämpfung der Wirtschaftskriminalität – Kommentar mit einer kriminologischen Einführung, Heidelberg 1987 (zitiert: 2. WiKG)
Schmachtenberg, Daniel	Überwindung „besonderer Zugangssicherungen“ nach § 202a StGB, DuD 1998, 401 f.
Schmid, Niklaus	Schweizerisches Computerstrafrecht, Anmerkungen zum Regierungsentwurf, CR 1991, 418 ff.
Schmid, Niklaus	Das neue schweizerische Computer-Strafrecht vom 17. Juni 1994, CR 1996, 163 ff.
Schmid, Niklaus	Computer- sowie Check- und Kreditkarten-Kriminalität, Ein Kommentar zu den neuen Straftatbeständen des schweizerischen Strafgesetzbuches, Zürich 1994
Schmid, Pirmin	Computerhacken und materielles Strafrecht – unter besonderer Berücksichtigung von § 202a StGB, Konstanz 2001
Schmitz, Herbert Schmitz, Detlef	Computerkriminalität – Ein Leitfaden für die Praxis, Wiesbaden, 1990

Schmitz, Roland	Ausspähen von Daten, § 202a StGB, JA 1995, 478 ff.
Schneider, Hans-Jochen	Lexikon der Informatik und Datenverarbeitung, 4. Auflage, München / Wien 1997
Schneider, Jochen	Handbuch des EDV-Rechts, 2. Auflage, Köln 1997
Schneider, Jörg	Vervielfältigungsvorgänge beim Einsatz von Computerprogrammen, CR 1990, 503 ff.
Scholz, Dieter	Der strafrechtliche Schutz veröffentlichter elektronischer Datenbanken, Frankfurt am Main 2000
Schönke, Adolf Schröder, Horst	Strafgesetzbuch Kommentar, 26. Auflage, München 2001 (zitiert: StGB)
Schricker, Gerhard	Urheberrecht: Kommentar, 2. Auflage, München 1999
Schulze-Heiming, Ingeborg	Der strafrechtliche Schutz der Computerdaten gegen die Angriffsformen der Spionage, Sabotage und des Zeitdiebstahls, Münster / New York, 1995 (zitiert: Strafrechtlicher Schutz der Computerdaten)
Schumacher, Markus Moschgath, Marie-Luise Roedig, Utz	Angewandte Informationssicherheit. Ein Hacker-Praktikum an Universitäten, Informatik Spektrum 23 (2000) 3, 202 ff.
Schünemann, Bernd	Strafrechtssystem und Kriminalpolitik, in: Festschrift für Rudolf Schmitt, Tübingen 1992, S. 117 ff.
Schünemann, Bernd	Die Zukunft der Viktimo-Dogmatik: die viktimologische Maxime als umfassendes regulatives Prinzip zur Tatbestandseingrenzung im Strafrecht, in: Festschrift für Hans Joachim Faller, München 1984, S. 357 ff.
Schwarze, Jochen	Einführung in die Wirtschaftsinformatik, 5. Auflage, Herne / Berlin 2000

Schwarzenegger, Christian	Computer crimes in Cyberspace – A comparative analysis of criminal law in Germany, Switzerland and Northern Europe, www.weblaw.ch, Jusletter 14. Oktober 2002
Sieber, Ulrich	Computerkriminalität und Informationsstrafrecht, CR 1995, 100 ff.
Sieber, Ulrich	Computerkriminalität und Strafrecht, um einen Nachtrag ergänzte 2. Auflage, Köln / Berlin / Bonn/ München 1980
Sieber, Ulrich	Legal Aspects of Computer-related Crime in the Information Society - COMCRIME-Studie, 1998, http://www.europa.eu.int/ISPO/legal/en/comcrime/sieber.doc
Sieber, Ulrich	Informationstechnologie und Strafrechtsreform – Zur Reichweite des künftigen Zweiten Gesetzes zur Bekämpfung der Wirtschaftskriminalität, Köln / Berlin / Bonn / München 1985
Sieber, Ulrich	Kontrollmöglichkeiten zur Verhinderung rechtswidriger Inhalte in Computernetzen – Zur Umsetzung des § 5 TDG am Beispiel der Newsgroups des Internets, CR 1997, 581 ff.; 653 ff.
Sieber, Ulrich	Internationales Strafrecht im Internet – Das Territorialitätsprinzip der §§ 3, 9 StGB im globalen Cyberspace, NJW 1999, 2065 ff.
Sieber, Ulrich (Hrsg.)	Computer Crime and other Crimes against Information Technology, Revue internationale de droit pénal, 1993
Simitis, Spiros Dammann, Ulrich Geiger, Hansjörg Mallmann, Otto Walz, Stefan	Kommentar zum Bundesdatenschutzgesetz, 4. Auflage, Baden-Baden 1992, Stand: 2001 (zitiert: BDSG)
Smith, John Hogan, Brian	Criminal Law, 9. Auflage, London 1999

Sondermann, Markus	Computerkriminalität – Die neuen Tatbestände der Datenveränderung gem. § 303a StGB und der Computersabotage gem. § 303b StGB, Münster 1989
Splitt, Alexander	Der Rechtswidrigkeitsbegriff im Rahmen des § 303a StGB, Kiel 1999
Steckler, Brunhilde	Grundzüge des EDV-Rechts: das Recht der Datenverarbeitung und der Online-Daten, München 1999
Steinke, Wolfgang	Die Kriminalität durch Beeinflussung von Rechnerabläufen, NJW 1975, 1867 ff.
Steinke, Wolfgang	Die Kriminalität durch Beeinflussung von Rechnerabläufen, NStZ 1984, 295 ff.
Suhr, Christian	Zur Begriffsbestimmung von Rechtsgut und Tatobjekt im Strafrecht, JA 1990, 303 ff.
Taeger, Jürgen	Softwareschutz durch Geheimnisschutz, CR 1991, 449 ff.
Tiedemann, Klaus	Computerkriminalität und Strafrecht, in: Festschrift für Günther Kaiser zum 70. Geburtstag, 2. Halbband, 1998, S. 1373 ff.
Tröndle, Herbert Fischer, Thomas	Strafgesetzbuch und Nebengesetze, 50. Auflage, München 2001 (zitiert: StGB)
Ulrich, Carsten	Computerbetrug (§ 263a StGB), JurPC Web-Dok. 189/1999
Vassilaki, Irini E.	Mutimediale Kriminalität – Entstehung, Formen und rechtspolitische Fragen der „Post-Computerkriminalität", CR 1997, 297 ff.
Volesky, Karl-Heinz	Hacking, Strafbarkeit und Strafwürdigkeit nach englischem Recht, CR 1991, 553 ff.
Volesky, Karl-Heinz Scholten, Hansjörg	Computersabotage – Sabotageprogramme – Computerviren, iur 1987, 280 ff.

Wabnitz, Heinz-Bernd Janovsky, Thomas (Hrsg.) — Handbuch des Wirtschafts- und Steuerstrafrechts, München 2000 (zitiert: Hdb. Wirtschafts- und Steuerstrafrecht)

Wagner, Robert — Die Informationsgesellschaft: Chancen für eine neue Lebensqualität am Beginn des dritten Jahrtausends, Münster/New York/München/Berlin 1996

Wasik, Martin — Crime and the Computer, Oxford 1991

Weischenberg, Siegfried Altmeppen, Klaus-Dieter Löffelholz, Martin — Die Zukunft des Journalismus, Opladen 1994

Welp, Jürgen — Datenveränderung (§ 303a StGB) – Teil 1, iur 1988, 443 ff.

Westphal, Marion — Strafbarkeit des systematischen Entleerens von Glücksspielautomaten, CR 1987, 515 ff.

Winkelbauer, Wolfgang — Computerkriminalität und Strafrecht, CR 1985, 40 ff.

Zippelius, Reinhold — Juristische Methodenlehre, 6. Auflage, München 1994

SCHRIFTEN ZUM STRAFRECHT UND STRAFPROZESSRECHT

Herausgegeben von Manfred Maiwald

Band 1 Christian-Peter Frees: Die steuerrechtliche Selbstanzeige. Zur kriminalpolitischen Zweckmäßigkeit des § 371 AO. 1991.

Band 2 Norbert Joachim: Der Hörensagenbeweis im Strafverfahren. 1991.

Band 3 Alfred A. Göbel: Die Einwilligung im Strafrecht als Ausprägung des Selbstbestimmungsrechts. 1991.

Band 4 Karl-Heinz Vehling: Die Abgrenzung von Vorbereitung und Versuch. 1991.

Band 5 Heiko Hartmut Lesch: Das Problem der sukzessiven Beihilfe. 1992.

Band 6 Dirk Schwerdtfeger: Besondere persönliche Unrechtsmerkmale. 1992.

Band 7 Stefan Göhring: Polizeiliche Kontrollstellen und Datenverarbeitung. § 163 d StPO und novellierte Polizeigesetze der Länder zwischen Strafverfolgung, Gefahrenabwehr und vorbeugender Straftatenbekämpfung. 1992.

Band 8 Werner Kemper: Horizontale Teilrechtskraft des Schuldspruchs und Bindungswirkung im tatrichterlichen Verfahren nach der Zurückverweisung. §§ 353, 354 Abs. 2 StPO. 1993.

Band 9 Ovvadias Namias: Die Zurechnung von Folgeschäden im Strafrecht. 1993.

Band 10 Jan Zopfs: Unfallflucht bei eindeutiger Haftungslage? Unverzüglichkeitsgebot und Wahlmöglichkeit in § 142 Abs. 2 und 3 StGB. 1993.

Band 11 Stefan Hiebl: Ausgewählte Probleme des Akteneinsichtsrechts nach § 147 StPO. 1994.

Band 12 Ralf Krack: List als Straftatbestandsmerkmal. Zugleich ein Beitrag zu Täuschung und Irrtum beim Betrug. 1994.

Band 13 Henning Radtke: Zur Systematik des Strafklageverbrauchs verfahrenserledigender Entscheidungen im Strafprozeß. 1994.

Band 14 Bernd J. A. Müssig: Schutz abstrakter Rechtsgüter und abstrakter Rechtsgüterschutz. Zu den materiellen Konstitutionskriterien sog. Universalrechtsgüter und deren normentheoretischem Fundament – am Beispiel der Rechtsgutsbestimmung für die §§ 129, 129a und 324 StGB. 1994.

Band 15 Heinz Koriath: Über Beweisverbote im Strafprozeß. 1994.

Band 16 Burkhard Niepoth: Der untaugliche Versuch beim unechten Unterlassungsdelikt. 1994.

Band 17 Karsten Altenhain: Die Strafbarkeit des Teilnehmers beim Exzeß. 1994.

Band 18 Ina Walbaum: Schuldspruch in der Revisionsinstanz nach freisprechendem Urteil des Tatgerichts. 1996.

Band 19 Birgit Dalbkermeyer: Der Schutz des Beschuldigten vor identifizierenden und tendenziösen Pressemitteilungen der Ermittlungsbehörden. 1994.

Band 20 Thomas Hackner: Der befangene Staatsanwalt im deutschen Strafverfahrensrecht. 1995.

Band 21 Hartmut Loritz: Kritische Betrachtungen zum Wert des strafprozessualen Zwischenverfahrens. 1996.

Band 22 Heinz-Hermann Berghof: Therapie und Strafe im Betäubungsmittelrecht. Recht und Wirklichkeit der Behandlung Drogenabhängiger unter besonderer Berücksichtigung der §§ 35 ff BtMG. 1995.

Band 23 Oliver Mertens: Strafprozessuale Grundrechtseingriffe und Bindung an den Wortsinn der ermächtigenden Norm. 1996.

Band 24 Sönke Bahnsen: Das Akteneinsichtsrecht der Verteidigung im Strafverfahren. Dogmatische Grundlagen und Einzelprobleme im Lichte einer rechtsstaatlichen Verfahrensgestaltung. 1996.

Band 25 Dirk Schwieger: Der Vorteilsbegriff in den Bestechungsdelikten des StGB. 1996.

Band 26 Stephanie Meinecke: Die Auswirkungen von Verfahrensfehlern auf die Strafbarkeit nach den Aussagedelikten. 1996.

Band 27 Ute Lambrecht: Strafrecht und Disziplinarrecht. Abhängigkeiten und Überschneidungen. 1997.

Band 28 Carsten Momsen: Verfahrensfehler und Rügeberechtigung im Strafprozeß. Die Strukturen der Revisionsberechtigung unter besonderer Berücksichtigung des Begriffs "Rechtsnormen, die lediglich zugunsten des Angeklagten gegeben sind" in § 339 StPO. 1997.

Band 29 Ursula Epp: Die Abgeordnetenbestechung – § 108 e StGB. 1997.

Band 30 Bernd Scheiff: Wann beginnt der Strafrechtsschutz gegen kriminelle Vereinigungen (§ 129 StGB)? 1997.

Band 31 Ulrike Fontaine: Max Grünhut (1893-1964). Leben und wissenschaftliches Wirken eines deutschen Strafrechtlers jüdischer Herkunft. 1998.

Band 32 Claudia Keiser: Das Kindeswohl im Strafverfahren. Zur Notwendigkeit eines am Kindeswohl orientierten Umgangs mit minderjährigen Opfern und Zeugen, den Möglichkeiten de lege lata und den Erfordernissen de lege ferenda. 1998.

Band 33 Wiebke Schürer-Mohr: Erlaubte Risiken. Grundfragen des "erlaubten Risikos" im Bereich der Fahrlässigkeitsdogmatik. 1998.

Band 34 Stephan Voigtel: Zum Freibeweis bei Entscheidungen der Strafvollstreckungskammer. Eine Untersuchung zu ausgewählten Fragen des Beweisrechts im gerichtlichen Verfahren in Strafvollstreckungs- und Strafvollzugssachen. 1998.

Band 35 Volkmar Wißgott: Das Beweisantragsrecht im Strafverfahren als Kompensation der richterlichen Inquisitionsmaxime. Die Judikatur des Reichsgerichts zum strafprozessualen Beweisrecht. 1998.

Band 36 Susanne Merz: Strafrechtlicher Ehrenschutz und Meinungsfreiheit. 1998.

Band 37 Uwe Schlömer: Der elektronisch überwachte Hausarrest. Eine Untersuchung der ausländischen Erfahrungen und der Anwendbarkeit in der Bundesrepublik Deutschland. 1998.

Band 38 Michael Liedke: Die Vermögensstrafe gemäß § 43a StGB in ihrer kriminalpolitischen Bedeutung. 1999.

Band 39 Danja Domeier: Gesundheitsschutz und Lebensmittelstrafrecht. Zur Konkretisierung der Verkehrspflichten und ihrer Strafbewehrung, insbesondere mit Blick auf §§ 8 ff. LMBG. 1999.

Band 40 Ritva Westendorf: Die Pflicht zur Verhinderung geplanter Straftaten durch Anzeige. Eine kritische Betrachtung der §§ 138, 139 StGB im Kontext der Unterlassungsdelikte. 1999.

Band 41 Hans Theile: Tatkonkretisierung und Gehilfenvorsatz. 1999.

Band 42 Nicole Lange: Vorermittlungen. Die Behandlung des staatsanwaltschaftlichen Vorermittlungsverfahrens unter besonderer Berücksichtigung von Abgeordneten, Politikern und Prominenten. 1999.

Band 43 Tanja Gunder: Der Umgang mit Kindern im Strafverfahren. Eine empirische Untersuchung zur Strafverfolgung bei Sexualdelinquenz. 1999.

Band 44 Sven-Markus Thiel: Die Konkurrenz von Rechtfertigungsgründen. 2000.

Band 45 Jan Schlüter: Die Strafbarkeit von Unternehmen in einer prozessualen Betrachtung nach dem geltenden Strafprozeßrecht. 2000.

Band 46 Detlef Heise: Der Insiderhandel an der Börse und dessen strafrechtliche Bedeutung. Eine Untersuchung des neuen deutschen Insiderrechts speziell unter Bezugnahme auf die strafrechtstheoretischen und strafrechtsdogmatischen Grundlagen. 2000.

Band 47 Hermann Wichmann: Das Berufsgeheimnis als Grenze des Zeugenbeweises. Ein Beitrag zur Lehre von den Beweisverboten. 2000.

Band 48 Rainer T. Cherkeh: Betrug (§ 263 StGB), verübt durch Doping im Sport. 2000.

Band 49 Kristian Hohn: Die Zulässigkeit materieller Beweiserleichterungen im Strafrecht. Eine Untersuchung über Erscheinungsformen und Grenzen der Lösung beweisrechtlicher Probleme im materiellen Strafrecht. 2000.

Band 50 Malte Rabe von Kühlewein: Der Richtervorbehalt im Polizei- und Strafprozeßrecht. 2001.

Band 51 Donata Meinecke: Die Gesetzgebungssystematik der Versuchsstrafbarkeit von Verbrechen und Vergehen im StGB. 2001.

Band 52 Joachim Bock: Begriff, Inhalt und Zulässigkeit der Beweislastumkehr im materiellen Strafrecht. 2001.

Band 53 Gabriele Rose: Grenzen der journalistischen Recherche im Strafrecht und Strafverfahrensrecht. 2001.

Band 54 Wiebke Reitemeier: Täuschungen vor Abschluß von Arbeitsverträgen. Zum Verhältnis zwischen dem Straftatbestand des Betrugs und dem Anfechtungsrecht wegen arglistiger Täuschung (§§ 263 Abs. 1 StGB, 123 Abs. 1 Alt. 1 BGB). 2001.

Band 55 Peter Rackow: Das DNA-Identitätsfeststellungsgesetz und seine Probleme. 2001.

Band 56 Frank Zschieschack: Geiselnahme und erpresserischer Menschenraub (§§ 239a, 239b StGB) im Zwei-Personen-Verhältnis. 2001.

Band 57 Natascha Sëyfi: Das Sicherungsverfahren (§§ 413 - 416 StPO). 2002.

Band 58 Dirk Seiler: Die *Sperrwirkung* im Strafrecht. 2002.

Band 59 Dorothee Sydow: Die actio libera in causa nach dem Rechtsprechungswandel des Bundesgerichtshofs. 2002.

Band 60 Inga Metrikat: Die Unterbringung in einer Entziehungsanstalt nach § 64 StGB – Eine Maßregel im Wandel? Eine vergleichende, empirische Untersuchung zur Entscheidung des Bundesverfassungsgerichts vom 16.03.1994, BVerfGE 91, 1 ff. 2002.

Band 61 Sabine Caroline Bechtoldt: Die Erledigungserklärung im Maßregelvollzug des § 63 StGB. Eine empirische Untersuchung der Erledigungserklärung und zugleich rechtsdogmatische Erörterung ihrer Rechtskraftproblematik. 2002.

Band 62 Sandra Schulte-Nover: Strafrichter in Deutschland und England. Ein systematischer Rechtsvergleich im Hinblick auf die richterlichen Kompetenzen im Strafverfahren. 2003.

Band 63 Tim Schurig: Belehrung und Beratung des Beschuldigten über sein Aussageverhalten. Eine gemeinsame Aufgabe von Gericht und Verteidigung? 2003.

Band 64 Markus Laski: Die strafrechtlichen Bezüge des Bundes-Bodenschutzgesetzes. 2003.

Band 65 Gunnar Lüer: Die Versäumung im Berufungsverfahren. Das strafprozessuale Anwesenheitsprinzip im Spannungsfeld von autonomer Subjektstellung und öffentlichen Interessen am Beispiel des § 329 Abs. 1,2 StPO. 2003.

Band 66 Thomas Grützner: Die Sanktionierung von Submissionsabsprachen. Eine Untersuchung der bestehenden Möglichkeiten einer Bekämpfung von Submissionsabsprachen unter besonderer Berücksichtigung des § 298 StGB. 2003.

Band 67 Bettina Noltenius: Kriterien der Abgrenzung von Anstiftung und mittelbarer Täterschaft. Ein Beitrag auf der Grundlage einer personalen Handlungslehre. 2003.

Band 68 Bettina Kraft: Tendenzen in der Entwicklung des Jugendstrafrechts seit der Jugendgerichtsbewegung. 2004.

Band 69 Jessica Däbritz: Die Bestimmung strafbaren fahrlässigen Verhaltens in der Forschung am Beispiel ärztlicher Humanerprobungen. Ein Beitrag zur methodischen Ermittlung und inhaltlichen Bestimmung von Sorgfaltspflichten in der Humanforschung. 2004.

Band 70 Maike Steenbock: Über die Unfallflucht als Straftat. Eine kritische Untersuchung zum Zusammenhang der Strafbarkeit der Unfallflucht mit den Besonderheiten des Straßenverkehrs. 2004.

Band 71 Holger Mann: Beschleunigungspotential im Jugendstrafverfahren. 2004.

Band 72 Dorothee Krutisch: Strafbarkeit des unberechtigten Zugangs zu Computerdaten und -systemen. 2004.

Peter Lang · Europäischer Verlag der Wissenschaften

Claudia Ohst

Computerprogramm und Datenbank

Definition und Abgrenzung im Urheberrecht Eine Untersuchung beider Begriffe und ihrer Wechselbeziehung im Urheberrechtssystem der Informationsgesellschaft

Frankfurt am Main, Berlin, Bern, Bruxelles, New York, Oxford, Wien, 2003.
XXIV, 308 S., 12 Abb., 11 Tab.
Europäische Hochschulschriften: Reihe 2, Rechtswissenschaft. Bd. 3762
ISBN 3-631-51328-3 · br. € 50.10*

Computerprogramme und Datenbanken nehmen im Urheberrecht der Informationsgesellschaft einen zentralen Platz ein. Sie werden durch europäische Richtlinien der 90er Jahre bestimmt, die sich auch in ihrer deutschen Umsetzung nur unzureichend der Begriffsbestimmung und vor allem der Abgrenzung beider Schutzinstitute annehmen. Diese Lücke versucht die Untersuchung zu schließen. Dabei wird besonderer Wert auf die Analyse von praktischen Anwendungen unter Berücksichtigung der technischen Entwicklungen gelegt.

Aus dem Inhalt: Präzisierung der Begriffe Computerprogramm und Datenbank im Urheberrecht · Abgrenzung der Begriffe und ihre Rolle in der Informationsgesellschaft · Computergenerierte Datenbanken · Internetphänomene

Frankfurt am Main · Berlin · Bern · Bruxelles · New York · Oxford · Wien
Auslieferung: Verlag Peter Lang AG
Moosstr. 1, CH-2542 Pieterlen
Telefax 00 41 (0) 32 / 376 17 27

*inklusive der in Deutschland gültigen Mehrwertsteuer
Preisänderungen vorbehalten

Homepage http://www.peterlang.de

FSC
www.fsc.org
MIX
Papier | Fördert gute Waldnutzung
FSC® C083411

Kolibri 360 GmbH
Ferdinand-Jühlke-Straße 7
99095 Erfurt, Deutschland
produktsicherheit@kolibri360.de

Druck:
CPI Druckdienstleistungen GmbH
im Auftrag der
Kolibri 360 GmbH
Ferdinand-Jühlke-Str. 7
99095 Erfurt